前　言

《广告调研方法》一书的前身是《广告调研技巧》，于2004—2005年度入选教育部推荐“研究生教学用书”，它是广告学科中第一本入选教育部推荐“研究生教学用书”的教材。该书能够与新闻传播学界著名学者方汉奇、柯惠新、李良荣、郑兴东、丁柏铨等的著作一起作为全国新闻传播学科中少数几本教育部推荐的“研究生教学用书”，是作者的荣幸，这也意味着广告界在“理性化”和“科学化”方面的进步，同时意味着广告学科在新闻传播学科中的地位的提升。

《广告调研技巧》第一版于1993年出版。当时国内调查业借小平同志南巡春风刚刚起步，案例难寻，可参考的理论书籍寥寥无几。条件有限，作者诚惶诚恐，无奈教学需要、学生需要、业界需要，于是一本薄薄的(约16万字)、粗糙的《广告调研技巧》出炉了。

该书经过八年教学和社会实践的积累，于2002着手修订，2003年完成，修订时有四个宗旨，第一是使书名与内容名副其实，1993版在这方面是存在问题的；第二是使结构更加合理、紧凑；第三是让读者更容易掌握广告调研的方法、技巧；第四是在关注商业性广告研究的同时兼顾学术性广告研究，1993版的出发点仅仅是商业性的广告研究。根据这四个宗旨，作者对1993版进行了大量的增删、调整和修改，修订版内容(约46万字)比1993版内容增加两倍多，修订涉及每一个章节。2003年的修订使得全书更加全面、系统、丰富，也使得本书的性质发生转变，由单纯的本科教材转变为本科、研究生兼顾的教材和教学参考书。这次修订获得重大成功，《广告调研技巧》一书获得国内同行的认可，被推荐为“研究生教学用书”。

《广告调研方法》在《广告调研技巧》一书的基础上，只进行了少量调整和修改：

第一，按教育部要求，在封面适当位置添加“研究生教学用书”字眼，便于国内高等院校研究生教材选用时识别；

第二，将书名《广告调研技巧》改为《广告调研方法》，使得书名更加贴切；

第三，删除部分时间比较早的案例，增加一些新的案例，体现与时俱进之精神；

第四，基本保持《广告调研技巧》2003 年修订版的架构和内容，只修改、补充、完善了其中不足或不完善的地方。

本书案例在收录的时候获得许多人的帮助，有的是作者在市场调研公司工作的朋友，如田涛、袁岳等；有的是作者的学长，如陈富国等；有的是作者的同学，如何芳等；还有的是作者的学生，如王开宇、沈志洋、袁冰等。在此特表谢意。

黄合水

2006.4.18 于厦大白城

目　　录

第一章 广告调研概述

第一节 广告调研及其意义

一、什么是广告调研

广告调研一词来源于英文单词"advertising research",也可以叫做广告调查、广告研究,有狭义和广义之分。

狭义的广告调研是市场研究的特殊形式,侧重为广告的策划、创意和发布服务,是由广告代理商进行的任何研究(O'Guin, Allen & Semenik 1998, p. 185)。狭义的广告调研与市场研究关系密切,是市场研究的重要组成部分。所谓的市场研究,是指有计划地、系统地收集、整理、分析市场营销资料的过程,其目的是为市场营销决策提供科学的依据(参见黄合水 2000,p.1)。根据市场研究的这一定义,狭义广告调研可以定义为有计划地系统收集、整理、分析广告资料的过程,其目的是为广告决策提供科学的依据。根据广告调研的这一定义,广告传播效果的测定、广告文案测验都属于广告调研的范畴。

广义的广告调研,泛指与广告活动有关的研究。它不仅包括狭义的广告调研,还包括由学术机构和个人进行的旨在揭示广告活动实质和规律的研究。

广告调研有两个基本特点:一是计划性,二是系统性。计划性指广告调研不是盲目的、随意的行动,而是有目的的、经过精心考虑和周密筹划的行动。系统性指广告调研是一项系统工程,有规范的运作程序,研究人员必须依照运作程序有条不紊地进行操作。

广告调研包括一系列过程,首先是使用科学方法收集汇总市场资料;其次是整理资料,将它们分门别类,剔除无效的、不全面的资料,保留有用的资料;最后统计分析资料,发现或揭示资料中隐含的现象、规律。

狭义的广告调研意在解决广告实践中存在的问题,往往与某一具体产品或服务相联系。其研究结果可以作为有关广告理论的佐证资料,但是通常不能直接证明某一理论的科学性、正确性。广义的广告调研不仅以解决广告实践中存在的问题为目的，而且旨在揭示广告活动中的基本规律，解决广告理论中存在的问题。本书通常使用这一广义概念。

二、广告调研的意义

成功的广告活动要求通过适当的媒体将合理组织的广告信息传递给目标受众，并达到理想的效果。“适当”和“理想”是关键的字眼，是广告人员必须努力把握的。但是要真正在广告的各个方面都做到“适当”，有赖于广告调研提供的依据。所以说，广告调研对企业和广告代理商的广告管理极其重要。具体而言，广告调研的重要性体现在下列三个方面：

1.广告调研是广告计划的基础

在广告决策过程中，广告人员会面临许多问题，比如：广告目标应该是什么，针对竞争对手应该采取什么样的广告策略，广告发布应该选择哪些媒体，不同媒体之间应该如何组合，什么广告创意比较理想，聘请哪一个名人更加合适，等等。解决这一系列的问题有一种简单的方式——由某个“重要人物”如企业的市场部经理、广告公司的总监等主观决定，让他们根据自己的判断或喜好作出选择或决定。这样做比较简单，但风险很大，正确的概率最多只有50%。提高概率的唯一的途径就是论证各种选择方案的合理性，此时广告调研或由广告调研提供的客观依据对于选择方案的论证就至关重要。

绝大多数广告公司都明白，事前的广告调查、市场调查对于广告策划来说十分重要，只有充分掌握一个产品或品牌的各种资料，才能作出合理、科学的广告决策。任何主观臆断都可能使广告投入石沉大海，有去无回。

2.广告调研是评价广告活动的依据

任何一个企业都要讲究投资回报。一场广告运动往往要花掉企业成千上万的费用，这些钱花出去之后，得到什么回报？或者说广告活动的效果如何呢？不管是广告主还是代理广告业务的广告公司，都希望这个问题有一个比较明确的答案。因为企业还要继续投入，广告公司还要继续为广告主服务，因此评估一场已经结束的广告运动或还在进行的广告运动的效果，可以为后来的相关活动决策提供重要的借鉴。

根据什么来评估广告活动的效果呢？一个简单的指标是产品的销售量。如果销售量增长，说明广告活动有成效；反之，如果产品销售量不增长甚至反而下降，说明广告活动失败。但是，产品销量不完全取决于广告活动，其他各种因素（如经济气候、价格、流通渠道等）有时起关键作用，因此用销售量来衡量广告的效果不一定合适。

广告调研可以直接了解广告对消费者心理、行为各个层面的影响，获得大量关于广告的效果的指标，如品牌知名度、品牌形象、品牌购买欲、购买率等。比起销售量指标来说，这些指标更能直接和明确地反映广告活动的效果，所以说，广告调研是评价广告活动的手段和依据。

3.广告调研是探讨广告运动规律、特点的手段

广告运动有其自身的规律、特点，广告实践者只有掌握这些规律，了解这些规律，遵循或运用这些规律，才能组织、策划好广告运动，使广告效果达到最佳。

广告运动的规律是不断发展的，人们对广告的认识也在不断深入。因此广告调研者必须不断地进行广告调研，才能及时掌握广告运动的规律，为广告实践提供必要的理论指导。

第二节　广告调研的主要领域

广告是一门应用性很强的综合性学科，广告调研包括两个大的领域：第一个领域探讨广告学的基本理论问题，第二个领域解决广告实践中遇到的实际问题。

一、广告学的基本理论问题

任何一门学科都有许多理论问题需要探讨，任何一种活动都有其基本规律需要研究。广告是一门新兴的学科，尽管它已经被广泛地运用于经济生活中，尽管它已经深刻地影响着人们的日常生活，但是人们对广告规律的认识还相当有限，还需要持久、不断、深入地研究。

1.广告的作用

我国广告业恢复以来，广告增长的速度非常迅猛，广告营业额已经从1981年的1.18亿增长到2000年的712.67亿，广告业从业人员由1981年的16 160人增加到2000年的641 116万人（中国广告年鉴，1995和2001）。企业投入如此之多的资金，社会投入如此之多的人力在广告上是为了什么，广告究竟有什么作用，这是一个需要不断深入探讨的问题。

探讨广告的作用，需要从很多不同的层次、不同的侧面来进行。从宏观的方面来看，需要探讨的问题包括：广告对社会、经济和人们的生活究竟有哪些正面的作用，有哪些负面的作用，这些作用有多大等。了解广告的宏观作用有助于相关部门有效地进行广告管理，制定合理的广告方针、政策。从微观的角度来看，需要探讨的问题有：广告对企业、对消费者个人有哪些影响，广告与其他手段（如公共关系）对消费者影响的差异在哪里，跨越不同的时代，广告的作

用或影响有什么明显的变化等。认识广告的微观作用，有助于企业的广告决策。

2. 广告的作用机制

广告的存在和迅猛发展至少说明一点：广告是有价值、有作用的。广告是如何发挥作用的呢？这就是广告的作用机制问题，它包括两个方面：一是广告是如何实现其经济作用、社会作用的，二是广告是如何影响消费者行为的。这两方面问题都很值得探讨，讨论前一个问题可以为相关部门科学地制定广告政策提供依据，研究后一个问题则可以为广告代理公司的科学广告管理提供理论依据。

很久以来，西方的广告学者一直都致力于研究广告作用机制，得出许多研究成果，如各种广告传播效果的层次模型，各种的说服模型。尽管成果很多，这个领域的研究还会一直持续下去，因为广告的作用机制因产品、媒体、消费者的不同而异，而产品类别、媒体种类、消费者群体纷繁复杂，并且随时代的前进不断变化。

3. 消费者对广告的认识

广告的生存和发展都有赖于消费者，广告只有对消费者产生一定影响时，广告主才愿意将资金投入到广告上。而广告能否对消费者产生影响，这又取决于消费者对广告的认识、态度。所以对于广告主或广告代理商来说，掌握消费者对广告的看法及其随时间的变化对有效地运用广告手段手段进行产品推广很重要，对于政府来说，加强广告管理以充分发挥广告促进社会经济发展的作用同样重要。在这方面，西方国家（特别是美国）经常有些学者会不定期进行研究，例如美国广告主协会（ANA）先后于 1942 年和二战结束后，对1 000 名和 1 600 名消费者进行调查，了解他们对广告的态度。1951 年和 1959 年，*Macfadden Publications* 和 *Redbook* 杂志分别就广告态度调查了 1 500 个家庭和 1 600 人。此后，还有多项研究（分别于 1961、1964、1974 年进行）对类似的问题进行过调查。1968 年 Bauer & Greyser 在美国广告代理商联合会的支持下进行的调查开始考虑广告的经济效益和社会效益。1978 年 Anderson et al 报告了于 1970 年和 1976 年进行的类似问题的研究结果。与此同时，一些研究开始调查消费者对广告更全面、具体的感觉，这些研究如 Hall(1974)、Larkin(1977)、Durand & Lambert(1985)、Muehling(1987)、Russell & Lane (1993)、Triff, Benningfield & Murphy (1987)、Mittal (1994)（见 Mittal 1994)、Shavitt, Lowrey & Haefner(1998)。其中有些研究是针对普通广告的，有些研究则针对电视广告。

4. 消费者、产品、广告信息和媒体之间的关系广告的传播过程是广告主将产品或服务的有关信息制作成广告信息，然后通过媒体传递给消费者的过程。在这个过程中，有四个重要因素影响着传播的效果，它们是产品、广告信息、消费者和媒体。为了达到理想的传播效果，必须将这四方面因素有机地结合起来。许多学者潜心于研究这些因素之间的关系，其中重要的研究成果之一就是站在某一因素的角度来分析另一个因素。例如 Krugman(1965)从消费者的角度分析发现，有些产品是消费者关心的，有些产品是消费者不关心的；同样，有些媒体是需要受众投入注意力的，有些媒体是受众不太注意或漫不经心的。因此他提出卷入(involvement)概念，将产品分为高卷入产品和低卷入产品，将媒体分为高卷入媒体和低卷入媒体。有些学者从产品采纳过程分析消费者，将消费者分为革新者(innovators)、早期采用者(early adopters)、早期多数者(early majority)、晚期多数者(late majority)、落伍者(laggards)五大类。根据正态分布特征，这五种人各占总人口比例的 2.5%、13.5%、34%、34%、16%(见 Schiffman & Kanuk 1997，p. 538)。这些研究成果对于产品的媒体运用、品牌的市场定位以及广告信息策略的制定都有指导意义。

5. 广告诉求、广告表现与广告效果

广告诉求指广告说什么，广告表现指广告怎么说。毋庸置疑，广告说什么和怎么说都会影响广告的效果。然而广告诉求的方式有很多，有理性诉求、有感性诉求；有恐惧诉求、有性诉求，还有潜意识诉求。同样，广告表现的手段也有很多，如推荐、演示或示范、生活片段等。这一领域积累很多研究成果，例如在关于性诉求研究方面，大量研究(斯特德曼 1969；亚历山大和贾德 1978；韦勒等人 1979 等)表明，人们对带有色情画面的广告信息的记忆率非常低。斯特德曼进行了一个研究，他给 60 名男子看 12 张照片。其中 6 张是中性的(如房子)，另 6 张是女人的各种裸体照。在每一张照片底下印有一种产品品牌，整套广告让参加者保留 24 小时。当实验快结束之前，取走照片下的品牌名称，要求参加者回忆它们。即时测试结果是，裸体照片的品牌回忆成绩高于中性照片的回忆成绩，不过差异不太显著。一周后再进行记忆测试时，中性照片的品牌回忆成绩为 60%，而裸体照片的品牌回忆成绩为 49%，两者之差相当显著。贝尔奇等人(1981)在对广告中色情的认知反应的研究中发现，反应者把赤裸裸的广告评价为令人讨厌的，女性反应者更是如此(见黄合水 1998，p. 174)。

6. 广告要素与广告效果

一则广告由许多要素构成，根据不同标准来划分的广告要素也不一样。一般来说，画面(或图像)、语言、音响被看做是广告的三个重要组成部分或要素。除此之外，广告模特、广告颜色、广告口号、广告标题等也常常被单独地看作是广告的构成要素。显然，如何提取这些要素以及如何将这些要素有机组合成为一则广告，这两个问题是广告创作者必须解决的问题。

解决这些问题本身并不难，但是有效地解决这两个问题，使广告作品成为优秀的作品，让广告在使用中达到最佳效果，这就比较困难了。它不仅要求广告人员具有实践经验，还要求他们必须具备相关的理论知识。例如，电视广告到底是使用音乐好，还是不用好？对此，简单地猜测和推理都不能解决问题，但如果看过广告学者 Park & Young(1986)的研究一定会受到启发。Park & Young(1986)的研究通过控制受试者的卷入条件(包括认知卷入、情感卷入和低卷入)检查音乐对 Ab(品牌态度)和 BI(行为意图)的影响。该研究发现，在认知卷入条件下，没有音乐的电视广告比有音乐的电视广告对观众的 Ab 和 BI 的改变有更大的影响，说明音乐起了消极的作用。在情感卷入的情况下，有、无音乐差异不大；但是在低卷入条件下，有音乐对 Ab 和 BI 的积极影响比没有音乐大(见表 1-1)。

表 1-1　音乐对 Ab 和 BI 的影响

		认知卷入	情感卷入	低卷入
Ab	有音乐	4.10	4.40	4.00
	无音乐	4.65	4.25	3.60
BI	有音乐	3.00	3.15	2.80
	无音乐	3.70	3.25	2.10

资料来源：Park & Young，1986。

二、广告实践中的实际问题

上述广告学基本理论研究领域的研究成果，对于广告实践具有普遍的指导意义。但对于某一具体广告活动来说，基本理论领域的研究并没有直接的指导作用，而在具体的广告运作实践中，有一些问题是亟待研究解决的，这些问题归纳起来，主要有下列几个方面：

1. 确定广告诉求对象

每种商品都有自己特定的消费对象，即目标市场。在广告活动之前，广告策划者必须弄清楚产品的目标市场。因为只有明确目标市场，才能确定广告的诉求对象；只有明确广告的诉求对象才能解决好广告决策中的诸多后继问题，如媒体安排、广告主题、广告风格、产品代言人等等。

广告诉求对象往往就是产品的目标市场或目标市场的一部分。产品的目标市场究竟在哪里？广告应该针对哪些消费者？广告主或广告策划人员凭知识、经验也能判断产品类别的目标市场，但是要判断某一类别中的特定品牌的目标对象则相当困难。因为同一种产品各种品牌的产品使用者，在年龄、性别、收入等方面的区别可能很大。读者可以想像一下，购买标致、别克、奇瑞、捷达等各种品牌汽车的人一样吗？因此不能简单地凭主观推测来确定目标市场和广告对象，剩下的有效途径就是进行调查研究。

美国奥美广告公司曾经通过调查研究，确定出雅芳(Avon)化妆品的广告对象为：

①白领阶层，大专毕业，住在城市；

②时髦的女性；

③注意自己的仪表，相信化妆品能创造美好的气质而经常寻求美；

④对化妆品的香味怀有罗曼蒂克的幻想；

⑤社交型的，而非以家庭为中心的；

⑥对于“性”问题比较保守。

根据以上界定的广告对象特征，奥美广告公司提出如下广告活动措施：

①广告格调应高水准；

②女性产品介绍人的服饰要时髦：

③广告诉求重点应强调如何使用化妆品；

④广告表现要有罗曼蒂克气氛；

⑤商品最好在办公室或美容院出现，不要放在家中；

⑥不要用性诉求表现手段。

通过广告调研，广告主有时也能找到新的消费者。例如，1993 年美国全国五金器材联合会发现，49.6%的应急处理五金器材——活塞、梯子、灭火器、管道修理器等由妇女购买。这一研究结果导致家庭五金零售商——Builders Square 进行了一项关于服务市场的广告(见 O'Guin, Allen & Semenik 1998, p. 185)。

2. 品牌的定位或再定位

在广告活动酝酿阶段，广告公司经常会面临一个问题：给产品定位或重新定位。定位或再定位是否合理，关系到整场广告活动的方向和成败，关系到产品的市场销售，所以定位或再定位是一项重要的决策，必须有充分的依据。广告调研可以为定位决策提供重要的依据，例如，在多年定位于家庭之后，迪斯尼公园从观察研究中发现许多年龄较大的夫妻(没有带孩子)也光顾他们的公园，因此迪斯尼公司和广告代理商将迪斯尼公园重新定位为孩子已经长大或离开家的夫妻的成人度假公园。

在广告调研中，概念测试就是服务于品牌定位或重新定位决策的。概念测试的目的是了解产品在消费者心目中的形象，产品的哪一方面特点最为突出等问题。

3.确定广告诉求点

确定广告诉求点，实质上就是确定广告重点应该讲什么，广告应当涉及什么样的主题。从消费角度来说，广告诉求点就是消费者心理防御的弱点，即产品消费的内在动机；从产品的角度来说，就是品牌足以说服消费者购买的优点。

寻找广告诉求点时，通常可以采用小组座谈会的形式与少数顾客深入交谈，了解顾客购买产品的内在动机和他们心目中最重要的产品特性。例如荷兰航空公司在进行广告企划前要求广告代理商研究“荷兰人心目中的优秀飞行员的特征是什么”。研究结果表明，“谨慎”和“守时”被认为是最好飞行员的特征。于是，荷兰航空公司便以“谨慎、守时的荷兰人”作为广告口号。

奥美广告公司在文案创作之前，常采用“承诺试验”来决定“广告诉求点”。承诺试验的做法如下：

①列出尽可能多的广告语，每一广告语中均包含两个意思：第一是产品的利益；第二是该产品具有此种利益的原因。例如美国的“Q-tips”棉花棒，曾列出 32 条广告语，见表 1-2。

②抽取一定数量（如 200 名）具有市场特征的同类产品使用者进行个别面谈。

③面谈时，把广告语呈现给每一位受调查者，告诉他们每一条广告语上的承诺均为某品牌的新处方，要求他们分别按重要性（即“有意购买”的强烈程度）和独特性给每一条广告语打一个等级分数。重要性分 10 个等级，独特性分 5 个等级。

④利用因素分析方法分析统计所得资料，以确定什么样的承诺最有效。“Q-tips”棉花棒经试验，结果认为最独特的广告承诺为“顶端含棉 50％以上，你可确实看到并感到它的不同。”

4.环境分析

环境分析能够获得大量广泛商务环境下不可控制的信息。环境分析试图评价社会、文化趋势、经济、政治对消费者的潜在影响，评价广告即将进入的社会环境。这种分析可为广告计划提供有价值的信息，如与受众有效沟通的机会和障碍是什么等。环境分析一般可以获得如下信息：

表 1-2　"Q-tips"棉花棒的广告语

1. 本棉花棒上端的棉球含棉 50%以上，却不会在清耳时将棉花残留在耳内。
2. 本棉花棒弯曲自如，可安全深入婴儿小耳内任何部位。
3. 顶端柔软无比，不逊任何名牌棉花棒。
4. 本棉花棒杆部坚固，易于控制，即使婴儿纤细的小耳内任何部位，也可安全触及。
5. 本品广泛为小儿科医师所采用，其消耗量比其他所有厂牌的棉花棒加起来还多。
6. 本品木杆坚固，不会断裂。
7. 本品顶端棉球含棉 50%以上，柔软无比，无任何坚硬处，可安全深入婴儿脆弱的小耳任何部位。
8. 本品杆部弯曲自如，易于控制，可触及耳内任何细小部位。
9. 本品含棉成分如此之高(超过 50%)，你甚至可以看到和感觉的出它的不同。
10. 本品顶端含棉 50%以上，价格虽然较其他品牌略贵，还是划得来。
11. 本品杆部坚固，易于控制，较易清理婴儿耳内部位。
12. 本品杆部坚固，易于控制，可安全触及耳内各部位。
13. 本品为 50 年来美国最受欢迎的棉花棒。
14. 本品顶端棉球含棉 50%以上，但棉花却不易脱落——甚至在纤细如小儿的耳内。
15. 本品顶端含棉 50%以上，柔软无比，因此不会感觉到木杆，
16. 几世纪以来，本品较其他品牌，一直为人们所爱用。
17. 顶端含棉 50%以上，棉花却不会轻易脱离木杆。
18. 安全可靠，顶端含棉 50%以上，可安全使用于脆弱如婴儿的小耳。
19. 杆部可任意弯曲，便于控制，易于清除小耳内任何部位。
20. 顶端含棉 50%以上，可处理任何不易清理的耳垢，诸如残留在耳内的发胶、香水、煤烟灰或其他垢物。
21. 销量超过其他所有品牌的总和。
22. 顶端含棉 50%以上，即使新生婴儿也可安全使用。
23. 与任何著名品牌无异，但售价合理。
24. 本品顶端含棉 50%以上，柔软无比，适合婴儿脆弱细嫩的小耳。
25. 顶端含棉 50%以上，每包附有赠品。
26. 安全可靠，顶端含棉 50%以上，使用时安全舒适。
27. 杆部弯曲自如，可随耳内弯道任意伸展，保证安全。
28. 杆部弯曲自如，可随耳内的弯曲孔道安全伸展。
29. 顶端含棉 50%以上——较其他任何品牌柔软。
30. 较易清理耳朵，因为杆部可任意弯曲，甚至可随耳内弯道安全清理小如婴儿的耳朵。
31. 含棉 50%以上，吸水性强。
32. 较易清理耳朵。因为可任意弯曲，随耳内弯道，能到达耳内任何部位。

①人口统计信息：包括人口密度、年龄分布、人口的地理分布、家庭人口数及其构成、个人的收入。这方面的信息十分重要，因为人口统计学特征影响着人们对各种物品和服务的需求。此外，精确的人口统计信息还有助于营销人

员推断消费者的行为，为预测将来的消费模式提供依据。

②社会文化信息：这是最重要又最难以测量的外在环境因素之一，涉及一个社会的价值资料。美国社会和文化价值的转变催生了数十亿产值的行业，健美观念促进了健康食品、温泉疗养中心以及户外消遣娱乐等行业的发展。社会文化趋势的发展可能很缓慢，但对社会流行的物品和服务具有巨大的影响力。在美国，过去30多年的社会文化趋势激发出来的需求是：改变家庭结构、时间和方便的重要性、强调健美、改变性别角色、关心自然环境、追求财富和地位。

③经济信息：影响一个企业推广物品和服务的经济因素包括：基本的经济指标如国内生产总值（GDP）、利率、通货膨胀以及影响家庭或企业的消费能力和意愿。有些行业比另一些行业更为敏感。如果经济条件变坏，传统的汽车工业、旅游业、房地产业受影响最大。相反，包装消费品、药业、某些商用物品受经济萧条的影响较小。在庞大的经济统计数据中，家庭收支模式、消费价格指数和消费者信心指数对公司也比较重要。

④监控信息：监控环境的影响力来自政府和其他非政府机构。在美国，对广告的主要制约力量来自联邦和州政府。对广告业影响最直接、最明显的联邦政府机构是联邦贸易委员会（Federal Trade Commission，简称FTC）、食品和药物管理局（Food and Drug Administration ，简称FDA）、联邦传播委员会（Federal Communications Commission，简称FCC）。消费者、行业协会、媒体也会影响企业的广告活动。在我国，对广告影响较大的是政府有关的管理机构，如各级政府的工商管理部门、食品和医药卫生管理部门。此外，消费者协会、广告协会也拥有一定的影响力。

⑤技术信息：技术变化不一定影响企业正在推广的产品或服务。但技术会影响一个社会的价值和行为。就广告来说，如果信息高速公路以互动媒体的形式使企业与个人的交流更加容易，广告的本质将发生戏剧性的变化。同样，如果技术促进了远程办公，汽车、汽油、快速食品、服装以及大量与工作有关的物品的消费和需求将发生变化。

⑥竞争信息：竞争对手的活动会明显影响营销和广告计划。企业必须监控竞争对手对竞争活动的反应，监控来自间接竞争的威胁，监控来自新的竞争的威胁，例如航空业就面临着来自远程电信会议的威胁。

5. 消费者概况

广告调研的最重要服务之一是为创作人员提供消费者的概况。创作人员需要尽可能了解他们的广告面对的消费者。这种研究方式有很多，最流行的方式之一是生活风格研究（即所谓的AIO研究）。在生活风格研究中，消费者接受调查时回答的问题涉及活动(activities)、兴趣(interests)和意见(opinions)。从大约1 000个问题的答案中,广告主能够获得善于言谈的消费者的最完整的全貌。由于资料包括产品的其他运用问题,所以广告主还能够了解消费者的消费方式。这些信息可以帮助创作人员了解目标消费者的需要、欲望和动机。

在涉及消费者消费行为的研究中,研究通常要回答下列问题:消费者忠诚于某一品牌的时间长度,影响品牌忠诚的原因,开始使用某一品牌的原因,使用特定品牌的原因,购买意向,产品的使用次数,喜欢何处购买,谁是购买倡议者,谁是信息搜集者,谁是品牌选择的决定者,谁是购买活动执行者,习惯在哪里购买,什么时候购买,一次购买多少,对公司市场活动的意见或态度……

6.形象研究

企业或品牌的形象对于企业或品牌今后的发展至关重要,形象好不仅有利于促进产品销售,也有利于企业的生产经营;不仅有利于企业吸收社会资金和人力资源,也有利于获得相关机构、公司的支持和增加企业内部凝聚力。对于一个良性发展的企业来说,周期性地进行企业或品牌形象研究,分析社会团体、政府有关部门对企业或品牌的看法和评价,了解企业、产品或服务在消费者心目中的地位或形象,掌握企业员工对企业的意见和认同程度,探讨关系企业或竞争对手对自己的看法等十分必要。

7.文案测验

重要广告的创作过程中往往要解决一系列问题,经过一系列的测试。这些问题包括:

①使用何种标题。一则广告通常只有一个标题,而广告创作者常常会提供若干个标题。在创作者提供的若干标题中,究竟哪一个最佳、最适合广告对象、最引人入胜,或者已有的各标题如何修改综合成一个最佳标题。这一问题有赖于客观、科学的研究来解决。美国麦利尔·林奇(Merrill Lynch)投资公司遇上过一个难以确定的题目,广告创意者提供了40个标题,其中包括"8种减税方法"、"年度报告中须注意的8个因素"、"何种因素决定股票值"、"投资的3大陷阱(诱惑)"等,在采用之前进行测试,经过对研究结果的分析,最后决定采用"麦利尔·林奇投资公司提供股票持有人6种公平正当的减免联邦所得税的方法"为标题。

②使用什么人来当广告演员。选择什么人做产品介绍人也是广告创作者必须考虑的问题。人物使用不当,不仅浪费金钱,甚至可能产生负面的效果。当可供选择的人物(特别是名人)不只一个时,调查可以帮助广告创作人员作出最佳选择。例如,麦氏速溶咖啡曾考虑请一位名人做广告发言人,候选人

有：Danny Thomas，Arthur Godfrey，John Wayne 和 Lee Marvin。经调查发现，这四名候选人所获投票的比例依次是 35%、20%、13%、和 1%。于是决定选用 Danny Thomas。研究还发现，大部分人选择 Danny Thomas 是因为他看起来诚实，值得信赖。

③使用什么广告语。广告语(特别是广告口号)要适合消费者，让消费者喜欢，对消费者有影响力，这是对广告语言创作的基本要求。然而对同一问题、同一产品特点的描述有多种形式、多种方法。例如彩色电视机的"彩色"这一特点，可用"色彩鲜明"、"色彩柔和"、"真实自然"、"自然本色"等来描述。不同的描述，消费者的喜欢程度有很大的差别。只要进行一下测试，消费者最喜欢哪一句便可知晓。

④广告作品效力如何。在广告创作过程中，同样一个主题，有时要由不同的人同时进行设计，或要求一个人进行多种设计。这样就会产生多件广告作品。这些作品是否有效力？哪一件效果会更好？是否要修改作品？在什么地方进行修改？科学的广告活动都必须客观地解决这些问题，而解决这一问题的有效方法就是进行文案测验。著名汽车轮胎品牌——固特异在产品开发时就决定，采用一种带有突出功能特征的独特的 tread(胎面)设计，以便在市场中提供明确的品牌差异。在将 Goodyear Aquatred 轮胎导入市场之前，其广告代理商对固特异的两则不同版本的广告进行测试，一则是用户推荐(testimonial)广告——Richard on Aquatred，另一则广告描述轮胎在潮湿、雪地的路面上的摩擦力——Skiing。根据研究结果，固特异及其代理商得出结论，认为品牌差异的产品功能广告是 Aquatred 导入运动的最佳广告形式。

除了上述几个方面之外，广告创作中的广告背景音乐的选择及其他问题有时也需要通过调查研究来解决。

8. 广告传播效果测定

广告作品投入运营前经过文案测验被认为是较为理想的作品，但是在实际广告活动中却不一定能起到预计的作用。没有经过文案测定的广告作品究竟会起到多大的作用，是否适合传播对象，需要更改吗？这些问题是广告主很想搞清楚的，也是传播效果测定所要解决的问题。

传播效果测定实际上是检查广告对受众所产生的影响，包括对受众的认知、兴趣、偏好、欲望、行为等各心理层面的影响。研究结果可以为广告策略的修订、广告作品的修改与更换提供重要的参考依据。

传播效果的研究方法因广告媒体不同而不同。在印刷媒体中，常用的方法包括阅读程度测验(Starch 提出)、杂志影响研究(盖洛普和罗宾逊公司提供，简称 MIRS)以及征询测量。在电波媒体中，最著名、运用最广泛的方法是波克一天后回忆(Burk's Day afrter Recall)和收视率调查。

9.广告监测

广告监测实际上就是媒体监测(media measurement)。是指登记记录各媒体的广告发布情况,检查媒体是否按客户的要求在特定的日期、特定时间、空间位置刊播广告,刊播次数是否达到协议要求;了解各品牌产品的广告投放量、投放的空间位置和时间位置;了解广告投放的趋势等。这些信息对于企业的广告决策都是十分重要的。

10.广告费用预算

广告费用的预算方法主要有五种:

①销售比率法。即以公司前一年的产品销售为基础来决定广告费投入占销售额或利润的百分比率。如表1-3。

表1-3　广告费占销售的比例　　(%)

	销售比率	利润比率	年增长率
肉食品	2.2	15.3	12.5
瓶、缸装软饮料	5.9	11.9	6.9
香烟	4.5	14.6	8.2
家俱	1.9	6.5	9.6
酒	8.4	14.0	8.1
洗涤用品	7.4	7.9	8.1
计算机	5.0	10.0	17.7
计算机软盘、驱动器	0.9	2.9	18.6
航空	2.0	12.1	11.9
零售杂货店	1.3	5.8	7.0
零售家具店	6.8	17.0	5.9

②所能负担法:即按公司将来一段时间内能够接受的水平投入广告费。例如,将全年的利润作为广告费,同时还可以根据公司的承受能力,进一步追加投资。

③目标任务法:即公司先制定在多久的时间内达到什么目标,然后估算要达成此一目标所需要的广告费。这种方法相当复杂,需要有精确细致的研究。

④竞争比率法:即在参考竞争对手的广告费所占销售比率的前提下,决定公司的广告费所占销售的比例。

⑤销售反应预算法:即利用广告投资与销售反应的函数关系,计算要达到最大利润或最大销售所需的广告费。

上述各种方法的运用都离不开广告调研所提供的信息。以最简单的销售比率法为例来说，任何精明的广告主在决定应该以百分之几的销售额作为广告费时，都不会仅凭主观意愿来决定，最起码也会参考同类产品的广告费投资比例。而参考所需的资料通常来源于广告调研。再以目标任务法的运用来说，假设制订的目标是把品牌的知名度由20%提高到30%，那么要计算广告投资时，必须了解知名度与广告投资之间的关系，而这一关系的建立和确定，也有赖于广告调研。

第三节　广告调研的类型

广告调研的分类因标准不同而异。

一、根据研究问题的性质分类

广告调研跟市场研究、社会研究一样，根据研究问题的性质可分为下列三种类型：探测性研究、描述性研究和因果关系研究。

1. 探测性研究

在研究者不清楚所欲研究的问题，无法确定研究的具体问题时，研究者进行的旨在找出问题的研究就是探测性研究。例如某公司开展一场广告运动已经一个季度了，可是产品的销售量没有明显的变化，公司方面不能确定销量没有变化的因素：究竟是广告运动不成功所致还是行业不景气、销售渠道不通畅、竞争对手崛起所致？如果是广告运动不成功，那么不成功的原因又是什么？解决这一问题的研究就是探测性研究。

探测性研究主要采用深度访问或座谈会等方法，通过访问专家或具有专门知识的人士如批发商、零售商或特殊消费者来深入了解问题。此外，探测性研究还可借助分析可获得的二手资料（如政府统计资料、学术机构研究资料）来了解问题的实质。

2. 描述性研究

描述性研究就是对广告现象的形成、过程和特征进行客观、准确的描述。即描述广告现象是什么，它是如何发生、发展的，它的特点、性质是什么。例如，Rice & M. Lu(1988)对我国杂志广告进行的内容分析研究就是一项描述性研究。该研究分析了472则针对消费者的广告，分析这些广告中各种产品类别的分布情况、平均每则广告的信息量、各种信息内容所占比例、各产品类型的平均信息量等。研究发现，根据Resnic & Stern(1977)的分析标准，中国杂志广告的信息水平高于美国广告的信息水平；我国杂志广告的平均信息量为 2.26；我国含有至少一方面信息内容的杂志广告占 100%，含有至少两方面信息内容的广告占 77.7%，而在 Madden，Caballero & Masukubo(1986)对美国的杂志广告的研究中，两种情形的广告分别只占 75%和 39%。Rice & Lu(1988)的研究还发现，中国杂志广告中最常见的信息内容是购买时间地点(Availability)、性能(performance)、质量(quality)、价格(price)，它们出现在杂志中的比例分别是 98.7%、48.3%、23.1%、17.4%。

在为广告实践服务的研究中，大多数的调查研究都是描述性研究，事先没有任何明确的假设，但对于研究要获得什么信息或资料，研究者往往心中有数。

描述性研究，是广告调研中是最普遍、最常见的。大多数以问卷调查的形式出现的研究以及二手资料分析研究，都是描述性研究。

在描述性研究中，研究者可以探讨两个变量甚至多个变量之间的相关关系，但不能确定谁是因、谁是果。要找出现象之间的因果关系，需要采用因果关系研究。

3. 因果关系研究

确定各种变量之间关系的研究就是所谓的因果关系研究。例如要探讨品牌名称是否影响消费者对品牌的态度和品牌知名度，广告费的投入量在多大程度上影响产品的知名度和销售量，品牌知名度究竟与广告重复次数存在多大关系等问题都要进行因果关系研究。

因果关系研究是建立在假设的基础上，如假设 A 广告作品比 B 广告作品更有利于提高品牌知名度。其基本思想是在严格控制外在变量(或无关变量)的条件下，考察某一或某几个变量(即自变量)的变化对另一变量(因变量)产生的影响及影响的程度。这类研究主要使用实验法。

二、根据研究结果的用途分类

根据研究结果的用途不同，广告调研可以分为两类：一类是学术性研究，另一类是商业性研究。

1. 学术性研究

学术性研究一般由广告学者自发进行，或寻求机构赞助而进行，旨在探讨广告活动的规律、揭示广告现象本质。例如在我国各种刊物上发表的有关广告的研究论文，大多数都是广告调研者自发进行的研究。少数论文是社会科学资金以及其他资金赞助的研究成果。学术性研究探讨的问题一般比较广泛，不涉及具体的广告主、品牌或某一则广告作品，如果涉及具体的案例，往往也只是用来说明问题，而不是为某一具体的广告主服务或帮助他们解决问题的。学术性的研究结果一般都会在公开刊物上发表。广告学基本理论问题的研究，一般都属于学术性研究。

2. 商业性研究

商业性研究一般是由广告主、调查公司投资进行的研究，研究者可能是投资者自身，也可能是受它们委托的广告代理机构、市场调查公司、学术机构或某一(些)学者。商业性研究的目的主要是解决广告主需要解决的问题，为广告主的有关决策提供客观的依据。这类研究一般都是针对广告主的品牌、产品、广告活动、广告作品或广告主关心的产品市场进行的研究。研究结果时效性很强，在保密期限内通常只限制在很小的范围内传播，只有少数人能够阅读到。但有些商业性研究结果也会通过网站等渠道公开。广告实践的实际问题的研究一般都是商业性研究。

第四节　广告调研的基本原则

广告调研跟市场调查一样，必须遵循下面三个基本原则，即：科学性原则、客观性原则和保密性原则。

一、科学性原则

科学性原则是指广告信息必须是通过科学的方法获得的。它要求市场研究人员在调查设计、抽样设计到资料采集、数据的分析和统计外理等一系列过程中都必须严格遵循科学规律，尤其要注意科学运用抽样设计、资料采集方法和统计方法。

方法使用不当导致整个调查研究失败的案例不胜枚举。最著名的失败案例是 1936 年美国《文摘杂志》举行的总统选举结果预测。该项研究的调查对象是根据电话簿和汽车登记簿的名单抽取的。当时，美国正处于经济萧条时期，许多人没有汽车甚至没有电话。尽管受调查者多达 200 万，但由于抽样不当，样本缺乏代表性，该调查仍然失败。调查预测的失败者富兰克林 · 罗斯福，后来成为事实上的胜利者。

另一个案例是速溶咖啡的市场调查。20 世纪 40 年代，美国速溶咖啡投入市场，由于销路与原来预料的畅销大相径庭，厂家请了心理学家调查消费者不喜欢速溶咖啡的原因。最先采用的问卷调查中，由于采用直接询问法，很多受调查者都回答是因为不喜欢速溶咖啡的味道，而实际上速溶咖啡的味道经过测试与人们习惯使用的豆制咖啡并没有区别，说明该项问卷调查获得的结果是不可靠、不正确的。后来心理学家改用了间接的测量方法，结果找出消费者不喜欢速溶咖啡的真正原因——家庭妇女担心购买使用速溶咖啡会被认为是懒惰的人，是不称职的妻子。

二、客观性原则

客观性原则是指在调查过程中，尊重客观事实，真实准确地反映客观情况，避免主观偏见或人为地修改数据结果。在市场调查中，研究人员通常会假设或预测调查结果，这种先入为主的看法会影响调查结果。有时调查结果与客户的预测不一致，甚至对客户不利。在这种情况下，只要整个调查过程是科学的，结果是可靠的，客户终究会承认，千万不可为了迎合客户而擅自修改数据结果。

三、保密性原则

广告调研的保密性原则体现在两个方面：第一是为客户保密。许多广告调研有委托人，因此市场调查公司以及从事市场调查的人员必须对调查获得的信息保密，不能将信息泄漏给第三者。在剧烈的市场竞争中，信息是非常重要的，不管是有意的或无意的，也不管信息泄漏给谁，只要将信息泄漏出去，都可能损害客户的利益，同时反过来也会损害市场调查公司的信誉。所以市场研究人员必须特别谨慎。第二是为受调查者提供的信息保密，不管受调查者提供什么信息，也不管受调查者提供的信息的重要程度如何。如果受调查者发现自己提供的信息被暴露出来，一方面可能给他们带来某种程度的伤害，另一方面即使不会给他们带来任何不利，也会使他们失去对调查的信任。受调查者愿意接受调查是调查业存在的前提，所以如果市场调查不能得到受调查者的信任和配合，那么整个市场调查业的前景就不堪设想了。

第五节 广告调研简史

前面已经讲过，广告调研是市场研究的一个方面或一种特殊形式，所以了解广告调研的发展历史实际上也就是了解市场调查发展的历史。市场调查的发展跟市场经济的发展密切相关，它伴随着经济的发展而发展。美国是市场经济发展比较早而且比较成熟的国家，所以市场调查的发展历史跟美国市场调查的发展密不可分。

从市场调查在美国发展情形来看，大致可分为三个阶段：萌芽阶段、成长阶段和成熟阶段。

一、萌芽阶段(1920 年以前)

根据已有证据,第一项市场调查是一项选举调查,由美国的 *Harrisburg Pennylvahian* 报纸于 1824 年 7 月进行。同年晚些时候,美国的另一家报纸 *Raleigh Star* 在北卡罗来纳州(North Carolina)也进行了一项调查。但第一项明确运用于营销决策的调查是 N. W. Ayer 广告公司于 1879 年进行的调查。该调查以本地官员为对象,了解他们对谷物生产的期望水平,旨在为农场设备生产者发展一项广告计划。第二项市场调查是 19 世纪末 20 世纪初在 E. I. du Pont de Nemours & Company 进行的,该调查汇集了推销人员关于各种顾客特征的报告。

大约在 1895 年,学院研究者开始从事市场调查。明尼苏达大学的心理学教授 H. 盖尔(Harlow Gale)将邮寄调查引入广告调研。他邮出 200 份问卷,收回 20 份。紧随盖尔之后,西北大学的 W. D. 斯考特(Walter Dill Scott)将实验法和心理测量法引入广告实践中。

进入 20 世纪,随着工业化大生产的发展,消费者的需求越来越强烈,市场越来越大,了解消费者购买习惯和对产品的态度也越来越迫切。在这种背景下,第一个正规的调查机构 Curtis Publishing Company 在 1911 年成立,研究重点放在汽车工业上。几年后,丹尼尔·施塔奇(Danial Starch)开创了广告反应的认知测量,斯特郎(E. K. Strong)将回忆测量和量表引入市场调查。

在这个阶段,受到经济以及调查技术发展的限制,市场调查尚未得到充分广泛的运用,但是上述事实说明了人们已经开始重视市场调查。

二、发展阶段(1920—1950 年)

意识到市场调查将被广泛运用,尼尔逊(A. C. Nielsen)公司于 1922 年进入商业研究领域,提供多种服务,在这些服务的基础上不断发展壮大。尼尔逊公司现在是美国最大的市场研究机构。20 世纪 30 年代后期,市场调查进入大学课堂。调查资料的统计技术也有了一定的发展,按收入、性别或家庭情况不同进行分类比较,简单的相关分析虽然尚未被广泛传播但已开始运用。

二次世界大战的爆发,迫使许多社会科学家到军队服务。这些科学家将在战争前还是新鲜的技术,如实验设计、意见调查等运用于研究士兵和家庭的消费行为,有些心理学家将心理学的研究方法引入产品的消费者测试领域。这些研究进一步促进了市场研究技术的发展。40 年代,焦点小组在 Robert Merton 的领导下开发出来。随机抽样得到推广,抽样技术和调查方法取得很大的进展。

三、成熟阶段(50 年代以后)

50 年代以后，随着西方经济的高速成长，市场也发生由卖方市场向买方市场的根本性转变。此时，生产者已经无法销售他们生产的所有东西。生产者必须事先确定市场需要什么，然后才生产或加工以满足市场需要的产品，这为市场调查业的发展开辟了广阔的前景。在市场需要的推动下，市场研究逐步深入。到 50 年代中期，依据人口统计特征进行市场细分的研究和消费者的动机研究出现了。市场细分和动机分析的综合调查技术又进一步促进了心理图画和利益细分技术的发展。

进入 60 年代以后，伴随着描述和预测的数学模型的发展以及计算机科学的快速发展，调查数据的分析、储存和提取能力大大地提高了，市场调查业也走向成熟。

在美国和其他西方发达国家，市场调查已经相当普遍，市场调查业已经成为经济生活的一个重要领域。

相对于美国等西方发达国家，市场调查在我国的历史非常短暂。改革开放之后，伴随着西方商品进入我国市场，商业化的市场调查开始出现。但是由于我国市场上商品供不应求，市场调查一直没有受到国内企业的重视。在整个 80 年代，我国就没有商业化的市场调查公司，直至 1990 年广东的华南国际市场研究有限公司成立为止。到了 90 年代初，全国的商业化市场研究公司仍然寥寥无几，偶尔为国外企业和合资企业进行的一些横向市场研究一般是由广告公司内部设立的市场调查部门进行的。

小平同志南巡和党的十五大以后，我国经济逐渐由“短缺经济”向“过剩经济”过渡，国内企业的市场竞争压力不断增强，市场调查开始日益受到人们的重视。这期间，相继成立了许多专业化市场调查公司，国外著名的市场研究公司也纷纷以合资等形式在国内设立公司。据有关资料，到 1998 年，我国已有专业化市场研究公司 800 多家。1998 年 9 月，设立在中国信息协会之下的市场调查分会筹备委员会正式产生，标志着我国市场调查行业正式迈入起步阶段。

第六节　我国广告调研现状

改革开放以来，我国广告从业人员人数迅速增多，广告教学和科研单位日益增多。据有关的统计资料，我国广告经营单位已经由 1981 年的 1 160 户增加到 2000 年的 70 747 户(中国广告年鉴，1995 和 2001)。广告教学和科研单位也由 1983 年绝无仅有的一家(厦门大学新闻传播系),发展到至今的几十家、上百家。广告调研的两个方面,即纯学术研究方面和实用性研究方面,发展很不平衡,下面我们分别作简要的介绍。

一、学术性的广告调研

在学术性研究方面,我国的广告调研具有如下特点:

1. 学术研究尚未得到社会的充分重视

以国家社会科学基金的广告课题设立来说,到 2002 年为止,广告方面的社会科学资金赞助项目仅 5 项,它们分别是 1994 年的"我国电视广告社会效益及其改进对策研究"、1996 年的"广告传播及其文化效应"和"广告污染及其成因与对策研究"、1997 年的"广告规范化研究"、2002 年的"中外广告法比较研究",其中 1999、2000、2001 年连续三年的社科课题指南中,一个广告方面的课题都没有。2003—2006 年,列入国家社科课题指南的广告方面的题目有 4 个,它们是:"我国传媒广告的规范问题研究"、"广告伦理研究"、"中国广告发展史"、"广告传播学研究"。另一个相关课题是"新闻传媒行业的协会研究"(见 http:/www.npopss-cn.gov.cn)。这个数量,不仅在新闻传播学科中所占的比例是非常小的(4/89),与其他大多数学科相比较而言,也是微不足道的。

2. 研究水平有待大大提高

衡量一个学科的学术研究水平的方法之一,就是观察体现该学科研究水平的学术杂志。目前,我国的广告刊物有不少,如《现代广告》、《国际广告》、《中国广告》、《广告人》、《广告大观》、《广告导报》等。但是,这些杂志都是科普性质的刊物,其内容以广告案例点评、市场研究数据简报、广告新闻、个人随想或观点等为主,鲜见比较规范的学术研究论文或研究报告。当然,这种现象与我国广告学的起步比较晚有关。

二、商业性的广告调研

在商业性研究方面,我国的广告调研从广告业恢复以来取得了长足的进步。

1. 专业化的研究机构蓬勃发展

与广告相关的机构日益增多,这类机构多数是商业化的调查机构。在 80 年代,能够数得出来的调查机构尚寥寥无几,而今,调查公司几乎遍布全国各主要城市。不过比较知名的公司主要集中在北京、上海和广州。在市场上知名度比较高的公司如"央视调查咨询中心"、"华南国际市场研究有限公司"、"AC 尼尔逊"、"北京华通现代市场信息咨询有限公司"、"零点调查与分析公司”、“赛诺市场研究公司”、“新生代市场监测有限公司”、“北京美兰德信息公司”、“广东康赛市场服务有限公司”等。

2.研究已经达到一定的水平

商业性的广告调研，一般是企业因为某种现实需要进行的。这样研究机构就可以从企业那里得到研究经费。企业支付了研究经费，对研究质量、研究数据的可靠性就会提出比较高的要求。透过已经公开的一些商业性研究资料可以看出，有些研究的整个过程还是比较规范、严格的。从方法学的角度来说，可以认为，某些商业性的广告调研已经达到一定的水平。但是由于我国广告调研的起步比较晚、研究人才缺等原因，整个行业的研究水平与发达国家相比较，仍有相当差距。

思考题：

1. 什么叫做市场研究？广告调研的意义何在？
2. 广告调研有哪些类型？
3. 广告调研主要研究领域是哪些？
4. 广告调研必须遵循哪些原则？
5. 市场调查的发展经历了哪些阶段？
6. 我国广告调研的现状？

第二章　广告调研的基本过程

广告调研的过程大致可分为三个阶段:计划阶段、资料采集阶段和分析报告阶段,每个阶段又有若干步骤(如图 2-1)。本章将分三节分别介绍这三个阶段。

第一节　计划阶段

一、广告调研计划阶段的基本任务

广告调研的计划阶段从现实需求开始直至签订协议或方案批准为止。

1. 现实需要

广告调研的启动通常都是从现实需要开始的,现实需求来自两个方面:一是广告实践的需要,一个是学术研究的需要。企业广告活动进行了一段时间以后(如一个季度或半年)或一场季节性的广告运动刚刚结束,企业一般都要评估广告活动的效果,以便为进一步的广告活动提供参考,这样一项广告调研就可能在企业的驱使下开始。广告调研的科研机构有时要根据社会需要提出研究课题申请研究资助,有时要根据国家或其他社会机构的要求申请研究课题进行研究。1994 年,国家社会科学资金会资助的研究课题中有一个项目——我国电视广告社会效益及其改进对策研究,厦门大学新闻传播系广告教研室针对此提交了课题申请并得到批准。又比如,中央电视台广告部为了深入认识"央视"作为优势媒体的影响力以说服广大广告主,厦门广电集团为了帮助赞助商了解"厦门国际马拉松的赞助效益",于 2005 年分别委托厦门大学品牌与广告研究所进行研究。

2. 明确问题

当广告调研有现实需要时,研究人员就要着手弄清楚目标问题,这一步骤即明确问题。明确问题是一个很关键的步骤,因为它涉及研究的方向和合理性。在这一过程中,如果研究是为了解决广告实践的问题,那么研究人员一方面要听取广告主的介绍,了解他们的目的、意图以及信息需求。另一方面要进

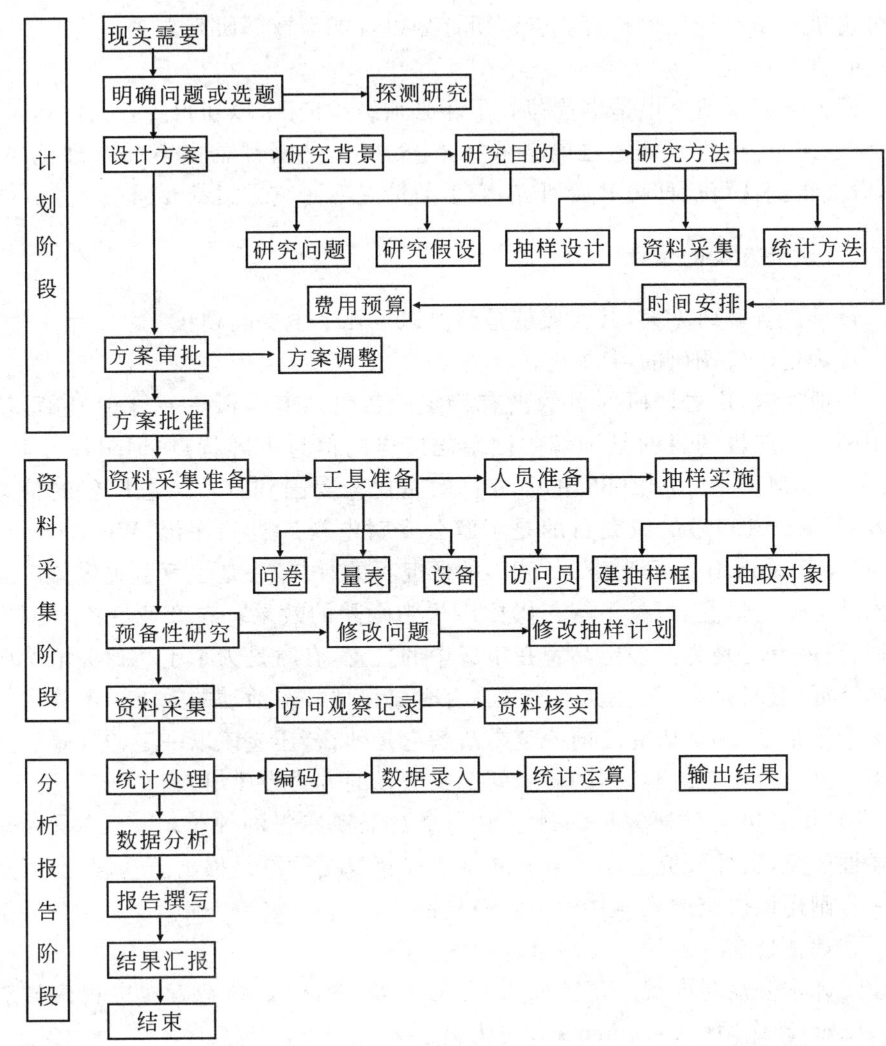

图 2-1　广告调研过程

行探测性研究，收集分析相关的二手资料，必要时还要进行小规模的定性研究，以便明确界定要调查的问题，或以假设的方式提出来讨论。

3. 设计方案

明确了研究问题之后可以开始制定研究计划，即设计研究方案。研究方案通常要具体说明广告调研的背景、目的、研究方法、研究的时间安排、研究的费用。合理、完善的研究计划能充分保证广告调研的客观性、科学性，所以广告调研计划的好坏是衡量研究群体研究水平的标准，也是研究群体取得委托人信任的依据。拟订广告调研计划在整个广告调研中相当重要，本节后面两部分将进一步讨论如何拟订广告调研计划以及如何撰写研究方案。

4. 方案审批

研究方案或研究申请书撰写好了还必须经过论证，以获得委托人的认可。委托人在决定认可或拒绝之前会严格审查方案，分析评估方案的合理性、价值，方案得到认可后即可开始研究，大多数情况下研究方案都要修改。

二、研究方案的设计

设计广告调研方案，其实质就是解决以下几个主要问题：

1. 确定广告调研的目的

一般而言，广告调研的目的没有特定的数目限制。Rice & Lu(1987)研究中国杂志广告的目的是了解中国杂志广告的信息内容特点；Madden, Caballero & Matsukubo(1986)的研究目的是比较美国和日本杂志广告的信息内容；Mittal(1994)的研究目的是了解公众对电视广告的评价；Weinberger, Sports, Campbell & Parsons(1995)的研究目的有二，一是了解各种媒体广告中幽默的使用情况，二是了解各媒体广告中幽默的效果。在商业性广告调研领域，研究有时是为了确定品牌在市场中的位置，有时是为了了解目标消费群体的特征；有时是为了测验广告文案，有时要评估广告活动的效果。不管目的是一个还是多个，在研究之前一定弄清楚它是什么，还应该以一定的方式表达出来。具体地说，要用具体的研究问题或假设的方式表述出来。

Mittal(1994)的研究目的是了解公众对电视广告的评价，由于该研究是描述性研究，因此研究者在了解和介绍研究背景之后不是提出研究假设，而是进一步阐述该研究的具体目标。它们是：

①评估公众对电视广告的喜欢程度。

②评估公众对电视广告特征(如可信度等)的认识，消费者对电视广告效果(effect)和作用(consequences)的认识。

③检查公众的这些认识在影响他们对广告的好恶上有什么作用。

④比较公众对各类产品电视广告的认识。

⑤比较公众对电视广告与其他媒体广告的态度。

⑥了解消费者是如何对待电视广告的，包括对电视广告的行为反应、心理反应和对电视广告管理的呼吁。

在为广告活动服务的研究中，研究者常常要列出研究想要了解的问题。例如当广告调研的目的是了解广告的诉求对象时，研究者必须明白如何界定广告诉求对象，从哪些方面来界定。弄清楚这些问题，拟定相关的研究内容就不太困难。如果把研究目的看成概念的内涵，研究内容就是概念的外延。例如在以了解家用空调广告诉求对象为目的的广告调研中，研究的内容至少包括下列几个方面：

①现有家用空调使用者的基本情况，包括经济收入、住房条件、家庭人口数、文化程度、职业等。

②哪些家庭成员参与空调购买决策，谁倡议购买，谁搜集信息，品牌选择意见由谁提供，谁最后决定，谁执行购买行动？

③有潜在购买意向的购买者是什么样的人或家庭。这些人或家庭的经济收入、住房条件、人口数、文化程度、职业如何。

在 Park & Young(1986)关于卷入和背景音乐对品牌态度形成的研究中，研究的目的就是要验证以下几个假设：

H_{1a}：当被试处于认知卷入且没有音乐时，期望价值或认知反应模型对品牌态度的影响大于广告态度对品牌态度的影响。

H_{1b}：当被试处于认知卷入且有音乐时，期望价值或认知反应模型对品牌态度的影响小于广告态度对品牌态度的影响。

H_{2a}：当被试处于情感卷入时，广告态度对品牌态度的影响大于期望价值或认知反应模型对品牌态度的影响。

H_{2b}：当被试处于情感卷入时，广告态度对品牌态度的影响在有音乐时比没有音乐时大。

H_{3a}：低卷入时，广告态度对品牌态度的影响大于期望价值或认知反应模型。

H_{3b}：低卷入时，广告态度对品牌态度的影响在有音乐时比没有音乐时大。

H_4：音乐对品牌态度和行为意图的影响取决于被试是认知卷入、情感卷入还是不卷入。具体地说，(a)认知卷入组的被试在观看电视广告后，对品牌的态度和行为意图不同，没有背景音乐好于有背景音乐。(b)相反，情感卷入和低卷入组的被试，在观看了同类型的电视广告后，对品牌的态度和行为意图也不同，有背景音乐好于没有背景音乐。

确定研究的内容是相当重要的一个环节，其原因有二：第一，研究内容的确定界定了问卷设计或访问提纲的范围，为问卷设计或访问提纲的编写提供了依据(参见本章案例 3)；第二，研究目的能否达到，在计划阶段只有通过研究者界定的研究内容来判断。因此，研究内容是否全面、适当，研究假设是否合理，会在相当程度上影响着研究方案能否为委托人认可、接受。

列出具体的研究内容看似简单，其实不然。它要求研究人员具有丰富的市场营销、广告学、广告心理学等相关学科的知识，充分了解目标问题涉及的研究领域。

2.确定研究方法

确定广告调研的方法，关键是要解决三个基本问题：一是抽样，二是资料采集方法，三是统计方法。前两个问题必须用书面形式体现在研究方案中，第三个问题不一定以书面方式出现，但研究者要做到心中有数。两个问题解决以后，研究实施的具体操作就会变得明朗和简单。伴随着统计学、社会科学研究方法等相关学科的发展，迄今已开发形成的抽样方法和资料采集方法很多。例如在抽样方法上有属于随机抽样的系统抽样、分层抽样、整群抽样等，有属于非随机抽样的判断抽样、任意抽样、配额抽样和滚雪球抽样等；在资料采集方法方面，仅调查法就有电话访问、入户访问、日记记录、邮寄问卷等形式。实验法也有许多不同设计，如有单因素设计、二因素设计，也有多因素设计；有被试内设计、被试间设计，也有混合设计。这些方法各有利弊，适应于不同的条件（这些问题将在第七至第十一章中作详细地介绍），选择时要十分慎重。同样，现代统计方法也有很多，包括差异检验、方差分析、聚类分析、判别分析、因子分析、多元回归分析等，不同的方法用来解决不同的问题（请读者参见本书第十三、十四章）。

在实际研究中，不同的研究方法会导致不同的研究结果，有时差异比较大。例如同样是对1997年我国部分家电产品的市场占有率情况进行的调查，国内三项比较权威的研究采用不同的方法，结果差别相当大（见表2-1）。

表2-1中的①列结果是由央视调查咨询中心和《人民日报》社新闻信息中心进行的调查，该项调查的名称是“1997年全国主要城市居民消费品调查”，调查地区涵盖国内北京、上海、广州等32个城市，采用多级混合随机抽样和入户访问的方法。表中的②列是由中国企业管理协会、中国企业家协会主办，中国企业信息交流中心承办的调查结果，调查名称为“第5次全国产品竞争力调查”，调查通过在《经济日报》、《中国青年报》、《市场观察》杂志上刊登调查问卷，对这三种媒体的读者进行随机抽样。表中的③列是由中国统计协会主办，国家统计局怡康经济咨询公司承办的调查结果，调查名称是“1997年全国城乡多级市场家电销售情况逐月跟踪调查”。

研究方法不同，研究结果不同，而科学正确的结果只能有一个，因此正确合理地运用研究方法是获得可靠研究结果的基本条件。所以考察研究结果的客观性、科学性时，往往也要参考研究方法的合理性、科学性。如果方法不恰当、不合理，研究结果也就值得怀疑。

一般来说，在确定研究方法时需要解决的具体问题主要包括（参见本章所附案例）：

表 2-1 部分家电品牌的市场占有率 （%）

产品类别	①品牌市场占有率			②实际购买品牌			③占有率		
电冰箱	容声 17.34	海尔 15.89	美菱 10.63	海尔 25.105	容声 20.761	新飞 12.280	海尔 30.28	容声 17.14	新飞 13.11
彩电或电视机	长虹 21.72	松下 12.62	康佳 9.51	长虹 25.445	康佳 12.938	松下 7.866	长虹 24.96	康佳 15.12	TCL 9.48
洗衣机	小天鹅 16.86	小鸭 8.46	威力 6.68				海尔 27.68	小天鹅 20.99	荣事达 12.66
普通洗衣机				荣事达 18.203	威力 14.178	水仙 12.074			
自动洗衣机				小天鹅 33.337	海尔 19.312	荣事达 16.811			
组合音响	爱华 13.58	索尼 7.22	先锋 7.59	新科 13.795	先锋 11.871	健伍 7.006	新科 26.49	松下 12.26	菲利浦 11.64
微波炉	格兰仕 26.37	松下 15.59	砚华 15.26	格兰仕 42.935	松下 17.108	LG 10.766	格兰仕 46.60	LG 11.10	富士宝 7.67
VCD 机	新科 19.50	爱多 11.60	万利达 9.77	爱多 39.038	新科 21.622	万利达 10.123	新科 35.48	万利达 13.51	爱多 13.48

资料来源：国际广告，1998，7。

①研究区域：在哪些地区进行调查，为什么要选择这些地区。

②研究对象：目标对象是哪些人和团体，选取这些人或团体合适吗？

③样本量：抽取多少人或多少个单元作样本。

④抽样方法：使用什么抽样方法，为什么使用这种抽样方法？

⑤资料采集方法：使用什么资料采集方法，是电话访问、还是入户访问，是观察法还是实验法等，还有其他辅助方法吗，各种方法如何配合？

⑥统计方法：使用什么方法统计处理搜集到的资料？

3. 拟定研究活动进度表

研究活动进度表是研究作业进行的时间依据，如果该研究是商业性质的，研究进度表还是委托方用以检查研究活动进展情况的依据，同时也是解决法律纠纷时的重要依据。所以在拟定研究进度表时，一方面要考虑到委托方的时间要求、信息的时效性；另一方面，也要考虑到作业的难度、完成作业的可能性。对于学术性的课题研究来说，研究活动的进度安排表是研究经费赞助机构检查、监督研究人员的依据。如果研究人员不能在规定时间内完成相应的任务，经费赞助机构可以暂停或取消后续的经费支持。

拟定研究活动进度表难度不是很大，有一定经验、熟悉广告调研全过程的研究者都可以拟定，一般应该充分结合考虑完成以下各项工作所需的时间。

由于注重研究结果的时效性，服务于广告活动实践的广告调研的单项研究的时间一般为一个月左右，因此，时间进度表可以具体到如下工作细节。

①问卷设计印刷

②抽样实施

③访问员的招聘和培训

④预备性研究

⑤问卷修正、印刷

⑥调查实施

⑦资料的编码、录入和统计

⑧数据的分析

⑨报告的撰写、修改和制作

拟订上述各项作业时间时，研究实施的时间往往会受到访问员熟练程度的影响，难以准确把握，要特别注意这一点。

学术性的广告调研的时间一般是一年、两年或三年，可根据以下四个方面来分配时间，当然也可以按子项目来安排时间。

①文献研究

②研究设计

③研究实施

④撰写研究报告

进度表不仅对于委托方是必要的，对于研究机构来说也是必要的，它作为研究机构的备忘录，有利于强化研究过程管理，提高工作效率，节省研究成本。

4.研究费用预算

广告调研的费用因项目不同差异甚大。直接为广告活动服务的研究在作费用估算时最常用的方法是：依据抽样设计和资料采集方法，列出研究过程中各个费用支出项目及金额，然后求出总费用。这种广告调研所要支出的费用项目一般包括：

①印刷费

②方案策划费

③问卷设计费

④抽样设计费

⑤差旅费

⑥邮寄费

⑦访问员劳务费

⑧受调查者礼品、礼金

⑨统计处理费

⑩报告撰写制作费

⑪电话费

⑫交通费

⑬服务费

⑭杂费

⑮税收

有些研究比较简单,可以依附其他研究进行,这类研究也叫搭车研究。搭车研究的费用比较省,表 2-2 是华通现代网络追踪研究 2006 年的报价表。

表 2-2　华通现代网络追踪研究对于已有城市搭车调查的报价　　(元)

	加 1—5 道题(RMB/题)	加 6—10 道题(RMB/题)
一个城市	1 500	1 000
二个城市	2 500	2 000
三个城市	3 500	2 500
全国	6 000	4 000

注:额外增加城市:对于新增城市,使用同一套问卷,按每城市样本费用 20 000 元,总体加上 20 000 元的分析费用。

在学术性研究中,少了税收项目,但多了设备费(用于购买计算机以及其他研究设备)、会议费、著作出版补贴费、研究成果专家鉴定费等项目。

三、研究方案的撰写

在学术研究中,研究方案实际上是一份课题申请书,一般有比较规范的表格,申请人只要依照表格的要求填写即可。其中比较困难的是论证课题,在这一部分,对该课题相关研究领域情况的把握以及研究的技术路线的设计是比较关键的。

在商业性广告调研中,研究方案实际上是一份研究计划书,其书面形式,一方面要提供给研究委托方审议、检查,另一方面用来作为广告调研执行实施的依据。研究方案的基本内容就是本章前一部分讨论的内容。作为一份完整的书面材料(参见本章案例),它大体包括下列几个部分:

①引言:概要地叙述该项研究的背景、原由,阐明研究问题的由来。

②研究目的和内容:简要回答研究的目的和研究结果的适用范围;列出该项研究预期获得的各方面信息,提出研究的假设。

③研究方法:说明研究在哪些地区进行,选择这些地区的理由;明确界定

研究对象;说明抽样人数、抽样方法并列出样本结构表;具体说明研究设计、资料采集方法。对于大规模的研究,通常要为抽样问题单独制作一份较为详细的抽样计划(参见第六章的案例),详细说明抽样中涉及的问题(尤其是抽样实施问题)。必要时还要说明访问员数量和资格、访问实施的操作过程、访问员的管理监督办法和数据的统计处理方法。

④提交结果的方式:阐明研究报告的形式、数量、大致内容以及其他附件。

⑤研究进度表:把研究过程每个步骤所需时间制成表格,如表 2-3。

表 2-3 研究时间安排

时间或日期	作业项目	作业负责人	备注
	问卷设计		
	抽样实施		
	预备性研究		
	问卷修改印刷		
	资料采集		
	数据录入及统计		
	报告撰写		
	研究结果汇报会		
	报告修改		

⑥研究费用:原则上只列出总费用。也可以根据客户要求,列出细目,制成估价单如表 2-4。

表 2-4 研究费用估算单

支出项目	数量	单价	金额	备注
资料				
印刷				
抽样费				
问卷设计费				
方案设计费				

续表

支出项目	数量	单价	金额	备注
访员劳务费				
交通费				
统计处理费				
报告制作费				
杂费				
服务费				
合计				

注:本估价单有效期____天:

交款:订约时请先付研究启动金______,余款于研究报告交付之后______天内全部付清。

⑦附录:如问卷初稿、抽样说明等。

在商业性的广告调研中,研究方案不仅要有书面的,而且要做成 PPT 文件,因为在商业竞标中,研究者通常要向客户全面阐述研究的设想并回答他们提出的相关问题(特别是技术问题),这个时候 PPT 文件使用起来相当方便。

第二节　资料采集阶段

研究方案得到委托方的认可,课题得到基金会的批准之后,广告调研方案就可以开始实施了。

一、资料采集准备

广告调研实施阶段的第一步工作就是为资料采集做准备。准备资料采集时要做好几件工作,包括:工具准备、人员准备、材料准备和抽样实施。

1. 工具准备

研究资料通常要利用一定的工具来获取,获取研究资料的工具可能是问卷、量表或仪器。在许多研究中,问卷是必备的工具。问卷如何设计,第五章会有详细的阐述。量表是一种能够使事物的特征数量化的数字的连续体,心理学常常用量表来测量人的能力、性格、态度等。广告调研中也常常用到量表,如广告态度量表。广告调研(特别是文案测验)有时需要借助仪器设备,最常用的仪器设备当然是电脑,计算机辅助电话调查中就需要电脑。其他的仪器有眼动仪(一种记录眼球运动路线的仪器)、脑电记录仪(可用于记录被试看或听广告时的脑电波)等。

2. 人员准备

问卷调查往往都需要大量的访问员,研究开始之前就必须招聘和培训访问员。访问员的招聘和训练是研究过程中极为重要的一个环节,资料的采集工作主要由访问员来完成。访问员能否顺利执行访问工作,对研究结果的客观性和科学性影响很大,所以本书第六章将仔细讨论访问员管理的相关问题。

3. 材料准备

实验研究中通常要用到一些实验材料,如广告作品、包装设计、产品品牌等,这些材料也必须按照要求在实验开始之前先准备好。

4. 抽样实施

抽样实施通常包括建立抽样框、抽取受调查者。如果调查访问将在已建立的调查网内进行,那么抽样实施的过程就比较简单。如果没有现成的调查网,就要根据抽样计划建抽样框、抽取受调查者。

二、预备性研究

在问卷调查中,问卷初稿设计完成之后,一般都会存在这样或那样的问题。即使是经验丰富的问卷设计者,即使是经过认真的审查,问题仍是不可避免的。所以采用实践的方法来客观地检验问卷是十分必要的。

预备性调查就是检验问卷设计的合理性和适当性的最有效方法。预备性研究要求抽取小部分研究对象根据调查计划要求进行访问,然后分析处理获得的资料。一般来说,问卷设计中存在的问题在访问过程中以及分析处理预备性研究资料时都会暴露出来。

通过预备性调查,不仅可以发现问卷设计中存在的问题,还可以检验抽样方案的合理性。例如在抽样设计时发现对受调查者的拒绝情况考虑不足,抽样框资料老化、过时等严重损害研究质量的问题,预备性调查能及时发现和排除这些问题。此外,预备性调查还是一个锻炼访问员、检查访问员作业水平的好机会。

预备性调查中一旦发现问卷设计及抽样设计的问题,研究人员就必须适当修改问卷以及抽样计划。预备性调查中出现的问题,有些可以通过修改加以克服,有些问题则可能是客观存在,难以克服的。例如询问受调查者的经济收入时,不管问卷如何设计,设计得多巧妙,调查中还是能发现受调查者的回答不太真实。

在实验研究特别是需要采用仪器的研究中,通常也需要进行预备性研究。通过预备性研究来调试仪器设备以及实验软件,设定实验控制条件、参数等。

例如在黄合水(2002)的关于品牌资产的研究中有一项关于品牌自由联想的实验,该实验让被试对品牌进行3分钟的联想,3分钟这一时间就是根据预备性实验确定的。

三、资料采集

预备性研究完成之后,正式的资料采集工作就可以开始了。资料采集是非常重要的一个步骤,因为它关系到资料的客观性、真实性、可靠性。资料采集就是通过访问、观察、记录等方法收集有关研究问题的第一手资料。在问卷调查研究中,资料采集通常包括访问、问卷复核和回访三步工作。访问指由访问员询问被抽到的受调查者并将受调查者的回答记录下来;问卷复核是对访问员交回的问卷资料进行检查,发现并纠正不符合规范的地方;回访是抽取一定的受调查者进行第二次访问,目的是了解、判断访问过程的真实性。在问卷复核和回访过程中发现问题必须立即更正或采取相应的补救措施。

一旦有理由肯定研究获得的资料是可靠的,研究实施阶段就可以宣告结束,接下来进行第三阶段的工作。

第三节　分析报告阶段

分析报告阶段包括统计处理、数据分析、撰写报告、结果汇报(结题)。

一、统计处理

分析报告阶段的第一个步骤是对问卷资料进行统计处理。统计处理包括编码、数据录入、统计运算和输出结果等过程。编码是将收集起来的资料转化为计算机能够识别、符合统计分析软件要求的符号或代码的过程;数据录入指将编码结果输入计算机;统计运算是根据统计分析计划要求,给计算机下统计指令,让它进行运算;输出结果是将计算机的运算结果打印出来(详细介绍见第十二章)。到此为止,广告调研的所有繁琐工作就暂告一个段落。下一步工作就是由研究人员分析计算机输出的数据结果。

二、数据分析

数据分析是为撰写研究报告做准备的,目的是发现数据中存在的规律和数据反映的问题,选择能够说明问题的数据。分析数据时,研究人员要注意判断哪些数据是有用的,哪些数据是多余的;哪些数据是完善的,哪些数据是不完善的;哪些数据使用的统计方法合理,哪些数据使用的统计方法不合理;哪些数据结果可以采用别的统计方法进行统计等。对于某些统计结果，研究者也可以采用其他的统计方法进行重新运算，看看结果是否一致，哪一种统计结果更合理，更有利于解释问题。

三、撰写报告

当需要的数据齐备了，数据反映的规律、问题清楚之后，研究者就可以着手撰写研究报告。研究报告是广告调研的成果，它所呈现的资料将对实践中的广告决策产生重要的影响，也可能为学术中某一理论的确立提供重要佐证，所以写作时必须十分慎重。第十五章专门阐述如何撰写广告调研报告，这里就不具体介绍。

四、结果汇报或结题

研究报告写好打印出来之后，还有一个重要的步骤——举行研究结果汇报会或课题鉴定会。会议参与人员包括研究人员、委托方代表和有关专家。由研究人员向委托方代表或课题评审专家介绍、说明研究所得到的结果以及结果的由来。在阅读完报告以及倾听研究人员的介绍之后，委托方代表或课题评审专家可以质疑，研究人员必须解释这些疑问。

在商业调研项目中，结果的汇报十分重要，原因有二。一，委托方委托调研机构做研究的目的，调研机构是否实现，通常表现在调研机构的结果汇报上。通过结果汇报会，委托方可以简明扼要地了解本次调研获得的主要结果，可以检查研究机构是否完满地回答了委托方提出的各种要求。二，有些研究比较复杂，研究报告中的许多专业术语、词汇，委托方不一定熟悉。汇报会是一个很好的阐述和解释的机会。所以，调研机构一定要做好结果的汇报准备，尽量在短时间之内向委托方的相关人员介绍清楚研究的结果，并解答他们的质疑和提问。

结果汇报会通常要求调研机构事先做好 PPT 文件，请口齿比较清楚、擅长演讲的人做报告。在正式汇报会之前，演讲者要先进行练习，以免汇报过程出现问题，耽搁别人时间。除了演讲者之外，调研机构的一些主要研究人员也要参加汇报会，以便及时解答委托方提出的问题。

研究结果汇报会结束，针对会议提出的问题或建议，研究人员还要进一步补充修改研究报告。委托方接受了报告之后，整个研究工作就告结束了。

在学术研究中，研究报告或论文往往要公开出版或发表。结题就是将发表的研究成果等资料提交给管理部门，不一定开汇报会。

第四节 广告调研的薄弱环节

广告调研过程中有一些薄弱环节,这些环节需要特别关注,否则会出现质量问题。实际上,广告调研的质量控制,主要也就是看对这些薄弱环节管理的细致程度。

纵观整个调研过程,薄弱的地方主要有以下几个方面:

一、抽样框的建立

广告调研样本的代表性主要体现在抽样上。在抽样设计和实施中,第一个要解决问题是样本量的大小。然而样本量的确定往往与调研的目的、方法以及研究经费相关,比较直观,设计中是否存在问题比较容易看出来。第二个需要解决的问题是使用什么抽样方法。这个问题跟第一个问题一样,如果存在问题比较容易观察出来,根据研究的条件设计抽样方法进行,一般不大会出现大问题。第三个要解决的问题就是抽样框。在随机抽样中,研究人员首先要获得各级抽样单元的抽样框(即所有抽样单元的名单及其联络方式),才能够从中抽取被调查的单元。在现实的调研中,最后一级的抽样单元通常是户或户中的个人,因此调研之前必须建立社区居民住户的抽样框。由于地理环境复杂、人口流动和家庭搬迁等原因,要准确地建立某一社区居民住户的抽样框有一定难度。因此如何建立、建立后如何完善抽样框是一个调研机构必须时刻关注的问题。为了保证抽样的质量,华通现代采取的措施有二:一是每两年更新一次抽样框;二是“至少复核20%的抽样地址”。

目前网络调查方兴未艾,网络为调查提供了便利,但是网络用户抽样框的建立也在根本上困扰着网络调查的发展。没有一个用户抽样框,连受调查者是谁都无法知道,结果怎么会可靠呢?

二、问卷设计

问卷设计中经常存在两个问题。第一,题目表面效度高,但结构效度不一定高。换言之,问了该问的问题,但答案不一定可靠,或者答案并不能解决问题。例如,“你为什么不买××品牌?”答案可能包括“太贵”、“质量不高”、“知名度不高”、“包装不好看”等。这个题目看起来就是要了解受调查者不购买品牌的原因,也容易作出回答,但是受调查者选择的答案可能都是一种冠冕堂皇的理由,并不是真正的原因。也许真正的原因是该品牌不适合受调查者的身份,或者是受调查者的家人不喜欢该品牌。第二,问卷设计者通常能够根据调研的目的或委托方的要求来设计问卷，但是经常会忽略受调查者的要求或意愿。也就是说，问卷可能能够很好地满足委托方的要求，但不一定让受调查者感到满意。在一些商业调研项目中，经常可以看到一些设计得非常长的问卷。这样的问卷可以获得大量的信息。但是从受调查者的角度想一想，接受长时间的调查，是不是一件令人厌烦的事情呢？在厌烦的情绪下受调查者提供的信息可靠吗？

三、资料采集

资料采集过程涉及访问员，这就存在一些影响调研质量的人为误差，这些误差可以分为两大类：一类是主观故意造成的误差，即访问员故意不按照调研要求执行而造成的误差；另一类是非主观故意造成的误差，即访问员由于缺乏调查访问的知识、技能而造成的误差。资料采集中存在的这些问题，第四章会有比较详细的阐述。

思考题：

1. 广告调研的运作包括哪些阶段？各个阶段分别要完成什么任务？
2. 在研究实施过程中，主要通过哪些手段来控制研究的质量？

案例一　Heritage 餐馆调查方案

背景："概念餐馆"的创建者 Heritage 餐馆正在研究各种长时成长策略，包括零售餐馆概念。已开发出两个餐馆概念——Roxann's CafeBig 和 Al's，需要进行测验。

目的：本研究旨在为 Heritage 餐馆提供消费者对概念的认识，以及对每一个概念生命力的评价。

目标：

①餐馆设计概念：评估消费者对不同餐馆设计概念的反应和偏好。

②对概念的兴趣：获得对概念餐馆有一定兴趣、光顾概念餐馆有一定频率的人对餐馆概念、名字和理念的反应；了解他们对餐馆概念、名字和理念的偏好。

③生活方式：根据 PRIZM 或 VALS II 所运用的分类模型，将受调查者分成各种生活方式群体，旨在确定适当的生活方式市场细分策略。

④人口统计特征：获得每个受调查者的详细人口统计特征。

方法：先进行座谈会，而后进行电话访问。

概述：

本研究分三步采集资料：

初次电话访问：随机调查10种PRIZM生活类型的消费者。

邮寄：将餐馆设计图、装饰图、产品样例和菜单包装好送给那些同意参加第二次调查的人。包裹将在访问日期的三天前寄到。里面含两美金作为酬谢。

概念评价电话访问：对那些合格的受调查者在收到邮件之后进行电话访问。此次访问侧重于识别最佳的零售概念。

PRIZM生活方式聚类：本次研究的所有受调查者名单经筛选，只留下10种PRIZM生活类型(详细介绍略)的成员。这些类别被Heritage餐馆选择出来代表零售概念测验的目标受众。他们的家庭年收入不少于＄25 000。

初次电话访问：这次电话访问试图实现目标③和目标④。

样本量：总共600人，这些受调查者均同意接收邮件和接受第二次访问。

分层抽样：3个城市的受调查者数量大约相等，每个城市的每一类PRIZM的样本大约相等。

抽样误差：600个样本在置信度为95％(即P＝0.5)的条件下，抽样误差为(4.1％)。

邮寄包裹：经筛选的受调查者在访问的前三天内收到邮包。邮包中包含商店标识、设计图和装饰图的彩色印刷资料。

概念评价访问：在受调查者接收到邮包之后进行电话访问。访问持续35分钟至60分钟。

样本量：400人。

抽样误差：400个样本在95％置信度(P＝0.5)的条件下，抽样误差为(5％)。

案例二　2001年度六神浴露广告追踪研究项目建议书[①]

委托人：上海家化销售有限公司

计划人：上海大正市场研究有限公司

日期：2001/7/17、7/27、7/30、8/6

研究背景

2001年度六神浴露的广告活动于2001年5—8月间在上海、江苏、山东、安徽和四川等地区进行。其中，第一波广告的投放从5月15日开始至6月

① 本案例由上海大正市场研究有限公司提供。

15 日结束,第二波的广告则从 7 月 15 日开始至 8 月 15 日结束。

总的来说,今年六神广告活动的基本轮廓与 2000 年相似:

①在媒体策略上,电视广告的投放仍然采用“地方台为主,中央台为辅”的策略,电视广告主要在 22 个城市进行。

②除了电视广告外,还辅以较多的户外灯箱广告。

③在广告内容上,今年六神广告的重要任务之一是打造六神品牌形象。今年的广告开始有意地在品牌方面着手系统的品牌身份(identity)的传播,具体做法是提出了六神原液的诠释方式,并会在一段时间内在所有广告中相对固定其表达方法。

④此外,广告对浴露产品功能的述求仍然坚持“清凉”的方向,“故事”也仍以母女组合为基础。

⑤产品在包装,价格等方面与 2000 年一样。

在这种情况下,委托人希望能够沿袭历年的惯例,对 2001 年六神浴露的电视广告进行后测:通过定量研究评估 2001 年度六神浴露广告活动的传播效果。

由于对消费者类别利益认知和对六神品牌利益(特别是情感利益)的测试点已经有两年时间未做专门的深度检讨,因此委托人希望在时间允许的情况下,先从定性研究中获取消费者在上述方面的认知现状的描述,确定对测试框架的修正方案。同时,对 2001 广告本身得到消费者较为详细的反应资料。

另外,六神浴露在经过几年的发展后,希望能突破清凉的形象,在整合六神品牌的同时,朝新的利益方向延伸。因此,委托人希望能在本年度研究中加入部分有关新产品开发的研究。在目前委托人对未来新产品可能的方向尚无较为正式准备的情况下,这次研究将适当增加追踪研究与新产品开发研究可以共享的浴露产品类别 U&A 部分。但正式的新产品开发决策,仍需要较为专门化的其他内外部研究的配合。

研究目标

基于以上对研究背景的理解,本次研究的主要目标设定为:

①量化评估 2001 年度六神浴露广告运动的传播效果。

②了解消费者对六神品牌形象认知的变化趋势。

③评估六神浴露 2001 年的市场表现。

④了解消费者对浴露产品的使用及态度。

所需收集的资料

为保持与以往数据的连续性和可比性,广告运动传播效果追踪部分的测量框架和问卷内容基本应该与 2000 年度的追踪测试一致。但是,由于上面已讨论过的原因，个别测试点和问题的问法将有所调整。我们将力求使这种调整对数据的连续性和可比性的消极影响降至最低。下表列出了两次研究的涵盖内容及数据的可比性：

测试内容	2000	2001	可比性说明
广告部分			
一电视广告无提示知晓率	√	无	
一电视广告有提示知晓率	√	√	
一电视广告照片提示知晓率	√	√	
一branding 效应	无	√	
一其他媒体广告接触			
灯箱广告无提示知晓率	√	√	不完全可比，提问方式有所变化
灯箱广告有提示知晓率	√	无	
灯箱广告照片提示知晓率	√	无	
其他媒体(报纸/杂志/车身等)	无	√	
一广告信息传递	√	√	2001 扩充到对竞品的广告记忆
一对广告的总体评价	√	√	不完全可比，视具体数据格式及评价指标而定
一对广告的具体细节评价	√	√	
一广告在目标群体中到达的次数	无	√	
浴露品牌部分			
一品牌知名度(第一提及、无提示、有提示)	√	√	
一品牌渗透率			
5 月至今使用率	√	√	
主要使用率	√	√	
最近一次使用率	√	√	
品牌转换	√	无	
一品牌购买率	√	无	
一品牌购买意向	√	√	
一品牌好感度	√	无	
一品牌利益及形象认知	√	√	基本相似
浴露 U&A 部分			
一浴露产品的渗透水平	√	√	
一浴露产品的使用习惯	无	√	
一产品使用满意度	√	√	
一影响产品选择的主要因素：特性一利益一价值层	无	√	为新产品研究作准备，2002 年不必延续

研究方法:定性研究和定量研究结合

1. 地理区域:

考虑到与以往数据的可比性以及今年六神浴露广告的重点投放区域情况,建议在研究地区上与2000年保持一致,仍选择上海、北京、武汉三个城市。另外新增加广州和成都两个城市。由于时间关系,座谈会将只在上海进行。

2. 数据采集方法:

定性研究:消费者座谈会

定量研究:定点访问

3. 竞争品牌的选择:

今年强生浴露推出了清凉款的浴露,且广告投放较多;舒蕾则在北京有较多的售点广告;玉兰油近期也在上海、广州等地区有较密集的投放。因此将今年六神浴露在全国范围的benchmark仍设定为力士和强生,再根据地区设定一两个地产品牌作为六神的参照品牌。

根据委托人要求,各城市具体竞争者设定为:

①上海、成都——力士、强生、舒肤佳、花王碧柔

②北京、武汉——力士、强生、舒蕾、玉兰油

③广州——力士、强生、舒肤佳、澳雪

出示广告为:

①上海——六神、力士、强生

②北京/重庆——六神、力士、舒肤佳

③武汉——六神、强生、玉兰油

④广州——六神、强生、澳雪

4. 研究总体:

18～49岁的市区女性

家中浴露或香皂产品的品牌决策者

5.定性研究概要

目的:

①收集或更新浴露产品的消费者UA,了解她们看重或不看重的产品利益或特性。

②探求她们对浴露品牌的描述或比较方式,识别那些有竞争意义的品牌形象要素,并确定相关的描述语。

③探索消费者对六神及竞争品牌的电视广告的反应及相关理由,假如存在的话,找出她们对电视广告的评价角度。

目标人群:

依照核心沟通人群的设定，相对聚焦于20～35岁女性，浴露产品使用者，并是家中日用品购买者

组别设计：

①虽然年龄已相对集中，但仍包含了15岁以及婚前/后的跨度，这些都是UA和广告态度的影响因素。另一变量是使用的品牌，最粗的分类是六神和竞争品牌使用者，细致一些可增加品牌转换的指标。

②由此，建议取4组人群作为研究对象：

六神浴露使用者2组：20～28岁，未婚或婚后无孩一组，29～35岁一组。每组内可考虑六神忠诚使用者及今年流入六神者。

竞品使用者2组：年龄区隔同上。每组亦考虑六神流出者若干。

测试材料：

六神和竞品的广告带。（需在8月4日前准备好）

6.定量研究概要：

目的：

①广告效果定量评估。

②浴露类别UA资料。

样本量：

①每城市随机样本量400。（对二分变量，95%置信水平下误差范围在（5%之内）

②总计2 000

配额：

①按各城市市区女性人口年龄自然分布规定年龄配额。

②为保证对广告受众人群的有效分析，建议各城市看过六神浴露及各竞品广告的人数分别不少于70人。如有必要，需进行追加样本。

测试材料：

六神和竞品的广告提示照片。（需在8月12日前准备好）

日程安排：

7月30日—8月7日	研究方案、座谈会提纲设计、确认
8月8日—8月10日	座谈会
8月8日—8月15日	定量问卷设计、确认
8月13—8月17日	定量现场准备
8月18日—8月21日	定量现场执行
8月22日—9月4日	数据处理
9月5日—9月14日	中期报告

9月15日—9月28日　　　　最终报告

费用

座谈会4组　　　　AAAA * A = AA,AAA

5城市定点访问(由于增加了U&A研究,访问长度预计在40分钟左右)

AAA * A * AAA = AAA,AAA

差旅费(重庆、武汉,每城市1人5天——培训和现场)　　AA,AAA

5城市,每城市16套,每套5张广告照片制作费　　A,AAA

合计　　AAA,AAA

注意:定点访问不包括追加样本的费用,追加样本费用视实际追加样本量另行计算

案例三　Garcia's超市:日杂购买习惯调查方案

背景:Garcia's超市是迎合西班牙裔顾客的地方连锁店。所有店都设在得克萨斯的El Paso。Garcia's在西班牙裔市场的占有率在过去两年里以4%速度稳定增长。

目的:本研究的目的是向Garcia's超市提供El Paso消费者的杂货店购物习惯。这些信息将用以改变Garcia's超市的市场环境,提高市场占有率。

目标:

确定位置最方便的超市;

确定最常购物的超市;

确定第二超市;

评估杂货店支出和在第一、第二超市的购物频率;

识别超市购物的理由;

识别超市与产品类型的关系;

识别专门食品店的使用习惯;

评估超市属性的重要性和对Garcia's及竞争对手表现的评价。

方法:

资料采集:所有的资料采用集中电话访问采集;

Ameridata设施:所有访问都在得克萨斯Arlington的Ameridata集中电话访问设施进行。

访问员:有经验的Ameridata访问员完成所有访问。

CATI:所有访问用软件进行以减少填涂错误。

质量控制:所有访问在Ameridata人员的监控下。

覆盖范围：得克萨斯 El Paso。

合格受调查者：作食品购买决策的人。

样本选择：采用简单随机抽样。

样本量：799 人完成访问。

问卷：

Garcia's 超市：日杂品购买习惯调查问卷

您好！我的名字叫做×××，我正在进行一个独立调查公司的电话调查，我们对您的超市购物习惯很感兴趣，我可以跟您家中食品的主要购买者谈谈吗？

（开始与食品购买者谈）：大约花您 15 分钟时间询问您一些关于在食品店购物的问题，可以吗？

1 可以（继续）

2 不行（询问原因）

S1. 首先请问您家中现在有人在超市、食品零售或广告公司工作吗？

1 有（谢谢并终止）

2 没有（继续）

1. 什么超市靠您家最近？（不要读答案，允许一个答案）

1 Carcia's　　7 Win-Dixie

2 Tom Thumb　　8 Sack 'N Save

3 Food Lion　　9 Jerry's

4 Minyard　　A 其他

5 Kroger　　B 没有

6 Arbertson's　　C 不知道

2. 在最后 5 次购物中，您在以下商店各购物几次？（读答案，总数必须等于 5）

1 Carcia's　　6 Arbertson's

2 Tom Thumb　　7 Win-Dixie

3 Food Lion　　8 Sack 'N Save

4 Minyard　　9 Jerry's

5 Kroger　　A 其他

3. 大多数食品在哪一家超市购买？（不念答案，单选）

1 Carcia's　　7 Win-Dixie

2 Tom Thumb　　8 Sack 'N Save

3 Food Lion　　9 Jerry's

4 Minyard　　A 其他
5 Kroger　　B 没有(终止)
6 Arbertson's　　C 不知道(终止)

4. 您一周在食品店、超市、肉店、面包、房农产品等商店中所花的钱中，花在这家(第3题提到的店)商店占百分几？(单选)

1 0%～25%　　4 76%～100%
2 26%～50%　　5 不知道
3 51%～75%

5. 您在这家商店(第3题提到的店)购物的频率是：

1 一周2次或2次以上　　4 一月1次
2 一周1次　　5 一月不到1次
3 一月2次　　6 不知道

6. 为什么最常在这家商店购物？(不念答案，用"还有别的吗？"的探问)

1 位置靠近或方便　　H 西班牙或少数民族的食品选择
2 平常价格　　I 西班牙或少数民族的食品质量
3 特殊价格(广告)或销售　　J 海味
4 肉类价格　　K 面包
5 肉类质量　　L 讲西班牙语
6 肉类多样化　　M 商店大
7 产品多样化　　N 优惠券
8 产品质量　　O 杂货部
9 总体选择或多样化　　P 日常或冰冻食品部
A 总体质量　　Q 有一个药房
B 卫生　　R 杂货
C 结账快速　　S 熟食店
D 总体服务　　T 店面陈设
E 私人招牌　　U 服务时间
F 新近改造　　V 接收信用卡/记账卡
G 友好的帮助　　W 其他

7. 除了这家商店外，您还常去哪家？

1 Carcia's　　7 Win-Dixie
2 Tom Thumb　　8 Sack 'N Save
3 Food Lion　　9 Jerry's
4 Minyard　　A 其他

5 Kroger
6 Arbertson's

B 没有(跳问 11 题)
C 不知道(跳问 11 题)

8. 您一周在食品店、超市、肉店、面包、房农产品等商店中所花的钱中，花在这家(第 7 题提到的店)商店占百分几?(单选)

1 0%～25%
2 26%～50%
3 51%～75%
4 76%～100%
5 不知道

9. 您在这家商店(第 7 题提到的店)购物的频率是:

1 一周 2 次或 2 次以上
2 一周 1 次
3 一月 2 次
4 一月 1 次
5 一月不到 1 次
6 不知道

10. 为什么最常在这家商店购物?(不念答案，用"还有别的吗?"的探问)

1 位置靠近或方便
2 平常价格
3 特殊价格(广告)或销售
4 肉类价格
5 肉类质量
6 肉类多样化
7 产品多样化
8 产品质量
9 总体选择或多样化
A 总体质量
B 卫生
C 结账快速
D 总体服务
E 私人招牌
F 新近改造
G 友好的帮助
H 西班牙或少数民族的食品选择
I 西班牙或少数民族的食品质量
J 海味
K 面包
L 讲西班牙语
M 商店大
N 优惠券
O 杂货部
P 日常或冰冻食品部
Q 有一个药房
R 杂货
S 熟食店
T 店面陈设
U 服务时间
V 接收信用卡/记账卡
W 其他

11. 您现在购买食品的商店中，下列各种产品分别最常在哪家商店购买?(读答案)

	Carcia's	Tom-Thumb	Food-Lion	Minyard	Kroger	Arberton's	Win-Dixie	Sack-N-Save	Jerry's	其他	没有或不知道
水果和蔬菜	1	2	3	4	5	6	7	8	9	A	B
肉类	1	2	3	4	5	6	7	8	9	A	B
海味	1	2	3	4	5	6	7	8	9	A	B
纸制品如纸巾、餐巾	1	2	3	4	5	6	7	8	9	A	B
西班牙食品	1	2	3	4	5	6	7	8	9	A	B
私人标签或店品牌产品	1	2	3	4	5	6	7	8	9	A	B
牛奶或日用品	1	2	3	4	5	6	7	8	9	A	B

12. 对于下列说法，您是非常同意、同意、有点不同意、非常不同意还是不知道(读答案)。

	非常同意	同意	有点不同意	非常不同意	不知道
我喜欢在超市购物，其他人跟我一样	1	2	3	4	5
我从报纸找最低价格的商店，然后驱车去购买	1	2	3	4	5
我喜欢在职员讲西班牙话的商店购物	1	2	3	4	5
我几乎不去没有商店或制造商优惠券的超市	1	2	3	4	5
我购买商店品牌而非全国性品牌	1	2	3	4	5
在本地区少数民族食品和调料，超市的质量不如较小的专门店	1	2	3	4	5
我愿意在最低价格的商店购物	1	2	3	4	5
我倾向于在一家店购买所需物品，而不是在许多商店购买	1	2	3	4	5
我宁愿在靠近自己家的超市购物	1	2	3	4	5
我喜欢在能够快速到达和离开的超市购物	1	2	3	4	5

13. 您家平均一周一起进餐多少次？

__________次

14. 您在下列哪些专门店买过东西？(读答案，如果都没有，跳问 17)

	买过	没买过	不知道
肉类店或熟食店	1	2	3
面包房	1	2	3
海味店	1	2	3
调料店	1	2	3
西班牙或少数民族店	1	2	3

15. 您在专门店购物的频率？

1 一周 2 次或 2 次以上　　4 一月 1 次
2 一周一次　　5 一月不到 1 次
3 一月 2 次　　6 不知道

16. 每周食品总支出中，有百分之多少花在专门食品店？（读答案，单选）

1 0%～25%　　4 76%～100%
2 26%～50%　　5 不知道
3 51%～75%

17. 在您决定去哪里购买杂货时，下列各方面的重要程度如何。请用 1—4 等级评分，1 为最不重要，4 为最重要。（读答案）

1 水果蔬菜的质量　　3 海味的质量
2 肉类的质量　　4 面包的质量

18. 下列各种选择对决定去哪里购物的重要性等级是多少？（读答案）

1 水果蔬菜的选择　　3 海味的选择
2 肉类的选择　　4 少数民族食品和产品

19. 下列各方面对决定去哪里购物的重要性等级是多少？（读答案）

1 快速结账　　4 容易到达和离开
2 友善的雇员　　5 干净卫生
3 物品安全

20. 下列各方面对决定去哪里购物的重要性等级是多少？（读答案）

1 质量　　4 快速到达和离开
2 选择最好　　5 友好的的购物气氛
3 最低价格

21. 在您地区所有超市中，根据您听说的、经历过的或您的看法，哪家店最具有下列特点（读答案）

	Carcia's	Tom-Thumb	Food-Lion	Minyard	Kroger	Arbertson's	Win-Dixie	Sack-N-Save	Jerry's	其他	没有或不知道
最好的产品	1	2	3	4	5	6	7	8	9	A	B
最好的肉	1	2	3	4	5	6	7	8	9	A	B
最好海味	1	2	3	4	5	6	7	8	9	A	B
最好熟食	1	2	3	4	5	6	7	8	9	A	B
少数民族食品最多样	1	2	3	4	5	6	7	8	9	A	B
最好的面包	1	2	3	4	5	6	7	8	9	A	B
冷冻食品部最好	1	2	3	4	5	6	7	8	9	A	B
结账最快	1	2	3	4	5	6	7	8	9	A	B

出于分类的目的，我还想问您一些有关您和您的家庭的情况。

22. 通过观察指出受调查者的性别

1 男　　2 女

23. 住在您家的人包括您有多少人？

__________人

24. 18岁以下的孩子有几个？

__________个

25. 您家平常一周花多少钱在杂货上？（读答案）

1 少于＄25　　8 ＄176～＄200

2 ＄26～＄50　　9 ＄201～＄225

3 ＄51～＄75　　A ＄226～＄250

4 ＄76～＄100　　B ＄251～＄300

5 ＄101～＄125　　C ＄300以上

6 ＄126～＄150　　D 不知道

7 ＄151～＄175　　E 拒绝回答

26. 您的年龄在：（读答案）

1 18～24　　5 55～64

2 25～34　　6 65或以上

3 35～44　　7 不知道

4 45～54　　8 拒绝回答

27. 请问您家有多少人工作？

全日制工作：__________人

兼职：__________人

28. 您家的第一语言是什么？

1 英语　3 其他，注明

2 西班牙语　4 拒绝回答

29. 您家的年总收入是：

1 $10 000 以下　8 $70 000～$79 999

2 $10 000～$19 999　9 $80 000～$89 999

3 $20 000～$29 999　A $90 000～$99 999

4 $30 000～$39 999　B $100 000～$124 999

5 $40 000～$49 999　C $125 000～－$149 999

6 $50 000～$59 999　D $150 000 或以上

7 $60 000～$69 999　E 拒绝

30. 下列哪一种描述最适合您的种族或民族背景？（读答案）

1 英裔美国人　5 波多黎各裔美国人

2 非洲裔美国人　6 古巴裔美国人

3 亚裔美国人　7 西班牙裔美国人

4 墨西哥裔美国人　8 拒绝回答

31. 您的房子是自己的还是租借的？

1 自己的　2 租借的

3 拒绝回答

32. 您生活在美国多久了？

1 不到 5 年　3 10 年以上

2 5～10 年　4 拒绝回答

调查结束，谢谢您的参与。

记录受调查者的情况

姓名：________________

地址：________________

电话号码：____________

访问员编号：__________

第三章　广告调研的组织机构

广告调研是一种有条不紊、规范化的活动，包括一系列繁琐、复杂的操作步骤，个人是难以胜任的。所以，广告调研通常是一种组织行为，必须由一定形式的组织机构来承担，这种机构一般就是市场调查公司。本章专门介绍市场调查机构。

第一节　市场调查机构的类型

市场调查机构是服务性组织。按照市场调查服务的独立性来划分，市场调查机构一般有两种类型：非独立性调查机构和独立性调查机构。

一、非独立性调查机构

非独立性调查机构一般是企业或公司所属的调查部门。在西方一些发达国家里，较大型的企业，如美国福特汽车公司（该公司的市场调查部见图3-1）、柯达公司、卡夫通用食品、宝洁公司等，都有自己的市场调查部门。这一类型的市场调查机构主要是为本企业搜集商业信息，为公司的生产、经营决策提供参考资料。它们也可能组织大规模的市场调查活动，但这些调查活动通常都与本企业的生产、经营和营销决策有关。这种非独立性的机构，服务对象是

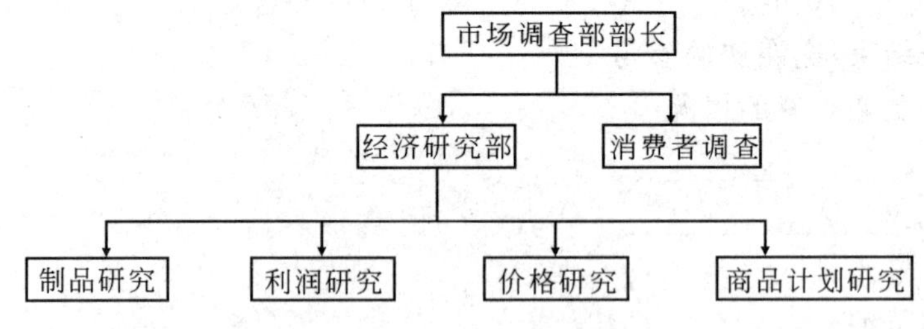

图3-1　美国福特汽车公司市场调查部

所属企业或公司。目前我国许多大中型的公司企业也设有市场调查部，如上海家化、上海日用化工二厂等。

非独立性调查机构的职能有限，它们很少直接从事第一手资料的调查研究。它们的主要职责是搜集第二手商业情报资料，与专业化的调查公司联络，建议企业进行适当的市场调研。当企业需要进行一手资料的调查时，他们要为企业选择合适的专业化调查公司，同时参与、监督、审查接受委托的市场调查公司的工作。

二、独立的调查机构

独立的市场调查机构区别于非独立的调查机构的主要特点是：它不为所属企业本身服务，而是为企业以外的公司企业服务。这类机构按其结构特点、服务性质又可以进一步分为三种类型：

1. 专业化市场调查公司

专业化市场调查公司是指专门从事市场调查咨询工作，为顾客提供资讯服务的公司。其职责是接受顾客的委托，执行从调查策划、调查实施直至报告制作等一系列市场调查任务，或搜集、整理各种资料、信息，为客户提供长期的资讯服务。

在调查业发达的国家，专业化的公司还可以进一步分为下列四种类型：

①顾客或广告调研公司(Custom or Ad Hoc Research Firms)：如 Market Facts，Data development 或 MARC 等公司。它们为个别客户的特殊问题制订市场研究计划。它们提供的调查服务包括设计调查、分析结果、向客户提供建议等，他们也可能向辛迪加公司购买资料。当企业有新产品、新服务、包装、广告概念、新价格策略、产品改造或其他相关的市场问题时，它们可以提供服务。这类公司的规模比较小，职员少，但数量很多，一般为本地区服务。目前我国多数市场调查公司(如广州的华南市场研究有限公司、达门信息产业有限公司，上海的海信市场研究公司、大正市场调查公司，北京的华通现代市场信息咨询有限公司、零点调查公司等)均属于这种类型。

②辛迪加服务公司(Syndicated Service Firms)：如 A. C. Nielsen 、Arbitron、Information Resources Incorporated。他们收集一般的资料(如媒体受众研究资料和零售资料)，但不专门为某个客户服务，任何人都可以购买他们的资料。与顾客或广告调研公司相反，这类公司数量少但规模大，主要提供受众的媒介资料和产品流通资料。美国调查公司中营业额排名在前面的公司(如表 3-1)一般都是这类公司，台湾的润利事业有限公司(如图 3-2)、大陆央视调查咨询中心(如图 3-3)下属的央视一索福瑞媒介研究也都属于辛迪加服务公司。

表 3-1　美国 1993 年排名前 30 名的调查公司

排名	机构名称	总营业额（百万美元）	国外营业额所占比例(%)
1	D&B Marketing Information Service	1 868.3	61.0
2	Information Resources, Inc.	3 34.5	15.0
3	The Arbitron Co.	172.0	
4	Walsh Internation/PMSI	115.4	34.4
5	Westat, Inc.	113.1	
6	Mariz Marketing Research, Inc.	74.4	
7	The NPD Group	66.0	23.8
8	NFO Research, Inc.	51.9	
9	Elrick & Lavidge, Inc.	47.1	
10	Market Facts, Inc.	45.6	
11	The MARC Group	44.7	
12	Walker Group	38.1	1.9
13	Abt Associates, Inc.	36.4	
14	MRB Group	35.0	
15	The National Reserch Group, Inc.	34.5	15.0
16	NOP Information Group	33.0	
17	Intersearch Corp.	32.2	
18	The BASES Group	31.0	5.0
19	Millward Brown, Inc.	29.0	
20	Opinion Research Corp.	26.6	27.9
21	Burk Marketing Research	26.1	2.9
22	Roper Starch Woldwide, Inc.	24.9	4.0
23	J. D. Power & Associates	24.5	
24	Creative & Response Research Svcs.	23.8	
25	Research International USA	22.7	30.4
26	Louis Harris and Associates, Inc.	22.0	68.2
27	Clilton Research Services	22.0	
28	Mercer Mgt. Consulting/Decision Research	20.7	
29	Yankelovich Partners	20.1	8.0
30	ASI Market Research	17.5	

资料来源：McDaniel, Gates 1998, 67.

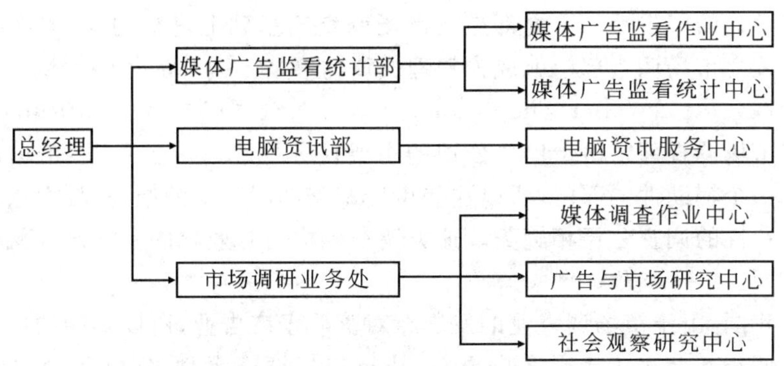

图 3-2　台湾润利事业有限公司

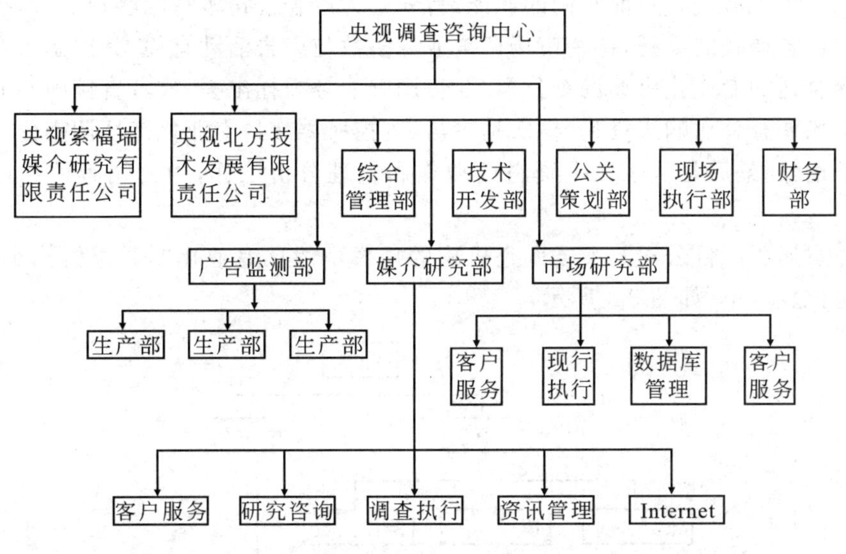

图 3-3　央视调查咨询中心

③现场服务公司(Field Service Firms):这类公司实际上就是调查实施的执行机构。当其他公司需要搜集第一手资料时,他们可以提供服务。国内上海、北京、广州之外其他地区的多数市场调查公司都是这类公司。

④专门服务公司(Specialized Service Firms):如数据加工公司(完成问卷的编辑、编码、计算机录入和统计分析)、调查抽样公司(他们收集大量的家庭和商业机构的抽样框资料,可以随时提供抽样服务)、二手资料公司(通过计算机网络提供诸如美国各地区的人口普查资料等资料服务)、统计分析公司(提供各种统计分析技术服务)。

2. 广告公司所属的市场调查部

科学化的广告活动策划都是在市场调查的基础上进行的，所以在广告公司内部设立市场调查部门就成为顺理成章的事情。国外的一些大型广告公司如汤普森公司(J. Walter Thompson)、杨鲁比肯公司(Young and Rubicam)等都设有市场调查部。由于广告公司的主要任务是经营广告业务，市场调查部门只是一个辅助性的部门，所以这些市场调查部门人员的配备、技术条件都无法与专业性的调查公司相媲美。这类调查机构与专业化的市场研究机构的职能也不同。

在我国，由于市场调查业的发展相对落后于广告业，所以早期的广告公司的市场调查部会直接接受客户委托，执行市场调查策划、实施等全过程的工作。90年代以后，专业化市场调查公司不断增多，广告公司的市场调查部的职能发生了转变。目前它们的职能，首先是为广告公司本身的客户负责，接受客户市场调查的委托，这些市场调查业务多数与广告活动有关；其次是为客户选择合适的专业化市场调查公司，并将调查业务委托出去，或者直接向专业化的市场调查公司购买资料；再次是参与、监控所委托的专业化市场调查公司的业务运作；最后是从事二手资料的搜集和整理分析工作，为公司其他部门服务。

隶属于广告公司的市场调查机构的规模一般比专业化的调查机构小，结构也比较简单(如图3-4所示)。

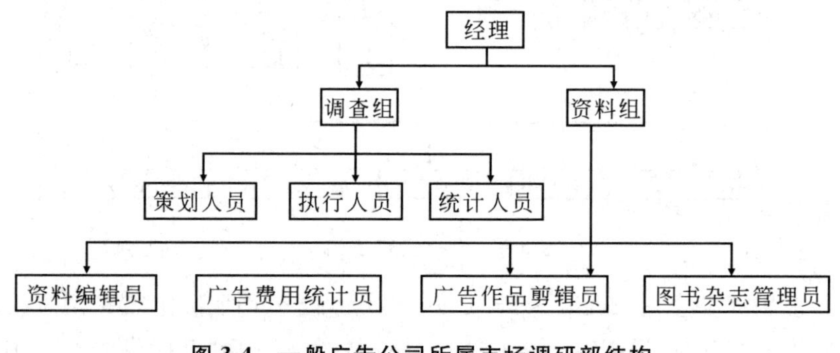

图3-4　一般广告公司所属市场调研部结构

3. 其他相关机构

除了上述市场调查机构之外，还有一些机构也开展市场调查活动，如政府的统计机构和大学的研究机构。这些机构一般都不是商业性的经营机构，它们除为政府决策部门提供资料(包括市场资料)外，也向企业或投资者提供有偿的市场调查或咨询服务。

第二节　专业化市场调查机构的职能部门

随着市场调查业的不断发展成熟，专业化的市场调查机构越来越成为第一手资料的主要提供者。不管是政府机构还是商业性组织，对专业化市场调查公司提供的数据资料的依赖性越来越强。

专业化的市场调查公司，由于服务性质、范围不同，各部门的构成以及名称也不一样。但是作为一个专业化的市场调查公司，一般来说，都要具备以下几个职能部门：

①总经理室：通常有总经理一人，副总经理一人或一人以上，总经理助理或秘书一人。负责整个公司的协调、运作和人事管理。

②客户服务部：业务人员或项目经理若干人。负责与客户的联系联络，推广、销售公司的产品。

③研究开发部：负责市场调查的技术问题和业务的开发，制定市场调查的计划。

④调查部：执行市场调查的资料采集工作。该部门通常包括执行主任一人、督导员若干人，专职访问员若干人和许多兼职的访问员。

⑤统计部：负责数据资料的统计处理工作。

⑥资料室：负责各种一般性的商业资料的搜集、分类、整理和归档，以便查寻。

⑦财务部：负责公司的财务计划和各种财务管理。

第三节　市场调查人员的构成及其职责

不同的市场调查机构，其组织机构的形式结构不同，职位的称呼也五花八门，但其人员的构成却大同小异，不外乎都要包括以下人员：

①管理人员：他们的职位是公司的经理、副经理或各部门的经理。他们的职责是组织、控制整个调查运作，协调下属各部门之间的关系；制定公司的管理规则、人员的职责。管理人员应该熟悉市场调查业务运作的各个方面，有从事市场调查、社会调查或民意调查的经验。此外还要具有较强的组织管理能力。

②研究人员：包括高级研究人员和一般的研究人员。高级研究人员的职位通常是项目经理、客户经理或研究总监。研究人员的职责是拟订调查方案、数据处理计划、抽样设计、问卷设计、数据分析以及撰写调查报告，此外还负责

向客户汇报调查结果、提供咨询服务。他们通常是经济学、市场学、社会学、心理学、数理统计学、管理科学等领域训练有素的专家、学者或博学之士。

③督导:顾名思义,督导就是监督指导。督导是访问员的管理者,负责访问员的招聘、访问员的培训以及对访问员的工作进行指导、监督和检查。

④访问员或调查员:访问员通常包括专职访问员和兼职访问员。访问员的工作就是采集资料,对指定的受调查者进行调查访问以获取原始数据资料。专职的访问员是指公司聘用的全日制工作人员,他们的职责除了进行调查访问之外,还要协助督导员培训新招聘的访问员,执行一般访问员难以胜任的调查访问,复访或回访被抽到的受调查者。兼职访问员是公司临时聘用的访问员,他们在公司需要实施调查时执行调查访问。目前国内的兼职访问员大多数是在校大学生,也有居委会工作人员。招聘大学生做兼职访问员比较方便,素质较高,容易培训。但是不便于管理,而且访问的质量深受大学生责任心的影响。一个调查公司一般招聘一两个专职的访问员即可,但兼职访问员则要几十个、甚至几百个,因为兼职访问员不稳定。

⑤电脑录入员:其主要职责是对搜集到的问卷资料进行编码,将数据资料输入电脑,方便研究人员统计分析处理。此外他们通常也要负责一般资料性文件的电脑编辑、打印工作。电脑录入员应该比较熟悉各种计算机软件的使用,键盘操作速度比较快。一个调查公司通常需要一个以上的电脑录入员。

⑥资料员:负责各种一般性的商业资料的搜集、分类、整理和归档,以便研究人员查询。资料一般来自各种媒体,包括报纸、杂志、商业通报、邮函或出版物等。一个公司一般要有一个或一个以上的资料员,资料员应该具备档案管理方面的经验。

思考题:

1. 市场调查机构有哪些类型,它们在职能上有什么异同点?
2. 市场调查机构一般包括哪些人员,他们分别职能分别是什么?
3. 专业化市场调查机构一般包括哪些职能部门?

附录一　已获涉外调查许可证机构

安徽华通市场调查有限责任公司

奥瑞高市场信息软件服务(北京)有限公司

北京北方中领信息咨询服务有限公司

北京博峰营销顾问有限公司

北京博纳时营销顾问有限公司

北京大学中国国情研究中心

北京大正普泰文化发展有限责任公司
北京顶响伟智行销顾问有限公司
北京东方枫叶咨询有限公司
北京富信达信息咨询有限公司
北京国统经济研究中心
北京海达方舟信息咨询有限责任公司
北京华诚信达信息咨询有限公司
北京华通经纬咨询有限公司
北京华通现代市场信息咨询有限公司
北京华网迅市场调研有限公司
北京环亚市场研究社
北京慧聪国际资讯有限公司
北京京辰企业管理咨询服务公司
北京科思瑞智市场研究有限公司
北京矿冶研究总院
北京蓝田智业市场研究有限公司
北京零点市场调查与分析公司
北京麦肯特市场推广咨询有限公司
北京明达机电有限公司
北京佩信科诺投资咨询有限责任公司
北京睿泰晨市场研究有限公司
北京善能咨询有限公司
北京晟瑞源商贸有限责任公司
思雨创业信息咨询分公司
北京世纪蓝图市场调查有限公司
北京市经济信息中心
北京市赛迪网信息技术有限公司
北京斯戴咨询服务有限责任公司
北京通博雅智市场顾问有限公司
北京万方数据股份有限公司
北京新华在线信息技术有限公司
北京阳光加信市场研究公司
北京英特信息网络中心有限公司

北京得天信息咨询有限公司
北京鼎盛西极市场调查有限公司
北京峨嵋信息中心
北京高思征信信息咨询服务中心
北京国信化信息咨询有限公司
北京翰成展贸信息咨询有限责任公司
北京华初咨询有限公司
北京华通人市场信息有限责任公司
北京华统信咨询有限公司
北京华运展交通科技发展中心
北京汇诚征信咨询有限公司
北京慧库经济信息咨询有限公司
北京经略智成信息咨询有限公司
北京夸克市场研究有限公司
北京蓝宏智业网络信息技术有限公司
北京联合纵横管理咨询有限公司
北京龙信百年商业信息咨询有限公司
北京美兰德信息公司
北京模范一环亚市场研究咨询有限公司
北京清雪市场调查有限公司
北京赛诺市场研究有限责任公司
北京勺海市场调查有限责任公司
北京盛和鼎广告有限公司
北京盛和鼎广告有限公司
北京市精诚兴信息有限责任公司
北京市精诚兴信息有限责任公司
北京苏佳惠丰化工技术咨询有限公司
北京外企人力资源服务有限公司
北京外企人力资源服务有限公司
北京亚商综研资讯有限公司
北京益普索市场研究有限公司
北京鹰之羽信息咨询有限公司
北京远瞻研究有限责任公司

北京优策信息技术研究有限公司
北京智诚友邦信息咨询有限公司
北京中交协会物流研究院
北京中通网信息咨询有限公司
北京中怡康经济咨询有限责任公司
北京众邦创业投资顾问事务所
成都达智咨询有限公司
成都市精准市场研究有限公司
大连瑞思市场信息资讯有限公司
东莞市好易快企业顾问有限公司
广东大通市场研究有限公司
广东现代国际市场研究有限公司
广州方舟市场研究有限公司
广州华南国际市场研究有限公司
广州捷思市场顾问有限公司
广州蓝田智业市场研究有限公司
广州尼尔森市场研究有限公司
广州生产力促进中心
广州市海珠区东方市场信息研究所
广州市华南市场研究有限公司
广州市夸克企业顾问有限公司
广州市新科众智通信咨询有限公司
广州市卓越市场研究有限公司
广州中唐新生代市场研究有限公司
国务院发展研究中心发展战略和区域经济研究部
海南多维市场调查有限公司
河海大学科学研究院
河南强视市场研究有限公司
湖南新美德市场研究有限公司
吉林省华强市场调查有限公司
江西省统计信息咨询中心
凯申咨询(北京)有限责任公司
南京昂氏市场顾问有限责任公司
北京中关村外商投资企业协会
北京中润基业投资咨询有限公司
北京中研博峰咨询有限公司
北京中研博峰咨询有限公司
北京卓尔信市场研究有限公司
成都领先市场研究有限责任公司
大连东方市场研究有限公司
大连英极信息科技发展有限公司
大连英极信息科技发展有限公司
大连英极信息科技发展有限公司
广州奥凯资讯科技有限公司
广州豪森威市场研究有限公司
广州慧捷市场策略研究有限公司
广州慧捷市场策略研究有限公司
广州明镜市场研究咨询有限公司
广州明镜市场研究咨询有限公司
广州市得凯市场研究有限公司
广州市恒哲市场调研有限公司
广州市科学技术信息研究所
广州市统计服务中心
广州市致联市场研究有限公司
广州业绩市场研究有限公司
国家信息中心经济咨询中心
哈尔滨明悦市场研究咨询有限公司
杭州邦略信息技术有限公司
河南君友商务咨询有限公司
河南君友商务咨询有限公司
机械工业信息研究院
江苏省社会科学院
金诚国际信用管理有限公司
辽宁现代市场信息咨询有限公司
青岛拓普市场研究有限公司
山东迪陶商务信用管理有限公司

赛迪顾问股份有限公司
商务部国际贸易经济合作研究院
上海昂旭商务发展有限公司
上海柏克莱商务咨询有限公司
上海博太市场研究有限公司
上海彩博信息网络有限公司
上海东合市场研究有限公司
上海光合企业管理咨询有限公司
上海恒辉市场咨询有限公司
上海华钟咨询服务有限公司
上海杰顺商务咨询有限公司
上海精育商务咨询有限公司
上海夸克市场研究服务有限公司
上海利达营销管理咨询有限公司
上海迈高商务咨询有限公司
上海尼尔森市场研究有限公司
上海清雪市场调查有限公司
上海上咨市场咨询有限公司
上海天立市场研究有限公司
上海智点安宝市场研究有限公司
深圳市兰邦市场调查有限公司
深圳市万人市场调查有限公司
深圳苏赛特信息咨询有限公司
石家庄市金马市场资讯有限公司
苏州安信国际投资顾问有限公司
天津国际科技咨询公司
天津市联合威道企业管理咨询有限公司
武汉中南社会调查事务所
央视市场研究股份有限公司
浙江致略企业管理咨询有限公司
中国国际经济咨询公司
中国科学技术咨询服务中心
中国老龄科学研究中心

上海安旭市场调研服务有限公司
上海奥得市场咨询有限公司
上海贝格信息咨询有限公司
上海博言信息咨询有限公司
上海大正市场研究有限公司
上海丰帆市场咨询有限公司
上海丰帆市场咨询有限公司
上海华呈企业咨询有限公司
上海济美商务咨询有限公司
上海精英市场研究有限公司
上海科学技术情报研究所
上海蓝田市场研究有限公司
上海略为市场营销策划有限公司
上海明略市场策划咨询有限公司
上海评观营销咨询有限公司
上海评观营销咨询有限公司
上海社会科学院市场调查所
上海致联市场研究有限公司
深圳市公兴和投资顾问有限公司
深圳市万龙腾市场研究咨询有限公司
深圳思纬市场资讯有限公司
深圳思纬市场资讯有限公司
水库移民经济研究中心
天津国际工程咨询公司
天津社会科学院
天津社会科学院
新生代市场监测机构有限公司
央视—索福瑞媒介研究有限公司
中国工商企业法律咨询服务中心
中国科学技术促进发展研究中心
中国劳动关系学院
中国旅游饭店业协会
中国社会科学院城市发展与环境研究中心

中国人民大学应用统计科学研究中心
中国社会科学院农村发展研究所
中国社会科学院经济研究所
中国社会科学院社会学研究所
中国社会科学院人口与劳动经济研究所
中国社会科学院社会学研究所
中华全国妇女联合会妇女研究所
中联知识产权调查中心
中联富士经济咨询有限公司
重庆康联市场研究有限公司
中商商业经济研究中心
重庆腾博市场研究有限公司
重庆市沙坪坝区新风格信息咨询有限公司
重庆新时代市场信息有限公司

附录二　国内部分调查公司名单

北京

BEST-北京百思特电话访问中心
北京思捷讯管理咨询公司
BJ-salvtrace consulting 北京思诠市场顾问公司
北京斯戴咨询服务有限责任公司
eDataPower 在线调查
北京网信博通咨询有限公司
HY-Star 鸿业资讯(北京)市场研究机构
北京唯客是金信息谘询有限公司
Marcom-China 麦肯特市场推广咨询有限公司
北京新捷智业市场研究有限公司
Paravision 北京博纳时市场顾问机构
北京新世界数码呼叫中心
SMR 北京赛立信市场研究有限公司
北京优策信息技术研究有限公司
SSCX-marketing research 北京盛世诚信信息咨询有限责任公司
北京真观世纪市场调查有限公司
奥特瑞市场调查有限公司
北京智恒赓润市场研究中心
北方纵横企业管理咨询有限公司
北京中通网信息咨询有限公司
北京艾德惠研市场调查有限公司
北京卓尔信市场研究公司
北京艾力森华研咨询有限公司
比特在线
北京爱德森咨询有限公司
好彩经济信息咨询服务有限公司
北京奥丁市场调查有限公司
合华智业(北京)信息咨询有限公司
北京诚信博睿企业咨询有限公司
华夏国际信用咨询有限公司
北京酬勤市场咨询有限公司
慧聪行业研究院
北京东方枫叶咨询有限公司
机械工业景气监测中心
北京合众观点商务咨询有限公司
赛诺市场研究公司
北京华通现代市场信息咨询有限公司
勺海润土房地产市场研究公司
北京环亚市场研究社
勺海市场调查有限公司

北京零点研究集团
北京摩瑞市场调查有限公司
北京前卫精英市场调查有限公司
北京瑞盟博思管理咨询公司
北京商情联合市场研究有限责任公司
北京时利华升咨询有限公司
北京世纪蓝图市场调查公司
北京市精诚兴信息有限责任公司
北京数字一百市场咨询有限公司
协合市场研究(北京)有限公司
新华信市场研究咨询有限公司
信产部电信研究院(专注电信行业)
迅捷市场调查有限公司
央视—索福瑞媒介研究有限公司
央视市场研究股份有限公司
央视资讯数据采集中心
中盛恒立市场调查(北京)有限公司

天津

协合市场研究(天津)有限公司
天津联合威道管理咨询有限公司
天津前程投资管理咨询有限公司
天津市路翔商务信息咨询有限公司
天津市睿信管理咨询有限公司
天津行天市场信息咨询有限公司
天津迅捷市场调查有限公司

河北

保定海天信息咨询部
保定佳琪市场研究咨询中心
保定市城调队——流通与消费价格处
河北方略市场研究有限公司
石家庄奥维经济信息咨询有限公司
石家庄鼎信信息资讯有限公司
石家庄睿欧市场咨询有限公司
协合市场研究(石家庄)有限公司
新视觉信息咨询有限公司

湖南

湖南新美德市场研究有限公司
长沙晨曦信息咨询服务有限公司
长沙创研市场研究咨询有限公司
长沙晟科市场信息咨询有限公司
长沙市惟可托信息咨询有限公司
长沙太阳人市场咨询有限公司
长沙湘盟信息咨询有限公司
湖南市场调研中心

山西

山西省同达信息咨询服务中心
山西省统计信息咨询中心
山西沃森市场研究咨询有限公司
太原惠昭阳信息咨询有限公司
太原宇泰人信息产业咨询有限公司

广东

Consultation&Wiser 唯美
CONSUMER SEARCH (精确市场研究中心)
Truth Consult 真理咨询
广州宁信市场调研有限公司
广州市原点市场研究有限公司
广州思尔信息研究顾问有限公司

爱信(深圳)市场研究中心
百瑞通市场研究(深圳)有限公司
百瑞通市场研究(广州)公司
博翊市场研究咨询有限公司
采纳品牌营销国际顾问机构
诚予国际市场调查公司
德慧智业(深圳)市场调研有限公司
东方市场信息研究所
东莞市好易快企业顾问有限公司
东莞市佳誉信息咨询有限公司
东莞思密达商务信息咨询有限公司
东莞新动力市场信息咨询有限公司
佛山市智锐市场研究推广有限公司
高鼎盛市场咨询公司
广东赛立信市场研究有限公司
广东现代国际市场研究有限公司
广州奥丹迪市场研究顾问有限公司
广州潮音市场研究有限公司
广州达门市场研究有限公司
广州达翔市场信息咨询有限公司
广州得凯国际市场研究顾问有限公司(D&K)
广州力信信息资讯有限公司
广州明镜市场研究咨询有限公司
广州思锐市场策划有限公司
广州业绩市场研究有限公司
广州弈翔咨询服务有限公司
广州圆鸿康市场研究咨询有限公司
互通咨询机构
华南国际市场研究有限公司
兰邦市场研究咨询有限公司
明确咨询(广州)有限公司中山公司
深圳道通信息咨询有限公司
深圳金智商业研究有限公司
深圳市朝阳达信息咨询有限公司
深圳市联兴企业管理咨询有限公司
深圳市玛基慧市场营销策划有限公司
深圳市诺金信息咨询有限公司
深圳市深略市场研究推广有限公司
深圳市数韬信息咨询有限公司
深圳市万龙腾市场研究咨询有限公司
深圳市新世纪市场研究咨询有限公司
深圳思密达商务信息咨询有限公司
深圳苏赛特市场研究咨询公司
深圳新力雅信息咨询有限公司
新科众智通信咨询有限公司

广西

广西南宁博方市场调查咨询有限公司
广西南宁多维市场信息咨询有限公司
桂林开易市场研究咨询有限责任公司
南宁慧迪信息服务有限公司
南宁市华捷信信息咨询有限责任公司
南宁兆兴信息咨询有限公司
先锋商务咨询有限公司

海南

海南多维市场调查有限公司

上海

CBC 佳瑞咨询(上海)有限公司
CONSUMER SEARCH (精确市场研究中心)
上海丰帆市场咨询有限公司
上海俊晨市场策划有限公司

KEYU Marketing Research 上海科缘市场研究有限公司
上海俊吉市场营销策划有限公司
Marcom-China 麦肯特市场推广咨询有限公司
上海开为咨询有限公司
MEGI 明略市场策划咨询(上海)有限公司
上海联恒市场研究有限公司
TNS 模范环亚市场研究有限公司
上海南康科技有限公司
东方国际(EMRI)上海分公司
上海尼尔森市场研究有限公司
恒辉市场研究(上海)有限公司
上海荣枫营销策划有限公司
麦肯锡咨询有限公司
上海思密达商务信息咨询有限公司
上海艾瑞市场咨询有限公司
上海思胜信息咨询服务有限公司
上海奥得市场咨询有限公司
上海思一成信息科技发展有限公司
上海奥萌市场调查有限公司
上海天译软件有限责任公司
上海蝉联市场研究有限公司
上海为学市场研究有限公司
上海创信市场调查公司
上海信捷通传媒有限公司
上海道新网络科技有限公司
上海兆仑市场研究有限公司
上海东钧营销策划市场研究有限公司
协博市场咨询(上海)有限公司
上海东日数字技术发展有限公司
英德知市场咨询(上海)有限公司

山东

济南北方信源信息咨询有限公司
济南新汇众市场调查有限责任公司
济南槐荫迅捷信息咨询中心
青岛白马市场顾问有限公司
济南汇景市场研究咨询有限公司
青岛瑞格市场咨询公司
济南人和市场信息资讯有限公司
青岛拓普市场研究有限公司
济南瑞恒市场调查有限公司
青岛未来市场咨询有限公司
济南市统计信息咨询中心
山东鲁统市场调查中心
济南思普瑞营销咨询有限公司
山东英菲市场研究机构
济南索普信息咨询公司

安徽

安徽风云市场信息咨询有限公司
合肥和信市场调查有限责任公司
安徽佳讯市场调查咨询有限公司
合肥联创市场调查咨询有限公司
安徽经典市场调查咨询有限公司
合肥市友缘信息咨询有限公司
安徽精准市场调查有限公司
合肥原点市场调查有限公司
安徽意赛市场信息咨询有限公司

浙江

TAMR 佳盟商务咨询(杭州)有限公司
杭州一线市场调查研究有限公司

格曼咨询公司(杭州办事处)
杭州艾力森华研咨询有限公司
杭州邦略信息技术有限公司
杭州合众达市场研究有限公司
杭州互动企业管理咨询有限公司
杭州棋格市场研究有限公司(杭州.宁波)
杭州瑞琦市场研究有限公司
杭州硕博经济信息咨询有限公司
杭州万顺企业管理咨询有限公司
杭州意达市场研究咨询有限公司
杭州永诚市场研究咨询有限公司
宁波泛联信息咨询工作室
宁波华锐市场调研有限公司
宁波天平警视市场调查中心
宁波通睿商务信息咨询有限公司
温州鹿麟市场调查有限公司
温州市全景市场研究有限公司
浙江致略企业管理咨询有限公司

福建

福建盖洛特市场研究有限公司
奥通(福州/厦门/泉州)市场调研中心
博智市场研究公司
创世市场研究有限公司
创宇市场营销咨询有限公司
福建华通市场研究公司
福建决策资源市场研究有限公司
福建夸克市场信息研究有限公司
福建锐思市场研究公司
厦门圣佳平市场研究有限公司
越达市场研究公司

江苏

南京金色秋天市场调研有限公司
江苏汇信信用咨询有限公司
南京百特市场研究有限公司
南京充达信息咨询服务有限公司
南京探深市场调研有限公司
南京远景市场研究有限公司
南京置信市场信息咨询有限公司
南京中创市场营销调研有限公司
南京众望市场研究有限公司
苏州沸点市场调查有限公司
苏州新太市场研究有限公司
苏州兴瑞达信息咨询有限公司
泰州市普力信市场调查有限公司
无锡贝特咨询服务有限公司
无锡市鸿博市场信息调研服务部
无锡昕卓市场研究有限公司
新动态市场研究有限公司
意赛市场信息咨询公司南京办事处
中创(苏州)市场营销调研有限公司

江西

江西华星国际市场研究咨询有限公司
江西省统计信息咨询中心
江西天地市场调查研究有限公司
江西天一导航市场研究有限公司

湖北

武汉先锋市场策划有限责任公司
武汉东方华亚市场研究有限公司

广州市达闻通用市场研究有限公司——武汉分公司
武汉格林营销调研有限责任公司
湖北佳诚市场研究顾问有限公司
武汉美景市场信息社
华尔资讯(武汉)市场研究有限公司
武汉锐信顾问有限责任公司
武汉傲华信息咨询有限公司
武汉桑普斯商务咨询有限公司
武汉百分百咨询顾问有限公司
武汉携手市场策划咨询有限公司
武汉创意无限咨询有限公司
中南社会调查研究所

内蒙古

包头市城市调查中心
内蒙古赤峰玉龙市场调查咨询中心
包头中天华怡市场咨询有限公司
内蒙古锐策咨询有限公司
呼和浩特信实市场咨询公司

河南

河南君友商务咨询有限公司
河南强视市场研究有限公司
河南诚久信息咨询有限公司
河南世纪阳光市场研究有限公司
河南典创商务咨询有限公司
河南天元信息咨询有限公司
河南汇豪市场研究咨询有限公司
河南圆点市场咨询有限公司
河南联众求是咨询有限公司
驻马店市场调查咨询中心
河南企业调查队信息咨询中心

新疆

新疆新思路市场调查有限责任公司
新疆社会经济调查事务所
新疆博思瑞智信息咨询有限责任公司
新疆数流动力市场调查有限公司
新疆方舟信息咨询有限公司

甘肃

凤凰市场研究咨询有限公司
兰州锐达信息咨询有限公司
甘肃经纬市场研究有限责任公司
兰州同辉信息咨询有限公司
甘肃意通市场研究有限公司
兰州智成信市场研究咨询有限公司

陕西

陕西深蓝世纪咨询有限责任公司
西安慧通信息咨询有限公司
Newland 新兰德市场调研咨询有限公司
西安佳奥市场研究有限责任公司
陕西深蓝一线市场研究公司
西安敏信信息咨询有限公司
陕西省统计信息咨询中心
西安三维市场调研有限公司
西安方位营销咨询有限公司
西安智捷市场调查有限公司
西安方元市场研究有限责任公司
西安众信市场研究有限公司

宁夏

宁夏鼎益市场信息咨询有限公司
银川佳讯管理咨询有限公司
银川步瑞企业管理咨询有限责任公司
银川原意营销管理咨询有限公司

重庆

重庆立信市场研究有限公司
重庆康联市场研究有限公司
重大同浩统计信息咨询中心有限公司
重庆腾博市场调研咨询有限公司
重庆艾力森市场研究咨询有限公司
重庆天平市场策划有限公司
重庆诚实商务咨询有限公司
重庆新时代市场信息有限公司
重庆慧涌管理顾问有限公司
重庆伊斯贝尔市场调研有限公司
重庆吉讯商务信息咨询有限公司
重庆智创企业管理咨询有限公司
重庆精实市场信息咨询有限公司

四川

成都达智咨询有限公司
成都新锐市场研究有限公司
成都阿佩克思市场营销咨询有限公司
成都讯佳市场研究有限公司
成都简博市场研究有限公司
绵阳精点信息咨询有限公司
成都立信市场研究有限公司
四川超力信息咨询有限公司
成都励精企业管理咨询有限公司
四川成都天利市场研究有限公司
成都马思诺调查咨询有限公司
四川恒欣市场信息咨询有限公司
成都仁智咨询服务有限公司
四川明达市场研究有限公司
成都视点市场调查有限公司
四川四方市场研究有限公司
成都思维盛资讯顾问有限公司
四川展望市场资讯有限公司
成都天昊信息咨询有限公司
四川纵合市场咨询有限公司

云南

夸克(中国)市场研究公司西南中心
昆明市广道经济信息服务有限公司
昆明迪风市场研究有限公司
昆明索源邦市场调查研究有限公司
昆明迪迈信息咨询有限公司
昆明田野市场调查与咨询有限公司
昆明风之铃市场调查与研究公司
昆明新诚市场信息研究有限公司
昆明领则先信息咨询有限公司
昆明亚圣科技咨询有限公司

贵州

贵阳超悦商务咨询有限公司
贵阳盛观广告公司市场研究事业部
贵阳九察市场调研有限公司
贵阳田野市场调查咨询公司
贵阳立信市场研究有限公司
贵阳迅准市场研究有限公司

吉林

广深(吉林)市场调查顾问公司
东方市场研究长春分公司
华强(吉林)市场调查有限公司
吉林盖德兰市场信息咨询有限公司
吉林省博通市场调查有限公司
吉林省森普营销顾问服务有限公司长春总公司
吉林省象牙塔信息咨询有限公司
吉林省新财富市场调查有限公司
吉林中讯市场调查有限公司
森普营销顾问服务有限公司吉林分公司

辽宁

大连北方经济信息研究有限公司(专业执行)
大连贝尔特信息咨询有限公司
大连倍通信用管理有限公司
大连东方市场研究有限公司
大连汇通信息咨询有限公司(专业执行)
大连新海岸市场资讯服务有限公司
大连中连经济信息咨询有限公司
锦州北方市场调查事务所
锦州通达市场信息咨询有限公司
辽宁北方传媒咨询有限公司
辽宁北方经济咨询有限公司
辽宁现代市场信息咨询有限公司
沈阳嘉信市场研究有限公司
沈阳启点市场调研有限责任公司
沈阳希望市场信息咨询有限公司
沈阳新四方市场研究有限公司
沈阳真信市场研究有限责任公司

黑龙江

哈尔滨明悦市场研究咨询有限公司
哈尔滨创信市场调查有限公司
哈尔滨促思市场研究有限公司
哈尔滨迪赛申市场研究有限公司
哈尔滨格曼信息咨询有限公司
哈尔滨华信市场信息咨询公司
哈尔滨蓝翔信息咨询有限公司
哈尔滨市时点市场信息咨询有限公司
哈尔滨远星信息咨询有限公司

第四章　访问员的管理

在广告调研中，调查是最常用的资料采集手段。调查一般都由访问员（常常也叫做调查员）来执行。访问员本身的条件、素质、责任心很大程度上决定着调查作业的质量，影响着广告调研结果的准确性和客观性。因此加强访问员的组织管理是研究人员的一项重要工作。

访问员的管理工作从招聘访问员开始，然后是培训访问员和监控访问员的作业过程。

第一节　访问员的基本要求

从调查实践的现实情况来看，高素质的访问员完成的工作质量比较高、速度比较快；低素质的访问员完成的工作质量比较低，有时甚至会损害市场调查的客观性。所以选择录用访问员时应注意他们身上的知识、能力和技能这三方面的素质。

一、知识

访问员除了必须具备一定的科学文化知识之外，还要具备一定的调查专业知识。但访问员不是专业的研究人员，不要求他们有高深的专业知识，但是至少要求他们清楚以下问题：

①调查中访问员的作用。访问员在调查中担任什么角色，他们的工作对整个研究工作的重要性。

②为什么在访问中要保持中立。访问员应该认识到他们的态度会影响到受调查者作答，从而影响整个调查的数据质量。

③调查计划的有关信息。有时受调查者会对整个调查的目的、意图感兴趣，或者想了解调查结果的用处。因此访问员对于调查目的等情况要心中有数，以便回答受调查者的问题，保证访问顺利进行。

④保密原则。访问员要明白保密的重要性，既不能泄漏受调查者有关情况，也不能泄漏调查研究的整体资料搜集计划。

⑤接触受调查者和介绍调查的程序。即了解、熟悉如何与受调查者接触、交谈。

⑥询问的正确程序。了解访问过程中问题询问的基本程序及要求。

⑦记录答案的方法。即清楚调查公司对答案记录的要求。

二、能力

根据访问员的工作性质，访问员应该具备以下基本能力：

①表达能力。主要是口头表达能力，要求访问员清楚表达要询问的问题。

②阅读能力。能够理解书面指导语、问卷问题，不中断地传达书面陈述和问题。

③书写能力。能够准确、快速地记录下受调查者的答案。

④记忆能力。能够记住受调查者的回答直至准确地记录下来，避免因遗忘而重复询问。

⑤注意分配能力。能同时做几件事：读问题、听回答、做记录、观察受调查者的表情等。

⑥独立外出能力。根据提供的有关信息，独自一人到达指定的地点，寻找指定的受调查者，进行访问。

⑦非言语能力。能够根据受调查者的非言语线索，判断受调查者的回答是被迫的还是主动的，是真实的还是不真实的。

⑧自我约束能力。能够规范或改变自己的言语和非言语行为，以免影响受调查者作答。

三、技能

在实际访问中，访问员还要具有一定的技能，这些技能主要包括：

①人际交往技能。即如何开始并保持与陌生人的对话，包括：在与陌生人开始交往时如何让他人愉快地接受访问；如何激发勉强的受调查者接受访问；如何正确地对待受调查者的反应，如受调查者在长时间的调查中表示不耐烦时，应如何使他们继续接受访问；对不期望的问题和情境作出专业的反应；

②减少拒绝比率的技能。调查研究中受调查者拒绝接受访问是常见的事，一个优秀的访问员应该熟悉那些减少被拒绝的办法或手段。

③探测技能。即如何进一步探测受调查者的意见、看法的技能。受调查者在回答问题时，有时会言犹未尽或欲言又止，此时访问员要了解受调查者未表达出来的意见，就要运用自己的探测技能。

第二节　访问员的招聘

广告调研要客观、科学，要求访问员具有较高的素质和丰富的访问经验。

由于各方面条件的限制，大多数研究机构没有专职访问员，只能招聘兼职访问员。这些访问员要能适应广告调研的访问工作要符合下列条件：

①责任感。一个人能否把事情做好，最关键的是责任感。缺乏责任感的人，即使工作能力很强，也很难把事情做好。现在国内的许多市场调查公司都招聘大学生担任访问员，从个人条件来说，大学生具备的能力、知识都不错。但是有个别大学生缺乏责任感，这是研究机构特别是专业调查公司聘请大学生当访问员时应该注意的。

②高中以上学历，学历愈高愈好。无论如何，学历的高低是衡量一个人素质的重要条件。素质高一点，掌握技能会快一点，应变能力也会强一些。

③女性，尤其是家庭妇女为佳，女性访问员有三个明显的优点。第一，女性的语言表达能力相对强一些。第二，调查研究有时需要访问员入户访问。女性入户，受调查者比较有安全感。从实践经验来看，女性遭拒访的几率的确比较小。第三，女性(特别是家庭妇女)相对比较有耐心，而这恰恰是访问成功的一个重要条件。当然在条件允许的情况下，最好是男女搭配，这样既能增加访问的成功率，同时也能保证女性访问员的安全，因为有些访问是在夜间或受调查者家中进行的。

④普通话流利，能使用本地方言。普通话是我国的通用语言，普通话流利在交流上有许多便利。但尽管普通话是全国性的语言，仍有相当一部分人只会使用方言无法用普通话进行交流，这些人有可能成为受调查者，因此要求访问员也必须懂得使用本地方言。另外由于我国方言很多，许多地方平常习惯使用方言。如果访问员能够使用方跟受调查者交谈，容易得到受调查者的认同，降低受调查者的心理防御，提高访问的成功率。经历过市场调查实践的人不难体会使用方言带来的便利。当然本地方言不一定用于正式访问过程中，可在访问开始前使用。

⑤五官端正。访问员不一定要长得很标致，但是五官必须端正。跟陌生人初次交往时，外观形象无疑是很重要的，有时甚至直接决定对方交谈的意愿。

⑥交际能力。访问工作总要跟陌生人打交道，一个人的交际能力的强弱也是影响访问成功率的一个重要条件。

⑦对市场调查是否感兴趣。一个人的兴趣爱好对他所从事的工作很重

要。感兴趣的事情,他就会想方设法将它做好,不感兴趣常常会敷衍了事。

⑧有相关的经验。与没有经验的人相比,有访问经验的人工作比较容易上手,不需要花太多时间进行培训。

⑨工作时间灵活。访问工作需要根据受调查者的生活规律来安排访问的时间。有时可能要上午访问,有时下午访问,但更多是在傍晚进行访问,此外周六周末也是访问工作进行的好时机。

一个应聘者在愈多方面符合上述条件,就愈有可能成为一个合格的、优秀的访问员。

第三节　访问员的训练

为了提高访问工作的效率,训练访问员是非常必要的,不管他们是否有访问经验。通过训练要达到以下目的:

①培养访问员的技能;

②提高访问的完成率,使拒绝和访问中断的可能性减至最小;

③激励受调查者全身心地参与。

一、训练内容

训练访问员,目的是使他们大致了解调查课题,增强他们的责任心,提高他们的访问技能和处理问题的能力。访问员训练内容包括了解访问员的职责、访问技巧和项目操作。前两项属于基础培训,后一项属于项目培训。举一个例子,为了保证访问质量,北京华通现代市场信息咨询有限公司要求参加访问的访问员除了接受严格的项目培训之外,至少还要接受6小时的基础培训。

1.访问员的责任

责任的培训旨在让访问员明确作为一个合格访问员具有哪些责任,使他们在今后的访问实践中认真、细致、一丝不苟地完成他们应该完成的任务。

一般来说访问员的责任有:

①接触受调查者:包括在何时、何地、如何接触受调查者。例如在电话访问中,访问员的责任是:按抽样电话号码单依次打电话,一般在周一至周五晚上饭后时间或周末进行,在晚上9点钟之前结束访问。如果占线或没人接,10～30分钟之内再打。如果碰上留言机,留言告诉对方您在什么时候还会再打。如果出现错号,证实一下您的拨号是否正确。如果受调查者没空,预约一个时间。在实际调查中,有些访问员在访问不到指定受调查者时会自作主张地访问另一个人,这是不允许的。

②保密:这是一个访问员的职业道德。访问员不得向其他人透露受调查者的情况和调查结果。例如当你在访问中了解到某家庭的收入比较高时,不得转告其他任何人。有时候,访问员会觉得有些情况别人知道不知道无所谓,就把它透露出去,即使泄露出去的信息的确无关紧要也是不允许的。

③提问:如何提问受调查者,培训时会有统一的要求,访问员必须按要求提问,不得自作主张。

④记录:如实记录受调查者的回答是访问员必须完成的工作。访问员一定要填写清楚、整洁,以免编码时出差错。

⑤审查:问题提问结束之后,访问员要检查问卷是否准确完成,字迹、答案是否清楚等。

⑥发送礼品、礼金:调查中经常要送给受调查者一定的礼品或礼金,作为对受调查者回答询问的酬谢。不得不发或少发。

⑦礼貌待人。大多数受调查者都有礼貌,有时也会碰到个别受调查者不友好、不礼貌,可能会言语过激,甚至出口伤人。此时,访问员一定克制,要记住自己代表市场调查公司,不管受调查者说什么,什么反应,都要好言相待。

除了上述责任之外,在具体访问过程中还应该提醒访问员注意以下问题:

①为了保证样本代表性,不能轻易地丢失样本,不能轻易地被拒绝。

②访问员注意受调查者的资格,一般一个家庭只能访问一个人,多了会产生偏差。

③访问员尽可能单独地与受调查者接触,避免在场其他人影响。

④对于问卷的措词,访问员不要自作解释,最好原样重复。

⑤访问员不能给受调查者任何暗示,如"您是不是想选择第一个答案"等。

⑥访问员应该熟悉问卷及各种相关调查资料。

⑦访问员在离开之前应该确认所有的问题都已作答,答案也清楚易辨认。

⑧保持中立态度,对受调查者的回答不要表示惊奇、赞成或不赞成。

2.访问技巧

访问技巧主要包括如何使受调查者接受访问而不拒绝,受调查者的答案不清楚、无关或不完整时如何获得更多的信息。

受调查者拒绝访问是调查研究中常见的事情,也是调查研究要努力解决的问题,几乎每一项调查都会碰到这种现象。拒访的比例因调查方法的不同而异,因国家或地区的不同而异。研究发现,美国和欧洲人的拒访率比日本人低。在我国,一般来说,越是经济发达的地区,拒访的比例也越高。拒访还因人而异,一般来说,经济收入高的家庭拒访的可能性比较大,职位高的人拒访率高。

拒访一般有两种，一种是中途拒访，一种是开始时拒访。前者是访问进行到一定程度之后，受调查者拒绝访问。出现这种现象的原因有主客观两个方面。主观的原因包括：问题不好或不便回答，如婚姻、家庭经济收入等隐私问题，意见、看法的开放性问题以及需要极力去回忆的问题等。问卷太长，完成问卷需要较长的时间。例如有些市场调查问卷，需要一两个小时才能结束。受调查者开始认为只要一会儿就可以结束，因而接受访问，但当访问进行了一段时间之后，还有很多问题有待回答，因而产生了厌烦情绪，故而拒绝继续接受访问。客观的原因包括：有人（或电话）拜访，需要接待；突然有急事需要处理等。

开始时拒访是指在访问还没有正式开始之前就拒绝访问，这种现象也有主客观两方面的原因。主观的原因包括：

①讨厌接受调查。有的受调查者曾经接受过调查或听说过调查，一定程度上了解调查，因为有不愉快的经历或怕麻烦而断然拒绝接受访问。

②对访问员不放心，担心遭抢劫或财物被盗。这种现象特别发生在受调查者家中没有成年男子而访问员为青年男性时。

客观的原因包括：

①家中有客人。访问员入户时碰巧有客人拜访。

②有事要处理。

③身体不适。生病或心情不好时。

在实际调查中，拒访者拒访时通常会有各种行为反应。常见的反应有：

①冷漠拒之。这种情况通常发生在受调查者知道了访问员的身份和意图之后，由于主观的原因，断然拒绝接受访问，连门都不让进去。

②婉言谢绝。许多受调查者比较文明，不管是因为主观原因还是客观原因，当他决意拒绝访问时，会找出种种原因来拒绝。

③愤怒拒绝。有时候也会碰到个别涵养较差的受调查者，一听说访问员是来调查的就出口伤人，把访问员轰走。这种情况通常跟受调查者心情不好以及一些不愉快的经历有关。

在多数情况下，为了拒绝访问员的访问，受调查者会找出各种各样的借口。为了减少被拒绝的可能性，访问员要熟悉受调查者可能提出的拒访借口及因应对策，下面举几个例子供读者参考。

①太忙——完成调查只需几分钟；某某时候再来访问（打电话）可以吗？

②身体不舒服——对不起，打搅了，某某时候再来访问（打电话）可以吗？

③年龄大——我们正需要听听您的意见。

④不好答、不会答——问题一点不难，答案无所谓对或错，很多人都做过，

而且都做得很好。

⑤不感兴趣——我们是抽样调查，每一个被抽到的人的意见都很重要，否则结果就会出偏差了，请您协助一下。

⑥不便说——能理解，这也正是为什么调查都是保密的原因。我们不要求您填上姓名，调查结果也不是任何一个人的意见。

⑦我不太了解情况，访问别人更合适——没关系，您把您知道的说出来就可以了。

⑧您的问题太多了——对不起，虽然问题看起来多一点，但都很简单。

⑨不懂得填写——没关系，很简单，我给您讲一讲，您就会了。

⑩不识字，不会做——没关系，我们不要您填写，只要您回答问题就行了。

如果受调查者的答案不清楚、无关或不完整，想获得更多的信息。可以采用一些试探的方法：

①显示兴趣：用“哦”“嗯”表示已听清楚受调查者的回答，期望他们说得更多。

②停顿：沉默能告诉受调查者你正在等待更多的信息。

③重复问题：帮助受调查者重新思考答案。

④重复答案：刺激受调查者说得更多或校正不准确的答案。

⑤语言要求：对不起，刚才我没听清楚，请您再说一遍好吗。

3. 项目操作

不同的调查项目，访问的方式、内容不同。即使是经验丰富的访问员，在调查实施之前，对他们进行项目操作方面的指导和训练也是十分重要和必要的。

项目操作指导一般于调查实施之前进行。主要内容有：

①向访问员解释问卷问题：一般是先让访问员看一下问卷、访问的问题以及问卷须知(参见本章后面的案例)，然后回答访问员提出的不清楚的问题。最后是说明每一道题的调查目的，让访问员判断受调查者的回答是否有针对性。

②统一问卷填写方法：针对问卷中各种不同类型的题目，规范作答的方式方法。

③分派任务：指定每个访问员访问多少人、访问什么人、什么时间完成访问任务等。

④访问准备：告诉访问员访问时所需的各种资料，如问卷、受调查者名单、电话簿、答案卡片等；

二、训练方法

对访问员进行训练，一般可采用以下方法：

①讲解。由研究人员或访问督导讲解上述三个方面的有关内容，即采用授课的形式先从认识上加以训练。

②模拟训练。即设计作业情境，让访问员具体操作，纠正他们在模拟作业中存在的问题。

③实际操作训练。既可让新聘访问员充当有经验的老资格访问员的助手，也可以让新聘访问员担当访问主角，有经验的访问员在旁辅导，还可以让访问员在预调查中单独访问。这样训练，目的是让访问员在实践中提高技能、掌握技巧。

三、访问员的训练课程

为了提高访问员的训练效果，调查公司需要制定访问员的训练计划，主要的训练课程包括：

①调查概述

②调查方法介绍

③访问技术及指导

④访问员责任

⑤问卷题目解释

⑥访问示范

⑦模拟访问（角色扮演）或现场访问

⑧访问员责任和访问技术回顾

完成这些训练课程一般需要两三天。

第四节　访问员的监控

要很好地监控访问员，必须了解由于访问员的缘故会产生什么问题以及监控的方法。

一、由访问员引起的质量问题

在实际调查过程中，由于访问员的责任心、访问技能技巧等因素引起的访问质量问题通常表现为以下情况：

①访问员没有按要求采访受调查者，而是自己填写调查问卷；

②没有访问指定的受调查对象，而是访问非指定访问对象；

③访问员自行修改受调查者的答案；

④访问员没有按调查要求向受调查者提供礼品或礼金；

⑤访问员向受调查者暗示答案；

⑥不是自己提问，等受调查者回答之后再做记录，而是让受调查者自己填写；

⑦放弃有些地址不太好找的受调查对象；

⑧放弃第一次碰巧没找到的受调查对象；

⑨访问过程没有按调查要求执行，如要求三次呈现图片，只呈现一次等；

⑩家庭中成员的抽样没有按抽样要求进行；

⑪有些问题漏答或没有记录等。

二、对访问员的监控方法

对访问员的监控一般是利用以下四种手段来判断访问员访问的真实性，然后再根据每个访问员的作业完成质量从经济上给予相应的奖励或惩罚。

①现场监督。在访问员执行访问的过程中，派督导员进行实地监督。这种方法比较适合。

②问卷审查。通常随机检查访问员的问卷，一旦在访问员的问卷上发现问题，就加大检查量或对该访问员的问卷进行全面检查。这种方法主要是通过判断答案的可能性以及问题的前后逻辑关系、笔迹等来辨别访问员是否做假。因此如果访问员做假比较巧妙，问卷审查就难以发现问题，在这种情况下，可以在问卷上加上一些测谎题，根据测谎题来判断问卷的真伪。

③电话回访。根据受调查者提供的电话号码，由督导员或专职访问员进行电话复访。采用电话复访时应注意下列问题，以免因复访失误而打击访问员的积极性：第一，受调查者提供的电话号码可能是假的，因为有些受调查者怕别人打搅，不愿提供真实的电话号码；第二，电话复访时，接电话者可能是家中的其他成员，不清楚家庭中是否有人接受过访问。

④实地复访。根据访问员记录的受调查者的真实地址，由督导员或专职访问员进行实地复访。这种方法比电话复访可靠，但需要更多的时间。

在电话回访和实地复访过程中，通常要根据以下几个方面来判断访问员访问的真实性：第一，电话号码能否打通或地址能否找到；第二，家中否有人接受访问；第三，调查的问题是否跟该调查相吻合；第四，调查时间是否符合问卷记录；第五，受调查者所描述的访问员形象是否与该访问员相符；第六，访问过程是否按调查规定的程序和要求执行。

北京华通现代市场信息咨询有限公司在访问员的监控方面，要求至少30%的入户及电话复核，至少两次的审核。

思考题：

1. 一个优秀的访问员应该具备什么条件？
2. 招聘访问员时重点应该考察哪些方面？
3. 训练访问员要从哪些方面入手，采用哪些方法？
4. 监控访问员工作的方法有哪些？
5. 访问员的主要责任是什么？

案 例 电视收视率基础研究甄别问卷、主问卷及问卷须知

一审：

二审：

复核：

电视收视率基础研究甄别问卷

S1 问卷编号：______________

S2a 访问员姓名：__________

S2b 访问员编号：__________

S3a 城市名称：____________

S3b 城市代码：____________

S4a 县/行政区名称：_______

S4b 县/行政区代码：_______

S5a 街道/乡/镇名称：______

S5b 街道/乡镇代码：__________

S6a 居/村/家委会名称：__________

S6b 居/村/家委会名称代码：__________

S6c 居/村/家委会名称性质：__________

1 居/家委会　　2 村委

S7 详细地址：__________

S8 邮政编码：__________

S9 地址编号：__________

S10 地址使用情况

已尝试到户，并找到地址………1 继续

已尝试到户，但未找到地址……2 终止

已尝试到户，但地址空置………3 终止

已尝试到户，但地址为非宅……4 终止

S11 记录房屋类型

平房……………………1

楼房/公寓………………2

别墅/豪华洋房…………3

S12 第一次到户结果

成功采访最了解的者 ……………… 1 继续

全家人不在家 …………………… 2 回访

最了解者不在家 ………………… 3 回访

未找到最了解者，拒访 …………… 4 回访

最了解者拒访 ……………………… 5 终止

日期：______年____月____日

时间：________：______

S13 第二次到户结果

成功采访最了解的者 ……………… 1 继续

全家人不在家 ……………………… 2 回访

最了解者不在家 …………………… 3 回访

未找到最了解者，拒访 …………… 4 回访

最了解者拒访 ……………………… 5 终止

日期：______年____月____日

时间：______：______

S14 第三次到户结果

成功采访最了解的者 ……………… 1 继续

全家人不在家 ……………………… 2 回访

最了解者不在家 …………………… 3 回访

未找到最了解者，拒访 …………… 4 回访

最了解者拒访 ……………………… 5 终止

日期：______年____月____日

时间：______：______

S15 记录最终选出的被访者的姓名、年龄、性别和电话

a. 姓名：________________________

b. 性别：________________________

c. 年龄：________________________

d. 家庭电话：____________________

e. 单位电话：____________________

S16（出示卡片）家庭结构

列出一星期平均有五天或五天以上同住的家人，包括亲友和佣人（请访问员把被访者放在排列编号的第1栏，然后按年龄由大到小排列被访者的家人/亲友，再按年龄由大到小排被访者的佣人。不足1岁按0.5岁计算）

家庭成员排序编号	1	2	3	4	5	6	7	8	9	10
性别(1=男,2=女,填编号)										
年龄(周岁,填实际年龄)										
民族(填编号)										
是否有本地户籍(1=是,2=否)										
人员关系(填编号)										
日用消费品购买主要决定者(单选)										
耐用品购买主要决定者(单选)										

S17 请问您家过去12个月内是否参加过电视收视率调查?

是……………………………1 回答S18和S19后终止

否……………………………2 继续

S18 请问您或您家人是否在电视台或媒介调查公司工作?

是……………………………1 回答S19后终止

否……………………………2 继续

S19 请问您家里是否有电视机?

有……………………………1 继续

无……………………………2 回答主问卷Q30和Q31后终止

办公室专用(访问员不用填写)

S20 问卷类型:

成功短卷……………………1

成功长卷……………………2

不成功卷……………………3

其他(注明)____________ 4

甄别问卷完

电视收视率基础研究主问卷

S1 过录问卷编号:____________

S9 过录地址编号:____________

S15a 过录被访者姓名:____________

Q1. 您家目前正在使用的电视机有几台?

1台 …………………………… 1

2台 …………………………… 2

3 台 ………………………… 3

4 台或以上 …………………… 4

Q2. 您家目前正在使用的录像机有几台？

1 台 ………………………… 1

2 台 ………………………… 2

3 台或以上 …………………… 3

没有 ………………………… 4

Q3a. 请问您家电视机信号接收方法是？

有线网 ……………………… 1

村/厂/矿/小区闭路 ………… 2

一般室内/外天线 ………… 3

碟型卫星天线 ……………… 4 ┐

其他(注明)………………… 5 ┘→跳问 Q3c

Q3b. 请问您家中的电视机加入的是哪一个有线网络？

市有线网……………………1

省有线网……………………2

其他(注明)…………………3

Q3c.(出示卡片)请问您家中的电视机是否能收到下列频道中的一个或几个？

能收到…………………………1 (续问 Q3d)

不能收到………………………2 (跳问 Q4)

Q3d. 请问您家的电视机是从何时开始能够收到以上电视频道的？

访问员请读出 Q3a 答案。

(访问员注意：如不是同时开始接收，以最早的一个为准)

__________年____月

Q4. 请问您家是否有 VCD/LD/DVD 影碟机？

有…………………………………1

没有………………………………2

Q5. 请问您家第一台电视机、第二台电视机、第三台电视机的使用次数是怎样的？

(出示卡片)(访问员应追问每一台电视机的使用次数)

Q6.(只问 Q2 回答有录像机的家庭)(出示卡片)

请问您家录像机的使用次数是怎样的？

Q7.(只问 Q4 回答有 VCD/LD/DVD 的家庭)(出示卡片)

请问您家影碟机的使用次数是怎样的？

	Q5			Q6	Q7
	第一台电视机	第二台电视机	第三台电视机	录像机	影碟机
每天使用	1	1	1	1	1
每周至少 1 次	2	2	2	2	2
每 2 周至少 1 次	3	3	3	3	3
每月 2～4 次	4	4	4	4	4
每月 1～2 次	5	5	5	5	5
更少	6	6	6	6	6
从不使用	7	7	7	7	7
没有电视机/录像机/VCD/LD/DVD	8	8	8	8	8

现在我想了解您家里电视机的一些基本情况，让我们先从最常用的那一台说起。

Q8－Q11 针对最常用的(第一台)电视机发问

Q8. 您家最常用(第一台)的电视机是黑白还是彩色的呢？

彩色……………………………1

黑白……………………………2

Q9. 您家最常用(第一台)的电视机摆放在哪里？

客厅……………………………1

客厅兼卧室……………………2

卧室……………………………3

厨房……………………………4

其他房间__________

Q10. 您家最常用(第一台)的电视机是遥控电视机吗？

是………………………………1

否………………………………2

Q11.(出示台标提示卡)

您家最常用(第一台)的电视机能够接收到哪些电视台的频道？请包括所有能收到的频道/台套。接收每一频道的画面及声音质量如何呢？是非常清晰、清晰、不太清晰还是不清晰？(访问员必须核对住户是否确实能收到这些频道。）

	频道/台套名称	接收画面质量				声音质量		
		非常清晰	清晰	不太清晰	不清晰	非常清晰	一般	不清晰
0		0	0	0	0	0	0	0
1		1	1	1	1	1	1	1
2		2	2	2	2	2	2	2
3		3	3	3	3	3	3	3
	……	……	……	……	……	……	……	……
98	98	98	98	98	98	98	98	99
99	99	99	99	99	99	99	100	
100	100	100	100	100	100	100		

如果只有一台电视机，问完 Q11 后，跳问 Q20。

Q12－Q15 针对第二台常用的电视机发问

Q12. 您家第二台常用的电视机是黑白还是彩色的呢？

彩色……………………………1

黑白……………………………2

Q13. 您家第二台常用的电视机摆放在哪里？

客厅……………………………1

客厅兼卧室……………………2

卧室……………………………3

厨房……………………………4

其他房间__________

Q14. 您家第二台常用的电视机是遥控电视机吗？

是………………………………1

否………………………………2

Q15.（出示台标提示卡）

您家最常用(第二台)的电视机能够接收到哪些电视台的频道？请包括所有能收到的频道/台套。接收每一频道的画面及声音质量如何呢？是非常清晰、清晰、不太清晰还是不清晰？(访问员必须核对住户是否确实能收到这些频道。)

	频道/台套名称	接收画面质量				声音质量		
		非常清晰	清晰	不太清晰	不清晰	非常清晰	一般	不清晰
0		0	0	0	0	0	0	0
1		1	1	1	1	1	1	1
2		2	2	2	2	2	2	2
3		3	3	3	3	3	3	3
	……	……	……	……	……	……	……	……
98	98	98	98	98	98	98	98	99
99	99	99	99	99	99	99	100	
100	100	100	100	100	100	100		

如果只有两台电视机，问完 Q15 后，跳问 Q20。

Q16—Q19 针对第三台电视机发问

Q16. 您家第三台电视机是黑白还是彩色的呢？

彩色……………………………1

黑白……………………………2

Q17. 您家第三台电视机摆放在哪里？

客厅……………………………1

客厅兼卧室……………………2

卧室……………………………3

厨房……………………………4

其他房间__________

Q18. 您家第三台电视机是遥控电视机吗？

是……………………………………1

否……………………………………2

Q19.(出示台标提示卡)

您家第三台电视机能够接收到哪些电视台的频道？请包括所有能收到的频道/台套。接收每一频道的画面及声音质量如何呢？是非常清晰、清晰、不太清晰还是不清晰？(访问员必须核对住户是否确实能收到这些频道。)

	频道/台套名称	接收画面质量				声音质量		
		非常清晰	清晰	不太清晰	不清晰	非常清晰	一般	不清晰
0		0	0	0	0	0	0	0
1		1	1	1	1	1	1	1
2		2	2	2	2	2	2	2
3		3	3	3	3	3	3	3
	……	……	……	……	……	……	……	……
98		98	98	98	98	98	98	98
99	99	99	99	99	99	99	100	
100	100	100	100	100	100	100		

Q20a (出示卡片)请问您家每位成员星期一至星期五通常是在什么时间看电视？

(时间复选,家庭成员排列顺序同甄别问卷 S16)

家庭成员编号	1	2	3	4	5	6	7	8	9	10
8:00 以前	1	1	1	1	1	1	1	1	1	1
8:00—10:00	2	2	2	2	2	2	2	2	2	2
10:00—12:00	3	3	3	3	3	3	3	3	3	3

续表

家庭成员编号	1	2	3	4	5	6	7	8	9	10
12:00—14:00	4	4	4	4	4	4	4	4	4	4
14:00—16:00	5	5	5	5	5	5	5	5	5	5
16:00—18:00	6	6	6	6	6	6	6	6	6	6
18:00—20:00	7	7	7	7	7	7	7	7	7	7
20:00—22:00	8	8	8	8	8	8	8	8	8	8
22:00—24:00	9	9	9	9	9	9	9	9	9	9
24:00 以后	10	10	10	10	10	10	10	10	10	10
不看电视	11	11	11	11	11	11	11	11	11	11

Q20b（出示卡片）请问您家每位成员星期六至星期日通常是在什么时间看电视？

（时间复选，家庭成员排列顺序同甄别问卷 S16）

家庭成员编号	1	2	3	4	5	6	7	8	9	10
8:00 以前	1	1	1	1	1	1	1	1	1	1
8:00—10:00	2	2	2	2	2	2	2	2	2	2
10:00—12:00	3	3	3	3	3	3	3	3	3	3
12:00—14:00	4	4	4	4	4	4	4	4	4	4
14:00—16:00	5	5	5	5	5	5	5	5	5	5
16:00—18:00	6	6	6	6	6	6	6	6	6	6
18:00—20:00	7	7	7	7	7	7	7	7	7	7
20:00—22:00	8	8	8	8	8	8	8	8	8	8
22:00—24:00	9	9	9	9	9	9	9	9	9	9
24:00 以后	10	10	10	10	10	10	10	10	10	10
不看电视	11	11	11	11	11	11	11	11	11	11

Q20c（出示卡片）请问您家每位成员平均每天看多长时间看电视？

（家庭成员排列顺序同甄别问卷 S16）

家庭成员编号	1	2	3	4	5	6	7	8	9	10
30分钟以下	1	1	1	1	1	1	1	1	1	1
30分钟～1小时	2	2	2	2	2	2	2	2	2	2
1～2小时	3	3	3	3	3	3	3	3	3	3
2～3小时	4	4	4	4	4	4	4	4	4	4
3～4小时	5	5	5	5	5	5	5	5	5	5
4～5小时	6	6	6	6	6	6	6	6	6	6
5小时以上	7	7	7	7	7	7	7	7	7	7
不看电视	8	8	8	8	8	8	8	8	8	8

Q21.（出示卡片）请问您家家庭成员在一起时最常使用的是哪一种语言？（单选）

普通话……………………1　　客家话……………………9
广东话……………………2　　闽南话……………………10
英语………………………3　　福州话……………………11
日语………………………4　　山东话……………………12
俄语………………………5　　江苏话……………………13
法语………………………6　　浙江话……………………14
德语………………………7　　四川话……………………15
上海话……………………8　　其他方言（请注明）… 16

Q22.（出示卡片）

请告诉我您家中的每一个成员：以下哪一种语言听说没有困难、懂一部分或是完全不懂。请用3分制将每一语言评分：1分表示听说没有困难；2分表示懂一点；3分表示完全不懂。（家庭成员排列顺序同甄别问卷S16）

家庭成员编码	1	2	3	4	5	6	7	8	9	10
普通话										
广东话										
英　语										
日本语										
俄　语										
法　语										
德　语										

Q23.（出示卡片）

请告诉我您家中每一个成员普通话的阅读和书写能力怎样。请用 3 分制评分。1 分表示很好；2 分表示一般；3 分表示不好。（家庭成员排列顺序同甄别问卷 S16）

家庭成员编码	1	2	3	4	5	6	7	8	9	10
阅读能力										
书写能力										

Q24.（出示卡片）

请告诉我您家每一位成员最经常使用的交通工具是什么？（单选，家庭成员排列顺序同甄别问卷 S16）

家庭成员编码	1	2	3	4	5	6	7	8	9	10
出租车	1	1	1	1	1	1	1	1	1	1
公共汽车	2	2	2	2	2	2	2	2	2	2
自行车/三轮车	3	3	3	3	3	3	3	3	3	3
汽车	4	4	4	4	4	4	4	4	4	4
火车	5	5	5	5	5	5	5	5	5	5
摩托车	6	6	6	6	6	6	6	6	6	6
单位班车	7	7	7	7	7	7	7	7	7	7
地铁	8	8	8	8	8	8	8	8	8	8
步行	9	9	9	9	9	9	9	9	9	9
其他（请注明）	10	10	10	10	10	10	10	10	10	10

Q25.（出示卡片）您居住的房子属于下面哪一类？（单选）

自有房屋……………………………1

国有房产……………………………2

租用他人房屋………………………3

不知道………………………………4

Q26. 请问您家里有没有饲养宠物呢？

有……………………………………1 续问 Q27

没有…………………………………2 跳问 Q28

Q27. 请问您家饲养的宠物有哪些呢？(可复选)

狗……………………………………1

猫……………………………………2

鸟……………………………………3

鱼……………………………………4

其他(请注明)＿＿＿＿＿＿

Q28. (出示卡片)请问您家拥有下列哪些家庭耐用消费品吗？

手提摄像机……………………1

电视机…………………………2

卡拉 OK 机……………………3

音响……………………………4

收录机…………………………5

收音机…………………………6

电子游戏机……………………7

直线电话………………………8

单位分机电话…………………9

私人汽车………………………10

热水供应………………………11

淋浴……………………………12

浴盆……………………………13

浴室……………………………14

坐厕……………………………15

空调……………………………31

蹲厕…………………………… 16

洗衣机………………………… 17

洗碗碟机……………………… 18

吸尘器………………………… 19

微波炉………………………… 20

电饭煲………………………… 21

电烤箱………………………… 22

煤气烤箱……………………… 23

电冰箱/冰柜 ………… 24

电热水器……………………… 25

煤气热水器…………………… 26

摩托车/助力车 ……… 27

个人电脑……………………… 28

光驱…………………………… 29

国际互联网账号……… 30

Q29. (出示卡片)请问您家中谁拥有下列耐用消费品？(家庭成员排列顺序同甄别问卷 S16)

家庭成员编码	1	2	3	4	5	6	7	8	9	10
便携式激光唱机	1	1	1	1	1	1	1	1	1	1
移动电话	2	2	2	2	2	2	2	2	2	2
寻呼机	3	3	3	3	3	3	3	3	3	3
都没有	4	4	4	4	4	4	4	4	4	4

Q30. (出示卡片)最后，有几个关于您及您的家庭成员的问题向您请教，请告诉我他们受教育的程度、婚姻状况、职业、工作制和个人收入，以及哪位是

家庭日用消费品和家庭耐用品购买的主要决定者。(家庭成员排列顺序同甄别问卷 S16)

家庭成员编码	1	2	3	4	5	6	7	8	9	10
婚姻状况										
教育程度										
职业										
工作制										
个人月收入										

Q30. 答案卡

婚姻状况	教育程度	职业	工作制	个人月收入
1. 未婚	1. 未受过正式教育	1. 政府机关/党群组织负责人或中、高层官员	1. 日班	1. 300 元以下
2. 已婚/同居	2. 小学	2. 企事业单位管理人员	2. 夜班	2. 300～600
3. 鳏寡/分居/离婚	3. 初中	3. 技术人员及专业人士	3. 轮班	3. 601～900
	4. 高中/中专/职高/技校	4. 重负机关/企事业单位职员	4. 不固定	4. 901～1 200
	5. 大专	5. 技术工人	5. 没有工作	5. 1 201～1 400
	6. 大学本科	6. 非技术工人		6. 1 401～1 700
	7. 大学本科以上	7. 农民/渔民/牧民		7. 1 701～2 000
		8. 自由职业者/个体从业者		8. 2 001～2 300
		9. 学生		9. 2 301～2 600
		10. 学龄前儿童		10. 2 601～2 900
		11. 没有工作		11. 2 901～3 200
		12. 家庭妇女		12. 3 201～3 500
		13. 其他		13. 3 501～3 800
		14. 拒绝回答		14. 3 801～4 100
				15. 4 101～4 400
				16. 4 401～4 700
				17. 4 701～5 000
				18. 5 001～5 300

续表

婚姻状况	教育程度	职业	工作制	个人月收入
				19.5 301～5 600 20.5 601～5 900 21.5 901 以上 22.无收入 23.拒绝回答

Q31.（出示卡片）请问您全家每月平均总收入是多少？（包括所有家庭成员的所有收入，不包括佣人）

300 元以下……………………1
300～600 …………………… 2
601～900 …………………… 3
901～1 200 ………………… 4
1 201～1 400………………5
1 401～1 700………………6
1 701～2 000………………7
2 001～2 300………………8
2 301～2 600………………9
2 601～2 900………………10
2 901～3 200………………11
3 201～3 500………………12
3 501～3 800……………………13
3 801～4 100……………………14
4 101～4 400……………………15
4 401～4 700……………………16
4 701～5 000……………………17
5 001～5 300……………………18
5 301～5 600……………………19
5 601～5 900……………………20
5 901 以上……………………21
无收入 ………………………… 22
拒绝回答 ……………………… 23

Q32-41.（空题）

为了及时了解广大电视观众收看电视的情况，不断提高电视节目的质量及可视性，满足电视观众的收视需求，我们将在本地区全面展开收视率调查。现在我们按照随机抽样的方法，选中了您的家庭作为我们的调查被选户。

这是关于本公司和这项工作的介绍（出示“致电视观众调查户的一封信”）。调查内容和方法并不复杂，我们会提供特别的表格，您家中的每位成员只需要记录下每天收看电视的时间和频道就可以了。我们的访问员每周来收一次表格。当然我们每月会付给您一定的报酬或礼品。本项调查属自愿性调查。

Q42.（出示卡片）如果您的家庭情况符合我们的调查要求，您是否愿意代表几千个家庭与我们合作，成为全国电视观众调查网的一个成员呢？

完全同意…………………………1
基本同意…………………………2
无所谓……………………………3
基本不同意………………………4
完全不同意………………………5

谢谢您的合作!

主问卷结束

基础调查问卷培训

问卷须知

基本注意事项

①本须知针对 2001 年基础研究问卷而设计。

②除非有跳问或不需发问提示,否则所有问题都必须要回答。

③有出示卡片的问题,应先出示卡片再让被访者回答问题。

④本须知是补充性质,有部分的访问要求已在问卷上说明,请同时详阅问卷各项指示。

⑤请用蓝色圆珠笔填写全部与基础调查相关的资料。(抽样地址表一、抽样地址表二、甄别问卷、主体问卷、复核问卷等)

⑥成功长卷=成功甄别卷+成功主问卷。访问完后要钉在一起。所有派给访问员的问卷,不管是否成功,都要送交 CSM 督导。

⑦样本量=成功长卷+成功短卷

采访所需物品

①甄别问卷、主体问卷

②本须知

③提示卡片

④台标提示卡

⑤随机抽样地址表(一、二)

⑥其他督导指定要访问员带的物品,例如:介绍信、证件、蓝色圆珠笔、礼品等请向督导查问。

甄别问卷

抽样表和甄别问卷的关系

①访问以第一套地址为准。当某一抽中户访问未成功时,启用第二套的对应地址访问。仍然不成功时,可使用第一套其他已成功访问地址所对应的第二套地址。

②所有接触过的地址都要在甄别问卷、问卷内反映出来。(抽样地址表中未使用过的地址除外)

S1-S9

①注意有/号的应圈出正确选择,例如:县/行政区名称栏,如属行政区,应把行政区圈出。请注意代号必须回答,圈选出正确选择。

②地址编码共 6 位;第一和第二位表示行政区,第三、四位表示居(家、村)委会,第五位和第六位是与地址表(二)对应的号码。

S12-14

①最了解者是指最了解全家人背景及日常家居生活习惯的人。佣人及朋友不能作为被访者,但他们的资料仍要收集在 S16 及其后问题内。

②每次入户须间隔两个小时或以上,一天内不得三次或以上入同一户,避开新闻联播时间访问。以 24 小时制记录时间,如:20:30。

S16

①居住此地半年或以上的家人、亲戚、朋友和佣人。(与是否有本地户籍无关)

②一星期平均有五天或以上同住的家人,包括亲戚、朋友和佣人(请访问员把被访者放在排列编号的第一栏,然后按年龄由大到小排被访者的家人、亲戚、朋友,再按年龄由大到小排被访者的佣人。不足 1 岁按 0.5 岁计算)

S17-S19

当 S17 答是,回答 S18 和 S19 后终止。

当 S18 答是,回答 S19 后终止。

当 S19 答无,则回答 Q30 及 Q31 后终止访问。

S20 问卷类型由办公室填写(只需督导阅读)

成功短卷:能成功完成甄别问卷,但不能采访主问卷,原因属下列其中的一种时,归为成功短卷:没有电视机(S19)

成功长卷:没有在甄别问卷被终止,并成功采访整份问卷(包括甄别及主问卷)。

不成功卷:由于不在家并成功采访整份问卷,拒访(包括中途拒访)原因不能完成甄别问卷采访(S12-14)

其他(注明):当不能成功完成甄别问卷或主问卷,而原因又不属于上列三者,在这里注明原因,例如:

①参加过收视率调查(S17)

②在电视台或媒介调查公司工作(S18)

③错漏太多,地址问题(S10)

主问卷

S1,S9,S15a

成功问卷必须过录 S9,S15a 答案到主问卷。

Q1,Q2

不包括不再使用的电视机及录像机

是指目前被访者现在住房内正在使用的电视机台数,已损坏及不在使用的电视机不算在内。

Q3a

如果 Q3a 答案中有 5,则应在后面具体注明,有线网或闭路的名称。

Q3b

如果答 3 则详细注明。

Q4

家中只要有 VCD、SVCD、LD、DVD 其中任意一种影碟机就可以圈有。

Q7

如果家中有两种或两种以上影碟机,则使用次数为全部影碟机使用次数的叠加。

Q11、Q15、Q19(请注意避开新闻联播的时间)

频道核实注意事项:

①必须打开电视机核对住户是否确实能收到说出的频道/台套,请依据台标提示卡与电视机上的台标核对,无误后方可圈画。

②画圈时如出现问卷中未提供的频道名称时,则请记录出现新频道的中文全称,不可用简称或缩写,再依据被访者的判断选择相应声音及画面质量。

③调出来的是闭路电视台或录像机,使用 VCD/LD/DVD/SVCD 专用频道时,亦请记录。

④当被访者中同一电视机频道设置重复时,只记录第一次出现,不需重复记录。

⑤未设置的电视频道请留空。

频道按钮顺序号:

①遥控器:从 0 频道按钮开始记录(包括自己加装的遥控器)。

②按钮调频道的电视机:依按钮的顺序号调频。

③旋钮频道的电视机:依照旋钮所指示序号的顺序;未表明序号的,以打开电视机时的频道为序号 1,自左向右(顺时针)顺序记录可以接收道所有频道的正确名称。

接收画面质量和声音质量:

依据被访者的判断选择相应的答案，不可依访问者的感觉。

Q24

①孩子太小，交通根据随与他/她出门的父母而定。

②其他交通工具请详细注明。

Q25

自有房屋：拥有或购得全部或部分产权

国有房产：政府分配给个人，但每月要叫交租金

租用他人房屋：向房屋所有者（个人）支付租金，租住他人所有房屋；

Q28 耐用消费品

热水供应：由非住户自己提供的洗浴用水。

淋浴：指淋浴设备，如电热水器。太简单的设备不算（例如淋浴喷头）。

音响：有独立音响的视听器材，包括台式和立式。

个人电脑：包括台式、手提，不包括学习机。

卡拉 OK 机：有独立机身且仅有卡拉 OK 播放功能的。

电视游戏机：包括各类电脑学习机；

国际互联网络账户：指个人电脑已经进入国际互联网络。

Q30 家庭成员情况

①职业：以当前从事的职业为准，如有两种职业，用第一职业。

②大专、大学：包括国家承认学历的电大、夜大、函大、自考、职大等；

③企事业单位管理人员：例如部门经理、车间主任等；

④技术人员和专业人员：指文、教、体、卫、矿、法等方面的专业人员，例如医生、教师、警察、演员等。

⑤技术工人：例如电工、司机等等。

⑥没有工作：不包括学生、儿童。因为退休而没有工作，请回答“退休没有工作”，全职在家做家庭主妇请回答“家庭主妇”。

⑦其他：包括临时工、保姆等。

Q30/Q31 收入

个人收入由被访者根据卡片自己选择，是指个人的全部收入。

Q31 家庭收入为调查对象的全部收入之和。不包括佣人。

Q30 工作制

学生，没有工作的家庭主妇在工作制上算没有工作。

Q33a 您家是否有自己的电话

指有线电话（坐机），不包括移动电话。

Q33c 您家电话共有几部电话机串接

①家中使用 1 个电话号码时，指有几部电话机使用这个电话号码；如果是子母机则按 1 部计算。

②家中使用 2 个或 2 个以上电话号码时，选择串接少的电话号码记录。

Q34a、Q34b 关于录像机功能及使用情况

如果 Q2 选择 4 则跳问 Q35，不需要回答 Q34a、Q34b。

Q38 您家电视机信号接收方法

如果选择 4，则需详细注明。

Q42 是否愿意成为全国电视观众调查网的成员

请访问员完整读出 Q42 前，提示语句后方可让被访者选择。

第五章　测　量

在任何实证研究中，研究者都要获取研究变量的有关数据，这就需要测量变量，测量是广告调研的重要环节。

第一节　测量的概念

所谓测量(measurement)，就是依据一定的法则使用量具对事物的特征进行定量描述(戴海崎、张锋、陈雪枫主编 1999，p. 2)。从操作的角度来说，测量就是研究者根据一定的法则将数字或符号分派给事物、人、状态、事件等研究对象，以描绘其特征的过程。可以说，测量是一种通过分派数字来反映事件、人物、物体拥有的属性的数量的方法(McDaniel & Gates 1998，p. 341)。

测量有以下几个特点：

①测量是有对象的，而且测量的对象是事物的特征，而不是事物本身，因为事物本身是不可测的。所谓"事物的特征"，是指所要测量的事物的属性，如物体的大小、声音的高低、液体的浓度、身体的高矮、人格的倾向、态度的好坏程度等。譬如，我们不能说测量"人"，但可以说测量人的"能力"、"意见"、"态度"等。

②测量要依据一定的法则。所谓"依据一定的法则"是指任何测量都要建立在科学规则和科学原理的基础上，通过科学的方法和程序完成测量过程。例如用温度计测量温度，依据的是物理学的热胀冷缩原理。用尺子量长方形的面积，依据的是数学上的长方形面积计算公式。测量依据的法则科学完善，测量的结果就准确可靠。在具体的测量中，有些法则简单、明确，容易建立，因此测量起来很简单，测量结果准确、没有疑义。例如性别测量，标准简单又具体，给男性分派 1，给女性分派 2。但是有许多特征模糊不清，难以测量(例如消费者的品牌忠诚)。

③测量要使用特定的量具。例如，测量体重的磅秤，测量视力的视力表，心理学中测量智商的各种智力量表。借助于特定的量具，测量才会准确。例如，通过目测也能对长度作出一定程度的判断，但远不如采用尺子准确、可靠。

由于法则不同，建立起来的量具的复杂程度以及测量者使用量具的难度也不同。例如用尺子测量物体的长度，一般人不需要经过专业训练就可以掌握，而用韦氏儿童智力量表测量儿童的智商则需要经过专门训练。

④测量是对物体属性的定量描述，是指任何测量的结果总是对事物特征的量的确定。对事物的描述有两种，一种是定性描述，另一种是定量描述，测量是后一种。例如在调查研究中，问卷设计者可能将受调查者对某一广告的评价分成五个等级，用数字“5”表示“很好”，用“1”表示“很差”，其间各种不同程度分别用“4”、“3”、“2”表示。受调查者对该问题进行回答或选择，他们对广告的评价就用数量的形式确定下来。

测量或数量化方法虽然能获得更客观、更精确的资料，但是这种手段使用不当会导致研究失败。特别是研究消费者的心理或态度时，如果片面强调以数量区分特征的差异，常常会导致错误的结论。

第二节　测量的过程

测量包括以下五个步骤(参见图 5-1)：

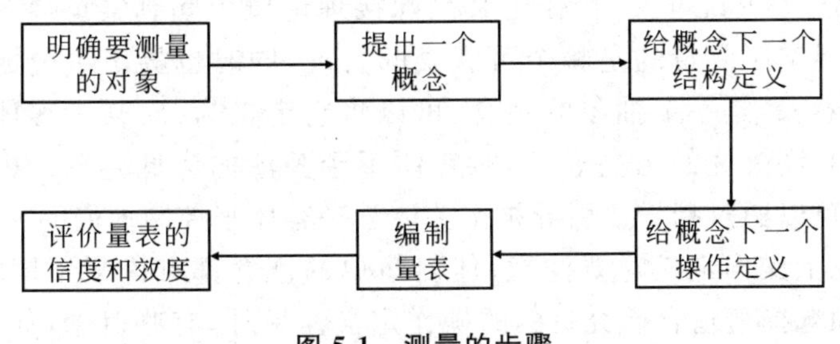

图 5-1　测量的步骤

一、明确要测量的对象

测量，首先要明确研究要测量的对象，是消费者对广告的看法、评价，还是消费者对广告的兴趣程度；是消费者对品牌的评价，还是品牌留在消费者记忆中的印象的深刻程度。总之，要大致描绘出测量的对象。

二、提出一个概念

明确了测量的对象后要提出一个概念，用它来代表测量的对象。例如，对于消费者对品牌的看法、评价等，可以用概念“品牌态度”来表示。在广告学中，此类的概念很多，如品牌意识、品牌忠诚、广告效果、高卷入、社会阶层、广告态度。概念是抽象的,是构造理论的必要元素。概念一般不能直接观察,但可以通过某些间接的方法来推断。

三、给概念下一个结构定义

所谓结构定义,也即理论定义或基本定义,是指用其他概念来定义一个概念,以确定该概念的范畴。科学理论的构想采用结构定义,所有具有科学价值的概念都必须有基本定义。也就是说,它们必须能够被用在理论中。一个结构定义,很可能就是词典中的定义。一个具有结构定义的概念,应该可以与研究中的其他概念相互区别。因此研究中的概念应该很容易与其相似的概念相区别。例如对"品牌忠诚",有人就将它定义为"在某个产品或服务类别中,自始至终偏爱或购买某个品牌"。又比如黄合水 2002 年在关于品牌资产的研究中也给品牌资产下了一个结构定义——品牌资产就是消费者关于品牌的知识。

四、给概念下一个操作定义

操作定义,是指"把一个较抽象的概念具体化,使之可以直观地把握和测量"(朱智贤 1989,p.50)。操作定义是嫁接理论概念和真实世界事件或因素的桥梁,它界定了测量的是哪个可观察的特征,同时也界定了分派数字的规则。例如"卷入"是一个抽象的观念,可以将它定义为:对某一客体的关注程度,对客体高度关注的为高卷入,对客体不予关注的为低卷入。根据这一定义,实验中可以通过指导语引导被试关注某一客体来控制他们的"卷入"程度。

给观念下操作定义时要注意,任何简单的概念都有许多不同操作定义。研究者必须选择最适合研究目的的操作定义。另外,有些概念(如"态度")很抽象,要通过操作定义来直接测量比较困难。对于这样的概念,可以在结构定义的基础上,通过间接的方法来测量。

五、编制量表

量表是一个具有单位和参照点的连续体,将被测量的事物置于该连续体的适当位置,计算它离开参照点有多少个单位,便得到一个观测值,这种连续体就称为量表。因是否存在参照点和单位是否等距,量表有以下四种水平:命名、次序、等距和比率。这四种水平的量表我们将会在下一节中专门介绍。

编制测量量表,有时候很简单,有时候很复杂。编制直接测量的量表比较简单,编制间接测量的量表比较复杂。简单的量表通常用一个题目来测量客体的某个特征,例如测量人的年龄,可以直接问"您的年龄多大?",然后让受调查者自己回答，也可以提供几个答案让他们选择。复杂的量表一般要通过许多题目的组合来反映客体的某个特征或某种构想，例如了解的人对事物的态度，就需要很多题目（参见本章最后一节）。

六、评价量表的信度和效度

量表编制完毕还要检验量表的信度和效度。如何评价量表的信度和效度，我们在本章第四节中专门探讨。

第三节 量表

前面讲过，量表有四种水平，因而有四种量表：命名量表、次序量表、等距量表和比率量表。

一、命名量表

命名量表又叫定类量表，是最低水平的量表，是广告研究、营销研究中最常见的量表。它用数字来代表事物或把事物归类。这里的数字没有数量化的关系。如“1”代表男，“2”代表女，或用“1、2、3………n”分别代表同类产品的各种竞争品牌。下面是命名量表的两个例子。

例 1. 请问您家里有没有 DVD 机？

1——有　　2——没有

例 2. 您家里的彩电是什么牌号？

1——长虹　　2——海尔

2——康佳　　4——厦华

3——TCL　　6——其他

编制命名量表时，一定要注意类别必须详尽无遗并且互相排斥，也就是说，要保证每一种资料只能被分配到一个类别中，而所有资料都能分配到量表的各个类别中。命名量表不能按数字大小排顺序，不能进行加减乘除运算。命名量表的统计量是每个类别中物体的数量和百分比。例如男性 50 人，占 48.5%，女性 53 人，占 51.5%。对于命名量表，统计平均数是没有意义的，但可以求众数。

二、次序量表

次序量表，又叫定序量表，它比命名量表的水平高，不仅指明了类别，同时还指明不同类别的大小或含有某种属性的多少，如销售量的名次、质量的级别、对各品牌的喜欢程度等。次序量表要求测量的对象具有传递性，所谓传递性，可以用如下逻辑推论来说明：如果 a 大于 b，b 大于 c，那么 a 大于 c。以下是次序量表的一个例子：

请你用“1～5”给下列五个航空公司列顺序，“1”表示最喜欢，“5”表示最不喜欢。

国际航空公司　（　）
东方航空公司　（　）
南方航空公司　（　）
西北航空公司　（　）
北方航空公司　（　）

在次序量表中，次序的数码只表示等级顺序，不代表绝对量，数码之间的距离也不一定相等。例如，有人可能将最喜欢的国际航空公司排在第一位，将略微差一点的东方航空公司排在第二位，而将已经不太喜欢的南方航空公司排在第三位。在“1”、“2”、“3”三个位置中，第一位和第二位的差距比较小，而第二位和第三位之间的差距比较大。

由于次序量表的目的是评价等级，因此任何规定一系列数字的规则只要能保证顺序关系都可以。用 100 分等级来评价上述五家航空公司也可以。

次序量表虽然有大小之别，但它跟命名量表一样。不能用加减乘除进行运算。测量集中趋势可以采用众数和中数，测量离散程度则用百分位数或四分位数。

次序量表如何统计，迄今仍然还存在争议。严格地说，次序量表是不等距的，不能进行参数检验，但是在实际运用中，人们常常将它看作等距量表，采用各种参数检验的方法加以统计。

次序量表一般是关于看法或态度的问题，等级通常是：

(a)非常同意/同意/中立/不同意/非常不同意

(b)很好/好/一般/不好/很不好

(c)经常/有时/几乎从不

(d)很重要/重要/有点重要/不重要/不知道

在编制次序量表时，通常可以采用三种不同形式中的一种，这三种形式分别是：

①列出各等级答案。例如：

这是一条很有人情味的广告：

a——赞成　　b——稍赞成　　c——中立
d——稍反对　　e——反对

这种形式的次序量表会给予每一等级一个概念，便于受调查者选择。但是如果等级增多，就很难列出相应的概念。即使列出了，受调查者也很难区分。所以一般情况下等级数目不超过7。

②将答案列成一个连续体，仅在两端有标志，例如：

就刚才所看的广告，对它是否适合儿童观众，请您给一个总评价（请在数轴分值上打一个圈，满分为10分）。

适合　|_|_|_|_|_|_|_|_|_|　不适合

10 9 8 7 6 5 4 3 2 1

这种形式可以避免列出等级概念的麻烦。

③列出一些答案项目，让受调查者对这些答案进行排序。例如：

当您选择电冰箱时，请将下列性能或条件按重要性顺序填上1～6。

______经久耐用　　______无噪声　　______省电

______价格便宜　　______容量大　　______名牌

这种形式有一个问题：答案的顺序会影响回答者的排列次序，所以在编制这一形式的次序量表时，要注意控制这种顺序效应，应注意使各个答案排列在各个顺序位置上的机会均等。

三、等距量表

等距量表包含了次序量表的所有特征，比次序量表更进一步，它不仅指明了大小，而且还有相等单位，但没有绝对零点。例如温度，有大小，但没有绝对零点。摄氏温度为零度时，华氏温度为32度。由于没有绝对零点，因此等距量表只能进行加减运算，不能进行乘除运算。

营销研究者喜欢使用等距量表，因为他们能够测量消费者在某一特性上比另一个人多多少。等距量表使得研究者能够讨论两个物体之间的差异。

在广告和市场研究中，真正的等距量表几乎没有，但是一些表示程度不同的次序量表常常被处理成等距量表。等距量表适用的统计方法有平均数、标准差、皮尔逊相关、t检验和F检验等。

四、比率量表

比率量表，也称等比量表，它包含有等距量表的所有属性，又有绝对零点。由于绝对零点的位置无可争议，因此比率量表中数值的比较是可以接受的。比率量表反映了一个变量的实际数量。一个人的物理特征如年龄、身高、体重都是比率量表变量。物体之间的距离、反馈比率、人口数量、流失的时间等都是比率量表。

由于某些物体没有被测量的特征，因此起点为零的比率量表绝对是有意义的，例如一项投资可能没有回报。还有，绝对零点意味着适用所有的数学运算，包括等距量表不能进行的乘除运算。在比率量表中，所有的数据都是被测量属性的真实数量。也就是说，一个月收入 8 000 元的人，是另一个月收入 2 000元的 4 倍。

分析统计比率量表资料也可使用所有描述统计方法和高级统计方法。

第四节　测量的信度和效度

一、测量误差的来源

一项理想的广告研究应该提供真实、精确、有时效的、易懂的信息。精确的数据意味着精确的测量，或者说：

M＝A（其中 M 是测量值，A 是真值）

在广告营销研究中，M＝A 这种理想的状况是极其罕见的。常见的情形是：

M＝A＋E（其中 E 是误差）

误差可能是随机误差，也可能是系统误差。系统误差是由于测量中固定的偏差引起的，这种偏差可能是由于测量仪器或测量过程造成的，例如，我们用一把不准确的尺子（1 厘米等于实际上的 1.5 厘米）来量人的身高，那么，所有被测量的身高都比其实际的身高矮。随机误差也会影响测量的结果。随机误差是一种暂时现象，它不会按相同的方式产生。一个人的回答不真实，可能是由于当时的心情不好引起的。

测量值和真值之间产生差异，有许多原因。只有第一个原因不包含误差。剩下的七个因素要么是系统误差，要么是随机误差。

①在该特征上确实测出真实差异。一个完美的测量差异应该是真实差异的反映。例如张三认为麦当劳的服务很好（1 分），而李四认为麦当劳的服务一般（3 分），那么，这种差异就是两个人的真实的态度差异。

②差异是由于研究对象的稳定特征引起的，稳定特征如人格、价值取向、智力水平等。例如李四是攻击性人格，爱挑剔，尽管他满意麦当劳的服务，可他还是只给了一个平均分；王五性格比较宽容，尽管他不太满意对麦当劳某服务员的服务，他也给了平均分。

③差异是由于暂时的个人因素造成的。暂时性因素如人的心境、健康问题、时间限制、疲劳等。例如张三在调查中对麦当劳的服务评价高，可能是因为那天购买福利彩票中了奖。

④差异是由情景因素造成的。如在接受调查访问时分心或其他人在场。例如李小姐接受访问时正看着她的外甥，她的外甥正在麦当劳的地板上瞎闹。张小姐在接受访问时，正好和她的男朋友在一起。如果两个人在没有亲人或其他人在场时接受访问，他们对麦当劳服务的评价可能不一样，而由于她们都是在心不在焉情景下接受调查，所以结果变成一样。

⑤差异来自调查管理中的变量。由于个人的因素，访问员会对不同的受调查者采用不同的语调。受调查者的不同反应也可能是由于亲善程度、着装、性别、种族或其他因素造成的。访问员的偏差可能是很微妙的，有时候访问员无意识地点点头都会影响受调查者，使得受调查者认为访问员认可他们的答案，而实际上访问员只是要表达："很好，我在记录你所说的，你接着往下说。"

⑥差异是由于问卷中的问题造成的。例如对于服务质量，不同研究者有不同的理解，他们设计的问题必然反映他们对服务质量的理解或解释，利用他们设计的问卷分别进行研究的结果也必然不一样。

⑦差异由于测量工具不清楚造成的。如题目复杂、模糊不清、有不同的解释。例如，你家离麦当劳多远？答案包括：(a)不到 5 分钟的行程，(b)5－10 分钟的行程等。这种答案没有指明时间标准是步行、骑自行车、坐公交车还是开小汽车，不同的人理解不一样，调查的结果自然就会出问题。

⑧差异是机器、仪器或工具因素造成的。污损的问卷、答案空间太小、问卷漏页等。

二、信度

1. 什么是信度

不同时间测量结果一致的测量量表就是可信的。如果一把尺子多次测量一个人的身高都是 1.75 米，那么这把尺子就是可信的。运用可信的测量量表、器械时，人们有理由相信暂时的、情景性因素不会干扰测量过程。可信的工具可以在不同的时间、不同的情景提供稳定的测量。关于信度的一个关键问题是："如果我们用同一种工具一遍又一遍测量同样的现象，我们会得到相同或高度相似的结果吗？"如果答案是肯定的，那么这种测量工具就是可信的。

可见，信度是指测量免受随机误差影响提供一致资料的程度。误差越小，观察结果越可信。所以说，一项没有误差的测量就是正确的测量。当被测量的概念真值保持恒定，测量的结果也没有变化时，这种测量就是可信的。当然，如果被测量概念的真值变化，可信的测量结果也应该反映出这种变化。一种测量工具如何才是不可信的呢？如果你的体重一直保持在 70 公斤，而你家的称多次测量结果存在起伏变化，那么你家的称就是缺乏信度的，其原因可能是弹簧老化。

2.信度的测量

信度由于测量方法不同,可分为:再测信度、复本信度和分半信度。

①再测信度。再测信度是利用同样的工具在尽可能相同的条件下重复测量得到的,两次测量结果的相关系数为再测信度系数。再测信度的理论依据是,如果随机变量存在,那么他们将被两次测量之间分数的变化反映出来。例如,使用一个 30 个项目的百货公司形象量表在不同的时间对同一群购买者进行测量,如果发现两次测量的相关是高的,那么该量表的信度就是高的。

再测信度存在几个问题,第一,获得再测信度很困难,因为不容易对被测量对象进行第二次测量;第二,第一次测量会影响第二次测量;第三,环境或个人因素的变化可能导致第二次测量的变化。

②复本信度。再测信度存在的问题可以通过设计相同形式的测量工具来解决。例如,假设研究者对确定内向和外向生活风格感兴趣,那么就应该设计两份包括测量内向行为和外向行为的问卷,而且每份问卷中的重点应该一样。这样,尽管每份问卷中用以测量生活风格的问题不同,但数量应该大致相同。复本信度就是利用两种相同形式的测量工具测量得到的,两种工具测量出来的成绩的相关系数,即复本信度系数。

复本信度的理论依据与再测信度的理论依据是一样的。两种信度测量方法的主要差别在于测量工具本身。再测信度的工具是相同的,而复本信度的工具是不同的,但高度相似。

进行复本测量,可以在第一次测量之后立即进行,也可以与第一次测量同时进行,一般在两周之后比较合适。

复本信度存在两个问题:第一,设计两种总体上相当的复本工具相当困难,甚至是不可能的;第二,即使可以设计两种复本,但是从时间、费用来考虑,也不一定值得。

(3)分半信度。分半信度是将测量项目随机分成两半之后获得的,两部分项目总分之间的相关系数为分半信度系数。

分半信度的问题是信度系数取决于如何分半,不同的分半会得到不同的相关系数,所以分半信度测量要求分半应该是随机的。

为了克服分半问题,许多研究者利用克郎巴 α(Cronbach Alpha)技术。这种技术可以计算所有各种可能分半的平均信度系数。如果一个项目与量表中的其他项目没有相关,那么该项目就该剔除。克郎巴 α 技术的局限在于量表项目的测量值必须等距,否则不能采用该技术。

三、效度的测量

1. 什么是效度

测量的效度指的是测量工具和方法不受系统误差和随机误差影响的程度。可口可乐首次生产新可口可乐时，对 5 000 多人进行了调查，结果认为新可口可乐比老可口可乐更受欢迎。遗憾的是，测量的工具是无效的，测量结果导致空前的营销灾难。如果分数上的差异反映的是我们所要测量的真实差异，不是系统或随机误差，那么测量的工具就是有效的。效度的必要前提条件是：测量是可信的。一种工具如果不可信，那么在不同时间测量同样的对象将得到不同的结果。

如果一个量表或其他测量工具没有效度，那么它基本上是没有价值的。因为它不能测量人们想测量的东西。假设老师进行一项关于市场调查课程的考试，测验严格要求将许多公式运用于简单的实际问题。一个同学在测验上得低分，但他却是真正懂得市场调查的同学。在这种情况下，这种考试就是无效的。因为测验针对的是学生对公式的记忆和利用简单数学解决问题的能力，而不是市场调查的知识。现代高等教育的考试制度也存在严重的效度问题，特别是在人文社会科学中，在学校考出好成绩的同学，往往不是毕业后工作能力强、业绩比较突出的同学。

2. 效度的测量

效度可以从不同的角度来测量，包括表面效度、内容效度、效标效度和结构效度等。

(1)表面效度：表面效度帮助判断测量工具是否测量到测量对象的程度。表面效度是各种效度中最弱的一种，其关心的是测量工具所测量的看起来像不像所要测量的东西。这是问卷设计时研究者的判断，随着每个问题被详细审查，研究者对问卷的表面效度就有一个含蓄的评价。通过不断修改问卷，可以增加问卷的表面效度，直至通过研究者的主观评价。表面效度测量的另一种方法是，问题得到研究者、专家以及对产品、市场、广告、行业熟悉的人士赞同。

表面效度要求在一个量表逻辑上准确反映它的测量对象。但是在调查中，大多数试图测量态度和行为意图的问题，如“你喜欢哪一种品牌”，表面效度虽高，但却无法测量出消费者的真实态度和意图，受调查者的态度和意图往往难以捉摸。

(2)内容效度：内容效度是指测量工具的内容涵盖测量对象的程度，即测量工具的代表性或全面性。量表涵盖了研究的主题了吗？假设麦当劳请你调查该公司的形象，调查对象是18～30岁每月至少吃一次汉堡的人。你可能设计出如下让消费者评价的量表：

现代建筑物	1	2	3	4	5	老式建筑物
漂亮的景观	1	2	3	4	5	景观很差
干净的停车场	1	2	3	4	5	肮脏的停车场
有吸引力的标志	1	2	3	4	5	没有吸引力的标志

对于这样一个量表，麦当劳的经理可能会采用，也可能不接受。采用的原因是即使没有吃过麦当劳的人也能够在该量表上评价麦当劳。不接受的原因是，该量表没有内容效度，许多重要的形象内容都遗漏掉，这些内容包括食品的质量、吃饭区域和休息区域的卫生、服务的快捷和礼貌等。

确定内容效度有一定的难度，例如，要确定麦当劳形象的所有方面是非常困难的，甚至是不可能的，因此，内容效度实际上是一种判断。

为了提高量表的内容效度，研究者可以采取以下措施：第一，详细地定义测量对象；第二，尽可能进行文献研究和专家座谈会，以确定所有可能纳入量表的项目；第三，就每个项目是否纳入量表询问专家的意见；第四，对量表进行前测并通过开放题来确定其他项目是否应该纳入量表。例如在完成一个麦当劳形象量表后紧跟着问一个问题："关于麦当劳，你还有其他的想法吗？"此类前测问题的答案会提供线索。

(3)效标效度：效标效度是指测量量表能够预测被指定为标准的变量的程度。举个例子来说，假设我们希望设计一个量表来判断谁是座谈会的优秀主持人。我们提供一些主持人的名单，让一些公正的研究者判断谁最善于主持座谈会，然后我们创建300个项目，要求这些主持人判断对错，项目如"我相信，迫使不善言谈的与会者将话说出来是很重要的"和"我喜欢与座谈会成员互动"，然后我们检查主持人的答案，选择优秀座谈会主持人作出相同回答的项目。假设这个过程产生84个项目，将它们放在一起就构成"有效座谈会主持人量表"，这个量表能够确定优秀主持人。这里效标就是"顺利进行座谈会"。为了进一步检验"有效座谈会主持人量表"的效标效度，研究者可以事先将新的主持人分为两组：优秀主持人和差的主持人，用"有效主持人量表"对他们每个人进行测试。然后比较测验结果与事先的分组的一致性程度。

效标表效度可分为预测效度和即时效度。预测效度衡量量表的测量结果能在多大程度上预测标准变量将来的情况。例如，购买欲量表是预测消费者将来购买某品牌的可能性的量表，这种量表的效度就是效标效度。

即时效度衡量量表的测量结果能在多大程度上预测标准变量现在的情况。它关心的是测量结果与标准变量测量结果的相关。

(4)结构效度:结构效度是指测量证实由理论形成的假设的程度,其中理论基于所研究的概念构成。对营销者来说,结构效度极其重要,许多营销学者常常在无意识情况下涉及它。结构效度包括对测量结果的理论基础的理解。如果测量是在理论的基础上进行的,那么它就有结构效度。与营销管理者感兴趣的问题(如量表能否适当地预测消费者试用新品牌的程度)不同,结构效度关心的是预测背后的理论。购买行为是我们能够直接观测到的东西,某人要么购买产品,要么不买。但是科学家已经建立了关于生活风格、卷入、态度和人格的结构以帮助人们理解某些人购买或不购买的原因,这些结构多数是不可观察的。我们能够观察到与结构有关的行为,即买某一种产品,我们不能直接观察结构本身,如态度。结构帮助科学家传播和建立解释现象的理论。

评估结构效度的两种方法是聚合效度和判别效度。聚合效度是指声称测量同一概念的不同测量结果的相关程度;判别效度是指不同结构之间没有相关或低相关。假设我们开发一个多项目的量表,旨在测量消费者在折扣店购物的倾向。我们的理论认为这种倾向是由四个人格变量引起的:高水平的自我信任、低的地位寻求、低的特殊性(独特性)需求、高水平的适应性。我们的理论进一步认为,在折扣店购物的倾向与品牌忠诚或高水平的攻击性无关。

如果我们的量表满足下面条件,结构效度的证据就存在。

①我们的量表与其他折扣店购买倾向测量高相关(聚焦效度)。

②我们的量表与其他无关的结构包括品牌忠诚和高水平的攻击性低相关(判别效度)。

3.各种效度的关系

上述讨论的各种效度的运用是相互联系的,它们从不同的角度来检验量表的有效性。以折扣店惠顾量表为例,研究者首先要弄清楚如何预测折扣店惠顾行为,提出相关的惠顾理论模型,然后依据该理论模型设计量表。研究者提出的这个理论模型是否真正揭示折扣店惠顾的基本规律,这就构成量表的结构效度。一个量表通常包含许多项目,研究者在确定量表依据的理论模型之后,下一步关心的是量表的内容效度:哪一个项目可以纳入折扣店惠顾量表中,这些项目是否与整个理论模型有关。在编制量表的过程中,研究者要判断量表和量表项目能否测量到测量对象,这就关系到量表的表面效度。当量表设计完毕,测量一下折扣店惠顾量表分数与实际商店惠顾的一致性,以检验量表的有效性,这就是效标效度。

四、信度与效度的关系

图 5-1 用靶形图形象地描绘了信度和效度的关系。图 5-2a 显示子弹打

中靶的各个部位，既不打在靶心上，也不集中在某一位置。这类测量既没有信度，也没有效度。图 5-2b 显示所有子弹都打在左上角，很集中或一致，但都偏离靶心、是无效的。它说明测量有信度，但没有效度。图 5-2c 中，所有子弹都打在靶心，不仅一致，而且都很有效。这种情形是研究者努力追求的，既有信度，又有效度。

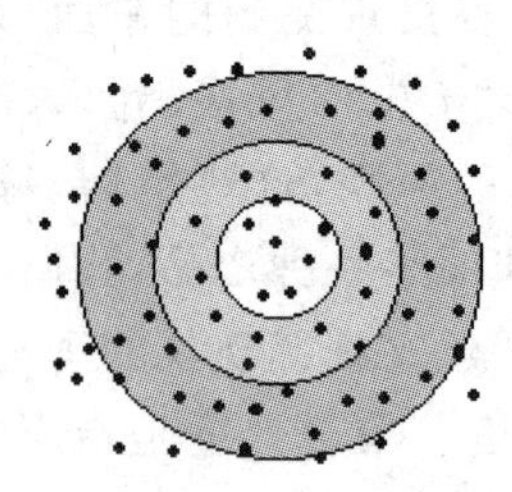

a. 没有信度，也没有效度

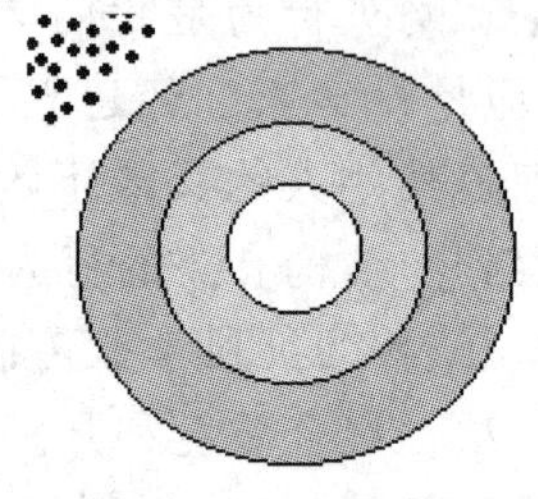

b. 高信度，没有效度

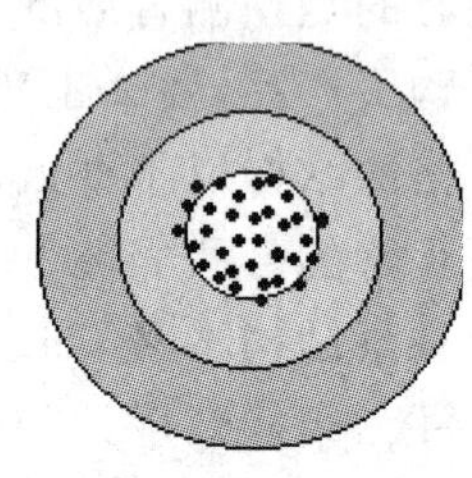

c. 高信度，高效度

图 5-2　测量中信度和效度的关系

尽管评价测量工具的信度和效度相当重要，但是 1980—1990 年在 *Journal of Marketing*、*Journal of Marketing Research* 和 *Journal of Consumer Research* 发表的所有调查研究的文章中，只有 40% 的研究报告了信度和效度的估计（见 McDaniel & Gates 1998，p. 359）。这种情况在过去十几年中有所改善，但仍需要更多的研究者关注这一问题。这对于改善提供给管理者的决策信息以及增进营销的科学性都是十分必要的。

第五节　态度测量

广告研究经常涉及消费者对品牌、对广告的态度，而态度又是比较复杂、难以测量的，所以本节专门介绍。

在实际研究中，关于态度的测量主要有两种方法，一种是直接测量，另一种是间接测量。

一、直接测量

所谓直接测量是指有关态度问题由研究者主观设计，并由研究者采用各种方式直接询问，受调查者只要回答已设计好的问题即可，直接测量的方法包括类别量表法、等级排列法、配对比较法、语义区分法等。

1. 类别量表法

类别量表法是依据受调查者可能作出的回答按其性质把问题答案分成几

个类别，然后由受调查者选择。其形式有三种：

①形式一让受调查者就某一事物、某一看法简单地表达自己的态度。

例 1. 您喜欢 A 品牌的洗发水吗？

①喜欢　　②不喜欢　　③无所谓

例 2. 这条广告很有趣，您同意吗？

①同意　　②不同意　　③无所谓

②形式二让受调查者就某一事物、某一看法表达其态度倾向及强度。

例 3."买一送一"是一种促销手段，消费者得不到好处，您对这种看法：

①非常赞同　　②很赞同　　③赞同　　④不知道

⑤不赞同　　⑥很不赞同　⑦非常不赞同

例 4. 您对这条电视广告的看法如何？

①非常好　　②很好　　③好　　④一般　　⑤不好

在上述两个例子中，例 3 是平衡量表，即从有利的态度到不利的态度均匀分布；例 4 为不平衡量表，答案偏向有利态度，采用哪一种较合适，视研究问题的答案分布情形而定。

③形式三让受调查者进行简单的类别选择。

例 5. 下列几种品牌中您最喜欢哪一种：

①甲　　②乙　　③丙　　④丁

例 6. 下列两种品牌中您喜欢哪一种：

①甲　　②乙　　③拿不准

上述两个例子中，例 5 为迫选题，要求受调查者即使不能确定选哪一种也必须进行选择，这类题目容易漏答。例 6 为非迫选题，因为它增加了一个答案"拿不准"。

类别量表法是最简单、最直接的态度测量方法，测量结果一般用各类别答案回答者的百分比来表示。

2. 等级排列法

等级排列法要求评价者对所有被评价对象按等级加以排列。

例 7. 请您根据您的喜欢程度给下列 10 种品牌排序。

A ______　B ______　C ______　D ______　E ______

F ______　G ______　H ______　I ______　J ______

等级排列法获得的资料是次序量表资料，这种资料可以转换成等距量表资料来比较各种被评价对象的顺序及差异程度。

例 8. 某啤酒生产企业想了解市场上 6 种竞争品牌在消费者心中的等级，随机抽取调查 100 名啤酒爱好者，调查结果见表 5-1。

表 5-1　各品牌等级的次数分配

等级	A	B	C	D	E	F
1	10	36	18	28	8	0
2	13	30	20	30	3	4
3	18	15	25	22	12	8
4	31	13	17	10	18	11
5	14	4	12	5	37	28
6	14	2	8	5	22	49
总计 100	100	100	100	100	100	100

表 5-1 的等级资料按下列公式先转换成比率资料：

$$P=\frac{\sum fR-0.5N}{nN}$$

P 表示某品牌的比率，R 表示品牌等级，f 表示对某品牌给予某一等级的评价者数目，n 表示品牌数目，N 表示评价者数目。

然后查阅附表二，将比率资料转换成 Z 值。最后将最小的 Z 值定为 0，将其他品牌的 Z 值减去最小 Z 值，即得等距资料(见表 5-2)。表 5-2 最后一行结果用图表示即得图 5-3。

表 5-2　转换后的比率资料和 Z 值

等级	A	B	C	D	E	F
1	10	36	18	28	8	0
2	26	60	40	60	6	8
3	54	45	75	66	36	24
4	124	52	68	40	72	44
5	70	20	60	25	185	140
6	84	12	48	30	132	294
ΣfR	368	225	309	249	439	510
$\Sigma fR-0.5N$	318	175	259	199	389	460
P	0.530	0.292	0.432	0.332	0.648	0.767
Z	0.08	−0.55	−0.17	−0.430	0.38	0.73
$Z+0.55$	0.63	0	0.38	0.12	0.93	1.28

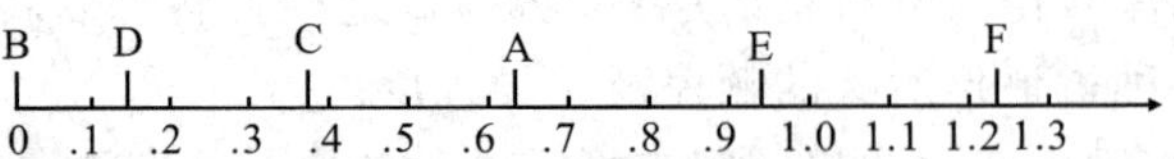

图 5-3　各品牌的 Z 值

图 5-3 清楚显示，B 品牌最受消费者喜欢，其他品牌受欢迎程度依次是 D、C、A 和 E，F 品牌最不受欢迎。

3. 配对比较法

配对比较法的目标也是了解多种被评价对象在消费者心目中的位置。其做法是把所有要比较的几个对象分别配对，然后让受调查者从中选择出所喜欢的一个。在比较对象不多的情况下，这种方法比等级排列法更准确、可靠。但比较对象很多时，该方法则比等级排列法麻烦多了。

跟等级排列法一样，配对比较法得到的初步结果也是次序量表资料，要转换成等距资料才便于比较。

例 9. 某公司想知道该公司的 A 牌矿泉水和其他三种竞争品牌 B、C、D 在消费者心目中的地位。将 A 品牌与 B、C、D 分别配对，共组成六对。然后随机抽取 150 名矿泉水饮用者来作为调查对象。要求受调查者逐对比较，选择其中自己比较喜欢的一种。获得调查资料见表 5-4。

表 5-4 认为第一列品牌较第一行品牌为佳的人数 （人）

	A	B	C	D
A	—	72	114	96
B	78	—	93	87
C	36	52	—	64
D	54	63	86	—

将表 5-4 资料转化为比率资料得表 5-5。

表 5-5 认为第一列品牌比第一行品牌较佳的比率

	A	B	C	D
A	0.50	0.48	0.76	0.64
B	0.52	0.50	0.65	0.58
C	0.24	0.35	0.50	0.43
D	0.36	0.42	0.57	0.50
总计	1.62	1.75	2.48	2.15

由表 5-5 可以看出消费者对这四种品牌的偏好顺序为：C(2.48)、D(2.15)、(1.75)、A(1.62)。但根据这一数据不能判断每两者之间的差距究竟有多大。因此，可先把表 5-4 中的比率转变为 Z 值（查附表二）。然后求出平均 Z 值，并将最小 Z 值定为 0，其他数值相应减去最小 Z 值即可得表 5-6 结果。

用图表示表5-6最后一行的结果，得图5-4。由图5-4可见，C品牌最受欢迎，其次是D，再次是B，最不受欢迎的是A。而且C明显占优势，A和B则较为接近。

表5-6　配对比较的Z值

	A	B	C	D
A	0	−0.05	0.71	0.36
B	0.05	0	0.39	0.20
C	−0.71	−0.39	0	−0.18
D	−0.36	−0.20	0.18	0
累计值	−1.02	−0.64	1.28	0.38
平均值	−0.255	−0.16	0.32	0.095
平均值+0.255	0	0.095	0.575	0.35

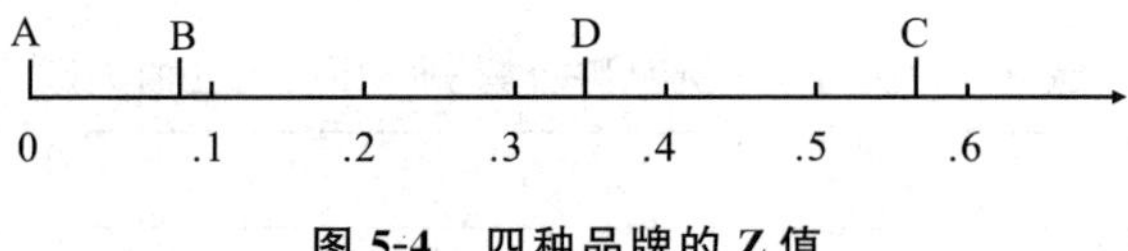

图5-4　四种品牌的Z值

4. 语义区分法

上述三种方法都仅仅是对品牌作总体评价，语义区分法则把态度看成比较复杂的概念而从多个侧面来评价。

例10. 某汽车公司为了了解潜在购买者对该公司品牌(甲)与其他两种竞争品牌(乙和丙)的态度，采用语义区分法对三种品牌进行态度测量。研究者认为，购买者对汽车的态度可以从样式新旧、动力大小、机器、车身和油漆耐用程度、服务质量以及舒适程度等七个侧面来综合评价。调查200名购买者，得出图5-5结果。

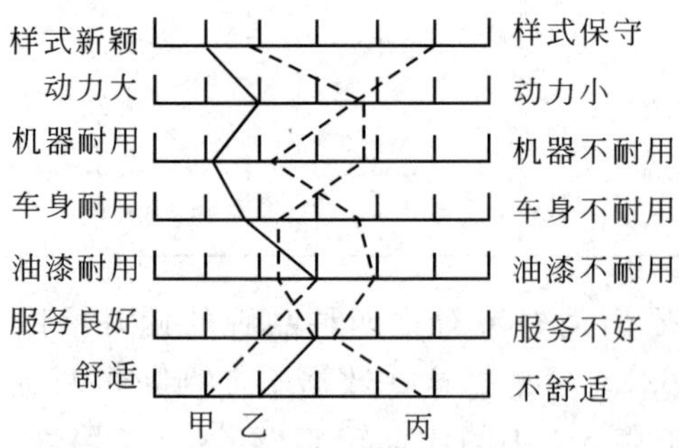

图5-5　语义区分量表及测量结果

图 5-5 清楚显示三种品牌汽车的各种特性在潜在购买者心目中的差别。除了图 5-5 所示结果外，研究者还可以求出各特性评价值的总平均值或加权平均值作为态度的总评价。假设最有利的评价为 7 分。最不利的评价为 1 分，三种品牌的平均评价值应该分别是：甲＝5.25 分，乙＝4.3 分，丙＝3.14 分。这说明，购买者心目中，甲品牌最佳，乙品牌次之，丙品牌最差。

二、间接测量

间接测量是指有关态度的题目并非由研究者主观确定，而由部分受调查对象来筛选确定。题目一旦确定之后，就编制成问卷形式，由受调查者作答。间接测量包括塞斯顿量表、李克特量表等方法。这里我们仅介绍广告调研中常用的李克特量表。

李克特量表法是 R. A. 李克特 1932 年提出来的，它使用一个编制好的量表来测量人们对广告、产品等对象的态度。

李克特量表的编制过程也可分为以下四个步骤：

第一步：拟定 50～100 条关于态度对象的语句。其所表达态度的倾向有积极的和消极的两个方面，每一语句的答案相同，均为五个（或七个）等级，如：

①十分同意　②同意　③未定　④不同意　⑤十分不同意

第二步：把所有语句分为两类，积极态度的语句和消极态度的语句。前者如“这条广告很合我的口味”，后者如“这条广告冷冰冰的”。对于两类语句的答案所给的分数不同，积极态度的给分办法是：

十分同意 5 分；同意 4 分；未定 3 分；不同意 2 分；十分不同意 1 分。

消极态度的给分办法恰好相反：

十分同意 1 分；同意 2 分；未定 3 分；不同意 4 分；十分不同意 5 分。

第三步：选定若干受调查者，要求他们针对态度对象，依据自己的看法，就所列出的每一语句一一评分。这样就可以获得选择语句制定量表的数据资料。

第四步：语句的选择决定。通常有两种方法：即平均值差数法和内在一致法。平均值差数法是先将受调查者对每一语句的答案换成分数，然后将所有受调查者按其总分大小由高到低顺序排列，截取最高分端的 25％为高分组，最低分数端的 25％为低分组。求出这两个组中每一语句的平均值，并以高低分组的平均值之差作为语句筛选的标准。差值大者说明该语句的区分能力强，则入选；差值小者，说明语句区分度差，则剔除掉。所有入选语句即可组成量表。

内在一致法是将各受调查者的总分排列成一栏，将某一语句的分数排列为另一栏。如果语句数量较多，直接求这两栏数据的等级相关，如果语句数量不多，在受调查者的总分中分别减去该语句的得分，而后求等级相关。相关系数大者表示受调查者对该语句的态度与总态度相一致，因此该语句入选。相反，如果相关系数小，说明该语句的态度与总态度缺乏一致性，则该语句剔除。依照此法，筛选每一语句，所有最后入选语句即可组成一个量表。

表 5-7　广告态度量表

	很赞同	赞同	中立	不赞同	很不赞同
1. 广告帮助我了解产品	□	□	□	□	□
2. 大多数广告是真实的	□	□	□	□	□
3. 我认为大多数广告是令人讨厌的	□	□	□	□	□
4. 我常常因为广告而试用新产品	□	□	□	□	□
5. 我发现广告能娱乐人	□	□	□	□	□
6. 我几乎都是购买知名产品	□	□	□	□	□
7. 我经常因为广告转移品牌	□	□	□	□	□
8. 广告是社会的必要组成部分	□	□	□	□	□
9. 广播和电视上广告太多	□	□	□	□	□
10. 有太多的户外广告	□	□	□	□	□

表 5-7 是 Donthu, Cherian & Bhargava(1993)研究中采用测量消费者对广告态度的李克特量表。该量表在以前的其他研究(Deshpande, Hoyer & Honthu 1986)中用过，信度系数为.88。

量表的使用方法是：让受调查者答复每一语句，然后转成为分数并累加起来，这样就可以得到每个受调查者的态度分数，把所有应答者的得分平均起来，则可得出受调查者对该评价对象的总体态度。如果这些受调查者具有代表性，则可以推论出一般消费者的态度。

思考题：

1. 什么是测量？测量有什么特点？
2. 测量包括哪些过程？
3. 量表有哪些类型？请比较它们之间的异同点？
4. 什么叫做信度？信度如何测量？
5. 什么叫做效度？效度如何测量？
6. 信度与效度的关系如何？
7. 态度的直接测量方法有哪些？
8. 什么是李克特量表？

第六章　抽样设计

在广告、营销研究中，研究者通常都会从研究对象总体中抽出部分样本来研究，然后由样本研究结果来估计总体的情况。这样，研究结果是否准确、可靠就与抽取的样本是否有代表性联系起来了，就与抽样设计的科学性、合理性联系起来了。

第一节　抽样设计的基本概念

在进行抽样设计时，常常要涉及以下几个基本概念：

1. 总体

总体是指研究对象的全体。假设要调查北京市有多少家庭拥有私家车，拥有私家车的家庭与没有私家车的家庭有什么区别，调查总体就是北京市的所有家庭。

2. 样本和样本量

样本由总体中抽取的部分个体构成，每一个被抽到的个体或单位就是一个样本。例如上述北京家庭私家车拥有率的调查中，被抽到的家庭就构成该项调查的样本，每一个被抽到的家庭就是一个样本。

样本中包含个体或部分的数量就是所谓的样本量。在广告调研实施时，样本量一般是事先确定好的。

3. 抽样单元

为了便于实现随机抽样（也称概率抽样），常常将总体划分为有限个互不重叠的部分，每个部分都叫做一个抽样单元。例如在北京市区进行随机抽样，可以把北京市区分成几个行政区（海淀、朝阳、东城、西城等），作为一级抽样单元，把行政区进一步按街道划分为二级抽样单元，二级抽样单元还可以进一步划分下去，直至分到家庭或个人。抽样时，赋予每一个抽样单元一个概率，这个概率可以是相等的，也可以不相等。

4. 抽样框

抽样设计时，必须有全部抽样单元的资料，这份资料就叫做抽样框。人员名单、地图、电话簿、户口档案、企业名录等都可以作为抽样框。在抽样框中，每个抽样单元都应该有自己对应的位置或序号，这常常通过编号来实现。

5.抽样误差和非抽样误差

样本是总体的一部分，虽然有代表性，但并不等于总体。因此从样本得到的结果来估计总体肯定会产生误差，这种由抽样引起的误差就叫做抽样误差。抽样误差越小，估计量的精度就越高。抽样误差是客观存在的，但是抽样误差的大小与抽取的样本能否代表总体有密切的关系，为了减少抽样误差，要尽可能使样本的结构与总体的结构相一致。

非抽样误差是指抽样调查中人为因素造成的误差，这种误差是由研究者、访问员和受调查者造成的。例如由于调查方法不当引起的受调查者的反应不当；访问员工作不认真、不仔细所造成的记录错误、受调查者拒绝配合或不认真作答等等。这类误差是无法测量的，但它可以通过加强对访问员的培训、提高调查人员的素质、采用合理的资料采集方法、设计高效的问卷等手段来克服。

6.随机性原则和效果最佳原则

任何调查活动、任何研究者在进行抽样设计时，都必须遵循两个基本原则，即随机性原则和效果最佳原则。

随机性原则是指在进行抽样时，总体中的每一个个体被抽取的可能性是相等的，而不是由研究者主观决定的。由于随机抽样使每一个个体都有同等的机会被抽取到，因而样本与总体结构相一致的可能性最大，或者说，样本最有可能表现总体的特征。

效果最佳原则指在调查经费固定的条件下，选取抽样误差最小的方案；或在要求的精度条件下，使调查费用最少。总之，效果最佳原则要求尽量节省人力、费用的同时保证调查结果的准确性、科学性。

第二节　抽样的基本方法

以抽样的随机性来分，抽样方法可以分为随机抽样和非随机抽样两大类，每一大类又可以根据抽样的形式、特点来进一步细分，见图 6-1。

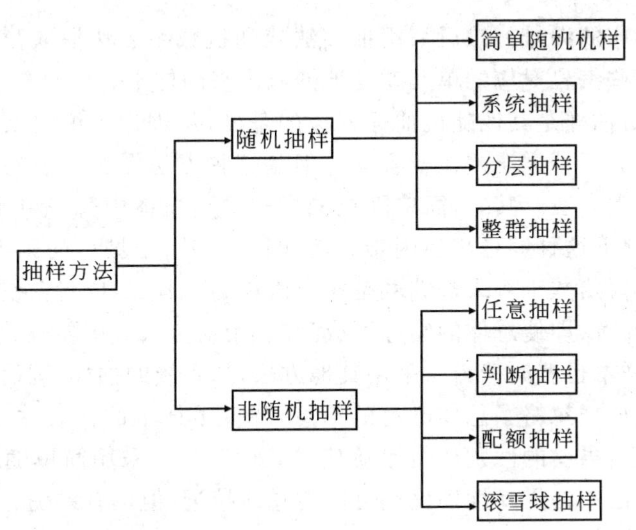

图 6-1　基本抽样方法

一、随机抽样

随机抽样也叫概率抽样，其特点是总体中的每一个个体都有被抽到的可能，而且可能性相同，随机抽样的样本较为分散，实施难度大，费时、费力，但该方法可以判断误差的大小。

随机抽样方法一般包括下列四种：

1. 简单随机抽样

一般人们说的随机抽样就是简单随机抽样，它是最基本的、适用范围最广的、最能体现随机原则的方法。抽样时，总体中每个个体都应该有独立的、等概率被抽取的可能。常用的抽取方式有抽签法和随机数字表法。

抽签法给总体中的每一个单元都编上号码并做成签，充分混合后从中随机抽取一部分，这部分签所对应的单元就组成样本。

随机数字表则是由一些任意的数字毫无规律地排列而成的数字表。本书附表一是一个由数字无规律排列组成的随机数字表。随机数字表法的使用很简单，可以从任意一个数字开始从上往下或从左至右查。例如，要从 100 个单元中抽取 20 个单元，先将 100 个单元从 1 到 100 编上号码。假设从附表一中的第 3 行与第 5 列交叉处的 19761 开始沿竖列方向往下查，并规定凡最后三位数字不大于 100 的均可纳入样本，则 48、82、61、33、44、35、41、51、69、93、91、30、63、59、9、98、5、23、2、32 这 20 个编号的单元可组成一个样本。

简单随机抽样的基本过程是将总体中的每一个抽样单元按一定顺序排

列，并给予相应的编号。然后采用抽签法或随机数字表法抽取符合样本量要求的编号，这些编号对应的单元就是被抽取出来的样本。

简单随机抽样是其他随机抽样方法的基础，从理论上说它是最符合随机原则的，而且分析抽样误差比较容易。但是这种方法在实践中的运用受到一定的限制，原因有三。其一，简单随机抽样需要给总体中每一单元编号，在总体很大的情况下这种编号相当困难。例如针对一个小城市的调查，总体通常以数十万计，要给数十万人都编号是相当困难的。其二，广告营销研究的样本量通常有好几百，即使总体的编号不成问题，用抽签法或用随机数字表法一个一个地抽取样本也费时费力。采用其他方法，如系统的抽样，则简便多了。其三，简单随机抽样忽略了总体已有的信息，降低了样本的代表性。例如，在许多调查总体中，男女的性别比例是确定的，如 1∶1。采用简单随机抽样进行抽样，虽然抽出来的男女性别比例可能与总体接近，但仍有差别。

2. 系统抽样

系统抽样，也称等距抽样或机械抽样，是从总体中等距离地抽取样本。其抽样过程如下：

第一步，给总体中每一个单元按顺序排列并编号。

第二步，计算抽样距离。抽样距离等于总体的数量除以样本的数量，即

$$k=\frac{N}{n}$$

其中 k 为抽样距离，N 为总体的数量，n 为样本量。

第三步，抽取第一个样本。根据确定的抽样距离，从第一个抽样距离单位内的单元中采用简单随机抽样方法抽取一个单元作为第一个样本。假设抽样距离为 50，则在前 50 个单元中随机抽取一个单元作为第一个样本。

第四步，抽取所有样本。确定了第一个样本之后，每隔一个抽样距离抽取一个，这样所有样本就可一一抽取出来。

下面举一个例子来说明。假设某一产品的口味测试需要从调查总体的 90 人中抽取 9 人进行测试。根据总体数量和样本量求出抽样距离：

$$k=\frac{90}{9}=10$$

假设从 1～10 中随机抽出 6 为第一个样本，那么所抽取的样本则包括第 6、16、26、36、46、56、66、76、86 和 96 号，如图 6-2。

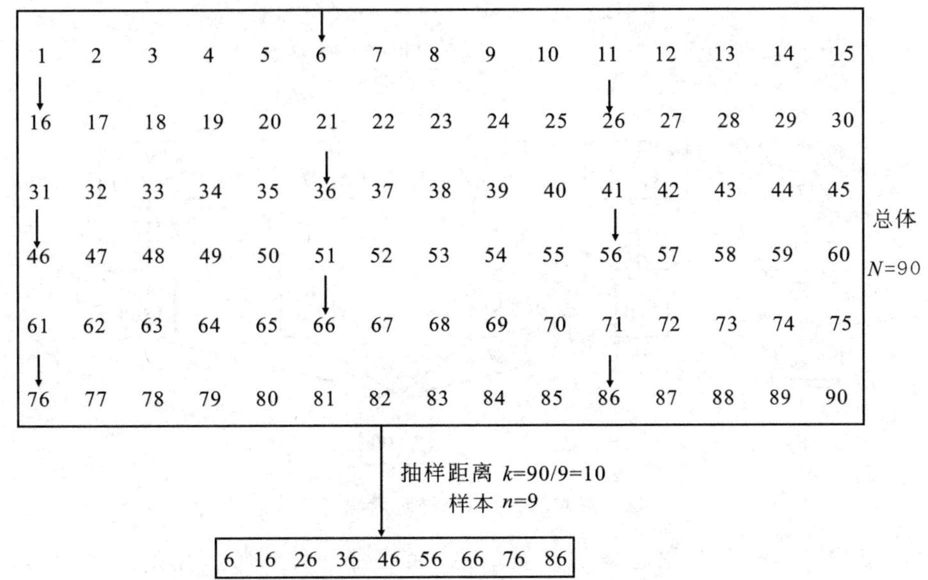

图 6-2　系统抽样模拟示意图

一般而言，系统抽样比简单随机抽样简便易行，而且能比较均匀地抽到总体中各个部分的个体，样本的代表性比简单随机抽样强，不过抽样误差的计算比较复杂，一般用简单随机抽样的抽样误差来估计。

系统抽样虽然过程简单、容易理解，但是在单独使用时，同样面临着简单随机抽样总体大不便于编号的困难。所以在大规模的调查（特别是电话访问）中，它经常与其他抽样方法结合起来使用。

3. 分层抽样

分层抽样也叫分类抽样，是按总体已有的某些特征，将总体分成若干个层，再从各层中分别随机抽取一定的单元构成样本。分层抽样的具体过程如下（参见图 6-3）：

第一，确定分层的特征，如年龄、性别、行政区等；

第二，将总体（N）分成若干（k）个互不重叠的部分（分别用 N_1，N_2，N_3，…，N_k 表示），每一部分叫一个层，每一个层也是一个子总体；

第三，根据一定的方式（如各层单元占总体的比例）确定各层应抽取的样本量；

第四，采用简单随机抽样或系统抽样方法，从各层中抽取相应的样本，记为 n_1，n_2，n_3，…，n_k，这些样本也叫子样本，子样本之和为总样本。

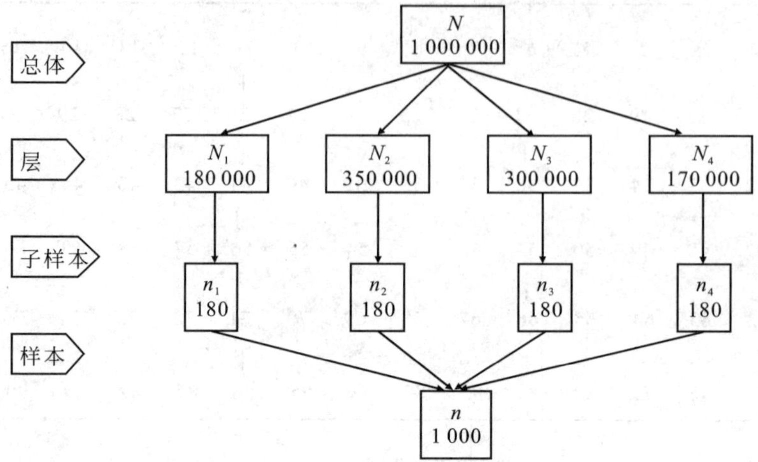

图 6-3　分层抽样示意图

分层抽样充分利用总体的已有信息,因而是一种非常实用的抽样方法。但是总体该分成几层,如何分层,则要视具体情况而定。总的一个原则是,各层内的变异要小,而层与层之间的变异要大,否则分层没有意义。

为了使分层抽样更合理、科学,在具体实施过程中可采用下列三种方式抽样。

第一,按分层比例抽样:即按各分层子总体数量多寡为比例抽取各层的样本数。假设总体数量为 N,总样本量为 n,分层子总体数量为 N_i,分层子样本量为 n_i,则

$$n_i = \frac{N_i}{N} n$$

按此公式可算出各层抽取的样本数。这种分层方法是在各分层内的变异数不知道的情况下进行的。

第二,牛曼分层抽样:也叫最佳分层抽样,是在各层内变异数大小知道的情况下按各层内变异数的大小调整各层的样本数量,以提高样本的可信度,抽样公式为

$$n_i = \frac{N_i \sigma}{\sum_{i=1}^{k} N_i \sigma_i} n$$

σ_i 为任一层内的标准差(若没有现成资料可以从该层抽一个小样本算出标准差 S_i 代替 σ_i 进行计算);N_i 为任意一层的总人数;n_i 为任意一层抽取的样本量。

第三，德明分层抽样：即当各层的调查费用有明显差异时，在不影响可信度的前提下，调整各层的样本量，使调查费用减至最低。例如农村人口多且分散，调查费用高，因此可以适当减少样本量，以节省调查的开支。

在分层抽样中，有时可在分层子总体的基础上进一步分层，这就是所谓的多次分层抽样。分层的标准一般为地区、年龄、性别、收入、文化程度等。

分层抽样由于充分利用了总体已有的信息，样本的代表性及推论的精确性一般都优于简单随机抽样。此外，在抽样实施时，也比简单随机抽样简便。

4. 整群抽样

整群抽样是先将总体分为 i 个群，然后从 i 个群中随机抽取若干个群，调查这些群内的所有个体或单元。抽样过程可分为以下几个步骤，如图 6-4。

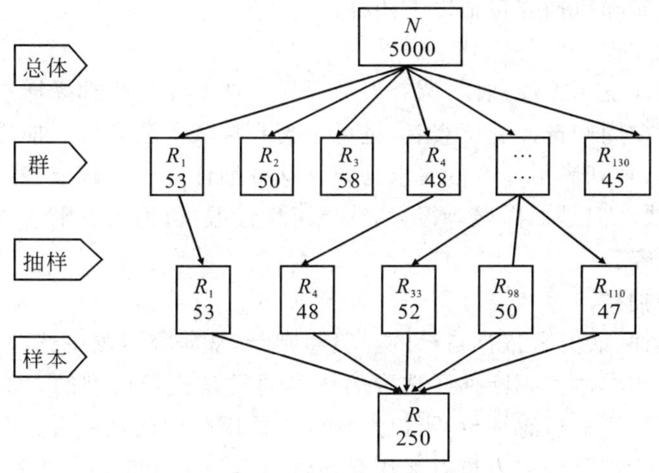

图 6-4　整群抽样示意图

第一，确定分群的标准，如班级、自然行政区域。

第二，将总体(N)分成若干个互不重叠的部分($R_1, R_2, R_3, \cdots, R_i$)，每个部分为一群。

第三，根据总样本量，确定应该抽取的群数。

第四，采用简单随机抽样或系统抽样方法，从 i 群中抽取确定的群数。

整群抽样也可跟多次分层一样，把群进一步分成若干个子群。分群的次数依据实际情形而定。分群的标准通常是地域或自然构成的团体，如班级。

整群抽样与分层抽样在形式上非常相似，但实际上差别很大。分层抽样要求各层之间的差异大，层内个体或单元差异小，而整群抽样则要求群与群之间的差异比较小，群内的个体或单元差异大；分层抽样的样本是从每个层内抽取若干单元或个体构成，而整群抽样则是要么整群抽取，要么整群不被抽取。

整群抽样的调查实施比较方便，在抽样设计上比较便利，只需要关于群的抽样框而无需群内次级单元的名单。但是由于整群抽样的抽样单元过于集中，因此与上述抽样方法相比较，整群抽样的抽样误差比较大。为了减少抽样误差，提高抽样精度，抽样时要尽量缩小群之间的差异，增加群数。

二、非随机抽样

除了随机抽样之外，许多调查研究（一般是较小规模的研究）也采用非随机抽样。与随机抽样相比较，非随机抽样的主要优点是：省时、省力、省钱、抽样过程比较简单。不足的是：调查对象被抽取的概率是未知的，样本的代表性差，抽样误差比较大，利用调查结果推断总体的情况风险较大。

常用的非随机抽样包括以下四种：

1. 任意抽样

任意抽样也叫方便抽样，调查人员以最方便的途径来选择样本，如可以在调查公司所在周围选择受调查者，也可于街头拦截受调查者。抽样时，一个一个抽取样本，直到满足样本量要求为止。这种抽样方法比较节省经费，实施方便，速度也快。但是抽样误差很大，结果可靠性差，价值也有限，一般只用于预备性调查研究。

2. 判断抽样

判断抽样，研究者依据自己的经验和判断，从研究对象中选取那些最适合于研究目的的样本。判断抽样选取的样本通常是比较典型的。例如，为了了解消费者对啤酒的口感评价，可以选择经常饮用啤酒的消费者为受调查对象。

判断的优点是研究人员可运用自己的技能、知识和经验去选择受调查对象，抽样过程简单，但容易因研究人员的主观判断偏差而导致严重的误差。该方法一般适合于样本小的情况。

3. 配额抽样

配额抽样也称定额抽样，与随机抽样中的分层抽样对应，实质上是一种分层判断抽样。即先依据一定标准规定各群体的样本配额。此后，配额内群体的抽样则由调查人员主观抽出。

配额抽样实施过程分为以下五个步骤：

第一，选择“控制特征”作为细分群体的标准，这一步骤与分层抽样的第一步骤相同；

第二，按“控制特征”细分总体，使其分成若干个子总体；

第三，确定各子总体样本的大小，通常是将总样本按各子总体在总体中所占的比例分配。根据研究情形，有时也不完全按比例分配，有些群体比例可大一些，另一些则小一些；

第四，制作配额控制表（如表 6-1），以便于抽样实施；

第五，按配额控制表的要求，从各子总体中，采用任意抽样或判断抽样抽取样本。

表 6-1　配额抽样控制表

		经济收入	
		≥500 元	<500 元
发	直发	6	6
型	烫发	6	6

例如，一项关于某品牌洗发水的消费者座谈会的调查抽样中，调查对象为 18～40 岁的女性。已确定样本量为 24 人。研究者选择“经济收入”（分为个人月收入 500 元以下和 500 元或 500 元以上）和“发型”（分为直发和烫发）为控制特征，并要求高低收入者各占 50%，烫直发型各占 50%。根据上述要求可设计出一个配额抽样的控制表，四个子总体直发－高收入、直发－低收入、烫发－高收入、烫发－低收入的样本量均为 6 人，如表 6-1。

配额抽样由于实施简单，而且所抽取的样本又不太偏重某一阶层或地区，因此在市场调查中运用广泛。

4. 滚雪球抽样

滚雪球抽样要求对个别符合要求的受调查者进行调查，根据他们提供的信息，进一步对其他人进行调查，直至满足样本量要求为止。在市场调查中，有时目标受调查对象比较特别（如每周至少有 5 天以上喝酒的人），不容易找到，无法建立抽样框。此时就需要采用滚雪球抽样方法。

滚雪球抽样的具体操作过程包括以下几个步骤（参见图 6-5）：

第一步，认定并访问一个或几个具有所需特征的人，依据他们提供的情况去寻找其他受调查对象；

第二步，访问第一批受调查者提供的第二批受调查者，并让他们引荐下一批受调查者；

第三步，重复第二步的过程。如此类推下去，越找越多，直至满足样本要求为止。

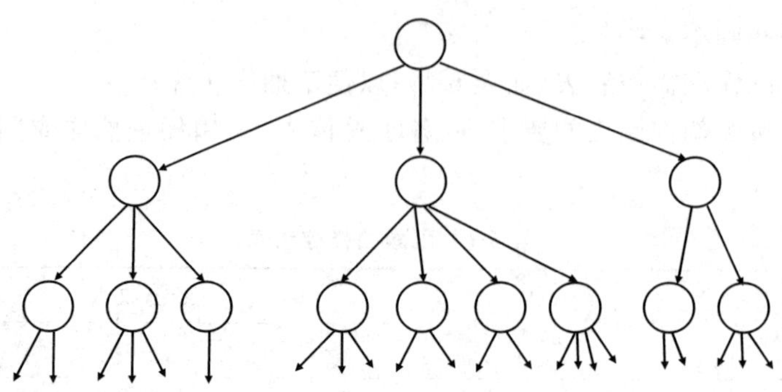

图 6-5　滚雪球抽样示意图

滚雪球抽样如果在每一阶层中随机地抽样，那么该方法也可以估计抽样误差，对重要问题作统计检验。

前面介绍的抽样方法是最基本、最简单的抽样方法，在市场调查实践中，抽样方法往往要复杂得多，几种方法结合起来运用。比较常见的有将整群抽样和分层抽样结合起来使用的方法，称为二级抽样方法。

所谓二级抽样，也叫二阶抽样，先将总体分成 i 个部分，每一部分称一群或一个单元。从 i 个群中随机抽取若干个(j)群作为一级样本。然后分别从选取的 j 群中随机抽取若干个体(n_k)构成二级样本。这里，第一级样本中的单位相对于二级抽样来说，又是总体(子总体)。二级抽样过程可用图 6-6 来表示。

二级抽样与分层抽样、整体抽样有相似之处，它们都必须先将总体分组，然后抽取一级单元或二级单元。分层抽样在第一级抽样中实际上是抽取了全部的层(一级单元)，然后再从各群中抽取部分的二级单元。而整群抽样则是从全部群中抽取部分的群(一级单元)，然后对抽中的群的二级单元全部进行调查，相当于抽取全部的二级单元。二级抽样在第一级抽样和第二级抽样时，都是分别随机地抽取部分的一级单元和二级单元。因此，在抽样形式上可以把二级抽样看成是分层抽样和整群抽样的综合。

二级抽样的基本原理广泛运用在总体容量大或大规模的市场调查之中。例如在媒体广告效果的调查中，可先从媒体覆盖范围内选择几个行政区，然后从各行政区中随机抽取调查对象。在大规模的研究中，比起简单随机抽样、系统抽样以及分层抽样等方法，这种方法可以节省大量的人力、财力和物力，不足之处是抽样误差相对大一点。

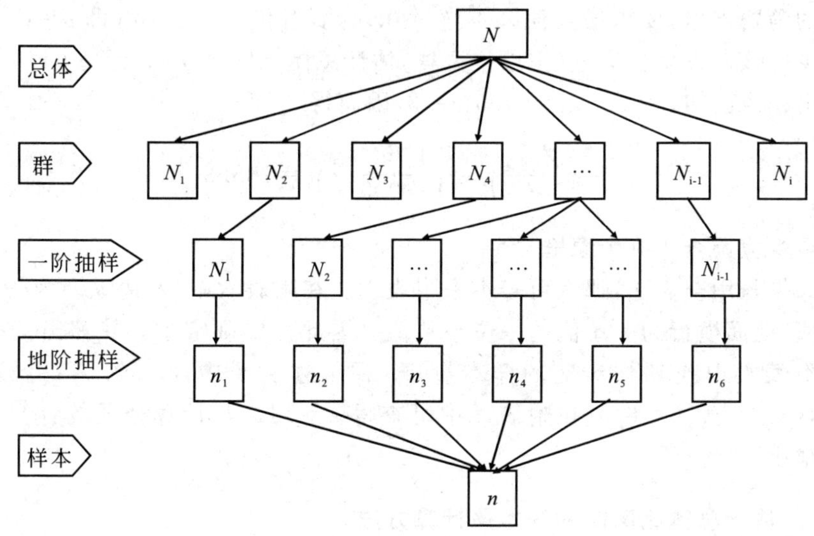

图 6-6　二级抽样示意图

第三节　确定样本量的方法

调查研究的样本量究竟多少为宜，这是每一项调查都必须解决的问题。通常，确定样本量的方法有两种，一种是用公式计算，另一种是查表法，这又因抽样方法以及研究目的的不同而异。鉴于实际运用情况，下面仅介绍采用简单随机抽样方法条件下，以估计总体平均数和总体比率为目的时的样本量确定方法。

一、估计总体平均数时的样本量计算方法

当研究目的是估计总体平均数，抽样方法为简单随机抽样时，样本量的计算公式为：

$$n=\left(\frac{Z_{\alpha/2}\sigma}{d}\right)^2$$

n 为样本容量；d 为允许的最大抽样误差；α 为置信水平；σ 为总体标准差。最大允许误差 d 和置信水平 α 通常由研究者事先确定；总体标准差 σ 可以从以前的调查结果获得，也可以从二手资料收获得，还可以通过小规模的调查获得。

下面举个例子来说明。假设要了解某大城市平均每个家庭每月在孩子玩

具上的消费支出，要求最大误差不超过 0.5 元，置信度为 95%（即 $\alpha=0.05$），问至少应该调查多少家庭（据以往调查，估计总体标准差 $\sigma=3$ 元）。

由题意已知 $d=0.5$，$\alpha=0.05$，$\sigma=3$，因而得

$$n=\left(\frac{Z_{\alpha/2}\sigma}{d}\right)^2=\left(\frac{1.96\times3}{0.5}\right)^2=138.3$$

说明至少应调查 140 个家庭。

如果采用查表法，那么可查本书附表六。在附表六中，左边纵列为 s/d 的整数值，上面横行为 s/d 值的一位小数值。因此只要确定了 α 并算出 s/d，即可在附表六中找到相对应的样本量 n。在上述例子中，$d=0.5$，$s=3$，$\alpha=0.05$，$s/d=3/0.5=6.0$，在附表六中可查得 $n=141$，与计算公式的计算结果出入很小。

二、估计总体比率时的样本量计算方法

当研究目的为估计总体比率，而且采用的抽样方法为简单随机抽样时，样本量的计算公式为：

$$n=\left(\frac{Z_{\alpha/2}}{2d}\right)^2$$

n 为样本量，d 为允许最大误差。

运用这个公式时，只要将相应的值代入计算即可。例如，1990 年中央电视台在筹建观众调查网中，要求全国观众调查网的置信度为 95%，误差不超过 3%，即 $\alpha=1-95\%=5\%$，$d=3\%$，因而得 $n=\left(\frac{Z_{\alpha/2}}{2d}\right)^2=\left(\frac{1.96}{2\times0.03}\right)^2\approx$ 1 067。可见调查网所需的最小样本量为 1 067。

这一问题也可以通过查表来解决。表 6-2 列出了由样本比率估计总体比率时所需的样本量 n 在各种条件下的数值。表中左列为 d 值，上面横行为 α 值。根据 $\alpha=0.05$，$d=3\%$，从表中可查到对应值为 1 067。

表 6-2　估计总体比率所需最小样本量 n

b \ a	0.05	0.01
10%	96	166
9%	119	205
8%	150	259
7%	196	339

续表

b \ a	0.05	0.01
6%	267	461
5%	384	664
4.5%	474	819
4%	600	1 037
3.5%	784	1 354
3%	1 067	1 843
2.5%	1 537	2 654
2%	2 401	4 147
1.5%	4 268	9 337
1%	9 604	16 589
0.5%	38 416	66 358

从直观感觉来说，似乎是总体越大抽取的样本量应该从越大，但事实上，抽样大小与总体没有直接的关系，这从上述两个公式中可以看得出来。不过，由于正常的抽样假设——一个样本是独立于其他样本被抽取出来——只适合于相对于总体而言样本很小的情况，因此，当样本量大于总体的5%时，就要调查由上述公式计算出来的样本量。调整样本量的计算公式是：

$$n'=\frac{nN}{N+n-1}$$

n'是调整样本量，n是原来的样本量，N是总体的数量。例如，假设原来样本量为600，总体为3 000人，那么，调整样本量就是

$$n'=\frac{600\times 3\ 000}{3\ 000+600-1}\cong 500(\text{人})$$

其他随机抽样方法的计算公式均比简单随机抽样方法复杂，而且其中的一些参数常常得不到，所以通常会运用简单随机抽样的计算公式来计算样本量。

第四节　抽样决策

抽样决策要解决以下几个问题。

一、定义总体和抽样单元

定义总体就是给研究对象下一个明确、可以操作的定义，明确区分开研究对象与非研究对象。例如在对啤酒消费者的意见调查中，调查的对象是啤酒消费者。但是仅用“啤酒消费者”这五个字来涵括总体是不够的。这无法区分开谁是啤酒消费者，谁不是啤酒消费者。举个例子来说，有一个人两年前经常喝啤酒，此后滴酒不沾，他是不是调查对象就很难判断。因此必须下一个操作定义，如“18 岁以上、一年内喝过啤酒的人”，这样调查时就容易区别并选择调查对象。

在定义总体的时候也要注意定义被排除对象。例如央视一索福瑞公司在定义家庭户中的样本成员时，规定下列人员不能为样本成员：

住宿学校，仅在周末或寒暑假回家的学生；

连续离家超过 3 个月的打工人员或驻外人员；

由于结婚等原因而搬出家庭的人员；

吃在家中，长期住集体宿舍的人，应根据其在家中看电视的情况决定。

定义抽样单元，实际上就是明确划分部分的标准，确定总体中个体或部分的范围或单位，使各部分或个体相互不重叠。在多级抽样调查中，每一级抽样单元都必须给予相应的定义。例如在全国性的抽样调查中，一级抽样单元通常是以行政区(省、直辖市、自治区等)为划分标准；最后一级的抽样单元通常是“户”或“个人”。

二、确定置信度和最大允许误差

置信度，也称把握度，是指由抽样调查结果来推断总体情况的可信程度，用 $1-\alpha$ 表示，α 指置信水平。在抽样调查中，一般规定置信度为 95%、99%和 99.9%，即置信水平.05、.01 和.001，他们分别表示由抽样调查结果估计总体情形的可信程度为 95%、99%和 99.9%。

所谓的最大允许误差，是指被允许的最大抽样误差。确定最大允许误差，就是给所要拟定的抽样计划规定一个最大的误差标准，要求按照所拟定的抽样计划执行，抽样调查所得的结果与总体的真值的差异不能超出这一误差范围。

三、确定抽样方法

一项研究采用什么样的抽样方法，要综合各种主客观因素来考虑，如图 6-7。主要取决于研究对象总体的规模和特点、调查的性质、抽样框资料、研究经费以及对研究结果的精确性要求等方面。一般来说，总体规模大的调查通常采用多级抽样方法；抽样框资料难以获得时，可以采用非随机抽样；研究费用比较有限时，非随机抽样可以节省经费；对研究结果的精确性要求高，则采用随机抽样；研究是预备性的，可采用非随机抽样中的任意抽样和判断抽样。

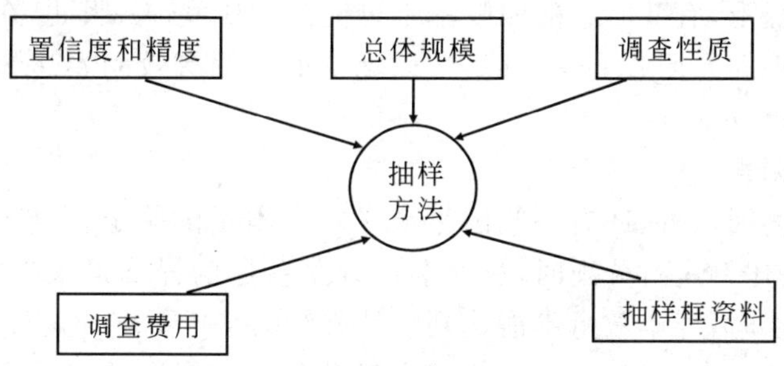

图 6-7　影响抽样方法使用的因素

四、确定样本量

在确定样本量时，一般要考虑到以下几个因素：

1. 研究经费

研究经费与样本的大小成正比关系，样本量越大，经费越多；样本量越小，经费也越少。所以确定样本量的首要原则是在不影响研究结果准确性的前提下尽可能减小样本量，以尽可能减少研究经费。一些调查研究简单地认为样本越多越好，没有考虑投入与产出之间的关系，这是一种不正确的观念，必须摒弃。

2. 抽样误差

样本量与抽样误差存在反比关系，样本量增大，误差减小；反之，样本量减少，误差增大，但这两者的关系并不是线性的。随着样本量的增大，抽样误差减小的速度越来越慢，例如在简单随机抽样中，样本量从 10 增加到 20 时，标准误差从 0.31 减小到 0.22，减小量为 0.09。如果样本量从 100 增加到 110，标准误差只减少 0.005。此时，若要使标准误减少量为 0.09，样本量需从 100 增加到 10 000。由此可见，根据精度要求确定了样本量之后，如果样本太小，适当扩大样本量，可以明显减少抽样误差，提高抽样效果，同时经费也并不增加多少。如果确定的样本较大，则不宜随便扩大样本量。因为样本量增加不大时，对减少抽样误差并无太大作用，而费用却会增加。

3. 研究目的

调查研究的目的有的是为了估计或预测总体参数，有的是要进行假设检验，有的是要估计总体的平均数，有的主要是估计总体的比率。从前面关于样本量的计算公式可以看出,不同的研究目的需要不同的计算样本量的方法,样本量的大小与研究目的有关。

4.有效问卷的回收率

一般情况下,有效问卷的回收率不可能达到100%。因此,在确定样本量时要充分考虑问卷回收率这一因素,以保证回收的有效问卷达到已定精度所要求的样本量。

5.其他因素

除了上述因素外,还有一些因素会影响样本量的确定。例如在分层抽样中,当各层按比例进行分配时,有时会出现某些层的样本量太少,以至于要比较它与其他层时,样本数量不能达到统计方法的基本要求。这种情况,在抽样设计时就应事先考虑好,这些层应该在已分配的样本数的基础上增加适当的样本。为了避免这些层样本增加后,对样本总体产生影响,在统计处理中,可以采用加权处理方法,把增加样本的影响消除掉。

考虑清楚上述因素。样本量的确定就明朗化了,接下来就可以按下列五个步骤进行具体地操作。

第一,根据调查研究的目的,确定调查的置信水平(α)和精度(或最大允许误差 d);

第二,由 α 和精度根据公式或查表,确定最小样本量 n;

第三,在对研究精度没有太大影响的条件下,根据经费来决定是否减少某些子总体的样本量;

第四,从统计分析的角度考虑是否增加某些子总体的样本量;

第五,根据已有经验或有效问卷回收率的预测,考虑是否增加样本数,增加多少。

由于确定样本量的大小要考虑很多因素,在实际调查中,每一项调查的样本量都不一样,而且有些非随机抽样的样本量难以按上述方法确定。表 6-3 提供了一份美国市场调查的样本量资料,供读者参考。从表 6-3 中可以看出,子群体的最小样本量一般不小于 30。实际上许多世界知名的调查,如盖洛普

表 6-3 对消费者或机构调查的典型样本量

子群体数量	消费者或家庭		机构(institutions)	
	全国	地区或专门化	全国	地区或专门化
0～4	850～1 500	250～500	150～500	50～200
5～10	1 500～2 500	500～1 000	350～1 000	150～500
＞10	2 500＋	1 000＋	1 000＋	1 000＋

民意调查、哈里斯(Harris Poll)民意调查、尼尔逊电视收视率调查等,在美国国内的样本量一般都少于2 000。台湾近年来的一些民意调查,有效样本一般都在1 000以内。例如东森民调中心于2001年18及19日对台湾1 068位20岁以上人士进行的电话访问,有效样本为970人(《参考消息》2001年10月25日第8版)。

第五节 抽样实施

抽样实施包括建立抽样框和确定研究对象。

一、建立抽样框

在广告调查和市场调查中,调查对象不同,总体的抽样框资料也不一样。有些调查的抽样框资料是现成的,有些则根本不存在。现成的资料框通常是正规的出版物,如:电话号码簿、邮政编码簿、工商名录,或档案资料如工商局的企业注册档案,政府管理部门的下属企事业单位档案等。这些的资料只要适当编码、整理即可。那些没有现成的抽样框资料或者现成资料不完善、不合理的抽样框,需要补充或重新建立。

各种调查中最经常用到的抽样框是居民户资料。本来这种抽样框可以从居委会的户籍管理资料中直接获得,但是改革开放以来,一方面,我国的人口流动相当大,在一些沿海城市,很多居委会都有长期居住而没有户籍的外来住户;另一方面,随着我国经济的发展、旧城改造和住房条件的不断改善,家庭住房的搬迁频率越来越高,居委会的户籍档案通常不能及时准确地反应实际居住情况。此外,有些地方的居委会不愿意提供这些资料。因此入户调查时,常常要进一步完善或重新建立抽样框。

当有现成的居委会户籍管理资料时,可以直接在这些资料的基础上选派访问员进一步核实,删去已经搬迁或长期不在该居委会居住的住户,增加长期居住在该居委会而户口并不在该居委会的住户名单。这要求访问员挨家挨户进行核对,工作量比较大,但这样建立的抽样框比较准确。

当没有现成的居委会户籍管理资料时,建立居委会住户抽样框的方法是:以居委会的行政区域为界限,绘出该居委会的住宅分布路线图(如图6-8),同时依一定的顺序(如右拐弯原则)抄写出区域内各住户的详细地址(如表6-4)。这些地址和线路图就是一份完整的抽样框。在绘制住宅分布和路线图时,通常要注意标出该辖区内的标志性建筑物以及公共汽车停靠站,以便访问员入户时行走和查找。这种方法建立的抽样框资料的误差相对大一点。

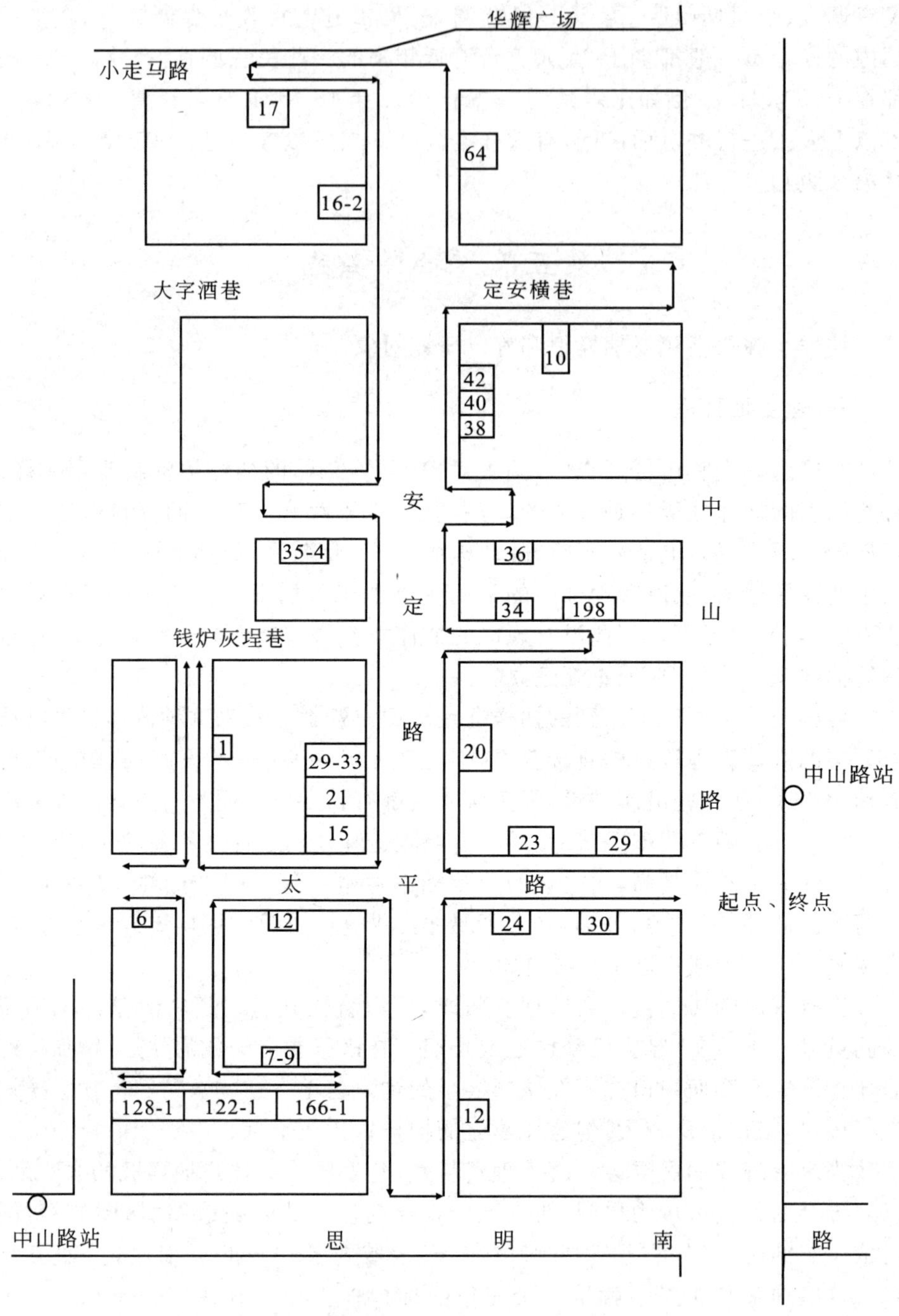

图 6-8　厦门地区某居委会的抽样线路图

表 6-4 厦门某居委会的抽样地址表

序号	详细地址	序号	详细地址
1	太平路 29 号 1 楼右手第一家	181	定安路 35－41 号 502
	⋮		
21	太平路 23 号 2 楼第一家	191	定安路 35－41 号 703
	⋮		⋮
31	太平路 20 号 2 楼	201	定安路 29－33 号 3 楼右手第一家
	⋮		⋮
41	中山路 198 号 3 楼	211	定安路 21 号 2 楼
	⋮		⋮
51	定安路 34 号 4 楼右手第四间	221	定安路 15 号 3 楼
	⋮		⋮
61	定安路 34 号 7 楼右手第一间	231	太平路 1 路
	⋮		⋮
71	定安路 36 号 6 楼右手第二间	241	太平路 6 号 4 楼
	⋮		⋮
81	定安路 36 号 3 楼右手第三间	251	思明南路 128－1
	⋮		⋮
91	定安路 38 号 3 楼右手第四间	261	思明南路 122－1
	⋮		⋮
101	定安路 40 号 3 楼第一间	271	思明南路 116－1
	⋮		⋮
111	定安路 42 号 2 楼第四间	281	定安路 7－9 号 2 楼右手第二间
	⋮		⋮
121	定安横巷 10 号	291	太平路 12 号
	⋮		⋮
131	定安路 64 号	301	定安路 12 号 2 楼
	⋮		⋮
141	定安路 71－1 号第二间	311	太平路 24 号楼下第一间
	⋮		⋮
151	定安路 71－1 号第 13 间	321	定安路 30 号 3 楼
	⋮		⋮
161	定安路 61－2 号	331	太平路 30 号 3 楼
	⋮		⋮
171	定安路 35－41 号 301		
	⋮		

二、确定研究对象

确定研究对象是在现有抽样框的基础上，按照抽样要求，逐一抽取构成样本的单元。例如在全国性的调查中，经常要先从全国抽出若干个省份，再从各省抽出若干个市，由市进一步抽出区，由区抽出街道，由街道再到居委会，最后由居委会抽出家庭户。被抽到的单元通常只需要列出名单即可，但是到最后一级抽样时常常需要列出名单、地址和电话，因为这些资料是提供给访问员的。

在随机抽样的实际操作中，常以户为最小抽样单位进行随机抽取。这样确定样本户后会遇上一个问题：一户中往往包括若干成人，这些家庭成员哪一个才是受调查者？解决这个问题的办法有抽签法和随机数字表法。但是实际运用时，这些方法都比较麻烦。比较简单的方法是利用表 6-5 这样的入户抽样表来抽取。

表 6-5　入户抽样表

	问卷编号尾数									
序号	1	2	3	4	5	6	7	8	9	0
1	1	1	1	1	1	1	1	1	1	1
2	2	1	2	1	1	2	1	2	2	1
3	1	3	2	2	3	1	3	1	1	2
4	2	2	4	1	3	4	1	3	3	2
5	2	5	3	3	4	4	1	1	5	3
6	3	1	4	1	5	2	6	2	3	6
7	4	5	6	5	7	2	3	1	7	3
8	4	5	6	2	7	1	8	3	4	5
9	2	4	9	5	9	3	7	6	1	8
10	5	2	3	4	10	8	9	8	9	1

表 6-5 是一个采用简单随机抽样方法设计出来的入户抽样表。表中序号代表家中合适对象的人数。抽样时，先将所有问卷编好号码，然后找出问卷编号尾数和家中合适对象人数这两个数字在表中的交叉点的数字，最后将家中成员按年龄大小排序，顺序与此一数字相符者为研究对象。假设某份问卷的尾数为 3，调查户的合适人数为 4，那么该家庭中应调查的就是年序第四的人。

思考题：

1. 什么叫做抽样框？如何建立抽样框？
2. 什么叫抽样误差？什么非抽样误差？如何控制这两种误差？
3. 分层抽样与配额抽样有何异同？
4. 整群抽样和分层抽样的异同点是什么？
5. 什么是抽样的效果最佳原则和随机化原则？
6. 抽样实施有哪些过程？
7. 样本量的确定受哪些因素的影响？
8. 随机抽样和非随机抽样的本质区别在哪里？
9. 抽样决策需要解决哪些问题？

案　例　1997年全国电视观众抽样调查的抽样方案

一、调查对象

全国电视信号覆盖的区域内的13岁以上的可收视居民以及6～12岁的少年儿童。（现役军人、集体户口和流动户口不包括在内）

二、调查目的

观众的节目选择倾向。

三、抽样方式

利用全国城乡住户抽样调查网，采用分层多阶段随机抽样。

四、设计思想

样本容量的确定：本次调查省级样本容量的确定方法基本依照1987年和1992年方案的规定进行。即在保证置信区间为95%，抽样误差±3%的条件下，平均一般省级样本量为1 000个左右。实施这次调查的联合调查省及北京的调查样本量都基本达到1 000个左右（具体分配数量见后），因此，调查结果对它们具有代表性。对于只调查100个样本的补充调查省和重庆市，以及附带的6～12岁少年儿童调查，则只能满足对全国范围的估计。

样本的分配方法：考虑到经费及可行性，样本分配以国家统计局城乡调查队的调查网为基础，采用分层的方法进行。为了减少误差，提高调查效率，达到反映观众的节目选择倾向的目的，使用了牛曼样本分配公式，把不同的经济地理特征分层的各层人口规模与其收入差异结合起来，确定样本在各层的分配数量。这是因为节目的选择差异是人们的经济状况、社会环境、地理位置、年龄阶段、生活习惯和心理因素互动影响的结果，而收入差异主要受人们经济活动的影响，两者尽管有区别，但也相互联系，至少在差异大小变化的方向上是一致的（如下表所示）。

	节目选择差异	收入差异
农村与城市	城市＞农村	城市＞农村
城市之间	大城市＞中城市＞小城市	大城市＞中城市＞小城市
农村内部	平原＞丘陵＞山区	平原＞丘陵＞山区
城区与郊区	城区＞近郊＞远郊	城区＞近郊＞远郊

因此，将规模与差异结合起来进行分配，能满足节约、可行和有效的要求。在实际操作中联合调查省、直辖市和补充调查省统一按上述办法分配样本。同时，为了反映6～12岁少年的收视情况，中央电视台设计了专门的调查问卷、方便调查的方法对抽中家庭的少年儿童进行附带调查。其样本量配额可在成人样本分配结束后，依比例进行。在现有条件下，样本只能分配到户，为了使本次调查的调查对象的分布较为合理，对问卷统一编号，并将设计好的《入户随机抽样表》印刷在问卷的首页，调查员入户调查时，按要求使用抽样表，抽出调查对象进行现场调查。

加权统计估计要求：鉴于本次调查由于经费等客观条件的限制，使调查省、自治区和直辖市样本分布并不均匀，并且总体内城乡间的人口也存在差异，因此在对成人问卷进行统计时要求构造双重权数，从年龄段人口和城乡两个维度对全国及各调查省、自治区和直辖市的成人的实际收视状况进行估计。同样道理我们也应以全国城乡内各自的6～12岁人口为权数，对全国的6～12岁儿童的实际收视情况进行估计。以上资料均来自《1996年中国统计年鉴》和《1996年全国1%人口调查资料》。具体加权统计估计方案如后所述。

五、操作步骤

1. 分层，分配样本

首先，把参加联合调查的省（北京、天津、上海除外）分成城市层（C表示）和农村层（R表示），再分别对城市层和农村层分层。

将城市层按规模分为三个子层，

C1：大城市（人口在50万人以上）

C2：中等城市（人口在 25 万人至 499 999 人之间）

C3：小城市（人口在 25 万人以下）；

将农村层按地理特征分为三层，

R1：平原县

R2：丘陵县

R3：山区县。

使用牛曼样本分配公式，分配各层的样本数量。

城市层样本数量

$$n_c = n \times [P_c \times S_c / (P_c \times S_c + P_r \times S_r)]$$

农村层样本量

$$n_r = n \times [P_r \times S_r / (P_c \times S_c + P_r \times S_r)]$$

其中：n 为各联合调查省由中央台规定样本数；P_c 为城市层人口数；S_c 为城市层人均家庭生活费收入（下同）标准差；P_r 为农村层人口数；S_r 为农村层人均家庭纯收入（下同）标准差。

然后，对子样本进行样本分配。

城市子层的样本分配：

$$n_{ci} = n_c \times (P_{ci} \times S_{ci}) / \sum P_{ci} \times S_{ci} \qquad (i=1,2,3)$$

农村子层的样本分配：

$$n_{ri} = n_r \times (P_{ri} \times S_{ri}) / \sum P_{ri} \times S_{ri} \qquad (i=1,2,3)$$

其中，P_{ci} 为城市子层 $i(i=1,2,3)$ 人口数；S_{ci} 为城市子层 $i(i=1,2,3)$ 人均纯收入标准差；P_{ri} 为农村子层 $i(i=1,2,3)$ 人口数；S_{ri} 为农村子层 $i(i=1,2,3)$ 人均纯收入标准差。

这样，得出的 C_{n1}，C_{n2}，C_{n3} 分别是大中小城市的样本分配数量，分别得出平原、丘陵和山区的样本分配数量。

2. 抽选调查单位，等距抽户，入户调查

随机在每个子层抽选三个或以上市县，各层抽选的市县个数需根据每个居委会或村的样本数量来概算，不得超过 25 个，如果该层三个市县的数量不够，需相应增加抽选县市的数量。各层抽选的县市数量确定并抽选完毕后，在各城市子层中间隔抽取三个居委会，在各农村子层中抽取两个村。由于抽取的居委会或村分别属于各自的子层，层内居委会间或村间的内部收入差异的比较可以忽略不计，同时，为了方便易行，可以按居委会间或村间的人口差异分配样本。分别计算各城市层三个居委会人口总数以及每个居委会所占人口比重；各农村层两个村的人口总数以及每个村人口所占比重。将各子层（C_{ni}或R_{ni}，$i=1,2,3$）样本数量按各居委会或村的人口比重分配到每个抽中的居委会或村。然后，按照抽中居委会或村居民名册，采取随机起点等距抽样的方法，抽取与所分配数量相等的若干调查户，由调查员携带问卷及少年儿童附问卷进行入户调查。在调查户中，按问卷上的入户随机抽样表选择调查对象，填写调查问卷；并再对家中有6～12岁的儿童用儿童问卷进行调查。若儿童问卷的调查数量已经完成，可不再作调查。

3. 直辖市的样本分配

分别对上海、天津、北京三个直辖市的城乡调查市县直接按其地理区域分成三个层，用D表示。即：

$D1$：城区

$D2$：近郊

$D3$：远郊

同样采用上述的牛曼分配公式，得出各层的样本分配量。即：

$$D_{di}=D\times(P_{di}\times S_{di})/\sum P_{di}\times S_{di} \qquad (i=1,2,3)$$

其中，n为该直辖市由中央台规定的样本数；P_{di}为层调查市县的人口数；S_{di}为层调查市县分人均收入标准差。

4. 直辖市的入户调查

在市区层（$D1$层）随机抽取三个或以上区，在近郊和远郊抽取（$D1$、$D2$层）分别随机抽取三个或以上市县，各层需抽选的区或市县的实际数量仍按上述办法确定。完成之后，每个区间隔抽取三个居委会；每个市县间隔抽取两个村，分别计算出市区层抽中各区三个居委会人口总数，以及每个居委会人口所占比重；近郊层和远郊层抽中各市县人口总数，以及每个村人口所占比重。将各层的样本量（D_{ni}，$i=1,2,3$）按各居委会或村的人口比重分配到每个抽中的居委会或村。然后，按照抽中的居委会或村居民名册，采取随机起点等距抽样的方法，抽出与分配数量相同的若干调查户，由调查员携带调查问卷及少年儿童附问卷进行入户调查。在调查户中，按问卷上的入户随机抽样表选择调查对象，填写调查问卷；并对家中有6～12岁的儿童用儿童问卷进行调查。若儿童问卷的调查数量已经完成，可不再作调查。

六、补充调查

为了保证全国总体估计的完备性，对未参加联合调查的9个省市补充调查 900 个样本,每个省市调查 100 个样本。分层分配样本的方法与上述方法一致。为了工作方便,城市层只抽取一个市的三个居委会,农村层只抽取一个县的两个村进行调查。若居委会或村的样本分配数量多于 20 个,则需还增抽一个相应的市县,重新分配样本。抽选调查户和入户调查方法及要求同上。

七、抽样复调查

为控制调查的质量,将按 3%的比例调查各地的抽样情况。要求调查员精心保存居委会或村的抽样资料、受调查人的详细地址及个人资料,以备复查。

八、估算要求

鉴于本次由于经费等客观条件的限制,省、自治区和直辖市样本分布并不均匀,并且总体内城乡间的人口也存在差异,因此在统计时要求构造双重权数,从年龄段人口和城乡两个维度对全国及各调查省、自治区和直辖市的 13 岁以上成人,及 6～12 岁少年儿童的实际收视状况进行估计。考虑到抽样估计技术的繁杂及使用习惯,暂略区间估计。

入户随机抽样表样

家庭人口＿＿＿＿＿(人)

家庭符合调查条件人口＿＿＿＿＿(人)　　　　编号＿＿＿＿

序号	姓名[按年龄从大到小填]	抽中人	编号尾数 / 人口数	1	2	3	4	5	6	7	8	9	0
1			1	1	1	1	1	1	1	1	1	1	1
2			2	2	1	2	1	1	2	1	2	2	1
3			3	1	3	2	2	3	1	3	1	1	2
4			4	2	2	4	1	3	4	1	3	3	2
5			5	2	5	3	3	4	4	1	1	5	3
6			6	3	1	4	1	5	2	6	2	3	6
7			7	4	5	6	5	7	2	3	1	7	3
8			8	4	5	6	2	7	1	8	3	4	5
9			9	2	4	9	5	8	3	7	6	1	8
10			10	5	2	3	4	10	7	9	8	9	1

★工作步骤:

1. 先写清表头的编号，核实好家庭人口和符合调查条件的人口数；
2. 将家庭符合条件的成员姓名按年龄顺序从大到小填写在“姓名”栏；
3. 取编号的尾数和家庭符合条件人口数交叉的数字，确定抽中人序号；
4. 按序号选出调查对象的姓名，并在对应的“抽中人”栏打个勾，开始调查；
5. 调查结束后，务必将此表保存好。

第七章　问卷设计

调查法是广告研究经常使用的方法。在调查研究中,问卷不仅是必备的工具,问卷的好坏、水平的高低还直接决定着调查能否得到全面、准确、可靠的结果。只有问卷设计得好,才能得到研究所要的资料。

第一节　问卷设计的程序

问卷设计的程序包括若干步骤,可用图 7-1 流程图来表示。下面我们就问卷的设计过程来具体解释。

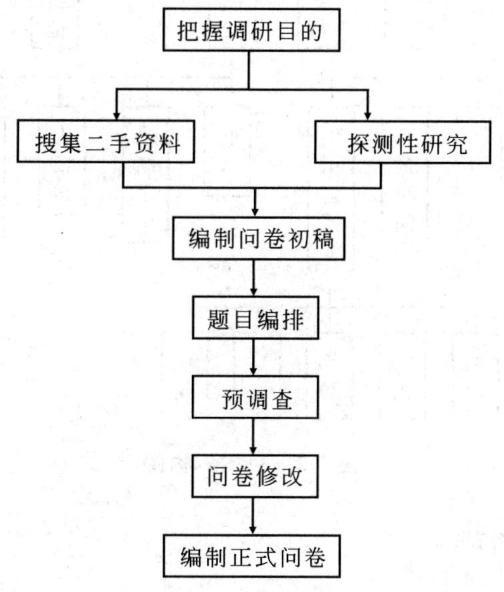

图 7-1　问卷设计程序

一、把握调查目的

对于直接参与调查方案设计的研究者来说,问卷设计的这一步骤已在方案设计时完成,他们要做的是从第二步骤开始。但对于那些未参与调查方案设计的研究者来说 ,在着手进行问卷设计时,首要的工作是充分了解调查的目的和内容。办法是细读调查方案,向方案设计者咨询,与他们进行讨论。只有把握了研究的目的、研究的内容之后,问卷的设计才能做到有的放矢。

把握调研目的的有效方法之一是解构目的,采用目标手段分析方法将研究目的逐步细化,形成一个目的解构图,如图 7-2。有了这么一个解构图,研究者自己在编写问卷题目时就有了一个依据,可以减少题目增减的随意性和盲目性。当然要将目的解构清楚也不是那么容易的,特别是在复杂的研究中。但无论如何,分析出这么一个解构图对编写问卷题目大有益处。

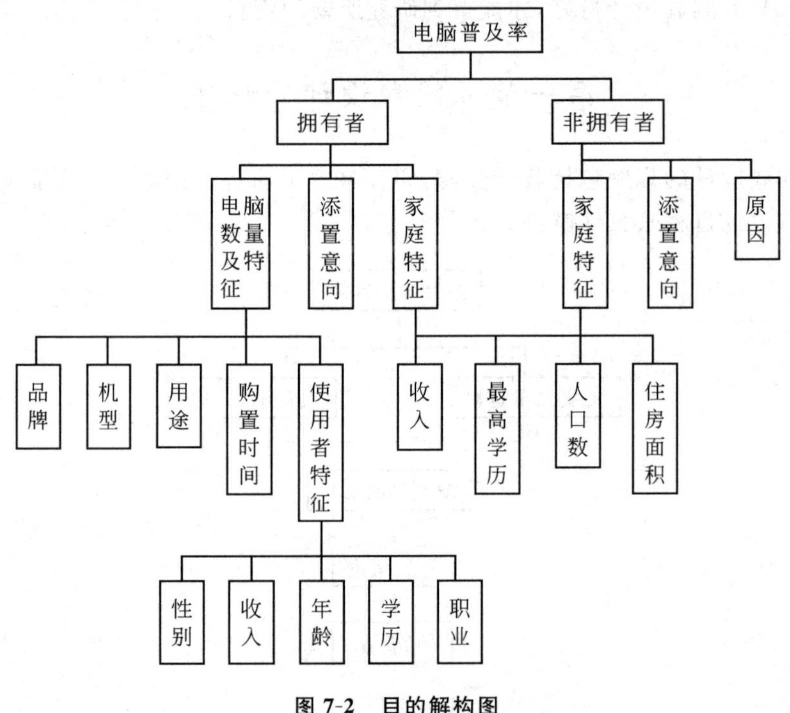

图 7-2 目的解构图

二、搜集二手资料

问卷设计不能简单地凭空想像,问卷要设计得好,设计得完善,研究者需要了解许多的东西,需要借助别人的成功经验,需要搜集大量的二手资料,如:该课题的相关文献资料、相关问题的问卷资料。搜集二手资料有两个目的:其一是帮助加深对目标问题的认识。问卷设计者面临的调查课题经常是不一样的,这次调查与食品有关,下次调查却可能与化妆品有关。问卷设计者不可能熟悉所有产品，因此必须搜集、研究二手资料来保证问卷设计的科学性和合理性。其二是为问题设计提供丰富的题目素材。了解类似研究的问卷资料，借鉴其成功之处，克服缺憾。本章末尾提供了两个案例，供读者参考。

三、探测性研究

问卷设计的探测性研究要求问卷设计者带着问题访问调查个别消费者，访问的目的有两个。一是了解受调查者的经历、习惯、文化水平以及对研究问题领域里知识的丰富程度等，达成这一目的有助于问卷设计者确定问卷题目的表达形式，使问卷题目更切合受调查者心理。二是了解在调查范围内，受调查者关心的是什么，对哪些问题思考得比较多、比较深入。透过个别访问，设计者能够更好地把握问卷应该问什么，问得全面与否，是否问到点子上，提供的答案是否合理、全面等。此外，研究者还可以借助个别访问判断和预测调查实施中将会遇到哪些困难，以便提前做好因应准备。

四、编写问卷初稿

个别访问完毕，设计者就可以根据所搜集的有关文献资料、个别访问资料以及设计者的个人经验，依照或参考解构图编写问卷题目。

编写题目时，一般以解构图的相关内容为编写大纲，根据各方面内容分别编写题目，编写的题目应充分反应该方面的情况。假设调查某矿泉水品牌的知名度，相关的题目可能包括：

请您说说您所知道的矿泉水饮料品牌：____________________

或，您是否知道下列矿泉水品牌：

乐百氏————1　　景田————2　　娃哈哈————3

农夫山泉———4　　百胜————5　　其他————6

题目编写完毕，应以“题目切合调查目的”、“题目切合受调查者”和“题目是否适合资料采集方法”这三个要求为标准，逐一检查编好的题目，删去无关的、重复的、次要的内容，修改那些不准确的、不适当的题目，题目不能充分体现调查内容时，还要补充。

检查一个题目是否切合调查目的，一个好办法是：在把一个题目纳入问卷之前，先确定以后如何分析这些问题（将使用何种统计方法），结果将用于何处，如何使用。如果不能回答这些问题，最好就不要这个题目。检查题目是否切合受调查者，通常可以采用的方法是，找一位对调查问题领域比较熟悉的人，例如关于药酒的调查，可以找一个比较常买或常饮用药酒的人，让他审查各个题目并提出意见。检查题目是否适合资料采集方法也很简单，根据调查将要采用的资料采集方法来审查题目，例如调查拟订采用电话访问，那么答案太多的题目就不合适，而如果采用面对面访问，问题过于书面化就不合理。

在编写问卷的过程中，问卷设计者还应熟悉题目的种类、答案的类型以及题目措词的技巧，这些问题，我们将在本章后面各节中具体讨论。

五、题目编排

题目编写出来之后，下一步的工作就是编排。编排不是简单地按顺序排列每一个题目，而是按题目之间的逻辑性、作答的难易程度等来合理排列。编排中应注意哪些问题，后面还会详细论述。

题目按一定顺序编排出来之后，加上卷首语和相关的记录问题，就成为一份完整的问卷，这是问卷初稿，其中可能存在设计者自己没有发现的问题，需要接受预调查的检查。

六、预调查

预调查是将编好的问卷初稿用于小规模的受调查团体。其目的之一是发现问卷初稿存在的问题并修改。

预调查选取的样本一般是那些比较方便找到的受调查者。他们可能是研究者或访问员的同事、同学、朋友、家庭成员等。预调查的样本不一定与研究对象完全相同，只要基本特征相符合即可。

预调查的方式与今后实际进行的方式要一致。也就是说，如果以后调查实施采用电话访问，那么预调查也要采用电话访问。如果正式实施采用的是拦截(街头)访问，那么预调查也应该采用拦截访问。

预调查的问卷应该留有较大的空间，以允许和鼓励受调查者批评指正问卷，如：题目措词、题目次序、多余问题、遗漏问题；不适当、不充分、多余或混乱的答案；开放性问题空白够不够；他们发现的问卷的其他任何不适当的方面。

七、制成正式问卷

通过预调查，问卷设计者可以了解受调查者的意见和评论，发现问卷中存在的问题。一般来说，如果有两个以上的受调查者对同一个题目有同样的批评，那么设计者就应该修改或删除该题目；如果有个别题目有很多受调查者没有回答，要寻找出原因并努力克服。

设计者还应注意处理反映倾向的问题。例如，有些题目的某个答案从来无人作答，有些题目大多数回答者都选择同一答案。遇到这类问题，要检查一下答案是否在同一维度上，是否涵盖了整个范围；不同的答案之间是否相包含。

除了上述问题之外，问卷设计者通常还能发现问卷的措词是否合理，题目的意思是否清楚，题目的排序是否合理，题目是否容易回答等问题。发现问题之后，设计者就可以修改完善问卷题目，编制出正式的问卷。

第二节　题目的种类

问卷的问题有两种类型：封闭题和开放题。在一份问卷中，题目可以全部是封闭题，也可以全部为开放题。这取决于研究问题的性质、特点。但在通常情况下，一份问卷既有封闭题，也有开性题。

一、封闭题

封闭题又称定选题，指已给好备选答案的题目，受调查者从问卷中已列出的多个答案中选择一个或多个答案。

例 1. 您选择进口酒时考虑的主要因素是什么？

1. 价格　　2. 包装

3. 味道　　4. 知名度

5. 流行程度　　6. 其他

1. 封闭题的形式

(1)判断题。判断题也叫是非题，题目给定两个相反的答案，受调查者选择其一作答。

例 2. 您知道“金日在手中，万事好成功”的广告语吗？

知道———1　　不知道———2

有时这种题目带有强迫性质，在这种情况下，也叫迫选题。

例 3. 您喜欢还是不喜欢健力宝饮料？

喜欢———1　　不喜欢———2

判断题获得的数据资料是二分变量，虽然它属于命名量表，但它比具有多项选择答案的题目在统计方法上具有更大的选择性。除了可以用于多项选择命名量表的频率分析、检验之外，还可用于多种多元统计分析，如回归分析、因子分析等。

(2)多项选择题。多项选择题就是给予多个答案供受调查者选择的题目。它又分为单选题和复选题。

①单选题：就是只能从所提供的多个答案中选择一个答案的题目。在这类题目中，有的问题答案之间有程度、大小或等级关系，如例 4、例 5；有的问题

答案之间没有任何大小或等级关系，一个答案就是一个类别，如例 6。前一种单选题属于次序量表，在实际研究中，可以当作等距量表采用大多数统计方法进行统计处理，普遍用于学术性研究。在商业性广告研究中，这类型的单选题主要用于企业、品牌以及广告等形象研究之中。

例 4. 您使用洋参丸的频率是多少？

一个月几次	1
一个月 2～3 次	2
一个月一次	3
一年几次	4
一年一次	5
少于一年一次	6

例 5. 刚才看过的某某广告，您喜欢不喜欢？

1. 很喜欢　2. 喜欢　3. 无所谓
4. 不喜欢　5. 很不喜欢

例 6. 您最喜欢下列哪一种品牌的手机？

1. 诺基牙　2. 摩托罗拉　3. 爱立信　4. 波导
5. 西门子　6. 厦华　7. 科健　8. 其他

②复选题：是指允许从所提供的答案中选择一个或一个以上答案的题目。这类题目一般只能进行频率分析，计算各个类别的百分数，如例 7、例 8。

例 7. 您是通过哪些渠道知道惠泉啤酒的：

1. 电视广告　2. 报纸广告　3. 广播广告　4. 户外广告
5. 别人介绍　6. 商店观察　7. 网络广告　8. 其他

例 8. 在选择药品时，您觉得下列哪个方面最重要（记为 1），哪个方面次重要（记为 2），哪个方面第三重要（记为 3）？

以前使用过　________
成分或原材料　________
品牌的知名度　________
价格　________
包装　________
功效　________
制造商的声誉　________

2. 封闭题的优缺点

封闭题具有下列几个优点：

①回答是标准化的，容易进行编码以及统计处理。

②回答者容易作答，只要选择一下答案即可，无需自己填写答案内容。这有利于提高问卷的回收率。

③可以避免无关回答。例如对于“您多久看一次电视?”这样的题目，题目本意是要问看电视的频度，而回答者可能回复“我想看就看”之类不贴切的答案。如果将该题目改成封闭性题目，提供“一周一次”，“一周二至五次”等答案，回答者就不会答偏了。

④问题含义比较清楚。因为提供的答案有利于理解题意。这样就可以避免回答者由于不理解题意而拒绝回答。

由于有以上优点，大多数市场调查问卷都以封闭题为主。但是封闭题也存在缺点，这些缺点是调查实施中需要注意并努力克服的：

①容易使一个不知道如何回答或没有想法的回答者猜着答案或随便乱答。

②问卷中如果没有适当的答案，回答者难以作答。

③有些受调查者误解题目，这种情况只看答案难以发觉。

④迫选题自由选择的程度小，难以看出不同受调查者回答上的差异。

⑤书写上的错误较容易发生，如本想圈第二个答案，却圈在第三个答案上。

二、开放题

不给受调查者提供具体供选答案的题目就是所谓的开放题。开放题包括疑问题和投射题。

1. 疑问题

疑问题通常提出一个问题，让受调查者作答，旨在直接了解受调查者的看法、意见或有关情况。它可以分为定量疑问题和定性疑问题。

(1)定量疑问题：是指要求受调查者用数量来具体回答的疑问题，如例 9、例 10。这类题目的目的是了解一些具体情况，以便统计处理。定量疑问题一般属于比率量表，可以进行平均数、标准差等各种统计处理。

例 9. 您觉得一瓶 4 斤装的纯净花生油卖多少钱比较合适?

______元(人民币)。

例 10. 您昨天花多少时间看电视节目?

____小时____分钟。

定量疑问题的题目设计比较简单，但受调查者回答的难度较大。因此许多研究都将它转换为封闭题，以减少受调查者的负担和统计处理的麻烦。

(2)定性疑问题：不要求受调查者用具体数据作答的疑问题，如例 11。设计这类题目多数是为了了解受调查者的意见、看法。

例 11. 您为什么喜欢某某广告中的人物模特？

____

____

2. 投射题

投射题让受调查者完成某种作业，如作字词联想、完成句子、编故事等，透过他们的回答，分析答案中隐含的态度或动机，如例 12、例 13。

例 12. 请将由下列词组联想到的事物写下来：

东鹏 ______________________

东胜 ______________________

海螺 ______________________

例 13. 请完成下列句子：

当我口渴时，我______________________。

我喝矿泉水______________________。

使用开放题能够获得研究者预料未及的答案，让受调查者充分陈述自己的看法及理由，给受调查者较多的创造或自我表达的机会。一般来说，开放题只在以下情况使用：

①不能用几个简单的答案来作答的复杂问题。

②答案太多而且分散，封闭题不便使用时。

但开放题也有局限：

①回答问题需要费很多的时间和精力，容易遭到受调查者的拒绝。一般来说，这类题目能有 30% 的受调查者回答已经是相当不错的。

②受调查者的资料非标准化，难以统计分析。

③资料的编码往往非常困难和主观。在开放题的回答中，经常出现这样的情况，同样意思，措词千差万别；相反，相近似的措词，意义却迥然不同。因而编码时的分类很困难，主观性很强。

④搜集到的资料中可能包含着大量无价值或不相干的信息。有些受调查者在回答问题时或抓不到问题关键，或比较健谈，回答了很多，这样就产生了很多多余的信息。

⑤开放题要求受调查者有较强的书面（或口头）表达能力。

⑥开放题旨在全面了解，但太全面会使受调查者不知所云。

由前面的叙述可见，开放题和封闭题各有利弊，各适合于不同的条件和背景。一般来说，需要快速回答，对量化结果感兴趣，受调查者教育水平较低的情况下，采用封闭题比较合适。但在预备性调查中，在回答的详尽性和彻底无遗性比时间、编码简化和数据分析都更为重要时，开放题比较可取。

第三节 题目的措词

美国宝洁公司曾拿两块品质完全相同仅颜色不同的肥皂询问消费者的意见。其中一个问题是："你认为哪一种肥皂比较温和些?"结果是：A 肥皂温和些 57%，B 肥皂温和些 23%，无意见 20%。后来问题换成"哪种肥皂对你的皮肤刺激性较小?"结果是：A 肥皂对皮肤刺激性较小占 41%，B 肥皂对皮肤刺激性较小占 39%，无意见 20%。两种问法的答案差异很大，原因在于"温和"的含义难以确切理解。

台湾各民调机构曾有一个关于"一国两制"的调查，由于题目措词不同，结果也很不一样，见表 7-1。

表 7-1 台湾各民调机构有关"一国两制"民调的数据与题目比较

调查时间	机构	题目	赞成	反对
2000/05/23	"陆委会"	中共提出"一国两制"的主张将台湾看作地方政府接受大陆统治，中华民国政府此后不再存在，对中共这种主张，请问您是否赞成?	12.1%	83.7%
2001/03/08	同上	同上	16.1%	73.9%
2001/07/09	同上	同上	13.3%	70.4%
2001/06/05	TVBS	陈总统在出国访问期间，曾在巴拿马国会演讲时提到"一国两制"的问题，请问你是否赞成与中国大陆的关系未来走向"一国两制"? 提示：一国两制也就是目前香港与中国大陆的模式。	31%	46%
2001/06/18	"外交部"	中共提出"一国两制"的主张，就是台湾将成为中共的一个特区，可保有现存的制度与生活方式。但外交权是北京的中央政府所有，台湾从此没有外交权。请问你是否赞成中共的主张?	10.6%	75.2%

续表

调查时间	机构	题目	赞成	反对
2001/06/20	中国时报	请问你能不能接受中共提出“一国两制”的主张？（就是依照香港模式，将台湾看作地方政府，取消国号，国防和外交主权接受大陆统治，但台湾享有目前的民主和经济制度）	29%	57%
2001/06/27	联合报	中共提出了“一国两制”和平解决台湾和大陆分裂问题的方案，请问您能不能接受这种办法？	33%	51%
2001/07/14	新党“立委”冯沪祥	你能否接受以“一国两制”模式处理两岸关系？	47%	39%

资料来源：参考消息，2001.7.24（原载台湾《中国时报》和《联合报》）

可见，要如实、准确地获得有关信息，除了受调查者的认真合作之外，如何提出问题、如何询问也至关重要。然而设计者常常会在措词上犯错误，尽力避免这些错误，设计一份比较完善的问卷，使受调查者能顺利作答，十分有利于调查。为了避免这些错误，下列几点值得问卷设计者重视。

一、避免一问两答

在问卷中，一个题目不要包括两个或两个以上问题。否则，会不知所措。例如：

例 14. 您分别通过下列哪一种媒体看到“息斯敏”和“达克宁”广告？

a——报纸　　b——广播　　c——电视

d——路牌　　e——霓虹灯　　d——其他

如果受调查者从同一种媒体接触到两种品牌，这样的问题他们尚可作答。但如果受调查者不是从同一媒体接触到这两种品牌的广告，受调查者就会无所适从，任何一种选择都包含着错误信息。

避免这种错误的有效办法之一是检查已设计好的问卷，看看是否有“和”、“跟”、“同”、“与”、“及”或“或”等字眼，小心审查，一有问题马上修改。上述例题可改为两个题目，先问“息斯敏”，再问“达克宁”，受调查者就容易作答了。

二、避免使用冗长复杂的语句

从修辞的角度来说，修饰词多一点，语句长一点，语言会显得优美。但如果这类句子出现在要求受调查者在很短时间里作答的问卷中，会造成理解上的困难。受调查者本来听一遍即可，现在要听两遍才能听清楚。这样不仅增加作答时间，受调查者也会感到不耐烦。因此，在语义清楚的前提下，句子要尽量简洁。一个词足以表达时，决不用两个或三个词。

三、避免使用不易理解的词汇和语言

在大规模的调查研究中，调查对象的文化背景、教育水平、知识经验区别很大。有些受调查者看来相当简单的词汇，另一些受调查者却可能不知所云。例如"刮刮看卡"这一词汇，搞广告、促销的人也许不难理解，但有些人的确不知它的意思。如果问卷设计者没有注意这样的问题，可能的结果有两个：一是受调查者放弃不作答；二是胡乱作答。无论是哪一种情况，都会影响到调查结果的客观性和准确性。问卷中非用不可的这类型的词汇要解释，在访问员培训时说明清楚，以便他们向受调查者解释。

选择词汇的时候要注意几个问题：地区差别、文化程度差别、专业化程度差别。把握住这几个方面的差别，使用的词汇就比较贴切。

四、题目尽量具体而不抽象

只要可能，问题应该提到具体的、特定的事物，并要有特定的答案，比如年龄、性别的问题。受调查者不仅熟悉问题中的概念，而且熟悉适当的回答范围。

笼统的看法问题比较抽象，受调查者往往并无看法或从来没想过有关问题，因而无从作答，如果能具体到对某些方面的评价，受调查者就比较容易作答了。比如问"技术含量的高低"，受调查者尽管知道"技术含量"的含义，但他无法区别各种不同的技术含量，当然无法作答。

五、避免诱导性问题

问题应该精心设计，尽量避免由于诱导使回答者的回答出现偏见，从而人为地增加某一特定答案出现的几率。问题应该中性。例如可以问"您觉得这种包装怎么样？"而不问"您觉得这种包装很精美吗？"

诱导性问题会使回答失真。例如在美国的一项社会调查中，分别用两种方式问同一问题，一种为"您赞同今年提早一星期过感恩节的看法吗？"另一种为"您赞同罗斯福总统提出的今年提早一星期过感恩切的看法吗？"结果后一种提法由于提到了罗斯福总统，增加了百分之五的肯定回答。

六、注意时间范围的表达

调查题目经常涉及时间，而问卷设计时，设计者常常会忽略掉准确表达时间范围，因而造成研究结果不可靠。在实际问卷调查中，很容易看到这样的题目："您过去使用过某某品牌的产品吗?""您平均每月的收入是多少?" 显然，这两个题目都有时间表达不清楚的问题，第一个题目中的"过去"究竟是"从出生到调查之前"，还是调查的"前一年"、"前一月"、"前一周"，只能让受调查者自己去猜测；第二个题目中的"平均"，有的受调查者可能按过去半年计算，有的可能按过去三个月计算，答案的含义也不相同。因此在设计问卷时，应该特别注意这类不明显的错误。

除了以上所述，题目的措词还应注意：

①问题应该让人能回答，而不是让人说"不知道"或"无法回答"。

②避免用刺激性的词汇如"您是否丧偶?"。

③问题的词组应是中性的。

④避免用只有少数人能理解的行话或方言。

⑤术语或概念的运用要具体，如饮料，应该指出是果汁的还是碳酸型的。

⑥确保问题中的事实是准确的，免得访问员遭嘲笑。

⑦使用正确而简单的语法和句子结构，不要用双重否定句。

⑧答案应该跟问题相匹配，如程度的问题不要仅给是否的答案。

⑨问题要问过去或现在的行为，不要问将来的，将来不可靠。

⑩尽量避免五个以上的答案(特别是在电话访问中)。

第四节　题目的编排

一份调查问卷通常包含许多题目，在题目编写、筛选完毕后，合理安排题目的顺序也是问卷设计的一个重要步骤。同样的题目，编排得合理、恰当有利于有效地获得资料。编排不妥当会影响受调查者作答，甚至影响调查结果。所以编排问卷题目必须小心谨慎。下面是题目编排的一般原则：

一、敏感性和开放性的题目置于问卷最后

敏感性题目如收入、婚姻状况等应该放在问卷后面，这类问题如果放在问卷的前面容易遭到受调查者的拒绝，继而影响后面问题的作答。如果置于后面，即使这些问题被拒绝，其他非敏感性问题也已作出回答，可以保留部分资料。

开放性问题一般需要较长时间来作答,一般受调查者不愿意花太多时间来完成一份问卷,一开始就遇上开放性问题,受调查者会觉得答卷需要很长时间,而拒绝接受调查。

二、先易后难

将容易回答的题目放在前面,难以回答的题目放在后面,问卷的前几道题目容易作答能够提高回答者的积极性,有利于他们完成问卷,这是一种预热效应。如果一开始就让他们感到费力,他们容易对问卷失去兴趣。

容易的题目一般是公开事实或状况的描述,而不是谈看法、意见等需要动脑考虑的问题,是关于一般性、普通性的问题,而不是关于特殊性、专门化的问题。

一份问卷中可能包含好几个与时间有关问题,有的问题是关于近期的事情,如昨天、过去一周内的情况,有的问题则关于一个月或几个月前的事情。近期的问题易于回想起来,便于作答,远期的事情,记忆容易受到干扰,不容易回想起来。根据先易后难原则,对于这种有时间顺序的问题,一般可先从最近的事情问起,而后逐渐询问较远期的事情。例如可先问"您现在使用什么品牌的牙膏?"然后续问"使用这种牙膏之前您使用的是什么牙膏?"如此依次询问,受调查者就容易回答。不过,有些问题如果从远期问起便于作答,那么也可以按时间的自然顺序进行。

三、按类别次序排列题目

一份问卷通常包含好几类问题,如受调查者的基本情况,年龄,性别、收入、教育水平等;媒体接触情形,电视、广播、报纸、杂志的接触频度、接触时间等;购买行为习惯,购买频率、时间、地点、方式等;品牌态度,对产品的各种基本属性的评价等;广告传播效果,广告内容、品牌名称的认知程度以及广告前后的态度转变等。对于各种题目,最好依据所属类别加以集中排列,有利于回答者集中思考作答,避免扰乱他们的思维。

四、避免让回答者回答他们无法回答的问题

问卷设计中最重要的问题之一就是使所有问题均有针对性。但是一份问卷通常不能保证每一个问题都适合所有的受调查者。有些问题可能与一部分受调查者有关,而与其他受调查者无关,让受调查者回答无关问题显然是不合适的。这会让受调查者认为问卷设计者很愚蠢,因而拒绝继续完成问卷;也可能造成受调查者随意作答,影响该问题的统计结果。

为了解决这种问题,在问卷题目编排时可以采取跳答的形式。跳答的普遍形式是,在每个答案旁边写上说明,一旦该答案被选择,下一个要回答的问题在哪里。例如

例 15. 您是否买过壳牌润滑油?

1. 以前买过(继续 21A 题)
2. 正在使用(继续 21 题)
3. 从没买过(继续 21A 题)

此外,还可采用跳到箭头所示方向问题的形式,例如:

例 16. 壳牌润滑油与您熟悉的其他牌子相比如何?

1. 更差(继续 23 题)

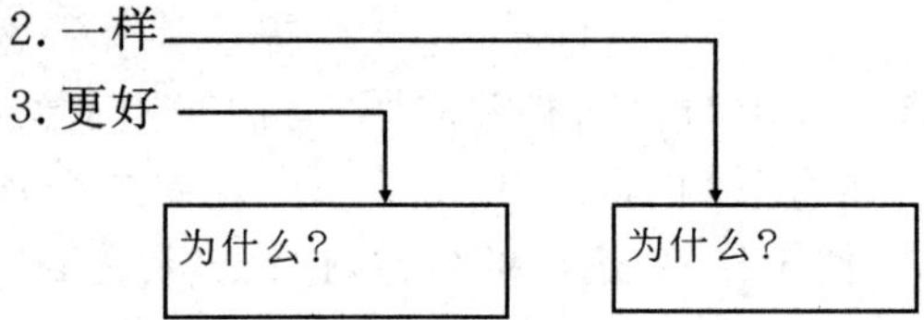

五、在适当的地方插入一些激励受调查者继续回答的话语

受调查者在接受访问的过程中,随着问题的深入,可能会出现厌烦的情绪,甚至拒绝继续接受访问。因此在问卷的适当地方,可以添加一些激励受调查者的话,如"下面的几个问题比较简单"、"再有 5 个问题就结束了"等。

问卷的整体编排通常可分五个部分。第一部分是几个过滤题(或叫做筛选题),这些问题是用以判别受调查者资格的。第二部分是少数几个简单的题目,也叫做预热题,让受调查者觉得问题并不复杂而愿意配合;第三部分是过渡题目,即受调查者稍思考即可作答的题目,这部分题目大约占 1/3;第四部分是困难和复杂题,即需要受调查者仔细考虑的问题,如评价性的问题、开放题等,这部分大约占一半至 2/3;最后一部分是关于个人基本情况的题目,如年龄、性别、学历等。在每一部分开始之前,均可以插入相应的话语,以转移回答者的思想和激励他们作答。

第五节 问卷的结构和形式

市场调查问卷一般包括三个部分:卷首语(开场白)、问卷记录和题目(参见附录一)。

一、卷首语

卷首语也叫开场白，是问卷的第一部分，其内容一般包括下列几个方面：

①称呼、问候。如：××先生、女士（或××同学，××同志）：您好！具体到某项调查用什么称呼，则根据受调查对象来确定；

②访问员介绍。如："我是上海大正市场研究有限公司的访问员"等。

③简单地描述调查研究的目的。如："我们想了解一下您对口香糖口味等有关问题的看法。"

④说明作答的意义或重要性。如："您的回答十分重要，将有助于我们改良产品，为您提供更优质的产品"。

⑤说明作答对受调查者无负面作用。许多受调查对象对于问卷调查顾虑重重，生怕答错了会给自己带来麻烦，所以卷首语要说明答案无所谓对或错，或结果保密等问题。

⑥说明调查所需时间。如："耽搁您 15 分钟时间……"。

⑦说明作答方式。比如要求受调查者多选或单选，打勾还是画圈等。

⑧说明接受访问后的答谢。说明如何、什么时候、给他们什么礼品或是礼金。

⑨致谢。如："谢谢您的支持和合作"。

⑩署名和日期。如："某某市场研究公司"，"1998 年 8 月"。

上述所列的各个方面是一般问卷可能包含但不一定要全部包含的卷首语内容。在实际问卷设计中，应根据资料采集方式以及实际情形来确定具体内容，卷首语置于问卷之中，还是仅用于规范访问员的自我介绍也可在设计时一并考虑，下面我们用两个例子来说明。此外读者还可以参考附录五。

电话访问的卷首语：

> 喂……我是上海大正市场研究公司的调查员，我们正在进行一项关于某某产品的市场调查，这个号码 67981978 是您家的吗？（如果不是，就说"对不起，我们打错电话啦"，如果是继续以下介绍）您家的号码是我们从电话簿上随机抽出的，我们很乐意知道您对某某产品的意见，以便我们改进产品。访问只需要 5 分钟，现在开始，好吗？

入户访问的卷首语：

> ________先生、女士或小姐：
>
> 我是上海大正市场研究公司的访问员刘某某，我们正在进行一项关于某某产品的调查，我们很乐意知道您对某某产品的意见，以便我们改进

产品，请您根据您的实际感受回答。访问只需 15 分钟，访问完我们将送给您一个小小的礼物作为纪念。现在开始访问行吗？

二、问卷记录

问卷记录一般包括以下几个方面：

①访问员姓名、编号

②审核员姓名

③编码员姓名

④受调查者的姓名、地址、电话号码等

⑤访问时间

⑥问卷编号

⑦其他

访问记录一般置于题目之前，也可以置于题目之后。

问卷记录主要用于检查问卷完成质量，了解数据质量事件发生的责任人，以便于追究责任者和采取相应的补救措施。其中记录访问员、审核员和编码员有利于增强他们的责任感，出问题时也便于追究责任；记录受调查者姓名地址、电话号码以及访问时间便于进行复访检查，记录同时可以减少访问员作假的可能性；编号记录可以避免问卷出现混乱。

三、题目

题目是问卷的主体。题目除了在内容上要切合研究目的和受调查者之外，还要注意题目的编排形式，便于访问员或受调查者作答、记录，减少记录错误。

分类别的题目在答案填答方式及编排时，要特别注意避免受调查者或访问员发生记录错误。下面我们举三个例子来说明

例 17. 您现在吃的虾条是从哪里来的？

a——自己买的　　b——家人给的

c——别人送的　　d——记不清

例 18. 您现在吃的虾条是从哪里来的？

自己买的…………a □

家人送的…………b □

别人送的…………c □

记不清……………d □

例 19. 您现在吃的虾条是从哪里来的？

a. 自己买的　　　　　　b. 家人给的

c. 别人送的　　　　　　d. 记不清

在一般情况下，受调查者或访问员在记录答案时通常比较习惯于打"√"。打"√"比较方便，但经常会出现混淆。如有时受调查者会将"√"打在上下或前后两个答案之间，不便于判断选择的答案是哪个，这样会造成编码、录入的错误。所以例 17 常常要求受调查者打"○"，例 18 要求将"√"打在相应的"□"里，例 19 则要求将选择的答案填写在题目前的"□"里。

等级量表的题目可以分别采用下列形式：

例 20. 您觉得这种糖果：

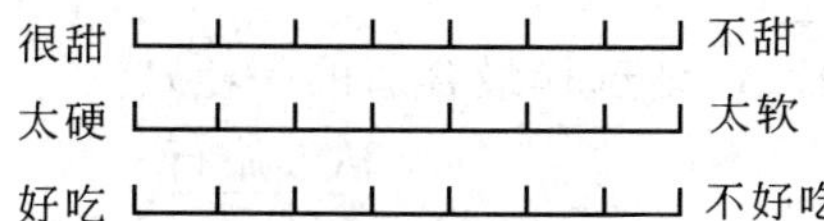

例 21. 您觉得这种糖果：

例 22. 您觉得这种糖果：

很甜 □ □ □ □ □ □ □ 不甜

太硬 □ □ □ □ □ □ □ 太软

好吃 □ □ □ □ □ □ □ 不好吃

开放题要注意留出足够回答记录的空间。

在问卷设计时还应注意的一个问题是，要考虑受调查者的作答时间，一般应控制在半小时到 40 分钟，最好不要超过 1 小时。

思考题：

1. 问卷设计包括哪些过程？
2. 封闭题目和开放题目有何异同点？
3. 预备性调查的意义何在？
4. 题目的措词应注意什么问题？
5. 题目编排有哪些要求？

案例一　美国航空公司旅客调查问卷

1. 这个航班号码是什么？________日期________
2. 您坐哪种舱？

   一等舱____1　商务舱____2　二等舱____3
3. 您对这一航班总体上的看法是

   很好———1　好________2　一般———3　不好____4
4. 您坐这班飞机的票价是否打折扣

   是————1　否________2
5. 这次旅行的主要原因是什么(请选择最合适的一项)？

商务旅行		私人旅行	
标准的商务旅行	____01	拜访朋友或亲戚	____06
会议、贸易展览等	____02	游览、观光	____07
公司训练或销售会	____03	个人急事	____08
军事任务	____04	迁居、上学或放假	____09
其他	____05	其他	____10

混合

伴随家人或朋友进行商务旅行	____11
半商务旅行半个人旅游	____12

6. 以前是否进行过商务旅行？

   是____1　否____2
7. 过去一年您进行过多少次旅行(来回算一次)

	旅行次数
私人旅行	______
商务旅行	______
一次都没有	______

8. 您认为往后一年的航空旅行会比过去一年多还是少？

	多 1	少 2	大致相同 3	不知道 4
私人旅行	____	____	________	______
商务旅行	____	____	________	______

为了帮助我们制定发展计划，我们想了解您对整个国家经济状况的印象。

9. 您认为现在的商业状况如何？

好________ 1　　复杂,有好也有差____ 2　　差____ 3

10. 您对下一年本国的商业状况的看法是:

好一些____ 1　　一样_____ 2　　差一些____ 3

11. 您觉得现在是不是人们购物(如家具)的好时机?

是________ 1　　不一定____ 2　　不是______ 3

12. 决定您对 11 题的反应的最重要因素是什么?

兴趣　　　____ 1　　对经济、政府或
价格　　　____ 2　　商业状况的感觉____ 5
购买的必要性____ 3　　其他　　　____ 6
个人的状况　____ 4

13a. 您认为今后一年的通货膨胀率:

增加____ 1　　保持一样____ 2　　降低____ 3

13b. 您认为今后一年的失业率会上升还是下降?

上升____ 1　　保持一样____ 2　　下降____ 3

14. 您认为今后半年的股票价格会上升还是下跌?

上升____ 1　　保持一样____ 2　　下跌____ 3

我们对您自己觉得这些日子过得怎么样也很感兴趣。

15a. 与一年前相比,您的收入

好一些____ 1　　一样____ 2　　差一些____ 3

15b. 今后一年,您期望您的收入会

好一些____ 1　　一样____ 2　　差一些____ 3

15c. 与一年前相比,您的储蓄

多了______ 1　　一样____ 2　　少了______ 3

16. 总体上说,根据您的状况,今天航班的飞行价格

便宜______ 1　　价格适当____ 2　　定价太高____ 3

17. 您的职业

经理　　　　____ 01　　艺人、机械师　　____ 07
专业人员　　____ 02　　服务生、操作员　____ 08
教师或教授　____ 03　　家庭妇女　　　　____ 09
销售代表(代理)　____ 04　　航空人员或旅游公司　____ 10
政府人员或军人　____ 05　　学生　　　　____ 11
秘书、办事员、　　　　　　退休人员　　____ 12
办公室人员,销售员　____ 06　　其他　　　　____ 13

18. 您的税前家庭年收入:(美元)

不到＄20 000 ____1　＄60 000～＄69 000 ____6
＄20 000～＄29 000 ____2　＄70 000～＄79 000 ____7
＄30 000～＄39 000 ____3　＄80 000～＄89 000 ____8
＄40 000～＄49 000 ____4　＄90 000～＄99 000 以上____9
＄50 000～＄59 000 ____5　＄1 000 000 以上 ____0

19. 您的最高学历：
高中未毕业 ____1　大学 ____4
高中 ____2　大学毕业____5
大学预科或贸易学校____3　研究生 ____6

20. 您的年龄：
18～21 岁____1　40～49 岁____4　65～69 岁____7
22～29 岁____2　50～59 岁____5　70 或以上____8
30～39 岁____3　60～64 岁____6

21. 您的性别：男____1　女____2

22. 您的婚姻状况：单身____1　已婚____2　寡居(离异)____3

23. 如果您居住在美国，您的邮政编码是多少？
____
邮政编码

谢谢您的合作。

案例二　速冻食品调查问卷

A. 筛选

A1. 记录受调查者所居住的区名__________

A2. 记录受调查者的性别
女性　1
男性　2

A3. 请问您的年龄？
23 岁以下　1(停止)
24～30 岁　2(继续)
31～35 岁　3(继续)
36～40 岁　4(继续)
41～49 岁　5(继续)

50 岁以上　　6(停止)

A4. 请问您家庭每月总收入?

799 元以下　　1(停止)

800～1 000 元　　2(继续)

1 001～1 250 元　　3(继续)

1 251～1 500 元　　4(继续)

1 501～2 001 元　　5(继续)

2 001 元以上　　6(继续)

A5. 在过去 6 个月中,您是否买过或吃过速冻食品?

是　　1(继续)

否　　2(停止)

访问员请注意:同时也要统计回答“否”的人数

B. 食品

B1. 通常你们家的食品有多少是由您去采购的?

一点也不买　　1(跳问 B3a)

不到一半　　2

差不多一半　　3

大部分的　　4

所有的　　5

B2. 您每星期购买几次食品?

每星期一次　　1

每星期 2～3 次　　2

每星期 4～5 次　　3

6 次或每天买　　4

B3a. 您们家平常每月在食品方面大约花费多少钱?

人民币____________________

B3b. 与去年的这个时候相比,您认为您们家在食品方面的花费是增加了、差不多还是减少了?

增加了　　1　　增加多少? 人民币________

差不多　　2

减少了　　3　　减少多少? 人民币________

出示卡片 B1

B4. 下列哪一个情况最能反映您购买食品的习惯:

我会积极地寻找有关食品的营养价值和价格的信息　1

我有时会根据新的信息买一些新产品,但多数买常买的食品　2

我很少花时间来考虑买什么食品,我总是买以前买过的食品　3

B5. 您个人食用以下食品的频率是多少?(让受调查者自己填写)

	从不吃	一年吃几次	月1～2次	一周1次	一周几次	一天1次	一天几次
新鲜水果	1	2	3	4	5	6	7
牛奶	1	2	3	4	5	6	7
冰淇淋	1	2	3	4	5	6	7
大米	1	2	3	4	5	6	7
面包	1	2	3	4	5	6	7
面条	1	2	3	4	5	6	7
咸的零食	1	2	3	4	5	6	7
甜的零食	1	2	3	4	5	6	7
速冻点心	1	2	3	4	5	6	7
啤酒	1	2	3	4	5	6	7
汽水	1	2	3	4	5	6	7
果汁或瓶装水	1	2	3	4	5	6	7
速冻蔬菜	1	2	3	4	5	6	7
新鲜蔬菜	1	2	3	4	5	6	7
罐头蔬菜	1	2	3	4	5	6	7
鸡/鸭	1	2	3	4	5	6	7
牛肉	1	2	3	4	5	6	7
猪肉	1	2	3	4	5	6	7
鱼	1	2	3	4	5	6	7
海鲜	1	2	3	4	5	6	7
速冻水饺	1	2	3	4	5	6	7
速冻汤圆	1	2	3	4	5	6	7
速冻包子/馒头	1	2	3	4	5	6	7
速冻菜肴	1	2	3	4	5	6	7
快餐店食品	1	2	3	4	5	6	7
点心店食品	1	2	3	4	5	6	7
餐馆/饭店食品	1	2	3	4	5	6	7

访问员注意:速冻菜肴是指成品或半成品的菜肴。

B6. 过去一年中,您们家购买以下东西的数量有什么变化?(让受调查者自己填写)

	减少很多	有些减少	差不多	有一些增加	增加很多
新鲜水果	1	2	3	4	5
牛奶	1	2	3	4	5
冰淇淋	1	2	3	4	5
大米	1	2	3	4	5
面包	1	2	3	4	5
面条	1	2	3	4	5
咸的零食	1	2	3	4	5
甜的零食	1	2	3	4	5
速冻点心	1	2	3	4	5
啤酒	1	2	3	4	5
汽水	1	2	3	4	5
果汁或瓶装水	1	2	3	4	5
速冻蔬菜	1	2	3	4	5
新鲜蔬菜	1	2	3	4	5
罐头蔬菜	1	2	3	4	5
鸡/鸭	1	2	3	4	5
牛肉	1	2	3	4	5
猪肉	1	2	3	4	5
鱼	1	2	3	4	5
海鲜	1	2	3	4	5
速冻水饺	1	2	3	4	5
速冻汤圆	1	2	3	4	5
速冻包子/馒头	1	2	3	4	5
速冻菜肴	1	2	3	4	5
快餐店食品	1	2	3	4	5
点心店食品	1	2	3	4	5
餐馆/饭店食品	1	2	3	4	5

B7. 速冻点心和冷藏点心,您最喜欢购买哪一种?

速冻点心　　1　　为什么＿＿＿＿＿＿＿＿

冷藏点心　　2　　为什么＿＿＿＿＿＿＿＿

访问员注意:冷藏点心是指保存温度为5～10度,保存期最长为7～10天的点心。

C. 速冻食品

C1. 当提到速冻食品,您会想到哪些特别的类别?

	C1. 不提示知道的	C2a. 过去12月中食用过	C2b. 其他考虑(2选)	C2c. 不考虑
水饺	1	1	1	1
包子	2	2	2	2
馒头	3	3	3	3
烧麦	4	4	4	4
春卷	5	5	5	5
汤圆	6	6	6	6
馄饨	7	7	7	7
花卷	8	8	8	8
速冻菜肴	9	9	9	9
小笼	10	10	10	10
速冻丸类	11	11	11	11
其他＿＿	12	12	12	12
＿＿	13	13	13	13

出示卡片(1C2a～2c)

C2a. 这是一张速冻食品的名单,在过去12个月中您食用过哪些?

C2b. 不考虑您是否食用过这种类型,您自己对食用哪些最感兴趣?(最多选2个)

C2c. 哪些您不会考虑食用?

C3a. 您为什么要去购买速冻食品?

＿＿＿＿＿＿＿＿＿＿＿＿＿＿

C3b. 您对速冻食品有什么不满意的地方?

＿＿＿＿＿＿＿＿＿＿＿＿＿＿

C3c. 是否有哪个种类或牌子您特别不满意?

有　　1　　是什么种类或牌子?＿＿＿＿＿＿＿＿

为什么？____________________

没有　2　　（继续）

C4. 以 1～5 分的范围，1 分表示最不关心，5 分表示最关心，您对以下方面的关心程度打几分？

品牌/制造商的声誉	5	4	3	2	1
可供多少人吃	5	4	3	2	1
重量或容量	5	4	3	2	1
价格	5	4	3	2	1
营养价值	5	4	3	2	1
类型	5	4	3	2	1
生产日期/过期日期	5	4	3	2	1
口味	5	4	3	2	1

出示卡片 C2

C5a. 在以下各餐中，您自己每月会吃几次任何类型的速冻食品？

	1～2 次	3～4 次	5～6 次	7～8 次	9～10 次	10 次以上	不吃
早餐	1	2	3	4	5	6	7
午餐	1	2	3	4	5	6	7
晚餐	1	2	3	4	5	6	7
作为点心	1	2	3	4	5	6	7
夜宵	1	2	3	4	5	6	7

出示卡片 C1

C5b. 您感到哪些类型的速冻食品在以下各餐中吃最好？

	早餐	午餐	晚餐	作为点心	夜宵
水饺	1	1	1	1	1
包子	2	2	2	2	2
馒头	3	3	3	3	3
烧麦	4	4	4	4	4
春卷	5	5	5	5	5
汤圆	6	6	6	6	6
馄饨	7	7	7	7	7
花卷	8	8	8	8	8

速冻菜肴	9	9	9	9	9
小笼	10	10	10	10	10
速冻丸类	11	11	11	11	11
其他______	12	12	12	12	12
______	13	13	13	13	13

C6a1. 在冬天，您最喜欢吃哪些类型的速冻食品？那么这些您最喜欢吃的类型在冬天您一般一个星期会吃几次？

（如果不是每周吃，要问吃的频率）

	冬天	1～2 次	3～4 次	5～6 次	7 次以上	不是每周都吃	那么吃几次
水饺	1	1	1	1	1	1	______
包子	2	2	2	2	2	2	______
馒头	3	3	3	3	3	3	______
烧麦	4	4	4	4	4	4	______
春卷	5	5	5	5	5	5	______
汤圆	6	6	6	6	6	6	______
馄饨	7	7	7	7	7	7	______
花卷	8	8	8	8	8	8	______
速冻菜肴	9	9	9	9	9	9	______
小笼	10	10	10	10	10	10	______
速冻丸类	11	11	11	11	11	11	______
其他____	12	12	12	12	12	12	______
____	13	13	13	13	13	13	______

C6a2. 在春天，您最喜欢吃哪些类型的速冻食品？那么这些您最喜欢吃的类型在春天您一般一个星期会吃几次？

（如果不是每周吃，要问吃的频率）

	春天	1～2 次	3～4 次	5～6 次	7 次以上	不是每周都吃	那么吃几次
水饺	1	1	1	1	1	1	______
包子	2	2	2	2	2	2	______
馒头	3	3	3	3	3	3	______
烧麦	4	4	4	4	4	4	______
春卷	5	5	5	5	5	5	______

汤圆	6	6	6	6	6	6	______
馄饨	7	7	7	7	7	7	______
花卷	8	8	8	8	8	8	______
速冻菜肴	9	9	9	9	9	9	______
小笼	10	10	10	10	10	10	______
速冻丸类	11	11	11	11	11	11	______
其他____	12	12	12	12	12	12	______
____	13	13	13	13	13	13	______

C6a3. 在夏天，您最喜欢吃哪些类型的速冻食品？那么这些您最喜欢吃的类型在夏天您一般一个星期会吃几次？

(如果不是每周吃，要问吃的频率)

	夏天	1～2 次	3～4 次	5～6 次	7 次以上	不是每周都吃	那么吃几次
水饺	1	1	1	1	1	1	______
包子	2	2	2	2	2	2	______
馒头	3	3	3	3	3	3	______
烧麦	4	4	4	4	4	4	______
春卷	5	5	5	5	5	5	______
汤圆	6	6	6	6	6	6	______
馄饨	7	7	7	7	7	7	______
花卷	8	8	8	8	8	8	______
速冻菜肴	9	9	9	9	9	9	______
小笼	10	10	10	10	10	10	______
速冻丸类	11	11	11	11	11	11	______
其他____	12	12	12	12	12	12	______
____	13	13	13	13	13	13	______

C6a4. 在秋天，您最喜欢吃哪些类型的速冻食品？那么这些您最喜欢吃的类型在秋天您一般一个星期会吃几次？

(如果不是每周吃，要问吃的频率)

	秋天	1～2 次	3～4 次	5～6 次	7 次以上	不是每周都吃	那么吃几次
水饺	1	1	1	1	1	1	______
包子	2	2	2	2	2	2	______

馒头	3	3	3	3	3	3	____
烧麦	4	4	4	4	4	4	____
春卷	5	5	5	5	5	5	____
汤圆	6	6	6	6	6	6	____
馄饨	7	7	7	7	7	7	____
花卷	8	8	8	8	8	8	____
速冻菜肴	9	9	9	9	9	9	____
小笼	10	10	10	10	10	10	____
速冻丸类	11	11	11	11	11	11	____
其他____	12	12	12	12	12	12	____
____	13	13	13	13	13	13	____

C6b. 在一年中是否有哪些月份您吃速冻食品比较多？

是　　1(继续)

否　　2(跳问 C7)

C6c. 您觉得哪几个月份食用或购买速冻食品最多？(在月份上打圈)

1　2　3　4　5　6　7　8　9　10　11　12

C6d. 为什么在这些月份中您食用或购买得较多？

____

出示卡片 C3

C7a. 如果 1 表示最重要的方面，2 表示第二重要的，3 表示第三重要的，以下方面在影响您购买某种速冻食品的重要性上哪个第一，哪个第二，哪个第三？

广告　　________

促销活动　　________

个人爱好　　________

家庭爱好　　________

是知名的品牌　　________

产品的外观/在零售点的展示　　________

出示卡片 C4

C7b. 以同样的方法，在选择一种速冻食品而不是其他速冻食品时，以下方面哪个是第一重要，哪个第二重要，哪个第三重要？(同 C7a 一样的方法)

认准一种类型　　________

以前吃过好吃的　　________

口味　________

产地　________

价格　________

包装上看上去清楚/吸引人　________

规格/重量　________

C8. 您一般在哪里购买速冻食品？

食品店/杂货店	1
超市	2
日夜商店/便利店	3
夫妻老婆店/个体户店	4
百货店	5
集贸市场	6
其他	7

C9. 您一般隔多久会购买速冻食品？

一星期几次	1
一星期一次	2
一个月几次	3
一个月一次	4
一年几次	5
从来不买	6

C10. 每次您一般购买几包速冻食品？（在数字上打圈）

1　2　3　4　5　6　7　8　9　10

D. 水饺

出示卡片 D1

D1a. 在以下各种口味的速冻水饺中，您自己最喜欢吃哪些？（最多选择 3 个）

D1b. 在以下各种口味的速冻水饺中，您们家里最喜欢吃哪些？（最多选择 3 个）

	D1a. 自己吃	D1b. 家人吃
芹菜加肉	1	1
雪菜加肉	2	2
高丽菜/白菜加肉	3	3

全肉	4	4
韭菜加肉	5	5
海鲜	6	6
牛肉馅	7	7
咖哩口味的	8	8
其他,请说明	9	9

D2. 您知道哪些牌子的速冻水饺?

1 ________ 2 ________ 3 ________

4 ________ 5 ________ 6 ________

D3a. 在过去一年中您自己是否吃过速冻水饺?

是 1(继续)

否 2(跳问 D9x)

D3b. 您吃速冻水饺的频率是多少?

一星期几次 1

一星期一次 2

一个月几次 3

一个月一次 4

一年几次 5

D3c. 您一般会在什么环境、情况或条件下吃速冻水饺?

____

访问员注意:问题 D4a～D4g 只针对受调查者上一次食用的一种水饺提问。

D4a. 您上次吃的速冻水饺是什么口味的? ________

D4b. 这个口味是否是您最常吃的?

是 1

否 2 您最常吃哪个口味? ________

D4c. 是什么牌子的? ________

D4d. 这个牌子是否也是您最常吃的?

是 1

否 2 您最常吃哪个牌子? ________

D4e. 您是把它作为早餐、午餐、晚餐、点心还是夜宵?

早餐 1

午餐　　　2
晚餐　　　3
点心　　　4
夜宵　　　5

D4f. 这种速冻水饺是您自己买的，还是别人买的？

自己　　　1
别人　　　2 是谁买的？ ____________

D4g. 吃这种速冻水饺的时候是一个人吃的，还是全家吃的？

一个人吃　1
全家吃　　2

D5a. 您一般是自己烹调速冻水饺吃，还是别人烹调？

自己　　　1（继续）
别人　　　2 一般由谁烹调？ ____________（跳问 D6）

D5b. 人们有各种烹调速冻水饺的方法，请您描述一下您一般是如何烹调速冻水饺的？

（详细记录做法）

____

出示卡片 D2（D6a—D6b）

D6a. 请您描述一下您认为理想的速冻水饺吃起来应该是什么口味/馅的（单选）

芹菜加肉　　　　　　1
雪菜加肉　　　　　　2
高丽菜/白菜加肉　　 3
全肉　　　　　　　　4
韭菜加肉　　　　　　5
海鲜　　　　　　　　6
牛肉馅　　　　　　　7
咖哩口味的　　　　　8
其他，请说明　　　　9

D6b. 在包装上，您是注重重量还是包装粒数？

重量　　　1　　最好是多少？ __________
粒数　　　2　　最好是多少？ __________

D6c. 目前市场上是否有哪些牌子的速冻水饺最符合您说的理想口味和包装？

有　　　1　　是哪些？__________ __________

没有　　2

D7. 如果有一个 500 克 35 个装的菜肉水饺，而且是由一家著名公司出品的，您认为花 9 元买这个产品是太贵、合理，还是便宜？如果是 8.5 元呢？如果是 8 元呢？如果是 7.5 元呢？如果是 7 元呢？如果是 6.5 元呢？

	太贵	合理	便宜
人民币 9 元	1	2	3
人民币 8.5 元	1	2	3
人民币 8 元	1	2	3
人民币 7.5 元	1	2	3
人民币 7 元	1	2	3
人民币 6.5 元	1	2	3

D8a. 想一想所有速冻水饺的牌子，哪个牌子给您的总体印象最好？

____

D8b. 为什么这个牌子给您的总体印象最好？

____

跳问 E. 发面类

D9x. 在过去一年中您没有吃过速冻水饺，您能告诉我为什么吗？

喜欢其他的速冻产品	1
喜欢家里做的水饺	2
喜欢在街上买了吃	3
不喜欢速冻水饺的口味	4
不是很新鲜	5
太贵	6
不容易买到/很难买到	7
其他__________	8

D9y. 您认为不久您会开始吃速冻水饺吗？

是　　1　　为什么？______________

否　　2　　为什么？______________

E. 发面类

出示卡片 E1

E1a. 在以下各种口味的速冻发面类产品中,您自己最喜欢吃哪些?(最多选择 3 个)

E1b. 在以下各种口味的速冻发面类产品中,您们家里最喜欢吃哪些?(最多选择 3 个)

	D1a. 自己吃	D1b. 家人吃
菜包子	1	1
肉包子	2	2
菜肉包子	3	3
刀切馒头	4	4
豆沙包	5	5
芝麻包	6	6
奶黄包	7	7
花卷	8	8
煎包	9	9
叉烧包	10	10
其他,请说明________	11	11

E2. 您知道哪些牌子的速冻发面类产品?

1 ________ 2 ________ 3 ________

4 ________ 5 ________ 6 ________

E3a. 在过去一年中您自己是否吃过速冻发面类产品?

是 1(继续)

否 2(跳问 E9x)

E3b. 您吃速冻发面类产品的频率是多少?

一星期几次	1
一星期一次	2
一个月几次	3
一个月一次	4
一年几次	5

E3c. 您一般会在什么环境、情况或条件下吃速冻发面类产品?

____

访问员注意:问题 E4a～E4g 只针对受调查者上一次食用的一种发面类

产品提问。

E4a. 您上次吃的速冻发面类产品是什么品种的？ ________

E4b. 这个品种是否是您最常吃的？

是 1

否 2 您最常吃哪个品种？ ________

E4c. 是什么牌子的？ ________

E4d. 这个牌子是否也是您最常吃的？

是 1

否 2 您最常吃哪个牌子？ ________

E4e. 您是把它作为早餐、午餐、晚餐、点心还是夜宵？

早餐 1

午餐 2

晚餐 3

点心 4

夜宵 5

E4f. 这种速冻发面类产品是您自己买的，还是别人买的？

自己 1

别人 2 是谁买的？ ________

E4g. 吃这种速冻发面类产品的时候是一个人吃的，还是全家吃的？

一个人吃 1

全家吃 2

E5a. 您一般是自己烹调速冻发面类产品，还是别人烹调？

自己 1(继续)

别人 2 一般由谁烹调？ ________(跳问 E6)

E5b. 人们有各种烹调速冻发面类产品的方法，请您描述一下您一般是如何烹调速冻发面类产品的？(详细记录做法)

____

出示卡片 E2

E6a. 请您描述一下您认为理想的速冻发面类产品应该是什么类型的？(单选)

菜包子 1

肉包子 2

菜肉包子 3

刀切馒头 4

豆沙包　　　5
芝麻包　　　6
奶黄包　　　7
花卷　　　8
煎包　　　9
叉烧包　　　10
其他,请说明＿＿＿＿＿　　　11

E6b. 在包装上,您是注重重量还是包装粒数?

重量　　1　　最好是多少?＿＿＿＿＿
粒数　　2　　最好是多少?＿＿＿＿＿

E6c. 目前市场上是否有哪些牌子的速冻发面类产品最符合您说的理想口味和包装?

有　　1　　是哪些?＿＿＿＿＿　＿＿＿＿＿
没有　　2

E7a. 如果有一个 180 克 6 个装的肉包子,而且是由一家著名公司出品的,您认为花 6 元买这个产品是太贵、合理,还是便宜? 如果是 5.5 元呢? 如果是 5 元呢? 如果是 4.5 元呢? 如果是 4 元呢? 如果是 3.5 元呢?

	太贵	合理	便宜
人民币 6 元	1	2	3
人民币 5.5 元	1	2	3
人民币 5 元	1	2	3
人民币 4.5 元	1	2	3
人民币 4 元	1	2	3
人民币 3.5 元	1	2	3

E7b. 如果有一个 400 克 16 个装的馒头,而且是由一家著名公司出品的,您认为花 7 元买这个产品是太贵、合理,还是便宜? 如果是 6.5 元呢? 如果是 6 元呢? 如果是 5.5 元呢? 如果是 5 元呢? 如果是 4.5 元呢?

	太贵	合理	便宜
人民币 7 元	1	2	3
人民币 6.5 元	1	2	3

人民币 6 元	1	2	3
人民币 5.5 元	1	2	3
人民币 5 元	1	2	3
人民币 4.5 元	1	2	3

E8a. 想一想所有速冻发面类产品的牌子，哪个牌子给您的总体印象最好？

____

E8b. 为什么这个牌子给您的总体印象最好？

____

跳问 F. 汤圆

E9x. 在过去一年中您没有吃过速冻发面类产品，您能告诉我为什么吗？

喜欢其他的速冻产品	1
喜欢家里做的发面类产品	2
喜欢在街上买了吃	3
不喜欢速冻发面类产品的口味	4
不是很新鲜	5
太贵	6
不容易买到/很难买到	7
其他	8

E9y. 您认为不久您会开始吃速冻发面类产品吗？

是　　1　　为什么？________________

否　　2　　为什么？________________

F. 汤圆

出示卡片 F1

F1a. 在以下各种口味的汤圆中，您自己最喜欢吃哪些？（最多选择 3 个）

F1b. 在以下各种口味的汤圆中，您们家里最喜欢吃哪些？（最多选择 3 个）

	F1a. 自己吃	F1b. 家人吃
枣泥汤圆	1	1
鲜肉汤圆	2	2

菜肉汤圆	3	3
芝麻汤圆	4	4
豆沙汤圆	5	5
花生汤圆	6	6
小汤圆(没有馅的)	7	7
其他,请说明________	8	8

F2. 您知道哪些牌子的速冻汤圆?

1 __________　2 __________　3 __________

4 __________　5 __________　6 __________

F3a. 在过去一年中您自己是否吃过速冻汤圆?

是　　1(继续)

否　　2(跳问 F9x)

F3b. 您吃速冻汤圆的频率是多少?

一星期几次　　1

一星期一次　　2

一个月几次　　3

一个月一次　　4

一年几次　　5

F3c. 您一般会在什么环境、情况或条件下吃速冻汤圆?

____

访问员注意:问题 F4a～F4g 只针对受调查者上一次食用的一种汤圆提问。

F4a. 您上次吃的速冻汤圆是什么口味的? __________

F4b. 这个口味是否是您最常吃的?

是　　1

否　　2　您最常吃哪个口味? __________

F4c. 是什么牌子的? __________

F4d. 这个牌子是否也是您最常吃的?

是　　1

否　　2　您最常吃哪个牌子? __________

F4e. 您是把它作为早餐、午餐、晚餐、点心还是夜宵?

早餐　　1

午餐 2
晚餐 3
点心 4
夜宵 5

F4f. 这种速冻汤圆产品是您自己买的,还是别人买的?

自己 1
别人 2 是谁买的? ______

F4g. 吃这种速冻汤圆的时候是一个人吃的,还是全家吃的?

一个人吃 1
全家吃 2

F5a. 您一般是自己烹调速冻汤圆,还是别人烹调?

自己 1 (继续)
别人 2 一般由谁烹调? ______(跳问 F6)

F5b. 人们有各种烹调速冻汤圆的方法,请您描述一下您一般是如何烹调速冻汤圆的?(详细记录做法)

____

出示卡片 F2

F6a. 请您描述一下您认为理想的速冻汤圆应该是什么口味/馅的?(单选)

枣泥汤圆 1
鲜肉汤圆 2
菜肉汤圆 3
芝麻汤圆 4
豆沙汤圆 5
花生汤圆 6
小汤圆(没有馅的) 7
其他,请说明______ 8

F6b. 在包装上,您是注重重量还是包装粒数?

重量 1 最好是多少? ______
粒数 2 最好是多少? ______

F6c. 目前市场上是否有哪些牌子的速冻汤圆最符合您说的理想口味和包装?

有 1 是哪些? ______
没有 2

F7. 如果有一个200克10个装的芝麻汤圆，而且是由一家著名公司出品的，您认为花6元买这个产品是太贵、合理，还是便宜？如果是5.5元呢？如果是5元呢？如果是4.5元呢？如果是4元呢？如果是3.5元呢？

	太贵	合理	便宜
人民币6元	1	2	3
人民币5.5元	1	2	3
人民币5元	1	2	3
人民币4.5元	1	2	3
人民币4元	1	2	3
人民币3.5元	1	2	3

F8a. 想一想所有速冻汤圆的牌子，哪个牌子给您的总体印象最好？

____

F8b. 为什么这个牌子给您的总体印象最好？

____

跳问G. 点心

F9x. 在过去一年中您没有吃过速冻汤圆，您能告诉我为什么吗？

喜欢其他的速冻产品	1
喜欢家里做的汤圆	2
喜欢在街上买了吃	3
不喜欢速冻汤圆的口味	4
不是很新鲜	5
太贵	6
不容易买到/很难买到	7
其他________	8

F9y. 您认为不久您会开始吃速冻汤圆吗？

是　　1　　为什么？________

否　　2　　为什么？________

G. 点心

出示卡片G1

G1a. 在以下各种口味的点心中，您自己最喜欢吃哪些？（最多选择3个）

G1b. 在以下各种口味的点心中，您们家里最喜欢吃哪些？（最多选择3个）

	G1a. 自己吃	G1b. 家人吃
春卷	1	1
馄饨	2	2
小笼	3	3
烧麦	4	4
粽子	5	5
其他,请说明______	6	6

G2. 您知道哪些牌子的速冻点心?

1 __________　2 __________　3 __________

4 __________　5 __________　6 __________

G3a. 在过去一年中您自己是否吃过速冻点心?

是　　1(继续)

否　　2(跳问 G9x)

G3b. 您吃速冻点心的频率是多少?

一星期几次　　1

一星期一次　　2

一个月几次　　3

一个月一次　　4

一年几次　　5

G3c. 您一般会在什么环境、情况或条件下吃速冻点心?

____

访问员注意:问题 G4a~G4g 只针对受调查者上一次食用的一种点心提问。

G4a. 您上次吃的速冻点心是什么类型的? ________________

G4b. 这个类型是否是您最常吃的?

是　　1

否　　2　　您最常吃哪个类型? __________

G4c. 是什么牌子的? __________

G4d. 这个牌子是否也是您最常吃的?

是　　1

否　　2　　您最常吃哪个牌子? __________

G4e. 您是把它作为早餐、午餐、晚餐、点心还是夜宵?

早餐　　1

午餐　　2
晚餐　　3
点心　　4
夜宵　　5

G4f. 这种速冻点心产品是您自己买的，还是别人买的？

自己　　1
别人　　2　　是谁买的？ __________

G4g. 吃这种速冻点心的时候是一个人吃的，还是全家吃的？

一个人吃　　1
全家吃　　2

G5a. 您一般是自己烹调速冻点心，还是别人烹调？

自己　　1　　（继续）
别人　　2　　一般由谁烹调？ __________（跳问 G6）

G5b. 人们有各种烹调速冻点心的方法，请您描述一下您一般是如何烹调速冻点心的？（详细记录做法）

____

出示卡片 G1

G6a. 请您描述一下您认为理想的速冻点心应该是什么类型的？（单选）

春卷　　1
馄饨　　2
小笼　　3
烧麦　　4
粽子　　5
其他，请说明______　　6

G6b. 在包装上，您认为一袋速冻点心应该装几个？

8　　10　　12　　15　　18　　20　　24　　30

G6c.（对 G6b 的问题提问）那么对这种类型和包装容量的速冻点心您愿意付多少钱一袋？

人民币__________

G7. 目前市场上是否有哪些牌子的速冻点心最符合您说的理想产品？

有　　1　　是哪些？ __________
没有　　2

G8a. 想一想所有速冻点心的牌子，哪个牌子给您的总体印象最好？

____

G8b. 为什么这个牌子给您的总体印象最好？

____

跳问 H、广告

G9x. 在过去一年中您没有吃过速冻点心，您能告诉我为什么吗？

喜欢其他的速冻产品1

喜欢家里做的点心2

喜欢在街上买了吃3

不喜欢速冻点心的口味4

不是很新鲜5

太贵6

不容易买到/很难买到7

其他8

G9y. 您认为不久您会开始吃速冻点心吗？

是	1	为什么？	__________
否	2	为什么？	__________

H. 广告

H1a. 想一想所有速冻食品的牌子，您记得看过哪些牌子/公司的广告？

__________ __________ __________

H1b. 所有这些广告中，哪个广告最吸引您？

____

H1c. 为什么这个广告比其他速冻产品的广告更吸引你？

____

H2a. 在您去购买速冻食品时，您认为哪一个促销活动对您最有吸引力？(最多选 2 个)

打折	1
送小礼品	2
买 3 送 1	3
中奖活动	4
刮刮看卡活动	5
同样价格加 20％的货	6
其他__________	7

H2b. 为什么您最喜欢这个促销活动？

____

H3. 您知道有个生产速冻食品的企业叫龙凤吗？

是　　　　1(继续)

否　　　　2(跳问背景资料)

H4a. 在1～5分的范围内，1分表示印象一点也不好，5分表示印象非常好，您对龙凤的总体印象打多少分？

5　　4　　3　　2　　1

H4b. 您为什么这样打分？

____

H5a. 您知道龙凤生产什么产品？

H5b. 在1～5分的范围内，1分表示印象一点也不好，5分表示印象非常好，您对这些龙凤产品的总体印象各打多少分？

H5a. 知道的	H5b. 印象分				
________	5	4	3	2	1
________	5	4	3	2	1
________	5	4	3	2	1
________	5	4	3	2	1

H6a. 想一想龙凤的广告，他们的哪些产品最近正在做广告？

____

H6b. 在所有龙凤产品的广告中，哪个产品的广告最吸引您？

____

H6c. 为什么您认为这个产品的广告比其他的龙凤产品广告更吸引您？

____

H6d. 您觉得您会食用龙凤产品一样吸引你的产品吗？

是　　　　1　　为什么________

否　　　　2　　为什么________

背景资料

1. 您的最高学历是什么？

没有正式教育	1	技校/职校	4
小学	2	大中专	5
中学	3	大学及以上	6

2. 您在哪类公司任职？

国营	1	私营/个体	3	其他____	5
集体	2	三资	4		

3. 您是:(婚姻状况)

未婚	1	丧偶/离异/分居	3
已婚	2	拒绝回答	4

4. 目前家中有多少人与您同住? ______人

5a. 请问您个人的月收入是多少? 人民币______

5b. 请问您们家庭每月的总收入是多少? 人民币______

6a. 您上一周里有几天看电视? ____天

6b. 平均每天看几个小时? ______小时

6c. 昨晚您看哪个节目? 是哪个电视台的?

昨晚您看哪个节目是哪个台

____

____

____

7a. 您上一周里有几天听电台广播? ______天

7b. 平均每天听几个小时? ______小时

7c. 经常在什么时候听? 常听哪个电台? 还有呢?

常在什么时候听 常听哪个电台

____

____

____

8a. 您上一周里有几天看报纸? ______天

8b. 您经常看哪份报纸? __________

8c. 除了经常看这份报纸外,您还看其他报纸吗?

是　　1　　还经常看什么报纸__________　__________

否　　2

9a. 请问您经常看杂志吗?

是　　1　　还经常看什么杂志__________

否　　2

9b. 每个月会看几次这份杂志? __________次。

第八章　文献研究方法

广告调研会采用一定的手段、方法去获取资料，这些手段、方法就是所谓的资料采集方法。广告调研的资料采集方法有很多种(参见图 8-1)，不同的方法的特点、适用条件、所需费用和获得的资料不尽相同。调研时要注意辨别这些异同，选择使用最合适的方法，保证调查有效地获得所需的资料。

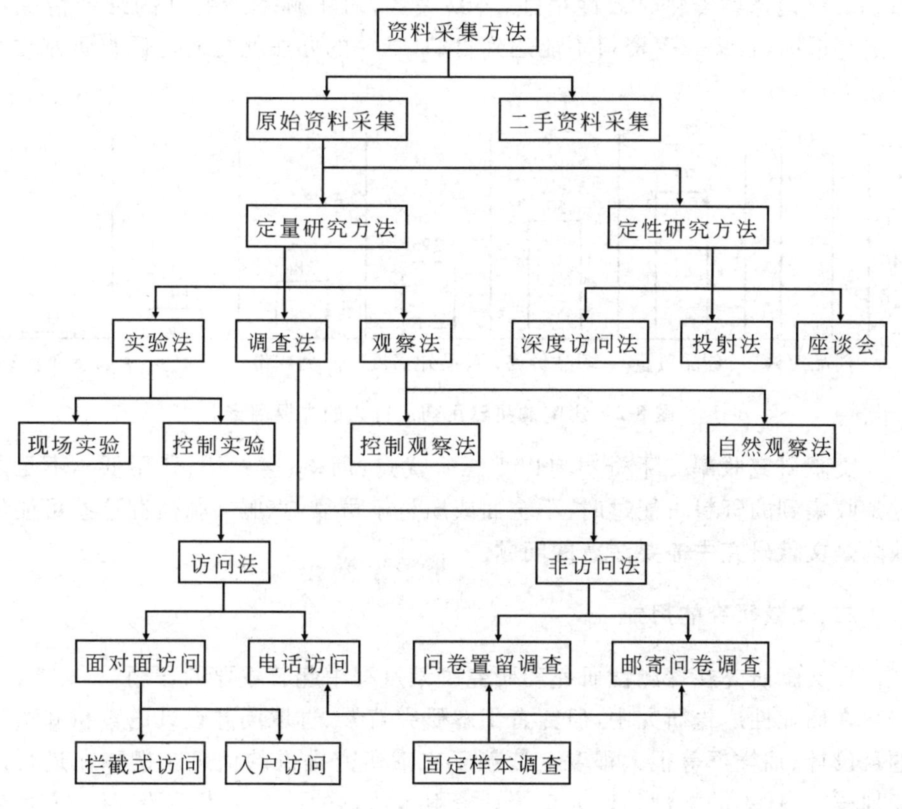

图 8-1　资料采集方法

图 8-1 罗列的资料采集方法我们不一一介绍。本章先介绍二手资料的采集方法，这种方法也叫做文献研究法，其他方法在随后四个章节中展开。

第一节　文献研究法的概念

一、什么叫做文献研究

文献研究法，是收集、整理和分析二手资料的方法。所谓二手资料，是已经被别人获得或已经以某种形式存在的资料，二手资料是针对原始资料而言的，原始资料是指研究者为了某种具体的目的而通过专门调查研究获得的资料。举个例子来说，如果我们想了解影响消费者购买日常药品行为的主要因素，我们可以通过收集二手资料来获得，因为有关资料已经存在，例如在3see.com网站就有广东现代国际市场研究公司2001年提供的调查资料（如图8-2）。但这种资料时效性很强，容易失效；对了解不断变动的最新情况不一定有帮助，收集二手资料不能达到目的，唯一的办法就是通过调查研究收集原始资料。

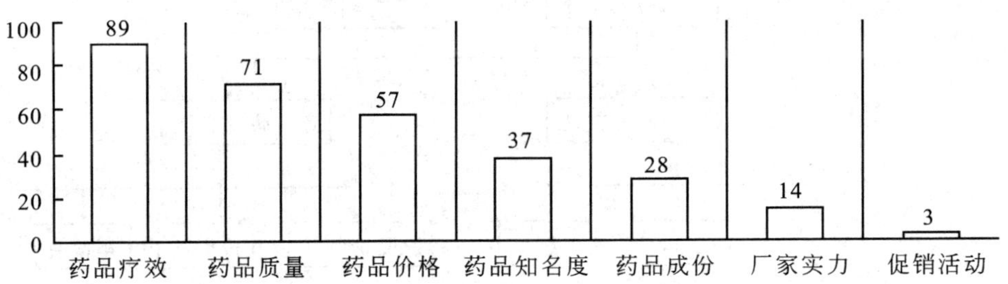

图8-2　影响购买日用药品行为的主要因素

文献研究收集二手资料有以下三个优点：简单、速度快、费用低。不足之处是收集到的资料可能过时、不全面或质量不可靠，克服文献研究这些可能的缺陷是文献研究中需要注意的问题。

二、文献研究的用处

1. 文献研究在探测性研究和研究决策过程中起着重要的作用

在商业性广告研究中，研究者了解研究背景、选取问卷设计的素材和决定题目设计、抽样框等很大程度上依赖于文献研究提供的信息。例如在进行配额抽样时，样本的配额是以人口统计资料为依据的。在学术性研究中，文献研究尤为重要。学术性研究中的研究背景介绍或文献综述，实质上就是文献研究的结果。

2. 文献研究获得的信息一定程度上可以洞察或解决研究的问题

例如企业根据多年的销售资料可以适当地预测企业未来的销售情况；广告主利用市场调查公司提供的广告监测资料可以清楚地了解各竞争对手的媒体广告投入量；广告代理商利用市场调查公司提供的有关资料（如市场占有率、品牌知名度等）来决定广告目标。

3. 文献研究可以为第一手资料的研究提供必要的研究工具

例如 Resnik & Stern（1977）提出广告信息内容的 14 条编码标准，Lin（1993）、纪华强等（1993）、Rice & Lu（1988）等都在自己的研究中直接采用该信息内容编码标准。在跨文化的比较研究中，利用一种文化中的研究方法来研究另一种文化中的同一现象也是常见的。又例如关于广告态度的测量，如果能够得到别人研究使用的量表，自己就无须再编制量表。

4. 文献研究可以警告研究者潜在的问题和困难

例如从有关调查研究的资料、书籍中可以得知，邮寄问卷调查的回收率是比较低的。了解了这些，研究者如果决定采用邮寄问卷调查进行研究就会提前考虑如何提高回收率。

5. 文献研究收集到的二手资料可以解释和补充研究结果

第一手资料有时无法完全说明问题。在大多数学术性研究报告中，作者都会引用有关的研究、理论来解释自己的结果。

6. 文献研究获得的二手资料可作为评价原始资料的标准

例如，可用人口普查资料或人口抽样调查资料的人口构成数据来判断广告研究样本结构的合理性。又比如在采用新方法研究老问题时，可以将结论与已有的采用传统方法的研究结论相比较以判断结论是否正确。

第二节　二手资料的收集

文献研究首先是收集二手资料，然后再分析收集到的文献资料。在收集二手资料的时候必须弄清楚以下三个问题，二手资料从哪里获得，即来源问题；收集哪些资料和放弃哪些资料，即标准问题；怎么收集，即方法问题。

一、二手资料的来源

二手资料主要以印刷出版物、音像出版物、电子出版物、网上在线资料等四种形式出现。在进行文献研究之前，首先要弄清楚这些二手资料经常来自什么地方，从哪里能够获得。由于广告研究经常跟广告主或企业有关，因此，这些资料的来源，不外乎就是企业内部和企业外部。

1. 企业内部来源

企业内部的二手资料包括:货物记录、销售结果记录、广告费用记录、财务收入记录、产品报告和计划、消费者反馈意见、销售人员报告、管理者报告、财务支出报告、决算、中间商报告和反馈、营销计划、广告计划、广告印刷、音像等各种存档资料等。

2.企业外部来源

企业外部的二手资料从内容上说包括:政府报告、普查资料(人口普查资料、工业普查资料)、各种经济协会的报告、报刊资料、学术论文摘要、年度报告、各种商业信息、购买力年度调查、标准化市场资料(如电视收视率报告、报纸阅读率、居民购物情况报告、广告监测报告)等。

就我国的情况而言,常见的二手资料有:

①中国人口普查资料:全国及各省的人口普查资料,包括全国各地区的人口、性别、年龄构成、婚姻状况、就业等统计信息。

②工业普查资料:介绍全国工业的规模大小、分布状况等。

③中国统计年鉴:每年出版一册,提供全国经济、人口、消费等方面的统计资料。

④各省市统计年鉴或经济年鉴:每年更新一次,提供经济、人口、消费等方面的统计资料。

⑤中国广告年鉴。

⑥主要报刊:《经济日报》、《经济参考》、《市场报》、《经济信息时报》、《中国工商时报》、《消费指南》等报刊。

⑦各专业市场研究机构或行业组织定期或非定期的各种统计报告,如收视率报告、阅读率报告、媒体的广告监测报告等。

⑧全国以及各省市的工商企业名录、电话簿、邮政编码簿等出版物。

⑨各种广告刊物,国内的包括《现代广告》、《中国广告》、《国际广告》、《广告大观》、《广告导报》等。国外的包括 *Advertising Age*、*Ad week*、*Journal of Advertising*、*International Journal of Advertising*、*Journal of Advertising Research*、*Journal of Marketing Research*、*Journal of Marketing*、*Communication Abstracts*、*Journal Consumer Research* 等。

⑩ 公开出版的各类广告图书、音像资料。

⑪公开出版电子光盘数据资料,如人大光盘资料,《PsycLIT》(心理学论文摘要)光盘资料等。

⑫网上提供的有偿或无偿的各种数据资料。

随着计算机互联网的发展,各种各样的二手资料逐渐以数据库的形式储存在电脑中,人们获得二手资料将越来越容易。以美国为例,在 1995 年,已有

10 000 个以上的数据库上网，几乎任何一方面的研究者都可以在其中获取相关的信息。

二、二手资料收集的标准

二手资料形式多样，从时间上来说，有久远的，有近期的；从来源上看，有个人提供的，有机构提供的；从质量上说，有真实可靠的，也有虚假的；从目的来说，有对研究有用的，也有对研究没有价值的。收集二手资料时，要确立一些标准或条件来判断资料的价值。这些标准主要是：

1. 原始资料提供者的信誉

信誉好的机构，资料采集过程比较客观、科学，数据资料一般也比较可靠。采用不知名的资料提供机构提供的资料，最好能具体了解该机构收集资料的方法、过程、目的，以判断所提供资料的可靠性。

2. 原始资料收集的目的

原始资料的提供者在收集资料时总是抱有目的，有以向客户提供资讯服务为目的的，他们采集资料不是为自己服务，而是为客户服务，如各种专业化的市场咨询研究公司。有的则是为了本身的利益采集资料，这种资料往往令人怀疑，如国内曾经有一些媒介单位自己调查视听率，其目的是将收集的资料提供给媒介的买主，诱使他们购买媒体的时间或版面，这种资料的可信度就比较低。

3. 原始资料的采集时间

原始资料的采集时间决定着资料的时效性。有些资料近期公开发表或出版的，但资料采集却在很早以前进行，这种资料可能已失去时效性，不再有价值。即使是近期采集的，也可能由于市场的迅速变化而失去其针对性。

4. 原始资料的研究方法

研究方法运用的恰当性是判断研究结果客观性、可信性的重要依据。在审查原始资料的价值时，要了解原始数据提供者对数据调查方法的详细描述，如问卷回收率、抽样方法、样本量、调查实施过程等。要分析每一个可能影响数据质量的细节，发现问题就要认真检查该问题对数据质量的影响。

特别值得注意的是许多研究往往都是在限制条件下进行的，其结论有局限性，如实验室的实验结果不一定适用于真实情景。对某一群体（如大学生）的调查结果不一定能推论到不同群体或更大的群体（青年群体）。收集二手资料时一定要注意结论产生的条件。

三、二手资料的收集方法

二手资料的收集整理因目的不同而不同。

1.以资料积累为目的

原始资料有的是周期性的，有的是非周期性。对于非周期性资料或一般印刷资料来说，首先要建立资料分类目录，如以产品类别，或以资料来源将原始资料进行分类，然后按目录收录这些资料以便检索。一般公司企事业单位的非周期性企业内外部资料都是采用这种方法处理。

对于周期性的资料来说，收集整理过程大致如下：

①明确资料收集整理的目的。资料收集整理后有何用，用于何处；出售给客户，还是自己使用，这些都要明确。例如有一定规模的广告公司通常都要收集当地主要报纸的广告，目的是为广告客户服务。

②提出建立数据库的基本要求。为了使用方便，一般要用电脑数据库来储存管理周期性资料。因此在明确目的之后，要根据收集整理的目的，提出建立数据库的基本要求。例如对报纸广告建立数据库资料，可能要求资料包含广告主、商品类别、品牌名称、发布日期、版面、版面位置、广告版面大小、广告标题、主要广告语、广告代理者、广告费等信息。

③开发数据库管理文件。根据目的和基本要求，由计算机软件开发公司开发数据库管理文件。

④收集数据资料。根据资料收集的目的，将相关的资料收集起来并进行适当的编码。以电视广告的监测为例来说，监测人员先要将各频道的电视广告录制下来，然后把有关情况编码登记在表 8-1 这样的记录表中。

⑤资料保存。由资料管理员定期按数据库要求录入资料。

2.以个别研究为目的

①明确目标问题。商业性的广告研究多数是为广告策划中的广告决策服务的，例如确定广告目标、广告竞争战略等。广告研究的目的可能就是了解竞争对手以及行业的情况——竞争对手的广告宣传主题、单一媒体广告费投入、产品销售的趋势、产业的发展趋势等。

学术性广告研究收集资料的目的是加深对某个研究领域的了解，或弄清楚某个研究领域的研究状况，如广告全球化、广告表现的文化差异、广告中的性别角色、性诉求的效果等。

②资料收集。明确目标问题之后就可以着手进行资料收集。收集的途径有很多，可以要求被服务客户提供详尽的资料；可以从电脑数据库中提取相关的资料；可以从公司印刷资料库中收集相关的资料；可以从政府公开出版的统

表 8-1　电视广告监测记录表

序号	类别	时间	长度	品牌/栏目	产品/内容	质量	版号	备注
1		: :						
2								
3								
4								
5								
6								
7								
8								
9								
10								
11								
12								
13								
14								
15								
16								
17								
18								
19								
20								

监测地点：________监测台套：________频道代号：________录像时段：(：：一　：：)

监测时间：19 ____年____月____日星期__录像带编码：(第__盘）　第__页　共__页

计年鉴中寻找相关资料；可以从学术刊物上寻找相关的资料；可以从政府的内部刊物上收集相关资料；可以在网上进行搜索。

学术研究中收集资料一般采用以下两种方法。一种方法是从近期出版的各种相关杂志寻找收集相关研究领域的文章，然后根据该文章的参考文献找出更早发表的文章，一直追溯到该领域最早的研究报告。另一种方法是从现有的研究文章的关键词搜索出有关文献的标题、作者、刊物名称、期号、摘要等，通过摘要阅读得到的信息查找全文。

第三节　二手资料的分析

许多二手资料不需要进一步的分析就可以直接作为相关论点的依据或佐证，有些二手资料是具有一定结构的数据资料，这类资料可以通过统计处理来揭示其中隐含的规律或意义。还有些资料是具有一定结构的非数据资料，这类资料难以直接引用，也不能直接进行统计分析，要揭示资料中隐含的规律或意义，必须通过复杂的分析过程。这一节，我们着重介绍分析这种资料的方法，即内容分析法。

一、什么是内容分析法

内容分析法最早是传播学的研究方法，后来广泛运用于社会和行为科学研究。内容分析法客观系统和定量地描述信息交流形式的明显内容，所谓的“信息交流形式”，不仅包括借助于书籍、报纸、杂志、电视、广播、互联网等大众媒体的信息交流形式，还包括口头或书面的人际交流形式等；所谓“明显的内容”是指信息交流中的物质形态，是指那些看得见、听得着的东西，如语言、图片等；所谓“客观的、系统的”，意味着内容分析有相应的规范。它要求研究者预先做好分析计划，制定分析规则，然后依照一定的步骤进行。所谓“定量的”，说明内容分析要将各种“明显的内容”转化为数据并统计分析这些数据。

二、内容分析的基本过程

内容分析的基本过程包括抽样、编码和信度分析。

1. 抽样

内容分析与调查一样，都面临着抽样问题。在广告以及传播研究中，内容分析的对象（如报纸广告、杂志广告、电视广告）的总体往往相当大，不可能全部分析，只能抽取其中的一部分代表总体进行分析。假设要了解我国电视广告中产品类别分布情况，首先要解决抽样的问题。因为每天的电视广告成千上万，研究者不可能分析一年 365 天里全国各电视频道中播出的所有电视广告。因此，研究者就要决定哪些日子、哪些时段、哪些频道发布的电视广告要收集。

在内容分析研究中，最常见的抽样方法是多阶抽样。例如上述例子，首先要考虑电视频道的性质、覆盖范围等因素，从大大小小的频道中抽取若干个频道（如中央一套等）；其次根据抽样的方便性等因素决定抽取一个或几个固定时段（如 19:00—22:00）；再次，根据拟抽取的样本量（如 1 000 则广告）和被抽取频道每天在确定的时段（如 19:00—22:00）播出的不重复的产品广告量（100 则），确定从一年中抽取多少天（如 10 天），然后结合考虑季节等因素，采用分层抽样方法确定抽取一年中的哪 10 天。这样剩下的问题就是在选定的日子、从选定的频道中将在选定的时段播出的所有电视广告录制下来进行分析。

2. 编码

编码是资料收集之后的一个必然步骤，关于一般调查研究之后的编码问题，我们会在第十二章中专门介绍，这里我们着重讨论内容分析时的编码问题。

内容分析中的编码，实际上就是依据一定的规则将样本资料转化为符号或数字的资料简化过程。在这过程中，研究者首先要确定编码的项目，界定每个项目的分析标准，然后让编码员依据项目分析标准逐一对样本进行编码。例如黄合水（2002）在其研究中，为了探讨强、弱品牌在品牌联想是否存在差异，先提供给被试一些词（包括品牌名字和产品类别），让被试在限定的时间内记录下由这些词所联想到的所有的词、思想、特征、符号或形象，然后让两个编码员依据表 8-2 的编码标准，对被试的记录材料进行分析。

表 8-2　联想结果编码项目及说明

项目	说明
(1)属性	产品的色彩、香型、状态、泡沫、材料等特点；
(2)利益	产品给顾客带来的好处，或相关的描述。如蛀牙、防蛀牙、抗过敏、增白等；
(3)价格	产品的价格信息，如昂贵或廉价等；
(4)产地	明确指出生产产品的国家或地区，或出现明显象征某地区和国家的符号或词；
(5)主观广告量	包含广告、广告内容以及指出广告的数量；
(6)主观流行度	指出产品的流行及其程度，如大众化产品、许多人使用；
(7)主观知名度	出现与品牌知名度有关的字眼，如名牌、知名度高等；
(8)使用者	使用产品的是什么样的人；
(9)包装	关于包装的描述和对包装的评价，如包装漂亮等；
(10)公司规模	指出所属公司以及公司的大小；
(11)名人	知名人士，包括产品推荐人和品牌缔造者；

续表

项目	说明
(12)品牌历史	品牌的年龄或市场导入的相对顺序,如历史悠久等。
(13)质量	关于产品的评价或品质说明;
(14)竞争品牌	说出竞争者的名字;
(15)产品类别	产品所属的小(或大)类别,即牙膏、彩电或电视机或家电;
(16)词义联想	品牌名字本身或其中的字所具有的约定俗成的含义。
(17)独特联想	与同类产品其他三个品牌不同的联想。
(18)共同联想	与产品类别共同的联想。

值得注意的是,在制定编码标准或规则时,每个项目的说明或操作定义一定要明显、清晰,避免混淆产生的归类错误。

3.信度分析

让编码员依据编码标准将样本资料进行归类,但一个编码员的归类不一定可靠,因此大多数内容分析研究都是让两个或两个以上的编码员依照同样的编码标准分别进行编码,然后分析不同编码员之间的一致性程度。一致性高,内容分析的信度就高;一致性低,内容分析的信度亦低。

内容分析的信度依据如下公式计算

$$信度=\frac{n\times(平均相互一致效)}{1+[(n-1)\times 平均相互一致率]}$$

n是指编码员的人数。平均相互一致率是指每两个编码员之间的相互一致率的均值,相互一致率则是指两个编码员作出相同归类项目的数目占所有归类项目数的比例,假设归类的项目有80个,其中两个编码员作出相同归类的项目有72个,这两个编码员的相互一致率为.90或90%。

假设有三个编码员A、B、C,他们对某一内容的一致率分别是:AB为85%、AC为92%、BC为87%,那么

$$信度=\frac{3\times(.85+.92+.87)/3}{[(3-1)\times(.85+.92+.87)/3]}=.9565。$$

理想的内容分析信度是100%或1.00,但这是不可能的。目前对内容分析的信度要求没有统一的标准,但许多研究都要求内容分析信度达到85%以上。

思考题：

1. 什么是文献研究法？
2. 文献研究有何用处？
3. 二手资料的来源有哪些？
4. 怎样判断二手资料的可靠性？
5. 什么叫做内容分析？其主要过程有哪些？
6. 如何对编码员的信度进行分析？

第九章　定性研究方法

本章主要介绍三种定性研究方法。定性研究方法是广告研究、市场研究中不可或缺的方法,它与定量研究方法相辅相成、相互补充。定性研究方法主要有深度访问法、座谈法和投射法。

第一节　深度访问法

深度访问法类似于记者采访,是一种无结构访问,指事先不拟定问卷、访问提纲或访问的标准程序,由访问员与受调查者就某些问题自由交谈,从交谈中获得信息的资料采集方法。在访问过程中,受调查者可以随便地表达自己的意见而不管访问员所需要的是什么。

采用深度访问法采集资料,一般要经历以下过程(如图 9-1):

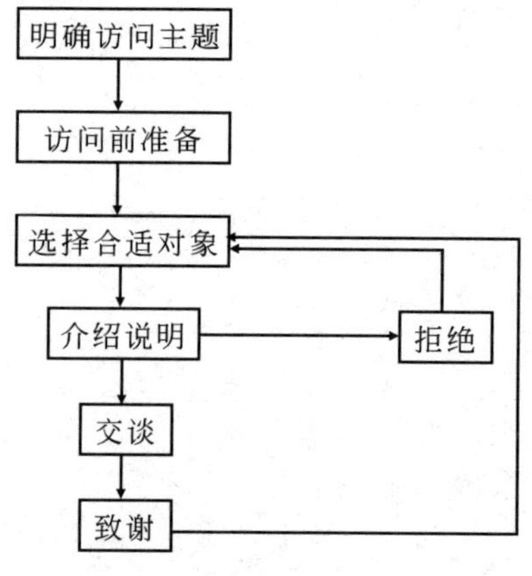

图 9-1　深度访问的程序

一、明确访问主题

与一般的问卷访问对访问员的要求有所不同,深度访问对访问员的要求比较高。一般的问卷访问只要求访问员按照规定的标准程序进行即可,而深度访问要求访问员在执行中自己把握如何进行访问、问什么问题。在一般访问中，能否获得信息在很大程度上决定于受调查者，而在深度访问中，能否获得所需信息主要取决于访问员。因此深度访问的访问员在访问之前必须了解应该围绕着什么样的问题来进行、访问的目的是什么，这样才能做到有的放矢，保证访问获得必要的信息。如果访问员不了解访问的主题，他就无法采集到有用的信息，甚至无法判断哪些信息是有用的，是否偏离研究目的。

二、访问前准备

明确了访问主题之后，接下来就是做好访问前的准备工作。深度访问前的准备工作包括两个方面：

1. 工具准备

最常用的工具是摄像机、录音机、纸笔、文具以及图片资料等。

摄像机可以捕捉到很多信息，但使用起来很不方便，需要另一个人的协助，而且费时、费力，有时还会吓着受调查者，以致受调查者拒绝接受访问。

录音机携带、使用很方便，但是多数受调查者都不愿意被录音。如果录音前征求受调查者同意，容易遭拒绝，破坏访问气氛。即使不拒绝，也会因为担心答案出问题而小心谨慎。如果不征求受调查者同意而录音，一旦被知道，容易引起误会，使访问工作受阻。

纸笔是最重要的工具。在许多情况下，录音机、摄像机都不能用，即使用上了，资料的分析也相当麻烦，所以用纸笔来记录是深度访问中必然发生的。访问员应尽可能详细记录，记录不及时在纸上留下一些回忆线索也是十分必要的。

有些深度访问需要向受调查者提供图片资料，然后要求他们发表意见。这类图片资料可能是问题的关键，所以访问前必须准备好。

2. 礼品、礼金

深度访问会花费受调查者的时间和精力，因此必须给受调查者适当报酬。报酬可以是礼品，也可以是礼金。访问员在出发前必须准备好，以便及时支付。

三、选择合适的访问对象

深度访问的受调查者必须与调研目的相关，换言之，受调查者在相关领域有比较丰富的经验。除此之外，受调查者还应该是比较健谈的人。例如，在关于参制品调查的预备性深度访问中，合适的受调查者应该是那些近期购买并经常服用该产品的消费者，这样的消费者有较多的参制品经验、体会和感受，能够充分发表他们的意见和见解，与他们交谈可以获得较丰富信息。访问员在选择受调查者时，一般根据自己的经验来判断。

四、介绍说明

介绍说明就是访问员自我介绍，以取得受调查者的信任；说明调查的目的，让受调查者了解他们提供的信息的意义和重要性，并帮助他们解除对访问的戒备。

自我介绍相当重要，能有效解除受调查者的防备心理，让受调查者配合访问工作。自我介绍是一种艺术，通常要注意以下问题：

①介绍时要不卑不亢，不要畏缩缩，以免让人怀疑。访问是对别人正常生活的一种侵扰，有些访问员在访问前会有“得罪人”或“内疚”的心理，在受调查者面前表现得不够自信。事实上多数访问受调查者在接受访问之后都可以得到相应的报酬，访问员完全不必感到亏欠。当然，也不能盛气凌人、高高在上，好像别人非得接受访问不可。

②说明自己的身份，避免受调查者因访问员身份不明而拒绝访问。一般人对陌生人的戒备心比较强，在不了解访问员的身份时是不会相信访问员并回答访问员问题的。在介绍自己是某某调查公司的访问员时，受调查者不一定熟悉这家公司，访问员可以略微介绍公司的情况，尽可能提起公司具有较大影响、受调查者易于了解的行为事件，这样就比较容易获得他们的信任。

③要忍受受调查者的无礼或偏见。访问过程中常会碰到一些怕麻烦或不友好的受调查者，他们有时会对访问员无礼，例如声称“我讨厌调查，你走开！”等。碰到这种情况，访问员一定要忍耐，不要因别人的偏见和无礼而影响情绪和态度，更不能跟受调查者发生争执。

如果成功地把自己介绍出去，得到受调查者的信任，紧接着就要详细地说明访问的目的和意图，解除他们的顾虑，促使他们在正式访问时知无不言、言无不尽。

介绍说明后仍然遭到受调查对象的拒绝，就重新选择受调查对象。

五、交谈

交谈是深度访问获取信息的关键步骤。它往往从活跃气氛开始，然后转入正题。

1. 活跃气氛

介绍说明是开始正式交谈的前提，介绍自己和说明访问的目的并不能确保访问达到目的。一般而言，成功的访问需要轻松、愉快、友好的气氛，这样受调查者才会感到舒适和无拘束，才能畅所欲言。所以访问员还必须努力营造这种气氛，这就是交谈前的预热。

预热的办法是在介绍说明的同时注意观察受调查者的行动，予以适当的礼貌和尊重，然后找个轻松的话题聊一聊，让气氛活跃起来。也可以从受调查者感兴趣的事物谈起。此时，访问员要注意自己的情绪和态度，因为要使别人愉快轻松，自己必须先愉快轻松起来。气氛活跃起来之后，再相机谈论正题。

2.谈论正题

谈论正题是由访问员提出问题，受调查者对问题发表意见、见解的过程，是一问一答不断进行的过程。访问员的问题通常是在受调查者前一个问题的答案的基础上提出的。例如访问员说出一句广告语之后问“您觉得这句广告语怎么样?”受调查者可能回答“不怎么样”，于是访问员就可以接着问“您为什么觉得它不好?”。

在交谈中，访问员应该注意以下事项：

①当一个好的听众。这要求访问员在访问中做到以下两点:第一，不要打断受调查者，不清楚的地方要等受调查者讲完之后再询问;第二，要集中精力、专心致志，注意用体态语言来表现自己对受调查者谈话的高度重视。有些话是访问员不愿意的或不必要听的，但无论受调查者说什么，访问员都要耐心地听，做一个好听众，不应表现出厌烦、无奈情绪。

②巧妙地转移话题，保持交谈的良好气氛。在受调查者的谈话偏离主题时，访问员要注意选择适当的机会将话题转移到正题上来，还应当尽可能使对方觉察不出来，千万不能生硬地打断对方的谈话或强行插问而破坏谈话的气氛。受调查者谈得兴高采烈时突然被人转移话题或打断谈话会感到很扫兴，这会影响他回答后续问题的热情。

转移话题的时机，通常是受调查者谈话过程中的停顿。一旦受调查者停顿，访问员就要及时插话，如“您刚才讲得很精彩，但是您对这个问题是怎么看……”，“您讲得很好，刚才您说到……，您为什么这样认为?”等。

③有意识地运用试探技巧。访问员在与受调查者的交谈过程中时常会发现，有些问题受调查者没有表述清楚，或者没有表达完整。这种情况可能是由于受调查者缺乏表达能力造成的，也可能是受调查者不愿意让访问员了解引起的。此时，访问员就要运用适当的试探技巧来弄清楚问题所在。试探技巧在第四章已经介绍，这里就不再赘述。

④清楚表述问题。受调查者如果不清楚问题而不作答也会影响访问气氛，出现这种情况，常与访问员的语言陈述不清楚或太抽象有关。访问员在询问时必须尽量清楚表述问题。

六、致谢

深度访问的访问时间一般在30分钟到2小时，当受调查者提供了足够的信息之后，访问就可以结束。访问员在结束访问之前，要礼貌地向受调查者表示感谢，“今天您花了一小时的时间向我们提供了重要的信息，我代表某某公司对您的协助与支持表示衷心地感谢，为了表达我们的谢意，我公司送给您这件小礼品，谨作纪念”，同时访问员将礼品或礼金送给受调查者，“再次感谢您的帮助，再见！”

深度访问法适合于了解那些复杂和抽象的问题。这类问题往往三言两语说不清楚，只有通过自由交谈才可以谈得详尽、明白。所以诸如动机、意见、态度，正式研究之前确立研究假设的预备性研究，调查研究之后有关问题的深入探讨等方面的问题，常常采用深度访问方法。

运用深度访问法进行市场研究时，具有以下三个主要优点：

①可以获得比较全面的材料。深度访问不限制问题的答案，可以获得研究者预料未及的资料。

②有较多机会评价所得资料或答案的效度和信度。访问员可以从受调查者的行动、表情和语调上观察他们的动机和态度，分辨他们的回答是真是假。

③访问的弹性相当大。可以重复询问，可以解释问题以保证受调查者明白问题的含义，访问员明白受调查者答案的真正意思。

但是深度访问也有不足之处：

①对访问员的素质、访问技巧要求较高。从另一个角度来说，访问员的训练比较麻烦。

②样本量小，偏差或误差较大。

③访问所得资料难以量化统计和推论。

第二节　座谈法

座谈法也叫重点小组或焦点小组，是由研究者与受调查者就某些问题一起座谈、展开讨论，以获得必要信息的资料采集方法。市场研究中的座谈会与人们日常工作中的座谈会不同，与深度访问和其他市场研究方法也不一样，其主要特点是：

①是经过精心组织安排的，不是随意进行的聚会闲聊。

②一对众的交谈，而不是一对一的交谈。

③有一份访问提纲，受调查者的回答既不像标准问卷作答那样严格，也不

像深度访问那样可以自由畅谈。

一、座谈会的过程

座谈会的实施一般可以按图 9-2 示意图的程序进行，大致分为两个阶段，即准备阶段、座谈阶段。

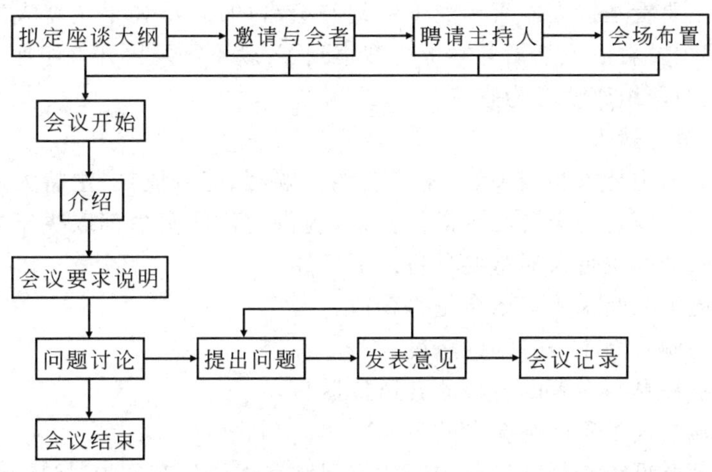

图 9-2　座谈会实施流程

1. 准备阶段

座谈会准备阶段要做的事情包括：

(1)拟定座谈大纲

召开一个座谈会，常要讨论多个问题，或一个问题的多个侧面。为了让座谈会主持人更好地把握座谈会的进程，抓住座谈问题的要点线索，事先列出欲探讨、了解的问题很有必要。拟定座谈大纲跟问卷设计既有相同的地方，也有不同之处。相同的是，都要根据研究的目的、研究对信息的要求来编写。不同的是，问卷对要获取的信息的规定比较明确，问卷中的题目一般是封闭性的；而座谈会大纲仅仅是限定获取信息的范围，大纲中的问题通常是开放性的题目，而且前后问题之间要有一定的逻辑关系。关于座谈会的大纲，读者可参见本章后面提供的“小护士”案例。

(2)邀请与会者

与会者一般是采用配额抽样或判断抽样的方法抽取出来的，与会者应该对讨论的问题要有相当的经验或经历，研究者通常要确定一定的标准来进行筛选。例如在一项关于医疗器械的座谈会中，要求与会者必须是具有 50～300 张床位的医院的医疗设备科科长或主要负责人。在一些关于日常用品的座谈会中，与会者可以在会议室附近地区抽取。

在会议开始之前要求访问员落实与会者的出席情况，告知其准确的开会时间。一般来说，一场座谈会的与会者 8～12 人最为适宜，为了确保足够的人数，防止所邀请的理想的与会者突然因故不能参加，可以多邀请 1～2 个。

一个调查项目总共需要邀请多少与会者，主要取决于座谈的分组情况，分几组座谈主要看主持人能否预测下一组与会者的反应，如果主持人能够准确预测，说明主要看法或意见基本上都搜集到了，就不需要再开一组座谈会。一般来说，组织两组座谈会为宜。

(3)聘请主持人

座谈会的主持人相当关键，座谈会能否顺利、能否成功，主持人起着举足轻重的作用。因为与会者愿否提供建议、提供建议的多少都取决于主持人的激励。座谈会的主持人通常要具备以下条件：

①有能力判断采用座谈会是否合适。

②保持倾听而不是告知的态度。

③能够注意与会者的各种非言语传播。

④有能力处理不同与会者的争论。

⑤判断意见是否得到充分的表达或问题是否得到充分的讨论。

⑥具备中断别人谈话的技巧以及使讨论继续进行和转移问题的能力。

⑦能够创造轻松安全的气氛。

⑧当讨论跑题时，有能力将问题扭转回来。

⑨能够判断新一组座谈会能否获得新的信息。

⑩能够避免与会者中出现领袖。

⑪避免自己的观点介入座谈会，影响与会者。

总之，主持人应该具备会议组织能力，善于鼓励与会者表达自己的见解，灵活地处理座谈会中出现的问题，对研究问题有深入了解，最好有过成功组织座谈会的经历。

(4)会场布置

选择一个合适的场所作为会议室。对会议室的基本要求是：

①能容纳 10～20 人。

②桌椅的设置应该使与会者彼此能够相互看得见，圆桌或椭圆桌比较理想。

③最好装有单向玻璃，以便于从室外观察或录像。

④能隔音。若不能隔音，周围的环境必须噪音小，比较安静。

在会议室内，给每个座位上分发一张空白小卡片、一支笔，还有饮料、水果以及座谈会用的产品样品等。

2.座谈阶段

当一切条件都准备好，所有与会人员都到齐之后，会议就可以开始了。整个座谈会的进程大致按以下步骤进行：

(1)介绍

首先主持人自我介绍，简要说明座谈会的目的，之后让每个与会者简单自我介绍。经过介绍，使与会者之间彼此有所了解，消除陌生感，让会议的气氛先活跃起来。

(2)会议要求说明

自我介绍完毕，接下去的事情就是由主持人宣布会议要求。会议的要求如：

①每人每次发言不得超过3分钟。

②发言时不得批评其他人，如“您这种说法不对，……”但是欢迎大家补充和发展别人的观点。

③别人发言结束之前，不要插话。如果自己有了想法怕遗忘，可先记录在空卡片上，等别人把话讲完再讲。

事先说明会议要求对于确保会议顺利进行很重要，因为有了明确的要求，与会者通常就会自觉地遵守，即使有人没有遵守，主持人提醒他一下，由于“有言在先”，他们也不会觉得主持人不尊重他。

(3)问题讨论

这是座谈会最关键的阶段，资料就是在这一阶段获得的。在主持人宣布会议要求之后，接下去就是显示问题情境并提出第一个问题，而后让与会者就所提出的问题发表意见和看法。

与会者一个一个发表意见，每人每次发言应该有时间限制，超出时间，主持人可以礼貌地提醒发言者时间已到，让他停止发言。

如果问题提出无人主动发言，主持人也可指名发言。只要有人打开话题，讨论也就容易被激活起来。一般来说，主持人不应该谈论自己对问题的看法，即使是为了诱发与会者也不行。因为主持人的观点会对与会者产生较大的影响，导致研究结果不客观。

主持人可以根据讨论纲要主持会议，但要及时抓住讨论过程中出现的新问题，引导与会者讨论，发表见解。

在整个座谈过程中，与会者的发言都应记录下来，一般是由一两个记录员记录。为了避免遗漏以及方便座谈会之后分析，许多座谈会都安排在装有单向玻璃的会议室进行，并在会议室外将座谈会的全过程录像保存下来。在这种场所举行座谈会，还可以让委托人直接观察座谈会的全过程，了解、感受座谈会的气氛。

问题讨论完，座谈会将结束时，主持人可以采用驱迫方法来诱出与会者的意见。如主持人可以说："会议只剩5分钟，有意见者赶快提出来"，"在会议结束之前，请每个人再说出一个看法"等等。

所有人都表达完最后的意见以后，主持人可以宣布会议结束，同时向与会者表示感谢，发给适当的礼品或酬金。此后的事情就是制作座谈结果的分析报告。

一般来说，座谈会应该控制在两小时左右比较理想。

二、座谈会的优缺点

1.座谈会的优点

①能有效地激发人们产生想法。一个人的想法会启发其他人产生想法，即连锁反应，这是座谈会最大优点，对于产生新观念、新思想、新创意很有裨益。

②能获得大量建议、看法或观点。与会者的回答不受答案类型的限制，每个反应者都可以陈述自己的看法。

③抽样人数比较少，比较节省人力、物力和财力，同时可以在较短时间内完成研究工作。

所以，座谈会是一种获得建议、意见或创意的重要方法，广泛用于关于广告创意、包装设计、广告设计等研究之中。

2.座谈会的缺点

①抽样人数少、误差可能比较大。

②所得资料编码困难、复杂、难以量化统计处理。

③要求主持人有较丰富的经验和组织控制能力。

三、座谈会的新进展——在线座谈会

传统座谈会要将与会者集中到一个地点，这在时间和空间上都要协调。互联网迅速发展后，空间上的协调就变得容易多了。与会者只要在指定的时间坐到电脑前，在虚拟的会议地点就可以与其他与会者交流。比如QQ的群，新浪UC的房间等。这些都可以作为在线座谈会的会议室。

在线座谈会的实施过程是：抽取合适的与会者8～10人，用传统的电话访问方式甄别与会者的资格，然后用E-mail给与会者发送进入虚拟座谈会室的时间和密码，提示与会者提前进入虚拟会议室，以便技术人员进行技术测试。

座谈会开始之前，先对所有与会者进行技术测试，直到没有任何技术问题之后，会议就可以正式开始。会议开始之后，随后的过程以及应注意的问题与普通座谈会基本一样，这里就不复赘述。

第三节　投射法

在问卷调查以及各种访问中，消费者的动机是通过消费者对问题的正面作答来了解的。消费者有时会隐瞒自己的真实态度和动机，有时则对自己的动机认识模糊，回答常常不客观、不真实，所以投射法这种最早为心理学用于研究人的性格的方法被引用到广告和市场研究中，用以了解消费者的态度和动机。所谓投射法，就是让受调查者完成一定的作业，然后分析作业以了解作业中反映出来的受调查者的动机和态度。这种方法通常要隐瞒调查的真正意图，降低受调查者的心理防御，使受调查者在无意之中、在没有心理防御的情况下透露出他们的真实态度或动机。

一、字词联想法

字词联想法是向受调查者出示一个字或词，然后要求他们写出看到这个词时所想到的其他词语，例如：呈现“奔驰”两字时，受调查者可能联想到“豪华”、“舒适”、“有钱人”、“当权者”等字眼。呈现“牙膏”时，则可能联想到“防酸”、“洁白”、“防蛀”、“黑妹”、“含氟”等等。

运用字词联想法时，要注意受调查者反应的三个方面：

①联想词语的数量。这个指标反应了给定词的意义性，数量越多说明该词的意义越丰富；数量越少说明该词的意义越贫乏。

②联想词语的性质。联想出的词语可分为三类，第一类为积极的、肯定的或褒义的，第二类为中性的，第三类为消极的、否定的或贬义的。

③每一个词的联想时间。如果反应迅速，说明该字词对受调查者具有较强的刺激力，同时也能说明反应的态度或动机比较强。反之，如果反应缓慢，说明该字词刺激力较弱，受调查者的态度和动机不强。

字词联想法可用于产品的消费动机和偏好调查。如“牙膏”一词，如果消费者迅速联想到“防酸”，可能说明反应者比较看重牙膏的防酸作用；如果消费者迅速联想到“黑妹”，说明他们对“黑妹” 牙膏有特殊的偏好或者比较常用黑妹牙膏。

字词联想法也可用于企业形象和品牌形象的调查。例如向受调查者呈现“海尔”二字，消费者可能联想到“电冰箱”、“中国最著名品牌”、“家用电器”、

“服务及时”、“张瑞敏”等。从这些反应中。市场研究者可以分析出受调查者对“海尔”的印象。

字词联想法还可以用于商品名称、企业名称的命名调查之中，例如国外有一个汽艇的命名调查，先后给受调查者提供下列名词，要求他们把所想到的词依次写下来。

爱　琳＿＿＿＿　＿＿＿＿　＿＿＿＿　＿＿＿＿
西霍克＿＿＿＿　＿＿＿＿　＿＿＿＿　＿＿＿＿
多尔芬＿＿＿＿　＿＿＿＿　＿＿＿＿　＿＿＿＿
哈利肯＿＿＿＿　＿＿＿＿　＿＿＿＿　＿＿＿＿

企业和商品通常希望自己的名称会让人产生有利的联想，尤其是让人联想起企业的性质、商品的用途等。透过受调查者的联想，研究者可以发现哪些名词更适合商品或企业。

二、句子完成法

该方法是将未完成的句子呈现给受调查者，由他们完成句子。未完成的句子如：

驾驶别克汽车的人是＿＿＿＿＿＿＿＿
阅读健康报的人是＿＿＿＿＿＿＿＿
口渴时最想喝的是＿＿＿＿＿＿＿＿

运用语句完成法时，在未完成的句子中一般不要有第一或第二人称。这样可以避免受调查者产生防备心理。

在分析和解释所获得的资料时，研究者需要具备专门的知识（如要经过社会心理学的专门训练），这样才能准确地解释答案的真正意旨，例如对“拥有一部汽车＿＿＿＿＿＿＿＿。”女性受调查者的回答是“拥有一部汽车是很好的事。”男性受调查回答则是“拥有一部汽车是必需的。”据此可以推断，女性认为拥有一部汽车是一件很体面的事，而男性将汽车看成是一种必需品。这种资料对确定广告宣传策略、推销方法都很有意义。

三、卡通测验

该方法是将一幅卡通展示在受调查者面前。卡通展示了一个对话情境，其中有一方提问问题，但另一方的回答是空白，要求受调查者替卡通中的另一方作答。例如，卡通内容可能展示一家电器店柜台前售货员与顾客的对话情境。售货员向顾客问道：“您要哪一种牌子的电视机？”顾客的回答留一空白。受调查者替顾客的回答可能是如下反问：“您认为哪一种质量较好？”如果答案是这个,说明受调查者对各种品牌的电视尚不太了解。如果受调查者的回答是“哪一种牌子买的人多?”则说明受调查者可能是“从众购买者”。如果受调查者的答案是具体的某一种品牌,说明受调查者对该品牌比较偏爱或情有独钟。

采用卡通测验时,卡通人物必须是模糊的,避免给受调查任何暗示。

四、主题统觉测验

该方法与卡通测验相近似,由研究者向受调查展示一张(或多张)照片或图片,要求他们在看了这张图片或照片之后,根据自己的理解,虚构一个故事或虚构出图片中人物的内心想法。例如图片上可以展示一位家庭主妇,手提购物篮,面对罐头食品陈列架。让受调查者看了之后谈谈家庭主妇在想什么,受调查者的回答可能是:“这位家庭主妇看到一包包装很漂亮的零食,但以前没有尝过,想买又不知好不好吃,所以有点犹豫不决。”

这类答案对于产品市场推广策略的拟定很有参考价值。

五、相片分类

相片分类技术是美国最大的广告公司之一 BBDO Worldwide 开发出的一种投射法。具体做法是向受调查者出示一些照片,内容是从商务经理到大学生的各种各样的人,让受调查者将人与品牌联系起来,即让他们判断什么样人使用该品牌。BBDO 为美国通用电气(General Electric)进行相片分类时发现,消费者认为该品牌吸引保守的、年龄大的商人。为了改变这种形象,GE 发起了“Bring Good Things to Life”运动。BBDO 还利用相片分类技术访问了啤酒目标市场 100 名消费者(男性、21～49 岁、每周喝六次以上啤酒者)。研究人员向每个受调查者出示 98 张照片,要求他们将每一照片与啤酒品牌进行匹配。结果显示 80%的产品是给男性消费的,而有些品牌如 Cools 有一定的女性形象。

六、消费者绘画

这种方法是让受调查者画出他们对某一特定物体的印象。例如 McCann-Erickson 广告公司曾想找出某些市场 Raid 喷射杀虫剂比 Combat 杀虫盘卖得好的原因。在访问中,大多数使用者认为 Combat 是一种较好的产品,因为它杀蟑螂毫不费劲。McCann-Erickson 公司要求 Raid 的使用者(低收入的南方妇女)画出被杀的臭虫,目的是了解她们对这种肮脏工作的感受。接受访问的 100 位妇女都将蟑螂画成男人。结果发现“她们对蟑螂的许多感情跟她们在生活中对男性的感情非常相似”。这些妇女说蟑螂像她们生活中的男人，“当他想吃的时候才来”。喷杀蟑螂的活动以及看到蟑螂死可以满足这个挫折的没有权利的群体的情感。Combat 杀虫盘使用较少麻烦，但不能给她们那种感觉。使用喷射剂可以让她们参与到杀害过程中，让她们获得控制感。

七、第三者技术

这是一种最容易使用的方法，该方法跟一般的询问方法相似，都是直接提出问题。不同的是该方法不直接询问受调查者的感受或看法，而是让他们说出其他人的看法。如不问“您为什么不买某某产品?”而是问“为什么其他人(或指具体的人)不买某某产品?”

在广告研究的实践中，由于投射法的技术难度大，使用范围比较窄，所以运用不是很普遍。

思考题：

1. 在什么情况下使用深度访问法？在什么情况下不使用深度访问法？
2. 投射法包含哪些方法？
3. 投射法适用于什么问题的研究？
4. 座谈会有什么优缺点？
5. 使用深度访问法、座谈会过程中分别应注意哪些问题？

附　录　CTR 的深度访问和座谈会工作流程

1. 深度访问的工作流程

①接项目通知书；

②确定项目人员、制定项目预算；

③培训联络员；

④准备深访用相关物品(采访机、录音机及一些项目特殊要求物品)；

⑤被访者名单甄别，填写甄别记录表；

⑥合格被访者预约，填写被访者资料表和预约进度表；

⑦发被访者邀请函和公司路线图；

⑧通知研究员预约时间和地点，交接相关文件(被访者签到表、礼金领取表)和礼金；

⑨深访后，填写进度确认表，整理录音带；

⑩向研究员提交笔录；

⑪作项目决算和联络员劳务费。

2. 座谈会的工作流程

(1)项目确定

执行督导应对座谈会的基本情况与研究部门进行确认,具体情况如下:

①确定座谈会的场数及每场到会人数;

②确定举行每场座谈会的具体日期及具体开会时间;

③了解每场座谈会被访者的背景要求;

④明确每组座谈会被访者构成有无具体限定。

⑤组织约人工作

(2)和研究者进行必要详细的沟通之后进入组织预约工作

①督导应根据研究人员提供的参加每一场座谈会的被访者的条件,列出书面甄别条件,组织联络员进行约人工作,符合条件者应同时符合一般调查的甄别条件;

②督导应及时对联络员上报的被访者名单进行一次和二次甄别,并将甄别结果详细记录在案,以便从中挑选合适人选;

③整个约人和甄别工作应至少在座谈会召开前 3 天全部就绪,这样可给项目督导留下充足的时间以防不测;

④参加座谈会的被访者要经过正式督导的最终甄别才可以到会。

(3)座谈会准备工作

①检查监听室的录音、录像设备是否正常;

②行政部领取数量充足的录音和录像带;

③为参加会议者提供一些方便食品;

④遇有顾客提供的财产项目督导与研究部门一道和客户进行沟通,就顾客财产保护与处置达成一致意见,按照该意见采取相应措施,要求有记录的应予记录和保持,并指定专人对顾客财产进行保管;

⑤准备座谈会使用的相关资料,如座次名签、签到表、座次表、礼金发放表等。

(4)会议进行中

①被访者应提前至少 15 分钟到达会场,在签到处签到,并再次甄别和核实受调查者情况;

②签到后由服务人员引入会议室,按名签位置依次入坐;

③项目督导应为主持人、研究人员、客户及时提供一份准确详实的到会者名单;

④会议进行中,项目督导应时刻注意保持会场外的环境,避免闲杂人员及噪音干扰座谈会正常进行;

⑤项目督导应随时向主持人传递客户和研究人员在监听过程中产生的新

的想法、建议和意见；

⑥项目督导应为受调查者准备好礼金和礼品；

⑦保证整个会议进行当中录音、录像设备的正常运转。

(5)会议结束后

①向参加会议的受调查者发放礼金和礼品，并感谢他(她)们对调查工作的支持与理解；

②及时清扫座谈会现场；

③整理笔录，依据录音和录像带整理补充座谈会中漏记的信息，使之达到主持人的要求。整理完毕后，及时将笔录提交给研究部；

④录音录像带应标明座谈会名称、＊＊年/＊＊月/＊＊日/第＊盘/等字样。

案　例　小护士广告测试讨论大纲

(此案例由北京华通现代提供)

热身 (10min)

1.1 表达谢意

1.2 公司介绍和主持人自我介绍

1.3 介绍座谈会的目的——关于护肤品的品牌和广告研究

1.4 介绍座谈会室的设备和讨论规则

1.5 被访者自我介绍 (姓名，家庭，职业，个人爱好等)

护肤品的使用和购买行为 (20min)

[此部分的目的：重点了解用户的品牌决策过程]

2.1 大家目前都用哪些类型的护肤产品？平均来说，每月大约花多少钱？

2.2 用的是什么牌子？最早使用这个牌子在什么时候？当时是怎么想到用这个品牌的？

2.3 现在去店里购买同类产品时，会怎样决定品牌？(提示：例如是每次都买以前用过的？还是会购买一些不同的牌子？)

2.4 如果总是购买以前用过的，什么情况下会考虑换品牌？

2.5 如果购买不同的牌子，会怎样选择品牌？(提示：例如是在店内，还是店外就已决定；在店内/店外的影响因素分别是什么？)

2.6 对现在使用品牌的满意度如何？有哪些好的/不好的方面。(注意：这里只是简单提问？)

2.7 大家理想的美白产品/滋润产品是什么？(注意：这里只是简单提问，

是否有不同意见?)

品牌评价 (30min)

[此部分的目的:重点了解用户对小护士及主要竞争品牌的评价]

3.1 除了现在正在用的,大家还知道哪些牌子的护肤品?

3.2 如果请大家把这些品牌分一下类的话,大家会怎样分? 原因。(尽量从不同角度对所有牌子做划分,以了解不同牌子在用户心目中的定位)

3.3 在这些牌子当中,大家更喜欢哪个牌子? 原因。

3.4 如果购买的话,大家最可能选择哪个牌子? 原因。

3.5 如果把这个牌子想像成一个人的话,大家觉得她会是一个怎样的人?(年龄,性格,穿怎样的衣服,平时喜欢些什么?)(主要品牌,小护士,佳雪,玉兰油,丁家宜,东洋之花,大宝)

3.6 大家心目中理想的品牌是怎样的? 应该具备哪些特征?

3.7 对于小护士,怎样改变一下的话,大家会更喜欢她?

广告评价—回忆部分 (30min)

[此部分的目的:重点了解用户对目前护肤品广告的总体评价,以找到"好"的广告所具备的特点]

4.1 在所有您看过的关于护肤产品的电视广告中,哪个广告给您的印象最深? 原因是什么?

4.2 有没有哪个广告是您特别喜欢/不喜欢的? 具体是哪个广告? 原因?

4.3 有没有哪个广告对您作出购买/不购买它的产品影响特别大? 具体是哪个广告? 原因。

4.4 有没有见过小护士的电视广告? 见过哪些广告(回忆一下具体的内容)?

4.5 总体来看,大家会怎样评价小护士的电视广告? 喜欢还是不喜欢? 喜欢什么? 不喜欢什么?

4.6 跟竞争对手比(如佳雪,玉兰油,丁家宜,东洋之花,大宝等),小护士的广告表现如何?

4.7 见过小护士的广告后,有没有想过去购买小护士的产品? 原因。

广告评价—现场观看 (40min)

[此部分的目的:了解广告是否清楚准确地传达了产品概念信息,其信息是否有吸引力,是否合适,是否可信? 另外,对广告的表达方式进行评价,手法是否可以接受,总体感觉以及对这个手法所表现的产品和品牌的印象如何]

[分别播放两支广告]

对每个广告提问下面的问题

总的感觉

5.1 对这个广告的总的印象如何？原因。

5.2 这个广告的哪些对你是有吸引力的？喜欢它的什么方面？

内容的传达

5.3 它主要想告诉你些什么？（这里面讲的是一个什么样的产品？该产品的特点是什么？）

5.4 您觉得广告中的内容可信吗？哪些可信，哪些不可信？原因。

表现手法

5.5 与以前看过的广告表现手法相比，这个表现得如何？它与以前看过的有何不同？好在哪，不好在哪？原因（重点了解一下观众对广告中模特的看法，喜欢还是不喜欢？与小护士的形象是否相吻合？）

5.6 这个广告中的表现手法有哪些是您不太明白的？如何改更好？

5.7 如果我们想告诉您（读出创意说明），这种表现手法是否讲清楚了？什么地方清楚？什么地方不清楚？

受众

5.8 这个广告是不是给您看的？什么地方适合？什么地方不适和？原因

5.9 如果不是给大家的，那是给谁看的？

产品形象

5.10 看完这个广告后，您觉得其中的产品是一个什么样的产品？好处和优点是什么？

5.11 您觉得这个品牌是怎样的一个品牌？

说服力

5.12 您对广告中的产品是否有购买兴趣？原因？

改进意见

5.13 怎么样改进的话，您觉得这个广告会更让您喜欢？

Tag-on

6.1 今后想用哪些新功能的护肤产品？

6.2 如果小护士想做一些改变，大家觉得以下三种改变中最能接受的是哪一种？最不能接受的是哪一种？

A：从生产护肤品，向沐浴露，洗手液等个人清洁用品发展

B：生产彩装

C：扩大顾客群，为不同年龄段和不同性别的顾客提供产品（如中年人，老年人，等）

-End-

第十章 观察法

观察法、调查法和实验法，是社会科学定量研究的三种基本资料采集方法。

第一节 观察法的概念和特点

一、什么是观察法

观察法是一种对行为或现象进行系统观察记录以获取所需信息的资料采集方法。观察法在日本深受重视。例如东芝为了将家电产品推广给日本国内的消费者，他们使用观察法来观察市场变化。东芝新产品的设计者在观察中发现，越来越多的日本家庭妇女选择就业，洗衣服不得不在早晨或晚上进行，噪音成为一个问题，为此东芝设计出一种低噪音的洗衣机。在开发这种低噪音产品时，他们还观察发现，衣服已经不像以前那么脏了，洗衣观念也转变了，以前是衣服脏了才洗，现在洗衣服是要获得新鲜感觉。东芝后来又推出烘干机，当发现大多数消费者的生活空间有限时，又研制了洗衣烘干二合一的洗衣机。

二、观察法的特点

观察不仅是一种科学研究的方法，也是人们日常生活中的普遍行为。例如出门之前观察一下天气，看看会不会下雨；购物时，到商店观察一下有哪些品牌，哪一家商店价格比较便宜。然而与人们日常生活中的观察不同，科学的观察法具有如下特点：

①事先有一定研究目的或假设，然后在这一目标下观察。

②有系统的设计。也就是说，观察并不是随意进行的，是事先已作好计划的。

③有系统的记录，以便于随后分析、研究。

④避免观察人员的主观和偏见。日常的观察常常带有个人的偏见，而科

学的观察要求尽量客观公正。

⑤可以重复查证,指可以重复观察来检验已有观察结果是否正确。

第二节　观察法的使用条件和应用范围

一、观察法的使用条件

采用观察法进行研究必须满足三个条件,第一,目标信息必须是可以观察到的,或者是能够从观察到的行为中推断出来的。无法观察到的现象或行为推断出来的信息(如消费者买轿车的原因)就不能采用观察法进行研究。第二,所要观察的行为必须是重复出现的、有频率的、按某种方式可以预测的。第三,所要观察的行为必须是持续时间比较短的。如果行为持续时间太长,就无法进行观察。例如购买一套房子的决策过程可能要几周或几个月,这就不容易观察。

二、应用范围

观察法单独方法使用时,可用于下列各种问题研究的资料采集:

①商品的购买者特征研究。即了解各种商品的购买执行者的年龄、性别、外在形象、人数等。这种研究可以为市场细分、广告目标确定提供依据。

②家庭商品储存稽查。检查家庭中储存的品牌、数量等情况。

③商店的人流量调查。了解不同位置的人流量分布情形。

④竞争品牌的数量、价格、销售网点等。

⑤商品陈列、橱窗布置、售货员态度和行为方式等因素对销售的影响。

⑥产品品牌、包装、造型对消费者品牌选择的影响。

⑦POP、户外广告的效果研究。

⑧儿童的广告观看行为等等。

在广告或市场研究中,观察法更经常作为一种辅助手段配合其他方法使用。例如在座谈会研究中,通常也会采用观察法记录与会者的行为表现;在实验研究中,要利用观察法去获得实验控制情景中被试的行为反应;在国内外的收视率调查中,观察仍是获取观众观看行为的主要手段。

第三节　观察法的若干问题

采用观察法进行研究,以下几个问题是必须考虑的。

一、观察情景

观察通常在两种情景下进行，一种是在完全自然的情景下进行，这种观察也叫做自然观察。例如，观察员观察每天有多少人到银行某一窗口进行业务活动，观察某服装专卖店顾客的有关情况等。另一种是在人为的情景下进行，叫控制观察。如研究者把自愿参加者引进实验室，然后观察他们实验室的行为。或研究招募一些自愿者，给他们提供一定金额购物券，让他们在特定的商场购买他们日常使用的物品。然后对他们的购买行为进行观察。

在自然观察中，被观察者并不知道自己被观察，因此行动不受观察的影响，比较真实。但观察者所要观察的行为或现象不一定发生。而在控制观察中，研究者可以控制某些因素来影响被观察者的行为，不需等待自然行为的产生，但不足的是被观察者的行为不是在真实的情况下产生，因此观察结果不一定符合现实。

二、观察的方式

观察方式一般有两种：一种是观察者作为一个旁观者，冷静地观察现场发生的各种情况。这种观察方式要求观察者选择一个适当的位置，能够把自己隐藏起来或使自己的观察工作不引起受观察者的注意，以免使受观察者觉察出观察而破坏观察的自然状态。另一种是观察者作为一个参与者参与现场活动，身临其境地进行观察。如观察员在商店里充当售货员或顾客，观察顾客的购买行为。这种观察方式则要求观察人员具有很强的注意分配能力和良好的记忆力，以保证注意现场发生的各种情况，能够在观察之后回忆记录下来。美国的西尔斯(Sears)公司的人员定期到 J. C. Penney 和其他零售店，观察商店布局、商品陈列、商店的买卖、促销活动等。麦当劳公司派受过训练的雇员充当顾客到各个分店视察。

三、观察的结构化程度

观察根据结构化程度不同，可分为结构化观察和非结构化观察。

1. 结构化观察

就是依据观察记录表的要求，观察记录某些行为或现象。它要求观察员都要带着观察记录表(如下书店观察记录表)，然后按要求填写记录观察到的内容。

书店观察记录表

开始观察时间__________结束观察时间__________

性别：　(1)男　(2)女

婚姻状况：(1)已婚　(2)未婚　(3)不知道

年龄估计：(1)10 岁以下　(2)11～20 岁　(3)21～30 岁　(4)31～40 岁

(5)41～50 岁　(6)51～60 岁　(7)61 岁以上

职业或身份：(1)__________　(2)不知道

伴随：　(1)单独一人　(2)同__________人一起

同伴是：　(1)家人　(2)非家人

购书情况：(1)买了____本书　(2)一本也没有买　(3)不知道

进书店的最初行为：____________________

同服务员的接触情况：　(1)__________　(2)一个也没接触

同其他顾客的交谈情况：(1)__________　(2)一个也没交谈

翻阅书籍情况：　(1)__________　(2)一本也没翻阅

评价目的性：　有目的　0　浏览

|_|_|_|_|_|_|

2.非结构化观察

非结构化观察是指对观察员观察什么、如何记录没有特定的要求，由观察员直接记录观察到的行为、现象。

一般来说，如果事先不了解要观察的现象和行为，或者观察现象比较复杂，那就只能采用非结构化观察。如果事先了解要观察的行为，而且比较简单，只需要记录一种活动发生的次数等，就采用结构化观察。

四、记录方式

记录观察的现象、内容是观察工作的一部分。这一重要工作可以让人来完成，也可以让仪器来完成。

1.人员记录

在许多仪器设备发明以前，人员记录是观察法的主要记录方式。最佳的人员记录方法是边观察边记录，这样能够及时而详尽地记录下观察到的内容。但有许多情况无法当场记录，例如一连串事件急剧发生或许多细微事件同时发生，要一边观察一边记录就不容易做到，这会妨碍观察。此外，当场记录有时会引来被观察者的抵制，所以观察者要慎重地选择记录的时间。一般来说，假如当场已不可能记录，事件或活动又甚为复杂，可以先用若干特殊符号注明，用它们代表时间顺序发生的各种事件，以帮助记忆。事件过后再立即把观察到的内容详细写下来。为了保证记录结果的客观、准确，也可以同时由两个观察者共同观察记录，或由一个助手协助主要观察者作记录，然后对照两份记录，取长补短，使记录更为完整，准确。

2.仪器记录

仪器记录是借助于仪器设备记录所发生的现象或行为。例如利用商店的电子扫描器记录每日商品流通的情况，利用收视率记录仪记录电视观众的电视收视行为。录音机、摄像机、交通监视器等都是观察记录的仪器。

一般来说，仪器记录比人员记录更加精确、稳定，而且成本比较便宜。但是仪器记录只能将记录现象，还需要人工分析才能得到所需的信息，这种情况下它比人员记录还要麻烦。

为了方便记录，可事先根据研究目的和观察内容设计记录表，将观察中可能出现的现象、行为等列入表格之中。这样就可以减少观察记录的数量。

五、观察的内容

因研究的问题不同，观察的内容也有不同，但下面五个方面总是不可缺少的：

①情境：人物的活动、事件的发生都与情境有很大的关系，有些事件或活动在特定的情境下才会发生，因此必须重视情境的观察。例如，观察商店的人流量，要注意商店里是否有特殊展销，周围是否发生引人兴趣的事件。

②现象：有些观察研究感兴趣的现象，如某一路段、交通要道、商业街区的车流量。

③人物：在各种各样的市场活动中，人是行为的主体，任何事件的发生都离不开人，所以观察人物是观察者最主要的工作。观察人物时，要注意观察他们的身份、年龄、性别、外表形象、人数、人与人之间的相互关系等。

④行为：观察人物的各种行为活动，包括言语、表情、姿态、动作、动作过程，行动如何引起，行动的趋向、行动的目标、行动的性质、行动的内容细节等。

⑤频率和持续期：即观察事件发生或人物及其动作重复出现的时间、频率、延续时间等。

第四节　观察法的优缺点

一、观察法的优点

①可以当时、当地观察到现象或行为的发生，可以把握全盘现象，同时还

可以注意到特殊的气氛和情境，这些是访问法无法得到的资料。

②能够得到不愿作答或不便作答者的资料。问卷调查时常常会遇到一些不友善的合作者，或由于访问问题过于敏感，受调查者不愿意作答的情况。观察法一般不会发生这种情况。

③受观察者不知道自己被观察，因而不会影响自己的行为，搜集到的资料比较客观。

二、观察法的缺点

①想观察的事件，现象可遇不可求。也就是说，想观察的有时观察不到。

②观察者难免带有自己的主观偏向，影响结果的客观性。

③有些现象、行为不能直接观察。例如家庭的消费行为就不便于直接观察。

④观察结果难于量化统计。

⑤观察法对观察者的业务水平要求比较高。

案　例　广东"五路三桥"车流量状况监测研究

（本案例引自郑芳辉等著《市场研究典型案例》，华南理工大学出版社，2001，p. 300 ~ 322）

一、研究背景

20 世纪 90 年代以来，以广州为中心的广东高速公路迅速延伸，对收费系统提出了更高的要求，从有关的经验来看，逐步推广使用不停车自动收费系统（即"一卡通"服务）是公路收费改革的必然要求。

作为一种具有一定垄断性的市场行为，推广此种服务的关键取决于技术支持，更与正确把握消费行为息息相关。因此，研究市场，收集前卫信息成为该项目的基础工作。

按照客户规划，"一卡通"首先在以广州为辐射中心的"五路"（广佛、广花、北环、佛开、广深）和"三桥"（虎门、番禺、洛溪）展开。从营销学的角度看，路面使用车辆与车主构成营销对象，显然，有多少车，是什么人的车，从哪里来到哪里去以及他们的群体特征如何等是制定营销计划的立足点。从技术经济的角度看，现有路面车流状况及结构，成为核算盈亏临界及其投资回收期的基础数据，换言之，"一卡通"项目的论证与推广，客观上要求首先深入、详细调查车流状况。本项目即是在这种背景下由新粤有限公司委托展开的。

二、调研目的

本项目调研的目的是为客户准确、全面、真实地判断“五路三桥”的车流状况提供第一手数据资料。而调查所得的基础数据将成为广东公路“一卡通”项目财务分析及营销计划的依据。

具体而言，调研要达成的子目标包括：

①所调查路段(口)的日车流总量；

②所调查路段车流总量在主要路点的分布及流向；

③所调查路段车流类型及现有缴费方式；

④所调查路段车辆来源地及使用路面里程状况。

三、调研内容

“五路三桥”已有电脑收费系统，但记录的完整数据只有车流量及车型分类，不涉及车辆的来源地及缴费方式(现金、现金卡、免费等)，同时，基于各种原因，数据本身存在误差。

根据调研目的，本项目调查的内容包括在指定路段(面)及指定时间段通过的车辆次数、车型、车牌、缴费方式、车流方向以及起始点。这些指标构成路面车流状况的主要参数。依据这些参数，可以对路面车流进行各种分析和判断。

四、调研方式及模型简析

本项调研采用路口抽样方式，优点是投入较少，时间较短，但存在一定的误差。为了有效控制误差，除了在操作上严格把关外，方案设计本身亦需特别谨慎。

由于路桥情况不一，对“三桥”来说，只涉及“点”，因此，不存在路口抽样。对“五路”而言，不仅涉及“点”，更要关注到“段”。有关路段取样参数模型分析如下：

假设路段自 A 到 B，如果没有中途进出口，那么，路段中任何一点的车流量及其结构应该是相同的，因此任一点抽样都能反映路段情况，三座大桥即是这种情况，如果路段中途存在一进口 C，情况则不同了。

A ________________ C ________________ B

从 A 到 B 方向，如以 Q 表示车流量，$Q_A=Q_C+Q_B$，从 B 到 A 方向，$Q_B=Q_C+Q_A$。这样，需要了解路面车流状况，必须在三点上任取两点作车流记录。“五路”均属于这种情况，如广佛、广花高速公路里程不长，中途不经过重要工业中心，可近似地看成无进出口情况类型。而北环、佛开和广深高速公路里程较长，要经过若干工业中心，甚至交通枢纽，不可简单处理，必须从中进行路口抽样。

五、调研对象简介

1. 佛开高速公路

佛开高速公路东起南海谢边，西至开平水口，全长80公里，是广东首批世界银行贷款的大中型交通基础设施工程之一，1996年年底通车，设计时速为120公里。

2. 广佛高速公路

广佛高速公路为规划中的广州至湛江高速公路的起段，全长15.7公里，起于广州西郊的横沙，经南海市泌冲、沙涌、大步、雅瑶、联窖、沥东、小头等地至佛山市北郊谢边。1989年8月建成通车，设计车道时速为120公里。

3. 广州北环高速公路

广州北环高速公路东接广深公路，西连广佛高速，途径沙河，机场路口等地，全长19公里。

4. 广深高速公路

广深高速公路西起广州东郊的广氮(接北环高速)，经增城、东莞至深圳皇岗，全长129公里，中途设有15个进出口及相应的收费站。

5. 广花高速公路

广花高速公路是京广高速公路广州市境内的一段，南起广州北郊槎头，途径广州白云区朝阳、江高、聚龙、神山，北至花都市新华镇，与107国道连接，全长22.6公里，设计时速为100公里。

六、抽样方案

根据项目要求，记录抽样包括路口抽样、日期抽样和时段抽样。

1. 路口选择

在“五路三桥”中，“三桥”拦截记录的路段面选择比较简单，可直接选择收费道口作为记录点；“五路”的情况比较复杂，如果选择所有上下行收费站作为记录点，工作量大、成本高，必要性不大。我们认为，可依据已有资料对拦截记录点作抽样调查。

根据各路的情况及遵循节省费用、易于操作、控制误差的原则，“五路”的记录选点如下：

①佛开高速

佛开高速公路全长 80 公里，虽经过南海、鹤山、开平等重要城市，但目前尚处于通车初期，车流量不大。我们选择两头及鹤山入门作为拦截点，即选择开平终点址山、鹤山进入口陈山作为记录点。

②广佛高速

广佛高速设有横沙、沙涌、雅瑶、联窖、大沥和谢边五个收费站。考虑到车流量较为平衡，因此，选择横沙(沙贝)和谢边两道口作人工记录。

③北环高速

北环高速路段各点车流状况差异明显，因此，需全部选点，包括广氮、广从(广汕)、广花、广园、广清、沙贝等六个路口。

④广深高速

广深高速公路里程较长，经过东莞等重镇，车流量较大，我们选择起点广氮、中途新塘、东莞、太平、南头、皇岗作为记录点。

⑤广花高速

广花高速公路的情况与广佛相似，选择两端作为记录点，即庆丰和新华。

考虑有重叠路口，抽样点选择如下：

新华
5 •
庆丰

陈山　横沙　广清　广园　沙河　广氮　新塘　东莞　太平　南头

•—•—•—•—•—•—•—•—•—•—•—•

址山　1　谢边 2　沙贝 3　　东圃 14　皇岗

(图中 1,2,3,4,5 分别指佛开、广佛、北环、广深、广花高速路段)

表 10-1 "五路"抽样选点情况

路名	里程(公里)	主要途径地	抽样记录选点
佛开	80	南海 佛山 鹤山	陈山 址山
广佛	15.7	南海	横沙 谢边
北环	21.0	广州北面	沙贝 广清 广园 广从 广汕 广花
广深	129	增城 东莞	广氮 新塘 东莞 太平 南头 皇岗
广花	22.6	江高	庆丰 新华

2. 日期选择

根据历史资料，除了春节等特殊情况外，车流量的季节性不大，与月份的关联性较弱。因此，在一年中，我们可以近似地认为每一个月的车流量基本上是稳定的。

在每一个月中，月初、月中及月末的车流量反差不明显，这样在日期选择上，我们以“周”为最小抽样框。抽样的日期涵盖工作日和休息日两部分。考虑到方便操作，选择周日和周一作为记录日。

3. 时段选择

车流时段周期性特别明显，它是车流记录中最大的变数。为尽可能地反映不同时段的车流状况，全部记录总量时间确定为 24 小时，每记录段为 2 小时，涵盖 0～24 时的全部时段。其中周日为 12 小时，周一为 12 小时。时段分布见表 10-2。

表 10-2 “五路”车流量分布

	0～2	3～4	5～6	7～8	9～10	11～12	13～14	15～16	17～18	19～20	21～22	23～24
工作日	＋		＋		＋		＋		＋		＋	
休息日		＋		＋		＋		＋		＋		＋

表中“＋”表明记录时间。

七、时间及人员安排

本项记录工作量大，拟分组进行，“五路”为一组，“三桥”为一组，其中每个记录点均包括入口和出口，出口需记录缴费金额。人员安排见表 10-3。

表 10-3 “五路”车流量调查的访问员和督导员分布

路(桥)名	记录点	最大开放道(出口)	访问员(人)	督导员(人)
佛开	陈山	5	6(3＋3)	2
	址山	8	6(3＋3)	2
广佛	沙贝	23	20(10＋10)	2
	谢边	7	6(3＋3)	2
北环				
广深	新塘	12	6(3＋3)	2
	东莞	12	6(3＋3)	2
	太平	12	6(3＋3)	2
	南头	12	6(3＋3)	2
	皇岗	20	10(5＋5)	2
广花	庆丰	8	8(4＋4)	2
	新华	4	6(3＋3)	1

续表

路(桥)名	记录点	最大开放道(出口)	访问员(人)	督导员(人)
洛溪大桥				
番禺大桥		20	8(4+4)	1
虎门大桥		23	14(7+7)	2
合计			108	24

八、记录内容

记录内容包括车行方向、车次、车型、车牌、现有缴费方式等。最终以双方认可的记录表为准。

九、调研成果

本项调研预计记录 50 万辆车次，约 300 万个信息单位，最终形成的成果包括：

①全部原始记录表格。

②按路段分类的 SPSS 统计汇总结果。

③主要数据展示图表。

④有关数据分析简报。

最终报告包括正式文档 5 份，软盘 2 份。

十、结果分析(略)

思考题：

1. 观察法可用于什么问题的研究？
2. 观察法有什么特点？

第十一章　调查法

调查法是通过观察被调查对象对有关问题的直接反应来获得资料的方法。它是广告研究中最经常使用的方法。

调查法可分为访问法和非访问法两大类。使用访问法时访问员与受调查者有语言交流,而使用非访问法则一般没有语言交流,即使有,也不是获取信息的主要手段。访问法包括入户访问、拦截访问(也称街头访问)和电话访问等。非访问法包括邮寄问卷调查、置留问卷调查和网络调查。本章具体介绍这些方法。

第一节　入户访问

访问员挨家挨户访问受调查者叫入户访问,访问地点在受调查者家中。访问时,访问员必须严格按照问卷要求(见本章附录一),依题目顺序一一询问受调查者,在受调查者作答之后把受调查者的回答一一记录下来。受调查者作答范围是有限制的,多数情况下只能在访问员提供的答案中进行选择。在我国的市场调查中,入户访问是被广泛运用的方法之一。

一、入户访问的实施过程

调查法中除了邮寄问卷调查之外,其他几种方法在实施时,首先都要培训访问员,给每个访问员指派任务,访问员的访问地点、访问人数、访问对象等问题都要具体说明以及给他们分发问卷、文具和礼品等。访问员培训,第四章中有系统介绍,本章凡涉及这一问题时就不复赘述。

入户访问从寻找受调查者开始,如图 11-1。在寻找受访户时,常会发生找不到受访户的现象。原因之一是地址不详;原因之二是受访户搬迁;原因之三是访问时机不合适。如果是地址不详,访问员要跟抽样人员进一步核实;如果是搬迁,只好按要求寻找替代样本;如果是访问时间不合适,访问员要另找时间访问,在不同时间访问三次之后仍然找不到,再找替代样本。

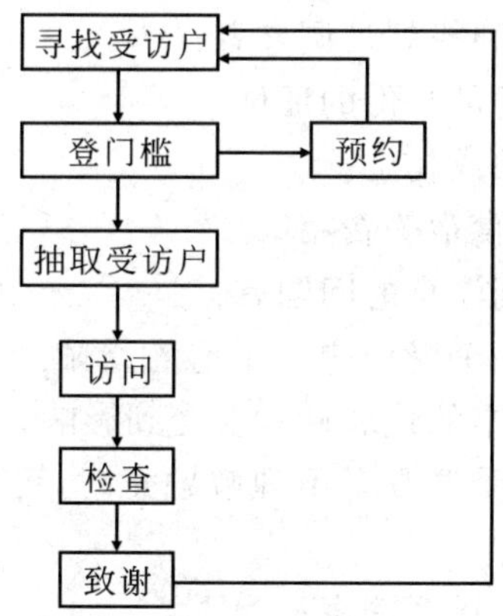

图 11-1 入户访问的过程

找到受访户之后，访问员就要想方设法登门槛。登门槛既有客观的障碍(如层层的防盗门)也有主观的障碍(有些受调查者不愿接受调查访问)。访问员在登门槛的时候一定要注意耐心和介绍说明。个别受访户的确不能当场接受访问，访问员可以跟他们另约一个时间。

登门槛成功，访问员接下来就要根据抽样要求抽取家中的受调查者。有时被抽到的受调查者会要求由家中其他成员替代接受访问，这样做会影响调查结果，访问员应该委婉拒绝，坚持原则。一般来说，一个已经同意接受访问的家庭，只要访问员耐心地说服，他们会同意按要求接受访问。在这种情况下，访问员对原则的坚持相当重要，在访问员培训时要特别强调这一点。

当受调查者同意接受访问时，访问员就依照问卷的题目次序或培训时的要求进行询问并相应记录。在访问过程中，有时访问员会被要求自己填答，一般来说，这是不允许的，因为受调查者自行填答会影响调查结果。

受调查者回答完所有问题，访问员要当场检查答案，看有无遗漏，发现问题及时解决。

访问结束，访问员要向受调查者以及受访户中的其他人致谢，或赠送礼品或礼金。

二、入户访问的注意事项

在访问之前，访问员要注意带好各种材料，包括：

①访问对象资料，包括：受调查者的人数、受调查者的地址、户内受调查者的抽样表等；

②问卷：携带的问卷数目要大于受调查者数目，以作为备用；

③记录工具：笔和笔记本等；

④交通地图:确保顺利找到受调查者;

⑤介绍信或证明访问员身份的证件;

⑥给受调查者的礼品或礼金;

⑦访问所需的差旅、食宿等费用。

在访问过程中要特别注意的问题有:

①不能轻易地放弃一个受访户。不愿意受陌生人打搅的家庭越来越多,如果访问员轻易放弃,样本的代表性就会受到影响;

②严格按要求询问,受调查者不理解题意时,可以重复提问,但不能自作解释;

③避免受调查者回头更换答案;

④开放性题目的记录,要尽量用受调查者的措词,而不要用访问员自己的措词;

⑤不要暗示或提示答案,同时防止其他在场者提示;

⑥如果受调查者的回答偏离询问话题,要巧妙地将话题拉回,但不能伤害受调查者的自尊;

⑦未经许可,不可让受调查者自己填写答案,否则就变成置留问卷调查了。

三、入户访问的优缺点

1. 入户访问的优点

①访问员容易建立与受调查者之间的信任和合作关系,一些敏感问题也容易进行询问;复杂的问卷(如第七章案例 2)也能够保证有效问卷的回收率。

②访问员可以使用其他辅助工具,如制作好的图片或答案卡片等。

③可以避免有意漏答题目的现象。

④减少受调查者因不理解题意而随意作答。

⑤访问员可以在询问过程中观察受调查者的表情、姿态等非语言行为,借此来判断受调查者答案的真实性。

2. 入户访问的缺点

①费用大。实地访问要求访问员一一询问受调查者,这需要付出大量的人力和时间,费用比较大。

②访问过程控制较为困难。访问员分散作业,要检查他们是否尽责,有无欺骗行为比较困难。

③询问偏见。入户访问是由访问员按问卷的题目一一询问受调查者,访问员的询问态度或语气难免影响受访调查者,容易出现询问偏见。

④入户困难。许多居民住宅装有安全防盗门，甚至有多重防盗门。居民对于陌生人的防备心理比较强，访问员经常会被拒绝在防盗门之外。

⑤个别受调查者相当热情，延长访问时间，访问员的工作效率会受到影响。

第二节　拦截访问

拦截访问，也叫街头访问，访问员在拦截地点拦住受调查者进行访问。拦截访问通常在调查对象具有一定特殊性或总体抽样框难以建立的情况下采用。

一、拦截访问的基本过程

拦截访问的实施过程如图 11-2 所示。首先是抽样，即由访问员对出现在拦截地点的人进行抽样。拦截访问的抽样方法通常是任意抽样或判断抽样，有时也采用等距抽样（它不是严格的等距随机抽样，抽样距离由研究人员事先主观确定好）。其次是拦截，即访问员上前拦住目标受调查者，向他们介绍自己的身份，说明调查的目的或意图，尽量争取他们的配合和支持。目标受调查者同意接受访问，访问员就可以按照问卷要求进行询问。访问时，受调查者有时会要求自己填写答案，可否可行访问员不能自己主观作决定，必须严格按要求执行。研究者在制定访问规则时要充分考虑这一情况，以免这种情况影响调查的准确性。询问完毕，访问员应当面致谢并赠送礼品或礼金。

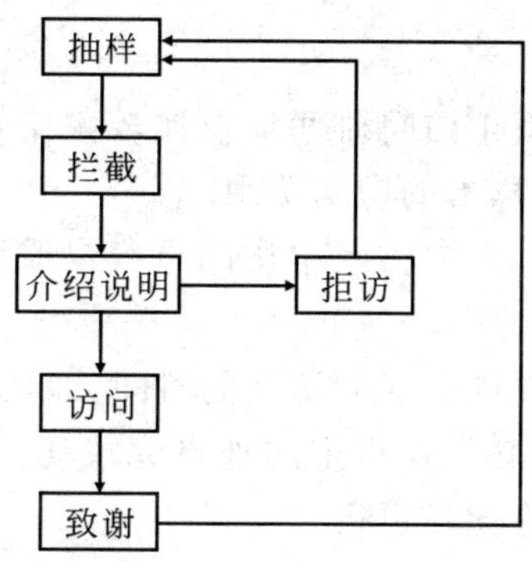

图 11-2　拦截访问流程

拦截访问跟入户访问基本相似，不同的是：①入户访问的受调查者只能从事先确定的受访户中抽取，比较确定，而拦截访问的受调查者是在访问现场抽取,具有一定偶然性;②入户访问的访问地点是在受调查者家中,而拦截访问是在户外。

二、拦截访问的注意事项

由于拦截访问与入户访问有相似之处,所以访问员在访问过程中也要遵循入户访问的规则和要求,比方如何介绍说明,访问过程如何控制等。拦截访问也有自己的独特性,因此在拦截访问时要特别注意以下几个方面:

问卷设计(参见本章附录二和附录三)上,第一,应尽可能简短,保证访问过程不超出受调查者的承受意愿。受调查者通常是站着回答问题的,时间长了容易疲劳而拒绝访问;受调查者通常"有事",时间长了会误人家的"正事"。第二,问题不能涉及隐私等难以回答的问题,拦截访问是在大庭广众之下进行的,这样的问题容易遭到拒绝。

访问过程中应当要求访问员注意两个问题:第一,避免在场的其他人包括受调查者的同伴影响受调查者作答。第二,检查受调查者是否是合适的调查对象。公众的场合有时会碰到一些热心肠或喜欢自我表现的人,他们会主动要求接受访问,此时访问员要注意甄别。如果不合适,要婉言拒绝,但不能挫伤人家的自尊心。

在访问质量的控制上,要加强对访问员的现场监督。由于拦截访问难以通过回访来判断访问员的可靠性,所以只能通过加强调查现场的监督来减少个别访问员不负责任而带来的各种问题。

三、拦截访问的优缺点

1. 拦截访问的优点:

①费用比较节省。由于访问时间地点比较集中,对调查对象的要求也不那么严格,可以节省每个样本的访问费用。

②避免入户的困难。入户访问中访问员容易受到入门难的困扰,拦截访问不存在这一问题。

③便于对访问员的监控。拦截访问的时间、地点通常比较集中,而且是研究者事先确定的,访问员必须在指定的地点完成访问工作。所以指派督导员在现场监督访问员的工作比较可行。

2. 拦截访问的缺点:

①不适合随机化的抽样调查。因为调查对象在调查地点的出现带有偶然性。

②被访问对象的拒绝率比较高。因为调查对象有充足的理由拒绝访问。

③不适合较长的问卷调查。

④不适合复杂或不能公开问题的调查。

四、拦截访问的新发展

许多新技术的发展都跟计算机有关，传统拦截访问在计算机的帮助下形成一种新的拦截访问方法——计算机直接访问(Direct Computer Interview)。这种方法与传统拦截访问的不同之处是访问的询问过程由计算机代替，访问员的答案由受调查者直接在计算机上录入。具体的操作方法是把调查的问题输入计算机，并将计算机安置在拦截地点，由访问员拦截受调查者请到计算机前，然后教会他们如何操作计算。计算机会依次显示问题和答案，根据受调查者的答案显示下一个问题，直至调查结束。

第三节　邮寄问卷调查

邮寄问卷调查是将设计好的问卷制成邮件，附上回邮信封寄给受调查者，由受调查者填写好之后再寄回给研究者的资料采集方法。作为一种资料采集方法，邮寄问卷调查早就为人们所使用，目前仍然是西方市场研究的重要方法之一。但问卷回收率比较低，所以在我国的市场调查研究中较少使用。邮寄问卷调查的基本过程见图 11-3。

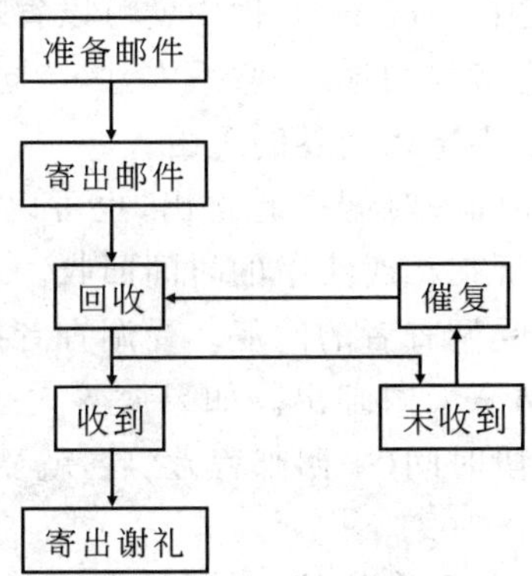

图 11-3　邮寄问卷调查流程

一、邮寄问卷调查的基本程序

首先是准备邮件。在邮寄问卷调查中，研究者与受调查者之间的关系是借助邮件建立起来的，邮件的内容很重要。

标准的调查邮件通常包含一份问卷、一封介绍信、一个回邮信封以及一个精美的信封。

问卷是邮件的主体，问卷(参见本章附录四)如何设计，第五章已有详细的叙述，这里着重再强调几点：

①注明每一道题的作答方法。是单选还是复选，答案填在何处，打勾还是画圈。

②尽量减少或避免使用开放性问题。

③避免复杂难答的题目。

④问题表述要简洁、明了。

⑤避免跳答(或相倚)的题目。

⑥前后题目不能相互提示。

介绍信是促使受调查者作答和回邮的信函，其形式与一般信函相同，有称呼、内容、致贺、落款及时间。信函的内容方面一般要包含以下要点：

①研究目的和研究的重要性。

②为什么受调查者的意见值得重视。

③由谁完成问卷。

④如有疑问、怎样寻求解答。

⑤告诉受调查者若不及时寄回，还会有催复信函随后寄到。

西方的邮寄问卷调查中也有采用电话联络的办法先征求受调查者的同意然后再寄出问卷的。在这种情况下，邮件中就可以省略掉介绍信。

回邮信封要写上调查机构的地址、联系人姓名，同时要帖上邮票。回邮信封的目的是减少受调查者不寄回问卷的理由。

邮件准备好就可以在同一时间一起寄出，也可以根据不同受调查者的回程时间先后寄出，以便保证在相对集中的时间回收。

邮件寄出后，要等候受调查者的回复。受调查者接到邮件后，通常愿意回答者会马上作答并且在两三天内邮出。如果放置太久，回答的可能性就大为降低，所以邮件寄出去一段时间(来回邮程)之后，就要考虑对没有寄回问卷者给予催复。

催复的方法有电话催复和寄信催复，目的在于唤起受调查者回答问卷的兴趣，催复应再度提示问卷的重要性并阻止受调查者丢掉问卷，在催复信中不能表示不悦或不耐烦。催复信的内容包括提醒受调查者有关邮寄问卷之事；叙述再寄这封信的理由，对已寄出问卷的受调查者表示感谢，对没收到邮件者解释理由(如可能是误投或其他人拿走)，并请他在随信寄去的问卷上作答并尽快寄回。

狄尔门、克利斯坦森、卡彭和布鲁克斯(Dillman , Christenson, Carpenter & Brooks)1974 年在五次邮函访问研究中发现,未寄出催复信时,回收率大约有 19%~27%,寄出催复信,回收率有所提高。

估计能回收到的问卷都收到了之后,礼品就可以寄出,也可以在收到问卷时及时寄出,或者同问卷一起寄出。

二、邮寄问卷调查的优点

①节省费用。一般而言,由访问员个别访问受调查者,费用包括访问员劳务费、差旅费、问卷印制费以及访问员训练费等。每次成功访问花费少者几元,多则几十元。而邮寄问卷调查以同样数量的样本计算(以最精美的问卷、信函、最高的邮费算),费用也远较入户访问少。在电信业发达的国家,电话访问费用也相对较少,但电话费及访问总费用分摊在每个样本上,仍然高于邮寄调查。

②调查区域广泛。调查区域不受调查者所在地的限制,邮政所达地区均可列为调查区域。例如境外、国外均可用此法进行调查。

③受调查者作答自由度大。受调查者不一定要在特定的时间内完成所有问题,而且还能够先易后难地回答问题,可以多花点时间思考比较难回答的问题。

④避免访问员偏见。访问员现场访问可能产生多种误导,如通过声调变化来提示或将自己的看法告诉受调查者等。此外也存在着这样的可能性,即访问员念错问题、或作者误解访问员的意思、访问员误解作者意思、访问员在登记时出现笔误等。这些问题在邮寄调查中都能够得到克服。

⑤便于联系。地理上很分散的受调查者,花一点邮资即可全部联系上,旅行费用支出较小。

三、邮寄问卷调查的缺点

①回收率低。由于没有访问员在场催促,受调查者容易因对调查不感兴趣,不愿意回答某些问题,或因问卷过长、过于复杂等原因拒绝作答。在我国,根据作者的经验推断,回收率一般不会超过 15%。

②有意无意漏答问题。由于没有访问员的监督、检查,受调查者常会有意无意地漏掉某些问题。例如国外的研究人员发现,尽管有时问卷回收率达50%以上,但某些问题通常只有 30%左右的人回答。

③答卷者可能不是目标受调查者。有时受调查者没有时间或其他原因,让旁人代为回答,或者受调查者认为自己不属于调查对象,而找一位他认为适

合的人作答，这样也会损害样本代表性。

④低教育程度者难以作答。

⑤问题次序无法控制。研究人员为消除回答偏见而精心设计的问题次序因为受调查者在回答之前先浏览整份问卷、跳过某些问题或不按问题的次序回答问题而遭到破坏；有时受调查者会先看问卷后面的问题而改变前面问题的答案。

⑥回答日期无法控制。市场调查研究往往需要在一定的时间内完成。邮寄问卷虽然可以要求受调查者在指定时间内完成，但受调查者能否按期完成并寄回问卷，研究者无法把握。此外，邮寄问卷无法胜任那些需要在短时间内获得资料的研究任务。

⑦调查性质不吻合。例如有的市场调查的目的在于探测消费者的个人内在动机，用拟好的问卷直接询问。这种做法，多数不能了解受调查者的真正动机。

⑧缺乏机动性。例如受调查者误解了问题，无法及时得到纠正；无法通过观察受调查者的非言语行为来判断答案的真实性；无法控制作答环境等。

四、邮寄问卷调查的新发展

随着电脑技术的发展、互联网用户的日益增多，通过电子邮件进行调查将逐步成为重要的资料采集手段。电子邮件调查与邮寄问卷调查很相似，都是将问卷寄给受调查者，让受调查者自行填答并寄回答案。所不同的是，电子邮寄调查的一切作业都是通过计算机互联网络，速度比较快；而邮寄问卷调查的作业则依赖于邮政系统和传统的纸笔，速度比较慢。

第四节　置留问卷调查

置留问卷调查时，访问员会将问卷发放到受调查者家中，让受调查者自行填答，过一段时间后再将问卷收回来。

一、置留问卷调查的实施过程

置留问卷调查的实施过程如图 11-4 所示。

比较图 11-1 和图 11-4 可以看出，置留问卷调查实施过程中的前三个步骤和与入户访问是一样的，但以后的过程就有所不同了。置留问卷调查中，访问员在确定受调查者之后，要向受调查者详细说明如何作答(如跳答与否)、如

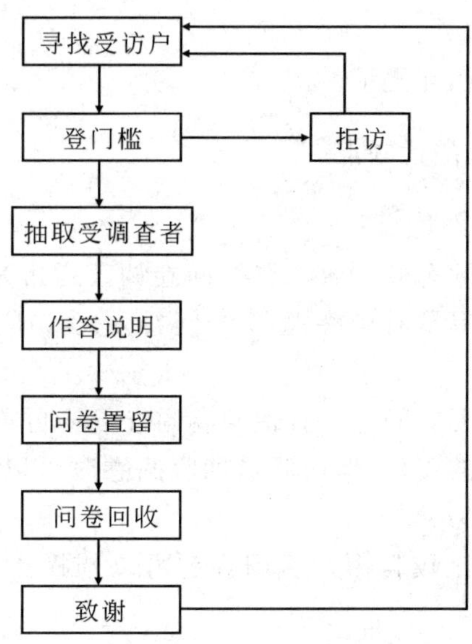

图 11-4　置留问卷调查流程

何填写问卷(是打"√"还是"○",答案填写在哪里等)。尽管问卷中通常会说明作答的方式、方法(访问员的说明是必要的,因为有些受调查者会不看说明就作答);告诉受调查者遇到问题(如不理解题意)时怎么办,约定回收问卷的时间。一切都交待清楚之后,访问员就可以留下问卷,让受调查者自己填答,到预约的时间再来收回问卷。回收问卷时,访问员必须检查问卷,看看是否有漏答或其他问题。

一般来说,受调查者填答的问卷总会有瑕疵,如答案填写不规范、不清楚、漏答等,访问员在回收问卷时一定要注意发现并纠正这些问题。

二、置留问卷调查对问卷设计的要求

针对置留问卷调查这种方法,在问卷设计(参见本章附录四、附录一)时应特别注意以下问题:

①尽量在每一道题上注明作答的方式、方法。

②卷首语中要清楚说明调查的目的以及受调查者作答的重要性。受调查者不一定会在访问员发放问卷之后马上就填答。通常会在比较空闲的时候作答,此时他们会不会作答跟他们认为调查是否重要有关。

③题目的表述要简洁、明了。因为题意不清楚或不好理解,他们可能会随意作答或漏答。

④避免跳答(或相倚)的题目。这样的问题,受调查者往往不会按要求作

答，这将影响数据的质量。

⑤前后题目不能相互提示。

三、置留问卷调查的优缺点

1. 置留问卷调查的优点

①能够保证问卷的有效回收。置留问卷调查通常是访问员登门收问卷，这样即使受调查者没有及时作答，甚至把问卷丢失，访问员收问卷时也可以要求他们当场作答。

②克服漏答造成无效问卷。置留问卷调查虽然同样会出现邮寄问卷调查时受调查者漏答问题的现象，但访问员回收问卷时可以及时将漏答的问题补齐。

③受调查者作答比较自由。受调查者可以选择比较合适的时机回答问卷。

④这种方式比入户访问由访问员一个一个问题的询问容易获得受调查者的配合。

⑤克服由于访问员造成的种种负面影响。

2. 置留问卷调查的缺点

①是否由被抽到的受调查者亲自作答不得而知。

②作答是否受他人的影响不得而知。

③入户困难。

④问卷容易丢失。

第五节　电话访问

电话访问这一方法在电信业发达的国家得到广泛的运用(参见表 11-1)。在我国，随着电话的迅速普及，电话访问在市场调研中运用逐渐增多。

表 11-1　美国各种调查方法的使用比例　　(%)

类型	1980	1986	1992
邮寄调查	56	54	69
电话访问	75	76	68
拦截访问	36	30	32
入户访问	18	11	15

资料来源：McDaniel, Gates, 1998, 229。

电话访问需要一个安静、光线充足、通风良好、无外界干扰、安装有若干部电话的办公室，每一部电话最好配备一台录音机、若干访问问卷和访问记录用纸笔。如果条件允许，每部电话配备一台计算机，将所有电话号码输入计算机，让计算机自动进行电话号码抽样、拨号以及显示调查的问题。访问员还可在访问的过程中直接将受调查者的答案输入计算机，减少访问后数据录入的麻烦。

一、电话访问的抽样方法

电话访问抽样的基本原理跟其他调查方法一样，但在操作上有其独特性。具体包括下列三个步骤：

1. 抽取样本户

电话访问常用的两种抽样方法是电话簿抽样和随机拨号法。电话簿抽样抽样程序包括：

①根据电话簿的页数及样本大小，决定平均每间隔若干页抽取一个样本。假设这个间隔为 n。

②在 1～n 的数字中，随机抽出一个数字，然后以这个数字为第一页，每隔 n 页抽出样本户所在的页码。

③从第一页中随机抽出第 x 栏，第 y 个号码为样本户，以后每一页均以这个位置的号码为样本。

随机拨号法有两种具体方法，即简单随机拨号法和集群随机拨号法。

简单随机拨号法的程序是：

①选定要访问的区域号。

②以随机方式选定用户号。

简单随机拨号法经常会遇到空号，集群拨号法在一定程度会减少拨到空号的几率。其操作程序如下：

①确定一定数量（如 100 号）的号码为一群，因此每一个区域号下可分出若干群。

②以分层抽样方法决定每一区域号码中抽出若干个样本群。

③以随机抽样方法抽出若干个群，用随机拨号法试拨。如果某一群的第一个电话号码不是空号，这个群就保留为样本群，再抽取群内的样本。如果第一电话是空号，就放弃整个群，另抽取一群来代替。

电话簿抽样可能由于新增电话没有列入电话簿以及用户不愿意公开电话号码等缘故而使得抽样框不够完整。随机拨号法可以克服电话簿抽样中不能涵盖所有电话用户的缺点，但是常常会拨到空号。

2. 选择受调查者

抽出一个样本户之后，还要决定访问户内哪一成员，常用的选择方法有两种：

①任意面成人法。即抽取户内的任何一位成人。

②随机访问派斯利表法。即先询问样本户家中有几位不在学的成人，再问其中不在学的女性数目，然后根据这两个数字查表11-2决定访问哪一位。此法跟抽样设计中提到抽取户中成员的方法原理相同。

表 11-2 随机选择受调查者的派斯利(Paisley)表

1	0	男　性
	1	女　性
2	0	年轻男性
	1	男　性
	2	年轻女性
3	0	最年长男性
	1	较年长男性
	2	较年长女性
	3	最年长女性
4	0	次年长男性
	1	次年长男性
	2	较年轻女性
	3	次年长女性
	4	次年长女性
5人或以上	0	第三年长男性
	1	次年轻男性
	2	最年轻男性
	3	最年长女性
	4	次年长女性
	5人或以上	第三年长女性

资料来源：吴统雄，1990，59。

3. 选择替代样本

一般来说，选取好的样本不要轻易替换，但遇到电话打不通时，寻找替代样本也是不得已的事情。

寻找替代样本的办法，通常采用阶层取样。例如在采用电话簿抽样时，先将抽到的号码及其前一和后一位置的号码一起抄下来。当该号码拨不通时，拨前一号码。再不通，就拨后一号码。而在随机拨号抽样时，假设抽到号码为

2080375，当这号码拨不通时，依次拨 2080373、2080374、2080376 和 2080377。

二、电话访问的基本过程

电话访问的第一步是按抽样提供的电话号码进行拨号(见图 11-5)。拨号是一件很简单的事情。但在拨号时应该考虑两个问题，一个是电话铃响几次之后才能断定样本户家中无人。另一个是以电话接通几次来决定该放弃对该样本户的访问。

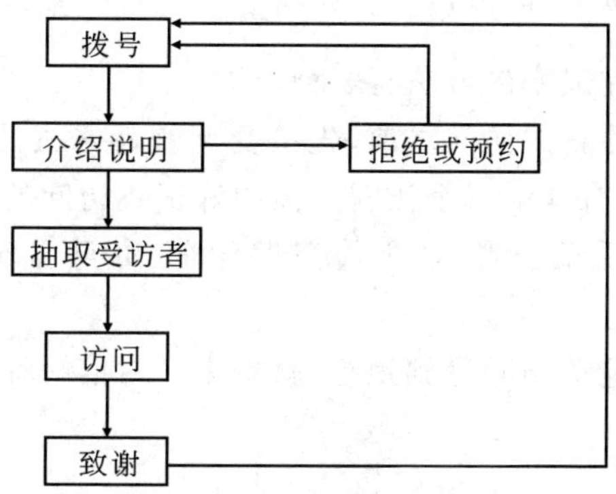

图 11-5　电话访问的流程

对于前一个问题，史密得(Smead)1980 年和布兰金希普(Blankenship)1977 年的研究都认为，以铃响六次作为判断样本户家中无人的标准比较适宜。吴统雄的研究资料(表 11-3)也支持这一看法。对于后一个问题，韦斯曼(Wiseman)1979 年的研究认为最少要访问三次，布兰金希普赞同这一看法。从吴统雄的数据(表 11-4)也可以看出，尝试拨三次是最理想的。如果三次不成功，该样本便可舍去。因为再追踪下去，成功的机会也不高。

表 11-3　铃响次数和接通率

铃响次数	1	2	3	4	5	6	7	8～10	10 次以上
接通率(%)	12.4	19.0	24.8	14.9	9.9	5.0	2.4	4.2	7.4
累计接通率(%)	12.4	31.4	56.2	71.1	81.0	86.0	88.4	92.6	100.0

资料来源：吴统雄，1990，119。

表 11-4　连拨几次完成访问

连拨次数	1	2	3	4	5 次以上
完成率(%)	69.2	14.6	6.2	2.0	8.0
累计完成率(%)	69.2	88.8	90.0	92.0	100.0

资料来源：吴统雄，1990，119。

电话拨通之后，跟入户访问一样，访问员应先自我介绍，说明调查的目的以及访问所需时间，取得受访户的信任和接受。当受访户愿意配合调查时，进一步抽取受调查者并要求被抽到的受调查者接电话，再次简要说明调查目的。如果受调查者拒绝访问，就重新拨号；如果受调查者不能立即接受访问，跟他预约一个时间，届时再访问。如果一切顺利，访问员就可以依照要求一一提问，直至问毕所有问题。

三、提高访问完成率的方法

提高电话访问完成率的方法有三种：

①插足技术。在正式访问之前，先给受调查者寄去一封短函或打一个简短的电话，告诉他们有这么一个访问并预约好正式访问的时间。

②酬赏。允诺受调查者，如果他们肯合作，访问后将送给他们一些小礼物，或一小笔酬金。

③追踪。如果电话访问遭到拒绝，就寄去一封信解释访问目的，再打电话去联系。

四、电话访问的优缺点

1. 电话访问的优点

①比较容易访问到社会经济地位高的人。社会地位或经济地位较高的人，采用入户访问方法不容易找到本人，即使找到也容易遭拒绝，采用电话访问成功的机会比较大。根据华通现代的研究，中国各城市的拒访率不一样，但最高不超过 30％，见表 11-5。

表 11-5　电话拒访率

总体	北京	广州	上海	成都	河北	辽宁	
拒访率 1	12	13	19	21	11	10	10
拒访率 2	17	19	27	28	14	14	16

注：拒访率 1：在所有拨出的电话号码中，拒访的比率；拒访率 2：在所有拨出的有效电话号码（即不包含空号错号等非有效号码）中，拒访的比率。

资料来源：华通现代（ACSR），2005.11.30。

②更容易接触到一般受调查者。布兰金希普 1977 年就指出，有的人门孔中看见外站着陌后人，可能闭而不纳，但是人人听到电话铃声都会去接。

③节省经费。据吴统雄的研究，电话访问比入户访问可节省 60％以上的经费。

④节省时间。访问一个样本,电话访问仅包括与受调查者对话的时间,而入户访问则需要加上交通的时间。如果样本比较分散,那么电话访问在时间上优势就更明显。

⑤抽样过程比较简单。电话抽样一般采用系统抽样,比起入户访问的分层抽样方法简单多了。电话访问的抽样框也是现成的,无需再花时间去建立抽样框。

⑥易于控制。电话访问场所固定于某一地方,研究负责人可以及时解决执行过程中遇到的各种问题并监督访问员,其他方法没有这么便利。

⑦访问员的偏差减小。布兰金希普等人 1977 年的研究指出,入户访问容易发生访问员曲解受调查者意图的情况。但是电话访问是集中作业,曲解的可能性就会大大降低。

2.电话访问的缺点

①抽样代表性。特别是在电话普及率不高的地区,电话访问会造成抽样误差。

②受调查者容易拒绝访问。不愿意接受访问的受调查者,不必找什么理由,只要把电话挂断就可以拒绝访问。

③无法判断受调查者作答的真实性。面对面的访问,访问员可以根据受调查者的表情、动作等来判断回答的真实性。在电话访问中,即使受调查者跟访问员开玩笑,访问员也难以明察。

④询问的问题不能提供太多的答案。所以电话访问的问卷要尽可能简单一些(参见本章附录五)。

⑤录音电话。有些家庭安装录音电话,这种设备使得与受调查者的直接对话变得困难。

⑥容易受等待通话服务(call-waiting service)的影响。等待通话服务是指当你与某人通话时,如果第三者打进电话,你可以听到信号声。这时只要挂断电话,就可以与新来者通话。这种技术的出现后,电话访问被中断的可能性增大,影响访问的成功率。

五、电话访问技术的发展

传统的电话访问技术在计算机科学发展的影响下,也发生了一系列变化。先后出现计算机辅助电话访问(简称 CATI)和全自动电话调查(简称 CATS)。

计算机辅助电话访问是将受调查者的电话、访问的问题及选择答案输入计算机,让计算机根据程序自动拨号。电话接通后,计算机屏幕上会依次呈现问题，访问员就可以根据屏幕提示一一询问受调查者，并将受调查者的回答直接输入计算机。这种方法与传统的电话访问相比较有许多优点：自动拨号，省略访问结束后的数据编码录入过程，在访问员输入答案时计算机会自动查错，可以随时了解调查结果等。

全自动电话调查利用交互声音反应(IVR)技术进行访问。CATS用专业访问员的访问录音代替访问员读问题和答案。当问题为封闭题时，受调查者只要在按键电话机上按一下相应号码即可，当问题为开放题时，则将受调查者的回答录音下来。全自动电话调查有两种方法，一种是往外打电话，即由调查公司拨号给受调查者；一种是往内打电话，即通过邮件征求受调查者的配合，并要求他们给调查公司打电话。

第六节　网上调查

网上调查，指透过互联网从受调查者那里获取信息的资料采集方法。20世纪90年代中期以来，我国互联网的发展十分迅速。CNNIC的调查数据显示，到2001年，我国的互联网用户已有3 000万左右。互联网的迅速发展客观上为网上调查提供了必要的基础。

一、网上调查的基本过程

网上调查大致依照图11-6流程进行。

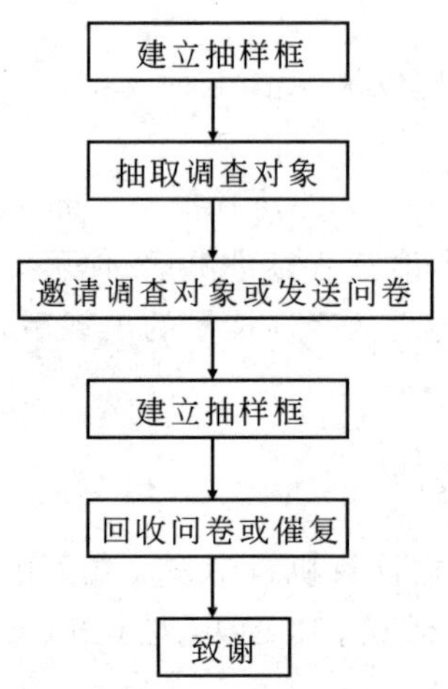

图11-6　网上调查的基本过程

1. 建立抽样框

网上调查的一个关键问题是样本的真实性和代表性问题。如今上网的人很多,但上网的人经常使用假身份。网上调查要设法找到真实身份的网上用户,如果你不能确切地了解目标调查者的基本情况,那么调查结果的可靠性就值得怀疑,所以在抽取调查对象之前建立样本框是必要的。许多门户网站都有大量注册用户,这些用户的资料就是网上调查的抽样框。

2. 抽取调查对象

抽样框建立起来之后,抽取调查对象是一件很简单的事。研究者可以根据抽样框中总体的大小以及已知的情况来决定采用简单随机抽样还是分层抽样。

在没有抽样框的条件下,也可以在人流量较大的网站,采用随机自动弹出的方式,对每隔一定数量的网上登陆者,在其电脑屏幕上弹出邀请信,邀请他们到特定网址接受调查。

3. 邀请调查对象或发送问卷

对于通过抽样框抽样确定的调查对象,研究者可以通过 E-mail 邀请调查对象,邀请他们在某段时间之内到特定的网址接受调查。如果是电子邮件调查则可直接向调查对象邮寄问卷,让他们选择合适的时间填答。

4. 回收问卷或催促

发出邀请或问卷之后,一方面将寄回的资料汇总,或等待被抽到的调查对象上网填答,另一方面要根据填答的情况向那些尚未上网填答和邮回问卷的调查对象发出催促信。

5. 致谢

向那些配合的调查对象致谢。

二、网上调查的形式

网上调查有多种形式,主要包括电子邮件调查、网页调查。

1. 电子邮件调查

电子邮件调查是一种通过电子邮件方式获取信息的资料采集方法。其运作过程如下:先将调查问卷以及调查说明制作成电子邮件发送给目标受调查者,要求他们收到邮件之后抽空填答并寄回填答完的问卷。

电子邮件调查与邮寄问卷调查基本相似,不同的是电子邮件调查比邮寄问卷调查的速度更快、费用更省,受调查者填答问题和寄回问卷更加方便。但电子邮件也可能在目标受调查者接受之前就被当作病毒邮件给删除掉。

2. 网页调查

网页调查是在网站上制作好电子问卷,然后邀请被随机抽到的目标受调查者到特定的网站填答问卷。网页调查与电子邮件调查的区别主要在于，前者是在线回答，研究者可以根据受调查者的回答进一步提问，并通过逻辑查错及时了解受调查者是否认真完成作业。电子邮件调查的受调查者在离线的情况下还可以自由选择合适的时间作答，但作答过程、是否出错不能得到及时反馈。

三、网上调查的优缺点

1. 网上调查的优点

①速度快。网上调查不管受调查者是在天涯还是在海角，只要有地址，都可以在很短的时间之内联络到他。在这一点上，网上调查与电话访问一样，比其他方法(如入户访问、拦截访问等)有明显的优势。

②成本低。网上调查跟邮寄问卷调查一样，可以节省大量的旅差费、访问员劳务费等。

③减少资料整理、录入的麻烦。在网页调查中，受调查者的反应直接进入数据库，无须重新输入。

④可以随时了解调查结果。在网页调查中，由于数据直接输入数据库，研究者可以随时统计出结果。

⑤可以展示形象的东西。如包装图片、实物图片等。网上调查的这一优点甚至比由访问员携带图片的入户访问、拦截访问还方便。

⑥不受地域限制。不管受调查者是在新疆、西藏、海南，还是在黑龙江、上海、福建，也不管他们是在国内，还是在国外，只要他们是网民、有 E-mail 地址，都能找得到他们。

⑦便于接触其他方法难以接触的人士。这一点跟电话调查相似。

2. 网上调查的缺点

①研究对象具有一定局限性，不适合某些研究。据有关统计资料，我国互联网用户存在着明显的性别和年龄差异，见表 11-6 和图 11-7。就年龄来说，年轻人偏多，50 以上的人偏少，如果目标受调查者年龄是 50 岁以上人群时，在网上进行调查就会遇到麻烦。

表 11-6　中国互联网用户的性别结构

性别结构	2000 年 7 月	2001 年 1 月	2001 年 7 月
男	75%	70%	61%
女	25%	30%	39%

资料来源：郑宗成，陈进，2002，306。

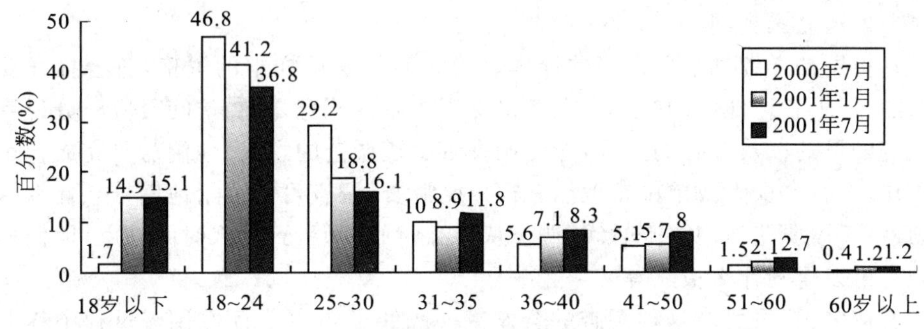

图 11-7　中国互联网用户的年龄结构

②受调查者容易拒绝、回收率低。网上调查的受调查者可以对你的 E-mail 或邀请置之不理，即使同意进行问卷填答，中途也可以随时退出。因为这种方式不用当面拒绝访问员，所以拒绝会比较彻底，回收率也不会很高。

第七节　固定样本调查

所谓固定样本调查，是指按一定抽样方法选定一些消费者（受调查者）作为固定样本，给每一被试分发记录表，要求他们逐日按要求记录每一调查项目，或在他们家中安装记录仪器，让他们在适当的时候开启仪器记录他们的活动情况，并由调查人员定期收集汇总记录表或仪器记录的资料，或由受调查者定期地将资料直接寄回市场研究机构。市场研究人员统计处理这些资料即可得到所需的数据结果或数据报告。

一、固定样本调查的基本过程

固定样本调查的资料采集过程大致包括三个过程（如图 11-8）：建立调查网、日记记录和资料汇总。

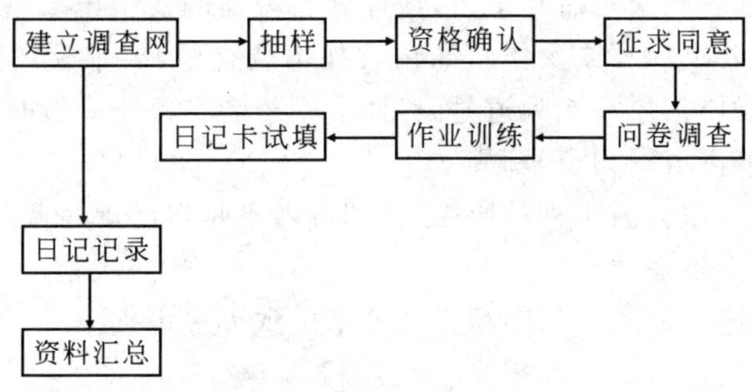

图 11-8　固定样本调查原基本程序

1.建立调查网

根据抽样计划抽取适当的样本。由访问员确认样本的资格,符合抽样要求的,征求获得他们的配合。在获得受调查者的同意之前,访问员应充分说明调查的目的以及调查的过程,让受调查者知道调查的意义,他们需要完成什么工作,还有多少人或单位跟他们一样接受调查,调查可能会给他们带来什么麻烦,每天需要花他们多少时间,调查从什么时候开始,到什么时间结束,他们的配合可以得到什么报酬等。

在美国,居民对这种调查的合作率一般低于60%。而在调查过程中逐渐退出的比例高达20%。在我国,居民的合作率因地区的不同而异,一般来说,经济越发达的地区,居民的合作率越低,有的地方甚至不到20%。就一个地区来说,经济收入水平越高的家庭,拒绝接受调查的可能性也越高。

在获得受调查者的同意之后,访问员通常还需要就受调查者个人或家庭的基本情况进行问卷调查,以便于今后按人口统计学特征来分析数据。

基本情况调查完毕,访问员就可以对受调查者进行作业培训,指导他们填调查表或使用仪器。在培训过程中,一般要让受调查者试填一段时间的日记卡。在日记卡试填中发现问题,访问员要及时纠正,直至受调查者完全清楚作业的程序。

2.日记记录

受调查者同意接受调查并熟悉作业程序之后,就可以按计划进行日记记录。受调查者在日记记录过程中常常会遇到各种各样的问题。有的问题是受调查者主观造成的,有的则是客观存在的。无论如何,只要有问题,必然会影响到调查数据的准确性和客观性。因此,访问员或督导员应适当监督受调查者的作业。

受调查者日记记录中常见的问题有:

①没有按规定的时间填写。如调查中要求受调查者当天购买的物品当天记录,而受调查者几天之后才记录,这样就会因遗漏发生记录错误。

②没有按要求填写或操作。如在收视率调查中,要求受调查者每次重新收看节目时,就要记录一次频道号码,而受调查者在停止一段时间之后继续收看该频道时,不再填写频道号码。

③由他人代填。由于种种原因,受调查者不是自己填写调查表,而是让家中的其他人代为填写。

④填写字迹不清楚。如字写得太潦草以致无法识别。

3.资料汇总

即回收受调查者填写好的调查表。一般来说,资料的汇总工作由访问员来完成，让他们挨家挨户将调查表收回来。但也可以让受调查者定期将填写好的调查表寄到某一个指定的地点，寄给某一个具体的人。由访问员挨家挨户收取可以保证调查表比较准时地收回，但费用比较大，而且可能会出现访问员作弊现象，如收不到调查表时，访问员自己填写补上。由受调查者自己寄回，虽然可以节省费用，但是会带来几个问题，一是回收时间无法把握，二是调查表可能遗失。

收集资料时，访问员要详细检查受调查者的填答情况，及时发现问题，当场纠正。

如果个别受调查者的记录资料收不到，要询问并记录其原因。

二、固定样本调查的基本类型

固定样本调查依据调查对象和调查内容的不同一般可以分为三种类型：

1. 购买小组

即由一定样本的商品购买者组成，如我国的央视调查咨询中心的消费者固定小组由 5 100 个样本户构成，网盖全国六大行政区的 10 大城市：沈阳、北京、天津、上海、南京、济南、广州、武汉、西安、成都。购买小组成员记录的内容包括每天购买的产品类型、品牌名称、产品型号、购买数量、价格、包装容量或重量、购买金额以及购买者等。调查记录的产品类别通常是日常消费品，包括：食用植物油、饼干、方便面、奶粉、豆奶粉、乳酸制品、白酒、啤酒、汽水、功能性饮料、果菜汁、包装水、胶卷、香皂、肥皂洗衣粉、卫生巾、牙膏、洗发水、护发素、沐浴液、洗发膏、摩丝、发胶、护肤品、干电池等。

通过统计分析购买小组日记记录资料，研究者可以了解消费者的购买频率、每次购买数量、每次购买金额、品牌忠诚度、品牌转换情况以及各竞争品牌的市场占有率，进而分析产品类别的市场容量、竞争对手的状况、品牌的市场地位，品牌的目标消费群体、潜在消费者等。

这些资料对于企业评价广告策略、销售策略、价格策略、包装策略具有相当重要的价值。

2. 电视观众小组

电视观众小组用于调查观众的电视收视情况。小组成员是从拥有电视机的家庭中抽选出来的。每一个接受调查的家庭都发给日记记录卡及相关的资料，在调查进行期间，要求他们将观看电视的时间和频道等情况记录在日记卡中；也可以在每一个接受调查的家庭中安装一台电视收视记录仪，要求他们在打开和关闭电视机的同时也打开和关闭记录仪，这样记录仪就会自动记录观众的收视情况。将所有小组成员的资料搜集汇总后就可以进行各种有关的资料分析工作。

收视率调查可以提供时段收视率、节目收视率、频道占有率等数据资料，也可以分析各节目的目标观众等。这些资料对于企业广告活动的媒体决策，对电视台的节目评估都是极为重要的客观依据。

在我国，目前有央视-索福瑞媒介研究公司、SRG公司提供这种服务。国际上提供这种服务比较著名的公司有美国的A.C.尼尔逊(Nielson)、日本的电通以及英国的TNSOFRES集团等。

3.零售商小组

该小组的成员是销售商，从零售各种物品的商店中抽取出来。调查过程中，他们需要记录每日销售的各类商品的品牌、规格、数量、单价等。在电脑化管理的商店中，由于结账是在电脑上进行的，记录过程不会带来额外的负担。

通过销售商小组获得的资料，可以分析出有关产品各品牌的日、周、月、季度以及年市场占有率等资料，可以了解竞争品牌的一段时期的市场变化情况，还可以收集有关产品类别各种品牌的存货情况。

三、固定样本调查的注意事项

固定样本调查属于纵向研究，是一种长期性的资料采集工作。比起横向研究来，固定样本调查对数据的准确性、客观性的要求更高。因此从调查策划开始就要特别慎重，尤其要注意以下几个方面的问题：

1.抽样设计计划的科学性

样本的代表性是固定样本调查关键中的关键。所以在制定抽样计划或抽样手册时应该明确界定：调查对象是谁，是什么样的；各级抽样的总体及抽样单元是什么；以什么资料为抽样框，如何获得抽样框资料；总样本量多少，各子样本量多少；采用什么样的抽样方法、各层抽样分别采用什么方法；样本如何更新替换或补充等这些抽样实施细节。

2.调查表设计的简单性

固定样本调查是长时间、连续的调查，受调查者配合的意愿主要取决于调查给他们带来的麻烦的大小。如果每天都要花他们较大的精力、较多的时间，他们拒绝调查的可能性就大。所以应该让他们很方便完成填答任务。具体地说，调查表要尽可能简单明了，容易填答，最好只让他们作一些简单的标记，如果需要让受调查者填写文字的话，填写的内容也一定不能太多。

3.对受调查者填答质量的监控

在这种长期性的调查中，受调查者刚开始接受调查时积极性会比较高，但会因为不熟悉作业方式而在填答时发生麻烦。当他们熟悉了调查作业之后，可能因为长期机械的工作方式而把调查工作看成是一种负担，产生厌烦情绪，因而填写调查表时不认真、应付了事，如不及时记录，有意遗漏，甚至伪造记录资料等等。这些问题都会影响调查资料的客观性，因此对受调查者进行有计划的、严格的监控是十分必要的。

监控受调查者填答质量的主要方法，一是检查调查表资料，看看是否出现逻辑错误。二是突然检查。例如在收视率调查中，可以在受调查者交回调查表之后，询问他们记录中看过的节目的情况，以此判断受调查者记录的真实性。

4.对访问员的严格管理

在调查研究中，抽样设计、问卷设计和调查实施过程对数据资料质量的影响最大，其中抽样设计和问卷设计是研究人员可以直接控制的，但调查实施过程则很大程度上控制在访问员手上。

在固定样本调查中，访问员一般比较稳定，而在采用其他方法进行的调查中，访问员通常是临时的，更换比较频繁。稳定的访问员一方面给访问员的管理带来了方便，但另一方面如果访问员不认真负责出了问题，对调查质量的负面影响也较大。所以从事固定样本调查时，一般都要制定一整套访问员的管理措施，包括：访问员的素质要求、访问员的职责、访问员的培训计划、访问员的奖惩条例等。除此之外，在工作过程中也要严格监督访问员，督促他们认真完成工作，避免由于工作不认真而带来问题。

四、固定样本调查的优缺点

1.固定样本调查的优点

①资料详实准确。固定样本调查要求受调查者在事件或行为发生之后立即记录，这比事件或行为发生一段时间之后进行的问卷调查或访问记录得到的资料更为准确。因为后者所得资料来自记忆，而记忆是会发生遗忘的。例如当询问消费者“您这一周内买过什么东西？”“在哪里购买？”、“什么品牌？”、“数量多少？”时，由于一周内买过的东西很多，受调查者不一定记得清楚，回答很难全面、准确。

②提供动态资料。多数资料采集方法都是通过访问或问卷调查一次性获得，资料仅显示某一时间横断面的情况。固定样本调查则不然，其资料由受调查者源源不断提供，不仅能显示某一时间横断面的情况，还能显示不同时间的变化状况，如原来使用A品牌者有多少改用其他品牌，不使用A品牌者有多少改用A品牌等。

③提供市场实验对象。市场研究者在进行市场实验时，可利用固定样本

作为实验对象，因为固定样本成员与市场研究机构保持着长期联系，便于监控。例如进行新产品测试时，固定样本就是最合适的试验对象。

④可以分摊研究经费。固定样本调查的费用比较昂贵，但是固定样本可以作为若干市场研究或调查的资料采集对象。这样，固定样本调查的费用就可以分摊到每一项调查研究上，单项研究的费用支出反而减少。

2. 固定样本调查的缺点

①样本的代表性可能受下列原因影响：第一，尽管固定样本调查的样本是用适当抽样方法（如分层抽样）抽出，但有些被抽到的成员（如高收入消费者）可能拒绝当受调查者。第二，固定样本成员可能中途退出，如迁居其他地方等。虽然可选候补新成员，但无形中影响了样本的随机性。第三，一旦被选为固定样本的成员，就要接受一段较长时间的调查。在这段时间里，有些消费者的经济收入、职业等情况会发生变化。这样就会影响样本的结构，进而影响整个样本的代表性。

②费用大。建立一个消费者调查网络，需要每个受调查者天天作记录，需要许多访问员与受调查者联络，收取资料，还要周期性地进行资料处理等，费用支出较大。

③实验者效应。在选取样本时，被选取的对象是自然状态下的消费者，但当他们被要求记录某些内容时，他们要记录的内容以及他们参与调查研究这一行为极可能使他们由原来自然状态的行为活动变成有意识的行为活动，如选购商品时更加细心，这会改变习惯、方式，在一定程度上损害调查结果的客观性。

思考题：

1. 入户访问应注意哪些问题？
2. 比较网上调查、置留问卷调查和邮寄问卷调查的异同点？
3. 比较分析入户访问、拦截访问、置留问卷调查和电话访问的异同点？
4. 各种调查方法如何分别提高问卷回收率或访问的成功率？

附录一　全国住校大学生上网情况调查

问卷编号：

您好，我叫________，是北京广播学院调查统计研究所的访问员，为掌握中国互联网络的发展情况，了解网民的上网情况，受国家信息产业部中国互联网络信息中心（CNNIC）的委托，我们进行一次中国互联网络发展状况的统计调查。此次调查意义重大，我们向您承诺对您所提供的一切信息我们都将予以保密，希望您能支持我们的工作，谢谢。

2000 年 12 月

主问卷部分

Q1. 请问您家中有计算机/电脑吗？

1—有　　　　2—没有

Q2. 请问您上过网吗？

上过……………………………………………………1 → 跳问 Q5

没上过…………………………………………………2 → 续问 Q3

Q3. 请问您不上网的原因是什么？（不提示，可多选，最多选 5 项）

1. 不感兴趣　　　　2. 觉得上网没用
3. 不会上网　　　　4. 上网费用贵
5. 没条件上网　　　　6. 没时间上网
97. 其他（请注明______）　　　　98. 不知道/没有原因

Q4. 请问您在近期多长时间内有可能上网？

1. 1 个月内　　　　2. 1～3 个月内
3. 3～6 个月内　　　　4. 6 个月～1 年
5. 1 年以后　　　　98. 不知道/无法预计

请跳到第×页，询问个人基本情况（从 D1～D13）

Q5. 请问您家中还有其他人上网吗？

1. 有　　　　2. 没有

Q6. 请问您第一次上网大约是在什么时候？

1. 3 年以前　　　　2. 过去 2～3 年间
3. 过去 1～2 年间　　　　4. 过去半年～1 年间
5. 过去 3～6 个月间　　　　6. 过去 3 个月
7. 过去 1 个月内

Q7-1. 请问您目前平均每周有多少天上网？ ______天（记录实际数字）

Q7-2. 请问您目前平均每天大约上网多长时间？ ______分钟（记录实际数字）

Q8. 请问您每月最多愿意花多少钱上网？（指的是上网费和用于上网的电话费，不包括其他的日常电话费用）

1. 低于 100 元　　　　2. 100 元　　　　3. 200 元
4. 300 元　　　　5. 400 元　　　　6. 500 元

7. 600 元　　　　　　　　8. 600 元以上　　　　98. 不知道/不清楚

以下是关于您上网的一般情况

Q9-1. 请问您经常在什么地点上网？

Q9-2. 您在________(依次读出所选地点)上网(所花时间)的大约比例是多少？

Q9-3. 您在________(依次读出所选地点)上网的费用来源是：

Q9-4. 您在________(依次读出所选地点)通常上网时间段是：

Q9-5a. 您在________(依次读出所选地点)的上网方式是(读出选项)：

Q9-5b.［只问 Q9-5a 中选择了 2 的被访者］您在(依次读出所选地点)使用的那台专线上网计算机所在的局域网或单位，是否有以 CN 结尾的域名？

1. 有　　　2. 没有　　　98. 不知道

Q9-6. 请问包括您本人在内，共有几人经常使用您使用的那台拨号或专线上网计算机？

地点	上网地点 Q9－1	上网所花时间 Q9－2	费用来源 Q9－3		通常的上网时间段 Q9－4	上网方式 Q9－5					包括本人大约有几人共用这台电脑上网 Q9－6	
			公费	自费		拨号方式	专线上网	CN 域名 Q9－5a			人数	不知道
宿舍	1	%	1	2		1	2	1	2	98		98
学校机房或办公室	2	%	1	2		1	2	1	2	98		98
网吧	3	%	1	2		1	2	1	2	98		98
家中	4	%	1	2		1	2	1	2	98		98
其他(注明)		%	1	2		1	2	1	2	98		98
合计	.	100%	.		.		98					

Q10. 请问您拥有几个 E-mail 账号？________(记录实际数字)

其中免费的 E-mail 账号有几个？________(记录实际数字)

请告诉我一个您最常用的 E-mail 地址：________@________

Q11. 请问您平均每周收到的电子邮件大概有多少封？发出的大概有多少封？

收到________封；发出________封(记录实际数字)

Q12. 请问您是否拥有个人主页？

1. 有，自己制作　　2. 有，别人制作

3. 没有　　98. 不知道

Q13. 请问您上网主要的目的是什么？（不提示，可多选，最多选 5 项）

1. 获得各方面的信息　　2. 学习计算机等新技术

3. 休闲娱乐　　4. 工作需要

5. 获得各种免费自愿　　6. 对外联系方便

7. 炒股需要　　8. 节省通讯时间

9. 赶时髦　　10. 网上购物

97. 其他（请注明______ D）

Q14. 请问您经常使用的网络服务有哪些？（不提示，可多选，最多选 5 项）

1. 电子邮箱　　2. 搜索引擎

3. 软件上传或下载服务　　4. 各类信息查询

5. 网上聊天室　　6. 新闻组

7. BBS 电子公告栏　　8. 网上寻呼机

9. 免费个人主页空间　　10. 网上游戏娱乐

11. 网上炒股　　12. 网上购物或商务活动

13. 网络电话　　14. 网上支付

97. 其他服务（请注明____）

Q15. 请问您在网上主要获得哪些方面的信息？（循环读出选项，可多选，最多选 5 项）

1. 新闻　　2. 计算机软硬件信息

3. 休闲娱乐信息　　4. 电子书籍

5. 科技信息　　6. 金融证券信息

7. 求职招聘信息　　8. 商贸信息

9. 旅行信息　　10. 各类广告信息

11. 医疗信息　　12. 交友征婚信息

13. 网络电话　　14. 网上支付

97. 其他（请注明____）

Q16. 上述网络信息中哪些还不能满足您的需要？（循环读出选项，可多选，最多选 5 项）

1. 新闻　　2. 计算机软硬件信息

3. 休闲娱乐信息　　4. 电子书籍

5. 科技信息　　6. 金融证券信息

7. 求职招聘信息　　8. 商贸信息
9. 旅行信息　　10. 各类广告信息
11. 医疗信息　　12. 交友征婚信息
13. 网络电话　　14. 网上支付
97. 其他(请注明____)

Q17. 请问在使用网络时,您获取、浏览的中文和外文信息的比例大约是多少?

中文信息	%	国内信息	%
外文信息	%	国外信息	%
合计	100%	合计	100%

Q18. 您得知新网站的途径主要是通过:(可多选,最多选5项)
1. 搜索引擎　　2. 其他网站上的链接
3. 相关报刊杂志的介绍　　4. 朋友、同学、同事的介绍
5. 相关广播电视节目的介绍　　97. 其他方式(请注明____)

Q19. 您认为Internet接入服务商(ISP)的最主要因素是什么?(单选)
1. 连线速度　　2. 服务质量
3. 价格　　4. 知名度
97. 其他(请注明____)

Q20. 您认为一个成功网站需具备的最主要因素是什么?(单选)
1. 网站信息量大,更新及时
2. 有吸引人的服务(如免费电子邮件、免费软件下载、证券信息等)
3. 浏览该网站的速度较快
4. 该网站交互性好,能与其他网友自由交流
5. 该网站设计精巧,值得学习参考
97. 其他(请注明____)

Q21. 您认为当前互联网最令人不满意的地方是什么?(不提示,单选)
1. 速度太慢　　2. 收费太贵
3. 中文信息不够丰富　　4. 无法保护个人隐私
5. 需要太多的专业知识,使用不便　　6. ISP服务质量不好
7. 上网没什么用　　97. 其他(请注明____)

Q22. 您使用哪种设备上网?(读出选项,可多选)
1. 计算机　　2. 移动终端(如手机、PDA)

3. 信息家电产品(如机顶盒)　　97. 其他(请注明____)

最后是一些有关您个人的问题,用作数据统计以及检查访问员工作,并且将严格保密。

D1. 请问您到本校上学之前来自________省________市

D2. 您的出生年份:19____年

D3. 请问您到本校上学之前的户口属于

1. 城镇户口　　2. 农村户口

D4. 请问您自己平均每月的个人收入是多少(包括家庭提供的生活费、勤工俭学工资、奖学金及其他一切额外收入)

1. 500 元以下　　2. 501～1 000 元

3. 1 001～1 500 元　　4. 1 501～2 000 元

5. 2 001～2 500 元　　6. 2 501～3 000 元

7. 3 001～4 000 元　　8. 4 001～5 000 元

9. 5 001～600 元　　10. 6 001～10 000 元

11. 10 000 元以上　　12. 没有收入

D5. 请问您全家平均每月的总收入是多少?(包括工资、奖金及其他一切额外收入)

1. 500 元以下　　2. 501～1 000 元

3. 1 001～1 500 元　　4. 1 501～2 000 元

5. 2 001～2 500 元　　6. 2 501～3 000 元

7. 3 001～4 000 元　　8. 4 001～5 000 元

9. 5 001～6 000 元　　10. 6 000～10 000 元

11. 10 000 元以上　　12. 无收入

98. 不知道

D6. 专业类别:

1. 理　2. 工　3. 农　4. 医　5. 文　6. 艺　7. 其他

D7. 目前就读的学位:

1. 大专/高职　　2. 本科/续本/双学位

3. 硕士　　4. 博士

D8. 学校名称:________ D9. 所在系:________

D10. 入学时间:________年

D11. 姓名:________________ D12. 性别:1. 男　2. 女

D13. 联系电话:____________

以下是访问员填写:

访问员姓名：　　　　　　　　　　访问员编号：

复核结果：1. 合格　　　　　　　2. 不合格

以下部分是关于网络的热点问题，请交给上过网的被访者自填：

H1. 您对于网络广告：（单选）

1. 经常点击　　　　　　2. 有时点击
3. 偶尔点击　　　　　　4. 不点击

H2. 哪类网络广告形式最可能吸引您点击？（单选）

1. 动画式广告　　　　　2. 横幅式广告
3. 跳出窗式广告　　　　4. 文字式广告
5. 邮件式广告　　　　　6. 插播式广告

H3. 网页上哪一类的广告可能会吸引您点击？（可多选，最多选 5 项）

1. 公益性活动　　　　　2. 新闻信息
3. 商业公司　　　　　　4. 商品信息
5. 有奖促销活动　　　　6. 新站发布
7. 学术活动　　　　　　8. 娱乐活动
9. 形象广告　　　　　　94. 其他（请注明____）

H4. 您是否乐意收到网络广告邮件作为选择物品或服务的参考？（单选）

1. 乐意　　　　　　　　2. 不乐意
3. 无所谓

H5. 您是否经常点击网页上的链接图标/链接站点？（单选）

1. 经常　　　　　　　　2. 有时
3. 偶尔　　　　　　　　4. 从来不

H6. 您认为在未来一年中下列哪种广告形式具有更好的宣传效果？

1. 网络广告　　　　　　2. 电视广告
3. 户外广告　　　　　　4. 报纸广告
5. 杂志广告　　　　　　6. 宣传册、广告信函
7. 广播广告

H7. 您是否经常浏览电子商务网站？（单选）

1. 经常　　　　　　　　2. 电视广告有时
3. 偶尔　　　　　　　　4. 从来没有过

您在过去一年中进行网上交易的情况：

H8-1. 您是否通过网络商店购买商品或服务？

是………1 →过去一年中累计交易________额元（人民币）

否………2

H8-2. 您是否在拍卖/竞标网站上进行交易？

是………1 →过去一年中累计交易________额元(人民币)

否………2

H8-3. 您是否在网上成功进行过二手交易

是………1 →过去一年中累计交易________额元(人民币)

否………2

H8 题全部答“否”的请跳答 H17 题

H9-1. 您在网上实际购买过哪些种类的产品？(可多选)

1. 书刊类　　2. 电脑的相关产品
3. 照相器材　　4. 通讯类
5. 音像器材及制品　　6. 生活、家居类
7. 服装类　　8. 家电产品
9. 体育用品类　　10. 医疗保健类
11. 礼品服务　　12. 金融、保险服务
13. 票务服务　　12. 教育学习服务
98. 其他(请注明______)

H9-2. 您希望网络能更多地提供哪些种类的产品？(可多选)

1. 书刊类　　2. 电脑的相关产品
3. 照相器材　　4. 通讯类
5. 音像器材及制品　　6. 生活、家居类
7. 服装类　　8. 家电产品
9. 体育用品类　　10. 医疗保健类
11. 礼品服务　　12. 金融、保险服务
13. 票务服务　　12. 教育学习服务
98. 其他(请注明______)

H10-1. 您一般采取哪种付款方式？

1. 货到付款(现金结算)　　2. 信用卡(或储蓄卡)
3. 网上支付　　4. 邮局汇款
5. 银行汇款　　6. 银行存折账户划算
7. EMS 快递代收货款

H10-2. 对于高额“超过 1 000 元的产品”，您希望采取什么样的付款方式？

1. 货到付款(现金结算)　　2. 信用卡(或储蓄卡)

3. 网上支付　　4. 邮局汇款
5. 银行汇款　　6. 银行存折账户划算
7. EMS 快递代收货款

H11. 您是否经历“已经订了货并付了款后，而未收到货物”的情形？（单选）

1. 有　　2. 没有

H12. 从发出订单开始到您收到货物，您实际等待的天数：

最长______天　　最短______天

H13. 您一般选择什么方式进行商品配送？（单选）

1. EMS　　2. 其他快递
3. 普通邮寄　　4. 航空、铁路发运
5. 送货上门　　97. 其他（请注明____）

H14. 由于何种原因，您进行网络购物（可多选）？

1. 节省时间　　2. 节省费用
3. 操作方便　　4. 寻找稀有商品
5. 出于好奇，觉得有趣　　97. 其他（请注明____）

H15. 请问您对通过网络进行交易总体上满意吗？（单选）

1. 非常不满意　　2. 较为不满意
3. 一般　　4. 较为满意
5. 非常满意

H16. 您认为目前网上交易存在的最大问题是什么？（单选）

1. 安全性得不到保障　　2. 付款不方便
3. 产品质量、售后服务及厂商信
4. 送货耗时、渠道不畅用得不到保障
5. 价格不够诱人
6. 网上提供的交易信息不够丰富
7. 网上提供的信息不可靠
97. 其他（请注明____）

H17. 您认为中国何时能实现大规模的网上电子商务？（单选）

1. 半年内　　2. 半年～1 年
3. 1～2 年　　4. 3～5 年
5. 5 年以上　　6. 没有考虑过这个问题

H18. 在过去的一年中，您的计算机被入侵过吗？（包括病毒）

1. 没有　　2. 有

3. 不太清楚

H19. 在网上您主要采取什么安全措施？(可多选)

1. 密码加密　　2. 防病毒软件

3. 防火墙　　4. 电子签名

5. 不清楚，由系统管理人员负责

6. 什么措施都不采用

97. 其他(请注明____)

H20. 对于网络上的私人账号，您平均多久换一次密码？(单选)

1. 1个月　　2. 3个月～半年

3. 半年～1年　　4. 一直不换

H21. 您认为将来最有希望的网上事业是什么？(可多选，最多选5项)

1. 网上购物　　2. 网络通讯

3. 网上学校　　4. 网上炒股

5. 网上有偿信息服务　　6. 网上医院

7. 虚拟社区　　8. 网上游戏娱乐服务

9. 在线点播服务　　97. 其他(请注明____)

全部完成了，多谢！

附录二　厦门市消费模式调查问卷

1. 同行人数(包括被访者)

a. □1位　　b. □ 2～3位

c. □4～6位　　d. □6位以上

2. 每星期到此商场或同类商场次数

a. □少于1次　　d. □3次

b. □1次　　e. □4次或以上

c. □2次

3. 到此商场之主要消费是

a. □购物→□家庭电器　　□日用品

□服装　　□运动用品

□儿童用品　　□化妆品

□食品　　□其他

b. □饮食→□快餐店　　□酒楼

□西餐厅　　□风味食店

□外国餐馆(日本菜)

c. □娱乐→□电影 □保龄球

□的士高 □卡拉 OK

□游戏机场 □桌球

□溜冰 □酒吧

□其他

4. 每次到商场平均消费额约

a. □￥200 以下 b. □￥201～400

c. □￥401～600 d. □￥601～800

e. □￥801～1 000 f. □￥1 000 以上

5. 到此商场所使用之交通工具

a. □步行 b. □公共汽车

c. □单车 d. □计程车

e. □私家车 f. □摩托车

6. 每次在商场逗留时间约

a. □1 小时或以下 b. □1～2 小时

c. □2～3 小时 d. □半天

e. □整天

7. 习惯到此商场之时间是在

星期____,早上/下午/晚上(删去不适合)

8. 请选择 3 个您最常到访之商场及消费场

a. □华联商场(中山路) b. □华联梧村商场

c. □友谊商场 d. □第一百货商店

e. □利景商厦 f. □大丰商场

g. □华辉百货 h. □华都商场

I. □育兴商场

9. 你认为一般大型购物商场之塔楼部分属于哪类型比较适合?

a. □住宅 b. □商办

c. □商住 d. □无所谓

10. 你日常最喜欢的娱乐(若第 3 题选 c,则不用回答)

a. □电影 b. □保龄球

c. □的士高 d. □卡拉 OK

e. □游戏机场 f. □桌球

g. □溜冰 h. □酒吧

I. □其他

11. 性别　a. □男　b. □女

12. 婚姻状况　a. □已婚　b. □未婚

13. 年龄　a. □20 岁或以下　b. □21～25 岁
c. □26～30 岁　d. □31～35 岁
e. □36～40 岁　f. □41～45 岁
g. □46～50 岁　h. □50 以上

14. 每月收入　a. □￥500 以下　b. □￥501～1 000
c. □￥1 001～1 500　d. □￥1 501～2 000
e. □￥2 000～2 500　f. □￥2 500 或以上

15. 居住地区　a. □开元区　b. □思明区
c. □湖里区　d. □鼓浪屿区
e. □集美区　f. □杏林区
g. □同安县　h. □其他

16. 居民类别　a. □厦门市居民　b. □国内其他省市居民
c. □台湾同胞　d. □港澳同胞
e. □外国人

17. 每月消费　a. □饮食－￥______　b. □娱乐－￥______
c. □服装－￥______　d. □购物－￥______
e. □住屋－￥______　f. □其他－￥______

此栏由调查员填写

调查员姓名：________

调查日期：__________

调查时间：__________

调查地点：□华联商场（中山路）　□第一百货商店　□华辉百货
□华联梧村商场　□华都商场

附录三　美国航空公司旅客调查问卷

1. 这个航班号码是什么？__________日期______

2. 您坐哪种舱？
一等舱____1　商务舱____2　二等舱____3

3. 您对这一航班总体上的看法是
很好____1　好____2　一般____3　不好____4

4. 您坐这班飞机的票价是否打折扣

是____1　　否____2

5. 这次旅行的主要原因是什么(请选择最合适的一项)?

商务旅行		私人旅行	
标准的商务旅行	____01	拜访朋友或亲戚	____06
会议、贸易展览等	____02	游览、观光	____07
公司训练或销售会	____03	个人急事	____08
军事任务	____04	迁居、上学或放假	____09
其他	____05	其他	____10

混合

伴随家人或朋友进行商务旅行　____11

半商务旅行半个人旅游　____12

6. 以前是否进行过商务旅行?

是____1　　否____2

7. 过去一年您进行过多少次旅行(来回算一次)

	旅行次数
私人旅行	____
商务旅行	____
一次都没有	____

8. 您认为往后一年的航空旅行会比过去一年多还是少?

	多	少	大致相同	不知道
	1	2	3	4
私人旅行	____	____	____	____
商务旅行	____	____	____	____

为了帮助我们制定发展计划,我们想了解您对整个国家经济状况的印象。

9. 您认为现在的商业状况如何?

好____1　　复杂,有好也有差____2　　差____3

10. 您对下一年本国的商业状况的看法是:

好一些____1　　一样____2　　差一些____3

11. 您觉得现在是不是人们购物(如家具)的好时机?

是____1　　不一定____2　　不是____3

12. 决定您对11题的反应的最重要因素是什么?

兴趣　____1　　对经济、政府或

价格　____2　　商业状况的感觉____5

购买的必要性____3　　　其他____6

个人的状况　____4

13a. 您认为今后一年的通货膨胀率：

增加____1　　保持一样____2　　降低____3

13b. 您认为今后一年的失业率会上升还是下降？

上升____1　　保持一样____2　　下降____3

14. 您认为今后半年的股票价格会上升还是下跌？

上升____1　　保持一样____2　　下跌____3

我们对您自己觉得这些日子过得怎么样也很感兴趣。

15a. 与一年前相比，您的收入

好一些____1　　一样____2　　差一些____3

15b. 今后一年，您期望您的收入会

好一些____1　　一样____2　　差一些____3

15c. 与一年前相比，您的储蓄

多了____1　　一样____2　　少了____3

16. 总体上说，根据您的状况，今天航班的飞行价格

便宜____1　　价格适当____2　　定价太高____3

17. 您的职业

经理	____01	艺人、机械师	____07
专业人员	____02	服务生、操作员	____08
教师或教授	____03	家庭妇女	____09
销售代表(代理)	____04	航空人员或旅游公司	____10
政府人员或军人	____05	学生	____11
秘书、办事员、		退休人员	____12
办公室人员，销售员	____06	其他	____13

18. 您的税前家庭年收入：(美元)

不到＄20 000	____1	＄60 000～＄69 000	____6
＄20 000～＄29 000	____2	＄70 000～＄79 000	____7
＄30 000～＄39 000	____3	＄80 000～＄89 000	____8
＄40 000～＄49 000	____4	＄90 000～＄99 000 以上	____9
＄50 000～＄59 000	____5	＄100 000 以上	____0

19. 您的最高学历：

高中未毕业	____1	大学	____4
高中	____2	大学毕业	____5

大学预科或贸易学校____3　　研究生　____6

20. 您的年龄：

18～21 岁____1　　40～49 岁____4　　65～69 岁____7

22～29 岁____2　　50～59 岁____5　　70 或以上____8

30～39 岁____3　　60～64 岁____6

21. 您的性别：男____1　　女____2

22. 您的婚姻状况：单身____1　　已婚____2　　寡居(离异)____3

23. 如果您居住在美国，您的邮政编码是多少？

__________邮政编码

谢谢您的合作。

附录四　中央电视台电影频道节目全国观众调查问卷

填写日期：________月____日　　　　问卷编号67111

访问员：____________调查初审员：________编码员：________

联系电话：__________联系电话：__________审核员：__________合格(否)

亲爱的观众：

您好！

中央电影频道(CCTV-6)自 1996 年 1 月 1 日开播至今已经一年有余。为了全面了解观众对她的评价和期待，进而提高她的节目编播质量，我们组织了这次调查研究。

您是在全国范围内通过科学方法抽选出来的代表，您的详尽填答有助于我们了解其他未被访及的千千万万观众的情况和意见，因此，我们诚恳地希望得到您的支持与合作。问卷分为两个部分，一是自填答案式问卷，二是时间分配日记。自填式问卷您只要看清楚题意，认真地按每道题的要求做答就行了，而时间分配日记则要详尽地记录您在 8 月 30 日(星期六)、31(星期天)、9 月 1 日(星期一)、9 月 2 日(星期二)中，任意两天(但其中必须有一天是工作日，一天是休息日)共 48 小时生活的全部个人行为活动。问题不复杂，只要用 2B 铅笔在我们设计好的活动名称后相应的时段上涂黑就可以了，两部分必须由您个人完成，不能由他人代替。问卷中各项问题的答案也无所谓对错和好坏，它对我们的研究都是有用的。我们亦将依照国家《统计法》对您的回答予以保密。所以您不必有任何顾虑。

占用了您的宝贵时间，向您致以深切的谢意！

央视调查咨询中心媒介研究部

一九九七年七月

入户抽样表

家中 15～75 岁人口数________人

序号	姓名	年龄（从大到小）	性别	抽中打✓	问卷尾数编号									
					1	2	3	4	5	6	7	8	9	0
1					1	1	1	1	1	1	1	1	1	1
2					2	1	2	1	1	2	1	2	2	1
3					1	3	2	2	3	1	3	1	1	2
4					2	2	4	1	3	4	1	3	3	2
5					2	5	3	3	4	4	1	1	5	3
6					3	1	4	1	5	2	6	2	3	6
7					4	5	6	5	7	2	3	1	7	3
8					4	5	6	2	7	1	8	3	4	5
9					2	4	9	5	9	3	7	8	1	8
10					5	2	3	4	10	8	9	6	9	1

被访人：________电话（家）：__________电话（单位）：__________

通讯地址：__________________________邮政编码：__________

★（请您在符合您的情况和意见的答案上划√或填写相应数字）

个人及家庭背景资料

A. 您的性别：(1)男　　(2)女

B. 您的年龄____周岁

C. 您的婚姻状况

(1)未婚　　(2)已婚　　(3)离异

D. 您的教育程度

(1)小学以下　(2)小学　　(3)初中　　(4)高中、中专或中技

(5)大专　　(6)大学本科　(7)双学士、硕士、博士

E. 您的职业和身份

(1)工人　　(2)商业服务业人员

(3)公司职员　　(4)文化艺术界人士

(5)党政机关干部　　(6)企事业单位领导或管理人员

(7)专业技术及研究人员　　(8)教育工作者

(9)医务人员　(10)军人、武警
(11)私营企业主或个体劳动者　(12)学生
(13)公检法人员　(14)离退休人员
(15)下岗及待业人员　(16)无业人员
(17)农林牧渔业人员　(18)其他人员____(请注明)

F. 您个人的月平均收入有多少?(包括工资、奖金和其他一切收入,指税前额)

(1)无收入　(2)200元以下　(3)201~400元
(4)401~600元　(5)601~800元　(6)801~1 000元
(7)1 001~1 250元　(8)1 251~1 500元　(9)1 501~1 750元
(10)1 751~2 000元　(11)2 001~2 500元　(12)2 501~3 000元
(13)3 000元以上

G. 您每周工作时间

(1)15小时以下　(2)15~34小时　(3)35~42小时
(4)43~46小时　(5)47~48小时　(6)49~59小时
(7)60小时以上　(8)其他　(请注明)

H. 您每周休息几天

(1)每周休一天　(2)每周休一天半　(3)每周休两天
(4)倒休制　(5)月休制　(6)其他__(请注明)

I. 您的家庭人口____口人

J. 您的家庭类型:

(1)单身户　(2)一代户　(3)两代户
(4)三代及以上户

K. 您全家去年的年总收入(税前额)

(1)4 000元以下　(2)4 001~6 000元
(3)6 001~8 000元　(4)8 001~10 000元
(5)10 001~12 000元　(6)12 001~14 000元
(7)14 001~16 000元　(8)16 001~18 000元
(9)18 001~20 000元　(10)20 001~25 000元
(11)25 001~30 000元　(12)30 001~40 000元
(13)40 001~50 000元　(14)50 001~100 000元
(15)10万元以上

L. 您家居住的室数

(1)一室　(2)二室　(3)三室

(4)四室　　　　　　(5)五室以上

M. 您家有几个 15 岁以下的孩子

(1)1 个　　　　　　(2)2 个　　　　　　(3)3 个

(4)4 个以上　　　　(5)没有 15 岁以下的孩子

N. 您家有电视机吗?

(1)彩色电视机　　　(2)黑白电视机　　　★(3)没有电视机

(答(3)的观众,停止回答以下问题,但请认真填写两天的《时间分配日记表》)

1. 请您回忆一下,您上周每天都收看电视吗?(限选一项)

(1)每天收看　　　　(2)上周有六天收看　(3)上周有五天收看

(4)上周有四天收看　(5)上周有三天收看　(6)上周有两天收看

(7)上周有一天收看　(8)一天也没看

2. 在休息日(一般是周六、周日),您是否比工作日增加收看电视的时间?(限选一项)

(1)增加　　　　　　(2)和工作日时一样　(3)有时增加,有时减少

(4)减少

3. 您是否收看下列电视节目?(请各选一项)

	几乎不看	有时看	经常看	每天看
3.1 新闻类	1	2	3	4
3.2 经济类	1	2	3	4
3.3 法制类	1	2	3	4
3.4 生活类	1	2	3	4
3.5 科技类	1	2	3	4
3.6 军事类	1	2	3	4
3.7 体育类	1	2	3	4
3.8 综艺类	1	2	3	4
3.9 戏曲类	1	2	3	4
3.10 音乐类	1	2	3	4
3.11 影剧类	1	2	3	4
3.12 少儿类	1	2	3	4

4.1 在每晚 19:00～19:30 这段时间,您通常看什么类节目?(限选一项)

(1)中央一套播放的或地方台转播的《新闻联播》

(2)影剧类节　　　　目(3)其他类节目　　　(4)不开电视机

（请选择(1)的观众继续回答，选择其他三项的观众从第 5.1 题开始回答）

4.2 在每晚 19:40（看完《新闻联播》和《天气预报》）左右，您通常选看什么类节目？（限选一项）

(1)新闻评论类节目　(2)生活服务类　(3)影剧类

(4)综艺晚会类　(5)体育类　(6)其他类__(请注明)

5.1 您是否收看过中央电视台第六套（电影频道）节目？（限选一项）

(1)是　(2)过去收看过，现在不看了

(3)否

（回答(2)和(3)的观众请继续回答第 5.2 问题，然后跳到第 30 题开始回答，回答(1)的观众不回答第 5.2 题，而从第 6 题继续回答）

5.2 如果您一直不看电影频道播出的节目或过去看而现在不看了，其主要原因是什么？（可多项选择）

(1)平时很少看电视

(2)根本收看不到电影频道

(3)看过几次感觉播出的影片太一般，没有什么好看的

(4)其他台播出的电影、电视剧比电影频道更好看

(5)想看，但不知道电影播出的准确时间

(6)工作太忙或事情太多，没机会看

(7)看电影频道播放的影片还不如直接去电影院看效果好

(8)看电影频道播放的影片还不如看 VCD

(9)其他______(请注明)

（答了第 5.2 题的观众请跳到第 30 题继续回答）

6. 您是从什么时候收看电影频道的节目的？（限选一项）

(1)1996 年刚开始播　(2)1996 年上半年

(3)1997 年上半年　(4)刚开始看

7. 您一般多长时间收看一次电影频道播出的节目？（限选一项）

(1)每天多次　(2)每天一次

(3)两三天一次　(4)每周一次

(5)断断续续收看

8. 您通常是在哪个收视时间段看电影频道节目？（可多项选择）

上午(1)8:30—9:00　(2)9:05—10:40

(3)10:50—12:00　(4)12:30—13:00

下午(5)13:00—14:30　(6)15:00—16:30

(7)16:45—18:15　(8)18:30—18:50

晚上(9)19:00—19:30　　　　　　(10)19:50—21:30

(11)21:45—23:10　　　　　　(12)23:20—凌晨

9.电影频道给您的总体印象是:(限选一项)

(1)总是播老片子　　　　　　(2)大部分是老片子,少数是新片子

(3)一半老片子,一半新片子　(4)少数是老片子,大部分是新片子

(5)总播新片子

10.您对电影频道的总体评价是:(限选一项)

(1)办得不好　　　　　　(2)办得一般

(3)办得比较好　　　　　(4)办得很好

11.您认为下列电影频道现有各片场栏目应该:(请各选一项)

态度 片场栏目	取消	减少播出量	保持原样	增加播出量	不了解
1. 播放60年代以前的中外优秀经典老故事片的《流金岁月》	1	2	3	4	9
2. 播放80年代以后的国内外新故事片的《周末电影乐园》	1	2	3	4	9
3. 展现中外革命历史题材影片的《时代风云录》	1	2	3	4	9
4. 精选国内外优秀译制片的《海外剧场》	1	2	3	4	9
5. 专门播放儿童片的《儿童剧场》	1	2	3	4	9
6. 引进国外(以美国为主)优秀影片的《中文字幕片场》	1	2	3	4	9
7. 反映影片拍摄情况的《新片现场追踪》	1	2	3	4	9
8. 反映影片发行,观众反馈情况的《电影市场写真》	1	2	3	4	9
9. 介绍人物、电影类型等情况的《边说边看》	1	2	3	4	9

续表

片场栏目＼态度	取消	减少播出量	保持原样	增加播出量	不了解
10. 介绍电影各方面知识的《电影百科》	1	2	3	4	9
11. 介绍国内外影讯的综艺性电影节目《近日影视》	1	2	3	4	9

12.1 为了照顾到观众的各种收视偏好，我们把影片归类做成片场，在固定日期和时间播放，以便喜欢这类故事片的观众定时收看，您认为这样做：(限选一项)

(1)很有必要　　(2)没有必要　　(3)不清楚

(若回答(2)“没有必要”和(3)“不清楚”，请回答第 12.2 题，然后跳至第 14 题继续回答，答(1)“很有必要”的观众从第 13 题继续回答)

12.2 如您认为不必以片场播放电影，其原因是：(可多项选择)

(1)做好节目预告就行了，观众碰到什么看什么

(2)观众最终看的是影片，不是片场

(3)没有统一的标准把影片归类，划分片场

(4)其他____(请注明)

13. 您认为影片分片场定时播放的分类标准有哪些？(可多项选择)

(1)以影片的摄制时间(老片、新片)划分片场

(2)以影片类型题材分片场

(3)以观众年龄划分片场

(4)以影片出品的国别划分片场

(5)以影片长短划分片场

(6)其他____(请注明)

14.1 当您准备收看一部名片或大片之前，您需要不需要收看与这部影片有关的一些拍摄背景、花絮和记者采访编导、演员的短时间节目？(限选一项)

(1)需要　　(2)无所谓

(3)不需要　　(4)说不清

(如答(3)请跳到第 15 题开始继续回答)

14.2 如有这样一个栏目的话，您认为以多长时间为宜？(限选一项)

(1)5 分钟以下　　(2)5～10 分钟

(3)11～15 分钟　　(4)16～20 分钟

(5)20 分钟以上

15. 您认为以下两个片场(《流金岁月》和《周末电影乐园》)的贴片栏目办得如何?(各选一项)

	差	一般	较好	很好	不了解
A.《流金岁月》的短时间介绍性栏目	1	2	3	4	5
B.《周末电影乐园》的短时间介绍性栏目	1	2	3	4	5

16.《流金岁月》是专门播放60年代以前中外优秀经典故事片的片场,您对以下哪些内容更感兴趣?(可多项选择)

(1)当时该片的拍摄背景介绍　　(2)当时该片的拍摄制作花絮
(3)该片导演、主要演员的追踪采访　　(4)该片主要演员与观众见面
(5)专家对该片的讲解评述　　(6)观众追忆当年看该片的感受
(7)我对以上所有内容都不感兴趣　　(8)其他________(请注明)

17.《周末电影乐园》是专门播放80年代以后中外拍摄的故事片的片场,您对以下哪些内容更感兴趣?(可多项选择)

(1)该片的拍摄背景介绍
(2)该片的拍摄制作花絮
(3)主持人对该片主要演职人员的采访
(4)该片主要演员与观众现场对话交流
(5)专家对该片的讲解评述
(6)对看过该片观众的现场采访
(7)我对以上所有内容都不感兴趣
(8)其他________(请注明)

18. 除了故事片外,您还经常看哪些短片?(可多项选择)

(1)美术片　　(2)风光片　　(3)纪录片
(4)科教片　　(5)艺术探索片　　(6)戏曲片
(7)动画片　　(8)专题片　　(9)其他

19. 您认为您经常看的这些短片在什么时间段播放最好?(每类短片在平时和假日各至少选一项)

	1. 美术片		2. 风光片		3. 纪录片		4. 科教片		5. 艺术片		6. 戏曲片		7. 动画片		8. 专题片	
	平时	假日	平时	假日	平时	假日	平时	假日	平时	假日	平时	假日	平时	假日	平时	假日
A. 8:00—8:30																
B. 8:30—9:00																

续表

	1.美术片		2.风光片		3.纪录片		4.科教片		5.艺术片		6.戏曲片		7.动画片		8.专题片	
	平时	假日	平时	假日	平时	假日	平时	假日	平时	假日	平时	假日	平时	假日	平时	假日
C. 9:30—10:00																
D. 10:00—11:30																
E. 11:30—12:00																
F. 12:00—12:30																
G. 12:30—13:00																
H. 13:00—13:30																
I. 13:30—14:00																
J. 14:00—14:30																
K. 14:30—15:00																
L. 15:00—15:30																
M. 15:30—16:00																
N. 16:00—16:30																
O. 16:30—17:00																
P. 17:00—17:30																
Q. 17:30—18:00																
R. 18:00—18:30																
S. 18:30—19:00																
T. 19:00—19:30																
U. 19:30—20:00																
V. 20:00—20:30																
W. 20:30—21:00																
X. 21:00—21:30																
Y. 21:30—22:00																
Z. 22:00 以后																

20. 您希望增加哪些短片的播出次数？（可多项选择）

(1)美术片　(2)风光片　(3)纪录片　(4)科教片

(5)艺术探索片　(6)戏曲片　(7)动画片　(8)专题片

(9)其他______(请注明)

21.1 除了看电影（故事片和短片）以外，电影频道还安排了一些小栏目（如《新片现场追踪》、《电影百科》、《今日影视》、《边说边看》和《电影市场写真》),专门介绍国内外影讯、电影界人物专访、反映电影市场动向、新影片拍摄情况等,这些栏目大都在每天晚上的19:37左右播出,您认为这一时段对您是否合适?(限选一项)

(1)合适　　　　(2)无所谓　　　　(3)不合适

(如您认为(2)"无所谓"和(3)"不合适",请接着回答第21.2题,选(1)"合适"的请跳到第22题继续回答)

21.2 如您认为不合适或无所谓合适不合适,您认为应该:(限选一项)

(1)比这个时间更早一些　　(2)比这个时间更晚一些

(3)无所谓　　　　(4)其他______(请注明)

22. 您认为现有的哪些栏目的文化品味较高(可多项选择)

(1)《新片现场追踪》　　(2)《电影百科》　　(3)《今日影视》

(4)《边说边看》　　(5)《电影市场写真》

23.1 如您想看电影,您通常的做法是:(限选一项)

(1)事先不看任何节目预告,拿出遥控器搜寻,碰到哪个看哪个

(2)事先看节目预告,然后按时收看

(3)没有固定的习惯

(如回答(2)和(3),请接下去回答第23.2题,回答(1)请跳到第24题继续回答)

23.2 您最主要是通过什么途径来了解电影频道节目播出安排的?(限选一项)

(1)电影频道的"银屏导视"栏目　　(2)当地的广播电视节目报

(3)电影频道的节目预告　　(4)当地的日报、晚报

(5)家中成员的提醒　　(6)其他______(请注明)

24. 以下电视节目预告时间,您最能接受哪一种?(限选一项)

(1)今天预告明天的节目

(2)这周预告下周的节目

(3)这月预告下月的节目

25. 您觉得目前《银屏导视》这个栏目办得如何?(限选一项)

(1)办得不好　　(2)办得一般

(3)办得比较好　　(4)办得很好

26. 您认为《银屏导视》这个栏目应该是:(限选一项)

(1)全用来介绍新影片、好电影

(2)对要播的影片做全面的逐一介绍

(3)个别影片介绍时间占得长些,一般介绍占得时间短些

(4)其他________(请注明)

27.如果您今天错过了一部自己早就想看的影片,您希望什么时候看到它?(限选一项)

(1)明天就看到这部影片　　(2)一周内看到这部影片

(3)两周内看到这部影片　　(4)一月内看到这部影片

28.如果您今天刚看过一部不错的影片,您希望隔多长时间再看到它?(限选一项)

(1)明天再看到这部影片　　(2)一周后再看到这部影片

(3)两周后再看到这部影片　　(4)一月后再看到这部影片

(5)一季度后再看到这部影片　　(6)半年后再看到这部影片

(7)一年后再看到这部影片　　(8)不想再看了

29.您同意以下哪一种影片重播方式:(限选一项)

(1)第一天晚上播出的栏目和影片,第二天再重播一遍

(2)一部好影片播完以后,在一周内不同时段重播一次,普通影片两周重播一次,再播安排在下半年

(3)一部好影片播完以后,在一个月内不同时段重播六次,普通影片在一个月内重播四次,再播安排在明年

(4)在一个季度(三个月)里不同时段重播六次,再播安排在明年

(5)第1和第3种结合起来的重播方式

(6)第1和第4种结合起来的重播方式

(7)其他__________(请注明)

(从第30题开始全体观众都请回答)

30.请您回忆一下,您在每年过除夕的时候,您全家一般是以收看什么节目为主?

(1)中央电视台的春节联欢晚会　　(2)地方台的春节联欢晚会

(3)中央台电影频道的电影　　(4)其他台的歌舞晚会

(5)其他台的戏曲晚会　　(6)其他台的其他节目

31.1 请您回忆一下,去年的春节期间(从初一到初八),您是呆在家里看电视的时间多呢,还是出门的时间多?(限选一项)

(1)呆在家里看电视的时间多　　(2)出门的时间多

(3)记不清了　　(4)其他________(请注明)

(答(1)的观众继续回答,答(2)(3)(4)的观众跳答第32题)

31.2 如果您呆在家里看电视的时间多,您大多是选择什么节目收看(限选一项)

(1)电影　(2)综艺晚会节目类

(3)电视剧　(4)没目的，碰到什么看什么

(5)其他__________(请注明)

(答(1)的观众继续回答，答(2)(3)(4)的观众跳答第32题)

31.3 如果是看电影，您多在(春节期间)什么时间收看(限选一项)

(1)每天上午 9:00～11:00　(2)每天下午 13:30～17:30

(3)每天晚上 19:30～21:30　(4)每天晚上 21:30 以后

32. 平时，您最喜欢看到哪些类型或题材的影片(可多项选择)

(1)武侠片　(2)警匪片　(3)言情片　(4)战争片

(5)名著(改编)片　(6)喜剧片　(7)传记片　(8)纪实片

(9)都市题材　(10)农村题材　(11)改革题材　(12)民族题材

(13)县市题材　(14)历史题材　(15)少儿题材

(16)其他____(请注明)

33. 除了故事片以外，您还希望在电影频道中得到什么样的信息？(可多项选择)

(1)有关电影频道自身的信息

(2)有关电影的历史背景资料

(3)有关电影的新知识、高科技信息

(4)电影界名人及他(她)的幕后生活信息

(5)国内外电影拍摄动态

(6)电影评论

(7)电影政策报道

(8)电影欣赏指南

(9)电影明星与观众的直接交流信息

(10)其他__________(请注明)

34. 最后，为了办好电影频道，请您留下一些宝贵的意见(可多项选择)

(1)多播放些国产经典的老故事片

(2)多播放些国外经典的老故事片或名著名片

(3)多播放些国产最新影片

(4)多播放些国外最新影片

(5)主要播放电影，也可播些电视剧

(6)开辟专门播放电影艺术探索片的片场

(7)保持现有片场就够了

(8)在保持现状的基础上，适当增加些新的(专题)片场

(9)打破现有结构,按影片类别和题材划分片场

(10)多播些国内影坛的名人轶事,组织著名影星的影片专场

(11)开辟电影新闻栏目,报道国内外影坛的最新动态

(12)开辟名片赏析栏目,讲如何欣赏名片或获奖影片

(13)开辟专门的电影与观众交流栏目,回答观众提问,反映观众意见,增加观众的参与感

(14)其他__________(请注明)

请记住:

请您在 8 月 30 日～9 月 2 日这四天中选择一个工作日和一个休息日,继续详细地记录您个人这 48 小时的整个活动。

谢谢您的合作!

时间分配日记表(略)

附录五　蜂窝电话消费者调查问卷

日期:________

受调查者电话号码:____________

您好! 我的名字叫莎丽,正在进行邮电方面的调查。我可以与您家的家长谈谈吗?

(如果人不在,记录姓名及反馈信息)

(当家长来接电话时):您好,我的名字叫莎丽,正在进行邮电方面的调查。您的电话是我们随机抽取出来的,我不是向您推销东西的。我只想问您几个关于新型电话服务的问题。

1. 首先,在一个平常的日子,您大约有多少个电话?

0～2 ………………………………………………… 1

3～5 ………………………………………………… 2

6 ～10 ………………………………………………… 3

11～15 ………………………………………………… 4

16～20 ………………………………………………… 5

20 以上 ………………………………………………… 6

不知道 ………………………………………………… 7

现在,让我告诉您一种新的服务,叫做无线蜂窝移动电话服务。它有便携式移动电话和车载移动电话两种。无论您在哪里,您都可以接收到电话,也可以打电话。尽管蜂窝电话是无线的,但声音的质量跟您正在用的电话一样,家

庭使用很方便。这种蜂窝移动电话在您的地区不久将广泛使用。

2. 现在，让我给您介绍这种无线电话服务的费用。除月租费外，打一次26美分。每月最低费用是7.5美元，租用蜂窝电话是40美金。当然您可以购买这种设备而不必租借。按照这种价格，您是否可能预订这种新的电话服务？

很可能 ………………………………………… 1
有点可能 ……………………………………… 2
有点不可能(探问) ………………………… 3
不可能(跳问第16题) ……………………… 4
不知道(跳问第16题) ……………………… 5

访问员注意：如果回答“不可能”或“不知道”，跳问16题。

3. 您认为您的雇主会提供给您这种电话吗？

不会(跳问第5题) ………………………… 1
不知道(跳问5题) ………………………… 2
会(继续) ……………………………………… 3

访问员注意：如果回答“不会”或“不知道”，跳问5题，否则继续。

4. 如果您的雇主提供给您无线电话，您也会买一部家里用吗？

会(继续) ……………………………………… 1
不会(跳问16题) …………………………… 2
不知道(跳问16题) ………………………… 3

5. 请告诉我您家估计会使用几部移动电话(不知道的记DK)

记录数量__________

6. 除正常租用费外，假如工作日蜂窝电话费每分钟26美分，那么平均一天您会打几个电话？

记录数量__________

7. 平均一次打几分钟？

记录数量__________

8. 除正常租用费外，假如周末每分钟8美分，那么星期六或星期天一天平均您会打多少个电话？

记录数量__________

9. 星期六或星期天平均会打多少分钟？

记录数量__________

10. 回忆一下刚才介绍的两种移动电话，一种是装在车上，一种是随身携带。便携式电话比车载电话可能要花多25%以上电话费，而且在某些区域的发射受限制。如果您会预订这种服务,您愿意要便携式电话还是车载电话?

便携式 …………………………………………… 1

车载 ……………………………………………… 2

两种都要 ………………………………………… 3

不知道 …………………………………………… 4

11. 请告诉我,您使用移动电话接收来自以下地区的电话,平均大约一周一次、一周不到一次、还是一周一次以上?

	一周不到一次	一周一次	一周一次以上	从来没有
Monmouth Conutry,NJ (如果从来没有,跳问 16 题)	1	2	3	4
Sandy Hook	1	2	3	4
Keansburg	1	2	3	4
Atlantic Highlands	1	2	3	4
Matawan-Middletown	1	2	3	4
Redbank	1	2	3	4
Holmdel	1	2	3	4
Eatontown	1	2	3	4
Longbranch	1	2	3	4
Freehold	1	2	3	4
Manalapan	1	2	3	4
Cream Ridge	1	2	3	4
Belmar	1	2	3	4
Point Pleasant	1	2	3	4

我将向您介绍蜂窝服务的其他特点。我介绍的每一种服务,一部电话每月费用不超过 3 美金。请告诉我对每一种服务您是很感兴趣、感兴趣、还是不感兴趣?

	很感兴趣	感兴趣	不感兴趣
12. 继续打(能够将打进您的移动电话的电话转移到其他电话上)	1	2	3
13. 不答转移(如果您的电话没有应答,该服务将电话更改到另一个号码上)	1	2	3

续表

	很感兴趣	感兴趣	不感兴趣
14. 等待通话，即提供正在给您打电话的第三个人等待通话的信号。	1	2	3
15. 语音信箱，即允许电话被转移到录音机上录音下来，随后再传达给您，这种服务每月 5 美金。	1	2	3

16. 您的年龄属于(读下列)
    - 25 岁以下…………………………………………… 1
    - 25～44 岁…………………………………………… 2
    - 45～64 岁…………………………………………… 3
    - 65 岁或以上………………………………………… 4
    - 拒绝，不回答或不知道 ……………………………… 5
17. 您的职业：
    - 管理者、官员或业主 ………………………………… 1
    - 专业人员(医生、律师、建筑师等)…………………… 2
    - 技术人员(工程师、计算机编程人员、艺人等)…… 3
    - 办公室职员 …………………………………………… 4
    - 销售人员 ……………………………………………… 5
    - 熟练工人或工头 ……………………………………… 6
    - 不熟练工人 …………………………………………… 7
    - 教师 …………………………………………………… 8
    - 家庭主妇、学生、退休人员 …………………………… 9
    - 失业…………………………………………………… X
    - 拒绝回答……………………………………………… Y
18. 在 1992 年，您的家庭总收入属于哪一类？
    - $15 000 以下 ………………………………………… 1
    - $15 000～$24 999 ………………………………… 2
    - $25 000～$49 999 ………………………………… 3
    - $50 000～$74 999 ………………………………… 4
    - $75 000 或以上 ……………………………………… 5
    - 拒绝、没有回答、不知道 ……………………………… 6
19.(访问员记录受调查者的性别)
    - 男 ……………………………………………………… 1
    - 女 ……………………………………………………… 2

20. 可以告诉我您的名字吗？我的主管要跟我谈过话的10%的人打电话，以证实我是否进行过访问。

告诉名字 …………………………………………………… 1

拒绝 ………………………………………………………… 2

名字

谢谢您，祝您愉快！

附录六 CTR的街头访问、入户访问和CATI的工作流程

1. 街头访问工作流程

(1)街访场地准备

①根据项目需要，寻找合适场所，项目督导要观察新地点，以适应场所环境；

②访问间内应尽可能避免有外人走动；

③访问间内要求无噪音、无异味、灯光明亮；

④依据物品清单核对所需物品，有顾客财产的项目督导与研究部门应和客户沟通，就顾客财产保护与处置达成一致意见，按照该意见采取相应措施，要求有记录的应予记录和保持，并指定专人对顾客财产进行保管。

(2)访问准备

①项目督导对访问员进行项目培训；

②安排访问员一对一的模拟；

③组织访问员进行试访；

④针对模拟及试访出现的问题，进行总结；

⑤准备一切项目所需的物品，如问卷、卡片、礼品、配额表。质量记录表等；

(3)开始访问工作

①给访问员发放问卷，访问员佩戴胸卡在街访点或其他规定位置甄别过往路人，如果目标调查对象合格而且愿意接受访问，则将其带至访问地点；

②项目督导或者兼职督导应做好陪访工作，访问结束后进行指导、更正，切勿在访问进行中打断访问员访问；

③访问员在访问甄别时，不应让别的受调查者在一旁观看或旁听；

④访问员应服从项目督导的配额调整；

⑤项目督导应对问卷进行一审、二审；项目督导或者地方督导对一审、二审后的问卷应做出明确的标识，这种标识能够表明些列信息：a. 审核状态，b.

审核人员；

(4)质量控制

①对每个访问员要进行100%的现场监控；

②项目督导和兼职督导当场进行100%的审卷。若发现有事实性的漏问须进行电话补问，逻辑性错答则该问卷作废。对每个访问员的被访者甄别和访问的工作至少要进行20%的现场视查或抽查；

③项目督导应安排兼职督导根据项目要求每天做手统，并给访问员每天规定配额。

(5)后期工作

①访问结束后，项目督导将项目执行流程、进度、最终手统表(配额表)E-mail给研究人员和项目经理；

②结算劳务费。

2. 入户访问的工作流程

(1)前期准备

①根据项目通知书，项目经理应作出项目预算和人员分工；

②项目督导根据项目要求进行抽样工作；

③遇有顾客提供的财产(包括物品和知识产权)，应与研究部门一道和客户沟通，并就保护顾客财产达成一致意见，必要的形成文件。根据客户达成的意见采取相应措施，要求有记录的应予记录和保持，对涉及使用财产的相关人员进行保护措施的培训。

(2)中期控制

①培训，基础培训：具体内容详见“访问员基础培训讲义”，培训时间至少在4个小时及以上；项目培训：进行五人一组的模拟访问，使每个访问员实际操作一遍；集体讨论，结合模拟访问，访问员与督导再次重复问卷的内容，解决疑问；试访，督导在试访中应及时纠正出现的问题并在试访后总结。

②执行：

陪访。正式访问时督导要对访问员进行陪访，新的访问员在CTR做的前三个项目要求陪访一个项目，有经验的老访问员要求每年至少陪访一次。项目整体陪访率应不低于10%；

审卷。100%的一审和二审。项目督导或地方督导在一审、二审后的问卷应做出明确的标识，这种标识能够表明下列信息：a. 审核状态，b. 审核人员；

复核。包括实地和电话复核：对访问员进行100%复核，电话和实地的符合率不低于20%。复核废卷率不高于5%。

③客户提供的质量记录：

在项目执行过程中，如果客户有特殊要求，要求使用客户提供的过程控制记录表单，项目督导应比较客户提供的过程控制记录表单与此作业指导书提供的质量记录并确定：客户提供的过程控制表单种类完全涵盖本作业指导书提供的质量记录种类，且记录内容与本作业指导书提供的质量记录相当，项目执行人员可以全部采用客户提供的过程控制记录表单。客户提供的过程控制记录表单种类部分涵盖本作业指导书提供的质量记录种类，且记录内容与本作业指导书提供的部分质量记录相当，执行人员在采用客户提供的过程控制记录表单的同时，还应使用未涵盖部分本作业指导书提供的其他质量记录。

(3)后期工作

①项目资料的归集；

②给访问员做出评估。

(4)不合格品的控制

①不合格品的评审。发现不合格品后应立刻将不合格品退还给督导，并由督导对不合格品进行处理，然后根据核实后的结果对不合格品进行分类定级。

轻微不合格品指在卷审和复核中发现的因个别访问员或个别问卷而产生的范围小且对整体数据结果影响不大的不合格数据；

严重不合格指由于某项数据指标不合格且是信息源缺失而导致最终产品降级或让步使用，以及比此更严重的不合格；

一般不合格品指除轻微和严重不合格品外的其他不合格数据。

②不合格品的处理

对轻微不合格品的处理督导可随时修正处理；对其中无法修正的错误，如果对整体数据影响不大，可以放行。

对一般不合格品和严重不合格品的处理根据《不合格品控制程序》中的相关规定执行。

③纠正及预防措施

不合格事件发生后，中心督导应迅速与相关项目督导及相关环节负责人制定纠正及预防措施，并经上级主管批准后负责落实及监督过程的事实，直至获得良好的效果；

不合格产品的纠正和预防工作执行《纠正和预防措施控制程序》中的相关规定。

3. CATI 项目工作流程

(1)前期筹备期

①项目会议：接到项目通知书后，项目经理安排督导进行试访，了解问卷

内容及难易程度,修正项目预算。组织项目督导开项目会议,讨论项目时间安排、项目分工及问卷内容等,必要时请编码、DP 人员参加项目会议。项目会议的参会情况记录在《培训情况记录单》上,并有到会人员的签名。只有《培训记录单》上的到会人员才可对项目进行管理;

②各种系统文件的编写:包括 Qfile、Tfile、Sfile。项目的系统文件由系统督导编写,必要时参照各种《ODIN 使用手册》。各系统文件完成后,由项目督导和经理分别进行一级、二级审核。正确则在《项目筹备资料审核单》的系统文件审核处签字确认,否则返回系统督导更改。

③培训资料的编写:由项目督导完成。培训资料的命名均为《培训须知》,抬头应规范为:项目名称+培训须知+定稿日期。如果是再培训的注意事项,应在抬头处标出"续"及续稿的定稿日期。培训资料中应包含对问卷中每一道题的理解及说明,对题目的重点理解及注意事项用粗体、加框、加颜色的方式着重标出。培训资料可与问卷合并为一体(即在每道题后加注释),也可以单独编写。培训资料是否详细完整,由系统督导和经理分别做一级、二级审核,正确则在《项目筹备资料审核单》的培训资料审核结果处签字确认,否则返回项目督导更改。

④项目访问员的招聘:兼职文员根据《访问员月工作时间表》挑选,最终由项目督导确认名单及人数。最终参加项目的访问员名单记录在《培训情况记录单》上,并由项目督导签字确认。

⑤其他资料的准备:其他项目资料包括《项目出勤表》、《监听情况记录表》等表单及访问员座位分配等工作,由项目督导完成。其他资料的准备工作是否完成由系统督导及经理做二级检查,并在《项目筹备资料审核单》的其他资料审核结果处签字确认。

⑥项目安装:由项目督导在根据《项目筹备资料审核单》的系统文件审核结果的注意事项注明的信息完成项目的系统安装。该工作在 CATI 中心完成。安装结果在访问员试访及项目督导检查后在《项目筹备资料审核单》的项目安装审核结果处签字确认。

(2)项目访问期

①访问员培训:培训由项目督导完成。培训前让访问员签到并保证每名访问员手中有一份最终问卷和培训须知。培训后要对培训中的重点内容及易错的地方进行测试。培训后要求访问员在试访系统中进行练习,对试访也要进行评分。签到结果及培训试访的测试结果(5 分制)记录在《培训情况记录单》上。如果项目进行中对问卷要求做了重大更改或在访问期间发现重大的访问员的共性错误,一定要进行再培训。再培训应将访问员集中起来进行;再

培训一定要编写《培训须知续》,并保证每名访问员人手一份。再培训结束后进行测试,测试结果记录在新的《培训情况记录单》上,并在《培训情况记录单》的抬头处标明再培训。

②出勤记录:为了保证项目按时间表要求进展,一定要做好访问员出勤的统计工作,出勤结果与劳务费结算紧密挂钩。具体办法详见《访问员管理办法》。

③进度控制:系统督导在每天访问结束后,将重要回应编码的频次、成功样本量及配额的完成情况记录在《进度报告》中。项目督导可以从该报告的各项数据中总结当天访问的情况是否正常、是否符合进度要求,方便进行以后工作的安排。

④访问监听:访问进行中的监听由系统督导、项目督导及所有现场督导共同完成。现场监听的同时,配以监看访问画面,更严格地进行访问质量的控制。监听发现的问题要及时处理。要求监听比例不低于20%,且每名访问员都要被监听到。每一次的监听及监看的情况都要详细记录在《监听情况记录单》上,根据文本"3-4-1 不合格品的判定"判定错误:发生 A 类错误时,应要求当事访问员立刻停止访问,其样本当场作废,同时将当事访问员开除;B、C 类错误发现后,待当次访问结束后,项目督导应针对该次访问进行个别指导,能补救的补救,不能补救的重新询问。各种错误的处理结果均记录在《监听记录单》上。A、B、C 三种错误在项目结束后作为统计项目错误系数的重要依据。项目结束后,应将监听情况的总结写入《质量报告》。

⑤数据转换及清理:由系统督导完成。项目完成后或必要时在项目进行中将数据转换成 SPSS 格式,检查重点题目的频次分析。分析异常数据,及时汇报项目经理,查找访问中的问题,尽快解决。在此环节发现的访问问题,一并写入《质量报告》的访问情况总结中。

(3)项目总结期

①质量总结:项目结束后,项目的执行情况主要通过三个比例来体现,包括项目回应率、项目错误指数、项目甄别合格率三个方面;

②项目回应率:体现项目的最终样本在抽样样本中的代表性。

公式:项目回应率=成功样本/(成功样本+中途拒访+开始拒访×甄别合格率+预约,即推论的所有合格样本量)

③项目错误指数:统计监听发现的错误比率。体现项目访问质量的好坏。错误级别分为 A、B、C 三类:A 类错误定义为访问过程中出现诱导答案行为、作假、不真实记录答案、根据前面答案自行判断后面问题答案并进行选择等作弊性的错误;B 类错误定义为选项未按要求读出、接触结果掌握不准确、阅读

问题错误、答案选择失误、追问不彻底、访问员未按要求选择答案、对问题的理解和解释出现错误偏差、访问中不动脑筋，对答非所问的也记录等影响数据准确性的错误；C类错误定义为访问员访问技巧不成熟、阅读不顺畅、访问过程出现和被访者聊天的情况等访问技巧方面的失误。上述三类错误的处理方法见前面访问监听部分。

公式：项目错误指数＝(A×7＋B×2＋C×1)/监听数量

④甄别合格率。公式：甄别合格率＝(成功样本＋中途拒访＝甄别合格的样本)/(成功样本＋中途拒访＋甄别不合格＝所有进行甄别的样本)

⑤访问员的项目评估：访问员的项目评估成绩由其在出勤、监听结果、完成样本量三方面的表现决定，三方面的评估分数各为5分，项目评估成绩的计算公式为：项目评估成绩＝监听结果评估×60％＋出勤评估×30％＋完成样本量×10％。访问员的评估分数直接影响到是否被继续留用以及年度评估的成绩。项目评估结果记录在《访问员评估报告》上。

⑥ 相关资料录入系统：项目督导负责将访问员的项目评估成绩及项目培训情况录入到访问资料库(QCSI)中保存。

⑦ 资料存档、验收

⑧资料存档：将项目资料按照执行日期划分存放，首页目录区分不同月份，记录此月份执行的项目名称、编号、具体执行日期；分页目录体现项目编号、名称、培训日期、访问的开始和结束日期、项目档案包含的内容及各种报告名称并遵循如下顺序：

问卷→培训须知→项目筹备资料审核单→培训情况记录单→出勤记录单→进度报告→监听记录单→质量报告→访问员评估报告。

⑨验收项目资料存档后，系统督导及经理进行一级、二级审核，检验各种表格、报告是否完备，报告中的各种比例计算是否正确，相关资料是否录入访问员资料库(QCSI)。资料完整正确且各相关资料已入QCSI的，在项目分页目录上签字确认。

(4)不合格品的发现及改正办法

①不合格品的判定

针对CATI项目，所谓不合格品即是不合要求的数据记录。根据不合格品控制程序中的规定，CATI项目监听中对错误的分类如下：

严重不合格：在CATI项目中对应的错误种类为A，指因作弊、诱导等产生的虚假数据，严重影响数据质量，且这种影响必须剔除、补救，需向客户说明要求让步以及比此更为严重的不合格；

一般不合格：在CATI项目中对应的错误种类为B，指因未完全按培训要求执行而出现的失误；

轻微不合格：在CATI项目中对应的错误种类为C，指因访问技巧不熟练而出现的失误。

②不合格品的发现及评审

对于在监听过程中发现的问题，项目督导要及时确定发生的不合格的范围及数量，并及时进行错误归类（A、B、C），进行相应的处理。

③不合格品的改正办法

对于B、C类错误且尚可补问的情况，进行数据的修正；

对于B、C类错误但因调查的时效性或其他原因不能再补问的情况，将有误数据删除，并追加有效样本；

对于A类错误数据，项目督导应宣布该数据作废，并追加有效样本，保证提交的全部是有效数据，填写《不合格品评审记录》。

④不合格纠正预防措施

对项目中出现的严重不合格（A类错误），项目督导应填写《纠正（预防）措施记录表》。

纠正预防措施由项目督导具体提出并执行；项目经理对具体措施进行效果评审并监督执行。

第十二章　实验法

采用实验法时，研究者控制自变量（如价格、包装或广告）的变化，然后观察这些自变量对因变量（如销售量、品牌态度等）的影响。实验法主要用于探讨现象之间的因果关系，如：包装对产品销量的影响，广告对品牌态度、品牌偏好的影响等。

第一节　实验法中常用的概念

实验研究中经常要用到以下概念：被试、自变量、因变量、无关变量、实验处理、实验单元、实验组、控制组、实验设计、被试内设计、被试间设计、混合设计等。

在实验研究中，经常以人为研究对象，这些被招聘或自愿作为实验研究对象的人就是所谓的被试。例如我们请两组观众分别观看不同的两条同时广告，然后比较他们看完电视广告之后对广告的记忆成绩，在这样一个实验中，被请来的观众就是被试。

自变量是指由研究者或实验者控制的变量或因素，也称实验变量。在广告研究中，自变量可以是刺激特点，如广告形式（比较广告、非比较广告）、广告特点（广告的颜色：黑白、彩色）；可以是环境特点：如广告设置的位置（市区、郊区）、系列广告中的位置（前、中、后）；也可以是被试特点，如消费者的年龄、性别、经济收入水平、电视收视水平等；还可以是暂时造成的被试差异，如被试的卷入程度等。自变量的不同变化称为水平，自变量的水平通常有 2 个水平、3 个水平或 3 个以上水平。例如在有些文案测验中，自变量是广告作品，自变量水平是不同版本的广告作品。如果研究者同时测验三个广告版本，那么三个广告版本就是广告作品这一自变量的 3 个水平。

在一个实验中，自变量可以是一个，也可以是两个或两个以上。一个自变量的实验设计叫做单因素实验设计，两个自变量的实验设计叫做二因素实验设计，三个或三个以上的自变量的实验设计叫做多因素实验设计。

实验处理是指某种特定的实验条件。在单因素实验设计中，自变量的每一种水平就是一种实验处理。在多因素实验设计中，各因素不同水平之间构成的各种实验条件都是实验处理。例如在二因素（2×2）的实验设计中，总共有 4 种实验处理。

在实验研究中，置于实验处理之下或者说接受实验处理的被试组或实验单元称为实验组。相反，没有接收任何实验处理的被试组或实验单元称为控制组。控制组的目的主要是用于与实验组进行比较，以便观察实验处理的效应。

实验单元是指实验对象的基本单位。如消费者、销售区域、分销商、商店等。在一个实验中，通常会有若干个实验单元，如若干消费者、若干商店等。实验单元的集合就是实验组或控制组，实验单元的反应变量即研究者观测的因变量。

所谓因变量，就是实验所观测的变量。因变量的观察值就是实验结果，是为某一实验单元采用某一实验处理获得的结果。如在包装设计与销售量关系的研究中，销售量就是因变量。在市场研究中，常见的因变量有销售量、品牌态度、品牌知名度、市场占有率等。因变量随自变量的变化而变化。

所谓无关变量，也叫外在变量，指实验变量之外的其他一切影响因素。无关变量是实验研究中必须控制、排除或平衡的。无关变量有两类，第一类是研究者可以控制的各实验单元之间的差别，如商场规模、地理位置、消费者的购买力等；第二类是研究者难以控制的，如气候、季节、商业状况、竞争对策和行动等。通常只有透过实验单位的随机抽样来减少或平衡掉它们对因变量的影响。当无关变量可能对因变量造成影响时，它也叫做干扰变量。

实验设计是指实验者在着手探讨他提出的假设之前所制定的实验计划。实验计划的内容包括：实验变量（自变量）的确定及其呈现的方式，反应变量（因变量）的指标及其观测的方法，控制无关变量的具体措施，确定被试的人数和抽取被试的方法，拟订实验的指导语，安排实验程序，参照统计分析的要求设计记录实验结果的表格，规定使用仪器的型号。实验设计乃是实验者为了解答其研究方面的疑问，说明如何控制各种变异来源的一种扼要的计划、构架和策略。

被试间设计，指每一组被试只在一种实验条件下进行实验。

被试内设计，指一组被试中的每一个被试都经受整个实验的各种实验处理的设计。这种设计的目的是控制被试变量对实验结果的影响，但可能存在处理之间的顺序效应。

混合设计：是一种将被试间设计和被试内设计结合起来的实验设计。在二因素或多因素设计中，如果有两组被试，他们分别至少接受两种以上的实验处理，这样的实验设计，就是混合设计。

第二节　无关变量的控制

无关变量的控制是实验成败的关键，无关变量控制得好，自变量与因变量的关系就比较明晰。相反，如果无关变量没有得到有效控制，那么因变量的变化是否是由自变量引起的就很难判断。对无关变量（即自变量以外的其他变量）进行控制，目的是使这些变量在实验中保持不变或较少变化。如有可能，应尽量排除它们，避免影响或混淆自变量和因变量之间的因果关系。控制无关变量的方法有以下几种：

一、随机法

随机法是以随机分派的方式将被试分配到实验组和控制组（或各个不同的实验组）。这是最常用的方法，在理论上也是最有效的控制影响变量的方法。因为按照随机抽样的原则，各个组的成员构成、条件都是均等的；被试的年龄、文化程度、性别比例、经济地位等都基本相同，无关因素对他们的影响也是相同的。即使出现差异，也是由抽样误差造成的，不会出现系统偏差。

二、匹配法

这种方法是找出两个各种条件都完全相同的被试，分别将他们分派到实验组和控制组。这样，通过一一配对分派形成的两个组在理论上是完全相同的。但这在实践中很难做到，因为要找到两个完全相同的人是不可能的，即使是同卵双胞胎，由于后天生活环境的影响，也不完全一样。为了克服这种困难，实际研究中，研究者经常采用两种不太严格的配对法。一种是在主要的影响变量上对实验组和控制组的被试进行匹配。例如，假设经济收入是影响未来购买意向的主要因素，那么实验组与控制组的被试在经济收入水平上应该是一一对应的，至于其他不重要的无关变量，则不用考虑。另一种方法是使实验组和控制组在各种特征上的比例保持大致相同。当然，这两种匹配方法都不能消除其他控制因素的影响。因此匹配法常常结合随机法，很少单独使用。

上述两种方法实际上可以归纳为一种方法，即平衡法。其目的是使实验组和控制组在无关变量上保持平衡。

三、排除法

排除法是在实验之前把其他影响因素排除在外。例如，经济收入水平可能会影响消费者的品牌购买。因此，为了排除经济收入水平的影响，实验时可以通过只选择高收入(或低收入)被试来排除这一因素的干扰。这种排除法的被试具有局限性，实验结果的推论受到限制。

四、纳入法

纳入法是把其他主要的影响变量也当作自变量引入到实验中，同时测量和检验几个自变量。例如，黄合水(2002)一项关于品牌的研究的目的是考察强弱品牌是否存在联想数量的差异，考虑到产品类别可能是一个重要的变量，因此，研究中将产品类别也作为一个自变量。纳入法需要较为复杂的实验设计，需要运用统计分析方法来考察各个自变量的影响和它们的交互作用。

五、统计控制

在一定实验设计的基础上，借助于统计分析的帮助来控制无关变量的影响。例如在随机区组设计中，事先将被试在无关变量上进行匹配、分组，使区组内的被试相对同质，加大区组之间的差异，然后利用方差分析技术将由区组引起的变异从总方差中区分出来。

第三节　实验研究的基本过程

采用实验法进行的研究基本上依图 12-1 流程进行。首先要提出研究假设，其次是进行实验设计，再来就是实验实施。

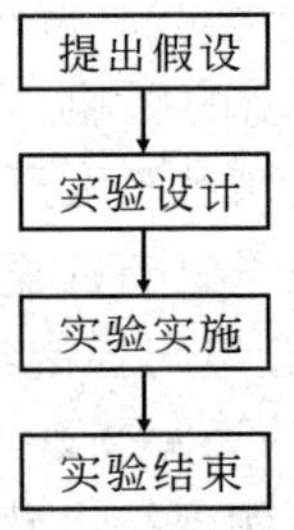

图 12-1　实验操作流程

一、提出假设

实验研究是在研究假设的基础上进行的，有了研究假设，研究者才能进行实验设计。研究假设可能来自实践中需要解决的问题，也可以来自理论问题。在商业性研究中，假设一般都来自实践。例如，假设某种产品有两种包装

(A1、A2)、两种价位(B1、B2),研究问题就是什么样的包装与价格搭配才最有利于产品销售。在这种条件下,研究者的研究假设就是假设某一种搭配(如A1B1)比其他三种搭配(A1B2、A2B1、A2B2)更有利于销售。在学术性的研究中,研究假设一般是在文献研究的基础上提出来的。

二、实验设计

实验设计是实验研究的关键,实验设计是否科学关系到实验结果的信度和效度。所以,实验研究者进行实验设计时应该小心谨慎。

实验设计主要解决以下问题:

1. 自变量的界定

任何实验研究都必须明确自变量是什么,有几个水平,水平之间如何区分。在本章案例中,自变量就是两个因素之一的品牌强度,它有两个水平,包括强势品牌和弱势品牌。有些自变量的水平容易区分,如性别有两个水平:男和女;有些自变量的水平则难以区分,如卷入程度。对于后面那种自变量,研究者需要通过一定的方法来区别。例如,在一项探讨被试的广告卷入程度对广告信息记忆的影响的研究中,研究者采用如下方法来控制被试的卷入程度:让一组被试看一个中间插入要测试的广告的电视节目,要求被试看完节目后评价该节目。这组被试被要求评价节目,因而不太注意广告,成为低卷入被试。另一组被试看同样含有插播广告的电视节目,但要求看完节目之后评价电视节目和其中插播的广告。这组被试由于要评价广告,因而比较关心广告,成为高卷入被试。

2. 实验材料的准备

实验材料是研究者对实验单元或被试施加影响的各种材料。例如在研究包装与销售量的关系中,各种形式的包装就是实验材料。在本章案例中,实验材料是两类产品的名称以及强、弱品牌的名称。实验材料通常包含多种特征,其中某种特征作为研究的自变量是可以变化的,其他特征一般要保持相同,否则会成为无关变量干扰实验的结果。例如在比较黑白广告和彩色广告的效果时,广告作品(实验材料)除了色彩不同之外,其他特征(如广告内容、广告面积等)都要相同。要使实验材料的非自变量因素相同,有相当难度,但研究者必须努力去实现。

3. 无关变量的控制

任何一项实验研究都有许多无关变量,这些无关变量可能是被试或实验单元的某种差异,也可能是实验单元接受处理过程中的某些因素,还可能是实验材料的某些因素。在实验之前,研究者必须注意并控制无关变量。例如,在本章案例中研究者就注意到多个无关变量。第一个无关变量是产品类别，它也有两个水平，控制方法是将它作为一个变量纳入研究设计之中；案例中的第二个无关变量是被试的个别差异，控制方法是被试内设计，让每个被试都接受各种处理；第三个无关变量是由被试内设计带来的，即联想项目呈现顺序的效应，控制方法是随机排列；另外一个明显的无关变量是完成作业的熟练程度，控制方法是排除法，即通过被试的两个练习来提高作业水平，使随后的正式作业的熟练水平保持恒定。

4.实验单元或被试的抽取和分配

实验单元或被试是实验处理要施加影响的对象，也是研究者要记录、观察的对象。因变量的观测值就来自对被试的观察、记录。实验单元或被试的抽取跟研究结果的普遍适应性有关，被试或实验单元的分配则与设计模式有关。当自变量界定清楚、无关变量的控制方法确定、抽样单元的抽取和分配方案也确定时，实验设计模式也就基本成形。实验单元的抽取和分配问题，我们将在第六节中结合各种实验设计进行介绍。

5.因变量的测量

测量因变量是研究设计的一个重要问题。有些因变量的概念比较抽象，要对它进行观察、测量，通常需要先给它下一个操作定义。例如，在本章案例中，研究者会先下定义：联想数量——由某个品牌自由联想出来的项目的个数。有些因变量难以直接观测，研究者要为它们找到一个合适的指标并用适当的工具来测量。例如品牌态度，通常采用李克特量表来测量，测量指标是量表分数。

三、实验的实施

实验的实施就是执行实验设计，按实验计划要求进行实验，最终达到收集资料的目的。

第四节　非正式的实验设计

非正式实验设计是相对于正式实验设计而言的，是指研究者本来可以对自变量和无关变量进行控制，但因为种种原因而未能很好控制的实验设计。非正式的实验设计主要有：事后设计、有控制组事后设计、事前事后设计和有控制组事前事后设计等四种。

一、事后设计

顾名思义,事后设计在对自变量进行处理之后才测量其对因变量的影响。设计模式见表 12-1。这种设计的缺点是:无法判断实验处理前后因变量是否发生变化;即使因变量发生了变化,也无法判断是由实验处理造成的,还是由无关变量造成的。所以,采用事后设计,研究结果只能作粗略的推测或直观的判断,不容易进行精确推论。例如,某公司认为扩大产品的知名度唯有靠广告宣传,于是投入大笔资金进行媒体广告宣传。半年后的调查显示该新品牌的知名度为 50%。研究者得出结论,认为广告的确提高了品牌的知名度。显然,这一结论可能是正确的,也可能是错误的,因为广告以及人员促销、商店陈列和产品销售本身都可能提高品牌知名度,很难说是其中的哪一个因素造成的。

一般而言,事后设计比较简单、费用少,用作探测性研究较为合适。

表 12-1　事后设计

	实验组	控制组
事前测量	—	—
实验处理	有	—
事后测量	Y1	—

二、有控制组事后设计

有控制组事后设计就是在事后设计的基础上增加一个控制组(见表 12-2);实验组有实验处理,控制组没有。实验处理的效果用实验组和控制组的事后测量来比较分析。例如香港大方公司曾经为了测量朱古力新包装的效果,选定港岛三家超级市场作为实验组,九龙另外三家超级市场为控制组。在港岛以新包装销售,而在九龙则仍以旧包装销售,实验期为一个月。实验结果为:港岛三家市场销售量 2 000 盒,九龙三家 1 500 盒。由于各超级市场的规模及所在销售区域的市场潜力极为接近,所以得出结论认为:新包装比旧包装销售效果更好。

有控制组事后设计可以了解有、无实验处理的差别。但是无法排除这种差别由实验对象造成的可能性。

表 12-2　有控制组事后设计

	实验组	控制组
事前测量	—	—
实验处理	有	—
事后测量	Y1	Y2

三、事前事后设计

即在事后设计的基础上，增加事前测量。这样就能通过比较实验处理前后的测量结果来检查实验处理的效果，设计模式如表 12-3。举个例子来说，2001 年，有一品牌在 A 市投入 600 万元的广告费，事前的调查表明，该品牌的提示回忆率是 60%。事后调查发现，该品牌的提示回忆率为 80%。因此研究者认为，广告效果是好的。

这种设计的弊端是事前事后的数据差异不能完全肯定是由实验处理所致。因为知名度的提高也可能是其他市场因素造成的，而非 600 万元广告所致。

表 12-3　事前事后设计

	实验组	控制组
事前测量	Y1	—
实验处理	有	—
事后测量	Y2	—

四、有控制组事前事后设计

有控制组事前事后设计要求在事前事后设计的基础上增加一个控制组。设计模式见表 12-4。比起前一种设计，这种设计能更好地排除非实验对象因素造成的干扰作用。这仍然无法排除实验对象因素造成的干扰，除非前测结果实验组和控制组之间没有差异。

表 12-4　有控制组事前事后设计

	实验组	控制组
事前测量	X1	Y1
实验处理	有	—
事后测量	X2	Y2

按照这种设计，在前一例中，就要增加一个没有广告投入、其他方面均与A市差不多的城市(B)为控制组。假设调查发现B市的事前事后品牌提示回忆率分别为66%和78%。那么，比较实验组与控制组的结果就可以看出600万元广告投入的效力究竟有多大。根据数据，得：

(80%－60%)－(78%－66%)＝20%－12%＝8%。

由于前测时实验组和控制组不一样，将8%的效果归因于600万元的广告也可能是错误的。

第五节　现场实验设计

现场实验是在自然情境中进行的实验，研究人员不能控制自然环境中的变量，而且很难采用随机抽样方法来保持实验组和控制组的一致。但是研究人员可以结合研究的目的选择实验变量和现场情境。下面我们以Donthu，Cherian & Bhargava(1993)的研究为例来看现场实验研究是如何进行的。

Donthu，Cherian & Bhargava(1993)的研究目的是探讨影响户外广告效果的因素。他们选择某城市近郊至一乡镇的一段30英里路程之间的10则户外广告进行研究。这些户外广告都是在电话调查前的45～60天设置的。目标被试接触这10则广告大约30～50次。该研究包括7个自变量2个因变量。其中4个变量跟广告有关(称广告特征变量)，即广告设置所在地道路的路型(包括：高速公路、街道)、广告设置位置(道路的左侧、右侧)、广告的颜色(黑白、彩色)、广告语的字数(7字以上、8字以下)。这10个户外广告各变量的自然分布情况如表12-5。

表12-5　户外广告特征分布情况

广告	1	2	3	4	5	6	7	8	9	10
路型	高速	高速	高速	高速	高速	高速	街道	街道	高速	高速
位置	右	右	右	右	右	右	右	左	左	左
颜色	彩色	彩色	彩色	彩色	黑白	黑白	彩色	彩色	黑白	彩色
字数	＞7	＞7	＜8	＜8	＞7	＜8	＞7	＞7	＜8	＞7

另外3个变量跟被试有关(称被试特征变量)，分别是被试对户外广告的卷入程度、被试对广告产品的卷入程度、被试对一般广告的态度(见表12-6)。2个因变量是户外广告的无助回忆和有助回忆。

表 12-6　被试特征分布情况

因素	高分者	低分者
户外广告卷入	35.2	64.8
产品卷入	47.9	52.1
广告态度	40.8	59.2

研究资料通过对 142 个近郊居民的电话调查获得。这些人的名单是从当地的各种社会团体(如 PTA、教会等)获得的,共 840 人。但由于研究要求受调查者必须每周至少在近郊一乡镇之间来往 5 次,因此最后符合条件并愿意参加的只有 142 人。

从对 Donthu,Cherian & Bhargava(1993)研究的介绍中可以看出,该研究有 7 个变量,每个变量有两个水平,是一个 2×2×2×2×2×2×2 设计。按照标准的实验设计,该研究至少应该包含 128 个实验单元,不同的户外广告(按 4 个广告特征匹配)至少要 16 则。但该研究只有 10 则广告,而且广告特征的分布不平衡,彩色(7 则)广告明显多于黑白广告(3 则),高速公路旁的广告(8 则)明显多于街道旁的广告(2 则),设置在道路右边的广告(7 则)也明显多于设置在左边的广告(3 则)。此外设置在街道旁的户外广告没有一则是黑白的。尽管如此,能够找到这样一个路段的广告及来往于该路段的被试已经实属不易。

第六节　正式的实验设计

正式的实验设计是指研究者至少能够控制一个或一个以上的自变量,并且能够运用随机化等适当的方法来控制变异量。这类设计也就是通常所说的因素设计,包括单因素设计、二因素设计和多因素设计。由于多因素和二因素设计的原理大同小异,所以这里我们仅探讨单因素设计和二因素设计。

一、单因素实验设计

单因素设计有单因素完全随机化设计、单因素随机区组设计、单因素拉丁方设计和单因素重复测量设计。前三种是被试间设计,后一种是被试内设计。

1. 单因素完全随机化设计

这种设计是指所有实验单元是随机抽取的,实验单元采用的实验处理是随机分派的。设计模式表 12-7。随机抽取实验单元的目的是使得所有实验组和控制组的事前测量在理论上保持相同,这样就可以控制住实验对象对因变量的干扰。

表 12-7　单因素完全随机化设计模式

处理 1	处理 2	…	处理 k
S_{11}	S_{12}	…	$S1_k$
S_{21}	S_{22}	…	$S2_k$
⋮	⋮	⋮	⋮
S_{n1}	S_{n2}	…	Sn_k

例如，有一公司，为了了解四种推销方法中哪一种方法效果较大，就以某牌子巧克力做一实验。该公司先随机选择四家超市为实验单元，并用随机抽样方法分派各种推销方法（实验处理）到各家超市，然后观察各家超市的巧克力的销售量（因变量）。四种推销方法分别是：入口处摆设朱古力的广告牌；按原价减价 5%；发放赠品券；在入口处放置油印广告供购买者自由拿取。

2.单因素随机区组设计

在单因素完全随机化设计中，各实验单元之间的差异在实验之前没有受到严格的控制，在统计处理上，也未能把来自实验单元的变异量估计出来，误差会较大。

随机区组设计顾及了随机化设计的上述不足，按特点（如市场规模）区分实验单元，特点相近或相同的归为一个区组，使各区组之间差异明显，而区组内差异减小。然后将每一个区组中的实验单元随机分派给各种不同的实验处理，设计模式见表 12-8。

表 12-8　单因素随机区组设计模式

处理 1	处理 2	…	处理 k	
1	S_{11}	S_{12}	…	$S1_k$
2	S_{21}	S_{22}	…	$S2_k$
3	S_{31}	S_{32}	…	$S3_k$
⋮	⋮	⋮	⋮	⋮
n	S_{n1}	S_{n2}	…	Sn_k

例如某一牌子巧克力原包装为甲包装，后来又推出三种新包装分别为乙、丙、丁。其代理商在定购之前决定先作一个实验，以了解消费者对这四种包装的反应。于是代理商先选定三类零售商店（即超级市场、杂货店和西药房）作为实验单元，每类各选四家，并将四种包装随机分派到各类零售商店中的一

家，然后观察该产品销售量。

3.单因素拉丁方设计

在单因素随机区组设计中，只有一个干扰变量得到控制和分析，而在拉丁方设计中，研究者可以控制两个干扰变量，进一步降低实验误差，提高实验结果的精确性。然而拉丁方设计有一个基本要求，即两个干扰变量的变化水平数目要与实验处理相同。如果实验处理为三种，两个干扰变量的变化水平也应为三种；如果处理为四种，两个干扰变量的水平也应为四种。

拉丁方设计控制的第二个变量通常是实验处理的顺序，但也可以是其他因素(如销售地区等)，其实验设计模式如表 12-9。表 12-9 中 a1－a3 表示四种实验处理；b1－b3 和 c1－c3 分别表示第一、第二干扰变量的四种水平。表中 a1－a3 的排列可以按表中的循环法排列，也可以采用随机抽样排列，但每行、列不能有重复的实验处理。

表 12-9　拉丁方设计模式

		第一无关变量		
		c1	c2	c3
第二	b1	a1	a2	a3
无关	b2	a2	a3	a1
变量	b3	a3	a1	a2

例如某啤酒代理商想了解自己推销的品牌(A)与其他两种竞争品牌(B 和 C)在消费者心目中有无差别。为了控制饮啤酒饮用者的个别差异和饮用时气温对啤酒影响评价，研究者挑选了三类啤酒饮用者(重度、中度、轻度)共 72 人(每类 24 人)作为实验被试，并将每个类别的被试随机分配到三种温度(热、适中、冷)下分别饮用三种啤酒。这样，每类被试中就有 8 人在某种气温下饮用某种啤酒。这个实验设计就是拉丁方设计。

4.单因素重复测量设计

在上述三种设计中，不同实验单元(或被试)之间的差异尽管得到不同程度的控制，但仍然存在。实际上，控制实验单元之间差异的有效方法就是采用重复测量实验设计，也叫做被试内设计。

重复测量设计的基本方法是让每个实验单元都接受所有的实验处理，设计模式如表 12-10。例如在前面关于啤酒评价的实验中，研究者也可以随机抽取一些被试，让他们每个人都品尝三种不同啤酒，然后比较这些被试对三种啤酒的评价。

表 12-10　单因素重复测量设计模式

处理 1	处理 2	…	处理 k
S1	S1	…	S1
S2	S2	…	S2
⋮	⋮	⋮	⋮
Sn	Sn	…	Sn

重复测量设计最大程度地控制了实验单元之间的差异，但是当若干种处理同时施加在一个实验单元时（特别是当实验单元是人时），被试接受前面的处理可能会影响后面处理的接受。这是采用重复测量设计应该引起重视的。例如被试先看了一则广告并作出评价之后又看了另一则广告，此时对后一则广告的评价不免会受前一则广告的影响，研究者应该设法排除这种顺序效应。

二、二因素实验设计

二因素设计是指实验设计中包含两个自变量，这种设计因自变量的变化水平的多少不同而有多种类型，如 2×2 设计、2×3 设计等。根据对无关变量的控制不同，有完全随机化设计、随机区组设计、重复测量设计和混合设计之分。我们以最简单的 2×2 设计为例来介绍各种控制无关变量的设计方法。

在 2×2 设计中，有两个自变量，每个自变量有两个水平，这样两个变量之间就形成四种实验处理。假设两个因素为 A 和 B，A1、A2 代表 A 因素的两个水平，B1、B2 代表 B 因素的两个水平，那么四种实验处理就是 A1B1、A1B2、A2B1、A2B2。各种控制无关变量的设计方法就体现在实验单元或被试的分派上。

1. 二因素完全随机化设计

二因素完全随机化设计的方法是，随机地分配实验单元或被试接受各种实验处理，每个被试接受一种实验处理，如表 12-11。表中 S1－Sn 代表被试或实验单元，它们是随机进入到各种处理之中的。这种设计要控制的因素是被试之间的差异，控制的方法是随机化。

例如某香烟公司拟推出两种包装，一种设计比较保守（X1），另一种设计相对新潮（X2），售价也有两种，Y1 和 Y2。这样两个因素之间构成四种处理：保守包装与 Y1 价格（X1Y1）、保守包装与 Y2 价格（X1Y2）、新潮包装与 Y1 价

表 12-11　二因素(2×2)完全随机化设计模式

A1B1	A1B2	A2B1	A2B2
S1	S2	S3	S4
S5	S6	S7	S8
⋮	⋮	⋮	⋮
Sn－3	Sn－2	Sn－1	Sn

格(X2Y1)、新潮包装与 Y2 价格(X2Y2)。为了了解以何种包装、何种售价推入市场为佳,该公司采用完全随机化 2×2 设计将四种处理分派到随机抽取的 20 个零售商店(实验单元),每种处理的香烟分别有 5 个零售商店销售。测量各商店的销售量,可得因变量的观测值,如表 12-12。

表 12-12　二因素完全随机化设计实验观测结果

X1Y1	X1Y2	X2Y1	X2Y2
42	38	36	24
46	42	32	20
44	40	46	18
42	38	42	26
36	42	34	32

2. 二因素随机区组设计

二因素随机区组设计的基本方法是,事先依据某种特征对被试或实验单元进行分组,使得组内被试的差异尽可能小,不同组被试的差异尽可能大。然后将每组同质的所有被试随机分配给各种不同的实验处理,每个被试接受一种处理,设计模式如图 12-13。

表 12-13　二因素(2×2)随机区组设计模式

区组	A1B1 处理	A1B2 处理	A2B1 处理	A2B2 处理
1	Y11	Y12	Y13	Y14
2	Y21	Y22	Y23	Y24
⋮	⋮	⋮	⋮	⋮
n	Yn1	Yn2	Yn3	Yn4

例如某超市集团欲测量两种价格(A1、A2)与两种赠品(B1、B2)的各种组合对销售量的影响,选定两个销售区域(甲、乙)属下的若干商店作为实验单

元。这项研究条件有两个自变量——价格和赠品，一个无关变量——销售区域。每个变量都有两个水平，因此可以采用 2×2 随机区组设计，结果如表 12-14。

表 12-14 二因素随机区组设计实验观测结果

销售区域	A1		A2	
	B1	B2	B1	B2
甲区	16	14	42	24
乙区	12	16	40	28

3. 二因素重复测量设计

二因素重复测量设计的目的就是最大程度地控制被试或实验单元的差异，这在一定程度上弥补了二因素随机区组在控制被试或实验单元之间差异的缺陷——二因素随机区组仍然无法最大限度控制被试或实验单元的差异。该设计的做法是：随机抽取一些被试或实验单元，然后让他们接受所有的实验处理，设计模式见表 12-15。二因素重复测量设计的不足之处是被试先接受的处理可能会对后接受处理产生影响，这一缺点在很大程度上限制了这种设计的运用。

表 12-15 二因素(2×2)重复测量设计模式

A1B1 处理	A1B2 处理	A2B1 处理	A2B2 处理
S1	S1	S1	S1
S2	S2	S2	S2
⋮	⋮	⋮	⋮
Sn	Sn	Sn	Sn

例如在本章案例中，黄合水(2002)为了检验强、弱品牌之间的品牌联想是否存在差异，选择了两个产品类别(牙膏和彩电)的品牌进行研究。考虑到产品类别的不同可能会对品牌联想产生影响，他将产品类别这一无关变量纳入设计之中，于是构成一个 2×2 设计。为了控制被试个别差异的影响，他让所有被试对两个产品类别强、弱品牌都进行联想。这一实验设计就是重复测量的设计。

4. 二因素混合设计

二因素混合设计的基本方法是：先确定两个自变量中哪一个自变量是被试内变量(假设为 B)，哪一个自变量是被试间变量(假设是 A)，将被试随机分配给被试间变量的各种水平，然后让被试接受由被试间变量某一水平与被试内各水平相结合的各种处理。这种设计既具有完全随机设计的特点，又具有重复测量设计的特点，其设计模式如表 12-16。

表 12-16　二因素(2×2)混合设计模式

A1B1 处理	A1B2 处理	A2B1 处理	A2B2 处理
S11	S11	S21	S21
S12	S12	S22	S22
⋮	⋮	⋮	⋮
S1n	S1n	S2n	S2n

在本章案例中，随机将被试分为两组，一组进行有关牙膏品牌(包括强、弱品牌)的联想，另一组进行有关彩电品牌(包括强、弱品牌)的联想，这种设计就是二因素混合设计，被试间变量是产品类别，被试内变量是品牌强度变量。

思考题：

1. 实验法主要用于解决什么问题？
2. 实验中无关变量如何控制？
3. 四种非正式实验设计的异同及其各自存在的问题？
4. 实验研究一般有哪些步骤？
5. 指出二因素被试内设计、被试间设计和混合设计的异同。
6. 分析单因素完全随机化设计和随机区组设计的异同。

案　例　关于品牌联想的研究

(资料来源：黄合水，2002)

1. 研究目的

本研究的主要目的在于验证下列假设：

(1) H1-1-2，成熟的强、弱势品牌→产品类别的联想强度不存在显著差异。

(2) H2-2，强势品牌→产品有利评价的联想强于弱势品牌→产品有利评价的联想。

(3) H3-4，强势品牌的联想多于弱势品牌。

(4) H3-5，强势品牌的净有利联想应该多于弱势品牌。

(5) H3-6，强势品牌的独特联想多于弱势品牌。

(6) H3-8,强势品牌→弱势品牌的联想强度小于弱势品牌→强势品牌的联想强度。

此外,本研究还探讨了强、弱品牌之间的词义联想和共同联想是否存在差异。

2. 研究方法

2.1 被试:厦门大学学生 60 名,男生 28 人,女生 32 人。

2.2 研究时间:2000 年 11 月 6 日。

2.3 研究设计:本研究采用 2×2 被试内设计,两个因素分别是产品类别(牙膏、彩电)和品牌强度(强势品牌、弱势品牌)①

2.4 联想项目:包括研究一②挑选出来的两个产品类别名称和 8 个品牌名字,它们是牙膏、高露洁、洁诺、中华、黑妹、彩电、松下、日立、康佳、厦华。

2.5 实施过程:首先由主试宣读实验任务和要求的指导语,即"下面我会给你们提供若干个名称,请你们将由每个名称联想到的所有的词、思想、特征、符号或形象统统记录下来。每次记录完毕,默念一遍该名称以确保您的每一次联想都是由该名称产生的。每次联想宣布结束之后想到的东西,不要再做记录。"确信所有被试都明白实验任务和要求之后,开始进行两个名词(方正、饮料)的练习。练习结束后,对 8 个品牌以及两个类别名称的 10 个名词的联想正式开始。10 个词的顺序随机排列,每个词联想时间为两分钟(这是根据练习时被试所花的时间确定的);所有的 10 个词联想完毕,接下来的任务是:"请您对您所联想出来的每一项内容都审查一遍,并在对品牌有利的(或褒义的)项目下划一条横线,不利的(或贬义的)项目画上一个圈,中性的不作任何记号"。

2.6 资料处理:本研究所得资料由两名经过培训的编码员依照附录四的编码标准分别进行独立编码。记录方法是:在每一个品牌的联想内容中,凡具有表 12-17 中的 1～15 项目者记为"1",没有的记为"0"。在每一个品牌的每一项联想内容中,凡符合 16、17、18 项标准的记"1",没有的记为"0"。两个编码员的一致性为 93.5%,超过一般内容分析要求的 85%。编码后的数据采用 SPSS 统计软件进行统计分析,配对品牌之间的平均数差异采用配对样本 t 检验处理,比率的差异检验则采用非参数检验中的 binomial test 处理。结果中的几个统计指标说明如下:

---

① 强、弱品牌的区分是根据另一项研究确定的,区分指标是过去、现在使用率和将来购买率的综合占有率。

② 本研究是系列研究之一。

联想数量:由某个品牌自由联想出来的项目的个数;

净有利联想:有利联想的数量与不利联想的数量之差;

词义联想:来源于品牌名字或其中的字的联想的数量;

共同联想:与产品类别相同的联想的数量;

独特联想:区别于其他 3 个同类产品品牌的联想的数量。

表 12-17　联想结果编码项目及说明

项目	说明
1. 属性	产品的色彩、香型、状态、泡沫、材料等特点
2. 利益	产品给顾客带来的好处,或相关的描述。如蛀牙、防蛀牙、抗过敏、增白等
3. 价格	产品的价格信息,如昂贵或廉价等
4. 产地	明确指出生产产品的国家或地区,或出现明显象征某地区和国家的符号或词
5. 主观广告量	包含广告、广告内容以及指出广告的数量
6. 主观流行度	指出产品的流行及其程度,如大众化产品、许多人使用
7. 主观知名度	出现与品牌知名度有关的字眼,如名牌、知名度高等
8. 使用者	使用产品的人是什么样的人
9. 包装	关于包装的描述和对包装的评价,如包装漂亮等
10. 公司规模	指出所属公司以及公司的大小
11. 名人	知名人士,包括产品推荐人和品牌缔造者
12. 品牌历史	品牌的年龄或市场导入的相对顺序,如历史悠久等
13. 质量	关于产品的评价或品质说明
14. 竞争品牌	说出竞争者的名字
15. 产品类别	产品所属的小(或大)类别,即牙膏、彩电或电视机或家电
16. 词义联想	品牌名字本身或其中的字所具有的约定俗成的含义
17. 独特联想	与同类产品其他三个品牌不同的联想
18. 共同联想	与产品类别共同的联想。

3. 研究的结果和分析

3.1 品牌联想的特征

本研究中,品牌联想特征包括联想数量、净有利联想、词义联想、共同联想和独特联想。

表 12-18　各品牌的联想特征

	高露洁	洁诺	中华	黑妹	松下	日立	康佳	厦华
联想数量	6.85	7.62	10.63	6.55＊＊	7.73	8.17	7.07	7.88
净有利联想	1.08	1.58	1.98	.63＊＊	.63	.28	.55	.85
词义联想	.48	1.05＊＊	7.77	2.27＊＊	.52	.30	.38	1.83＊＊
共同联想	.53	1.23＊	.13	.43	.46	.82	.70	.02＊
独特联想	5.40	4.77	9.93	5.30＊＊	5.86	5.04	4.72	6.45＊

注：＊表示 $p<.05$，＊＊表示 $p<.01$。

采用 GLM 重复测验进行的 2×2 统计分析由品牌产生的联想数量表明，产品类别、品牌强度之间存在显著的交互作用（$F_{(1,59)}=16.97, P<.01$），品牌强度的主效果也显著（$F_{(1,59)}=5.21, P<.05$），但产品类别的主效果不显著（$F_{(1,59)}=.49, P>.05$），说明品牌的联想数量受品牌强度影响。进一步对 4 对品牌的联想数量分别进行配对 t 检验的结果（见表 12-18）表明，4 对强、弱品牌中只有 1 对品牌的联想数量存在显著差异，其他 3 对差异均不显著。

采用同样的统计方法对净有利联想进行统计分析表明，产品类别和品牌强度之间的交互作用（$F_{(1,59)}=.85, P>.05$）和品牌强度的主效果（$F_{(1,59)}=2.64, P>.05$）均不显著，而产品类别的主效果显著（$F_{(1,59)}=6.77, P<.05$）。说明对品牌的净有利联想主要受产品类别的影响，而不受品牌强度的影响。

由此可见，在联想数量和净有利联想方面，4 对品牌中只有中华和黑妹牙膏存在显著差异，其他 3 对品牌都不存在显著的差异。这一结果不支持本研究的 H3-4 和 H3-5 假设，同时也与 Krishnan(1996)断言的 6 对品牌有 4 对差异这一结论显著不一致。可见，Krishnan 主张的利用联想数量和净有利联想的多少来预测品牌强弱的观点值得商榷。

对独特联想进行 GLM 重复测验的结果表明，产品类别和品牌强度（$F_{(1,59)}=18.81, P<.01$）之间的交互作用和品牌强度的主效果（$F_{(1,59)}=11.24, P<.01$）都显著，但产品类别的主效果不显著（$F_{(1,59)}=3.03, P>.05$）。这一结果支持了 H3-6 假设。

对词义联想进行 GLM 重复测验的结果表明，产品类别和品牌强度之间的交互作用（$F_{(1,59)}=34.14, P<.01$）和产品类别的主效果（$F_{(1,59)}=34.14, P<.01$）都非常显著，但品牌强度的主效果不显著（$F_{(1,59)}=.82, P>.05$），说明词义联想数量的多少不存在跨类别的品牌强度差异。

对共同联想进行 GLM 重复测验的结果表明，产品类别与品牌强度的交互作用（$F_{(1,59)}=6.73, P<.05$）和产品类别主效果（$F_{(1,59)}=4.44, P<.05$）都

显著,但品牌强度的主效果不显著($F_{(1,59)}=2.08$,P＞.05)。说明对产品类别的共同联想不存在着跨产品类别的强、弱品牌差异。

3.2 品牌联想内容

由一个品牌名字会联想起许多相关的概念、符号或思想。本研究以 Aaker(1991)分类以及联想内容能否成为产品质量评价的线索为依据,共分析了15 个方面(见表 12-17 的 1～15 项)。其中 4 个方面的联想率≤5%,故未列入。分析结果(表 12-19)表明:

4 对品牌都是弱势品牌到质量的联想多于强势品牌到质量的联想,厦华和康佳存在显著差异(P＜.05),其他 3 对品牌的差异没有达到显著水平(P＞.05)。这一结果在一定程度上支持了 H2-2 假设。

表 12-19　各品牌的品牌联想内容(%)

	高露洁	洁诺	中华	黑妹	松下	日立	康佳	厦华
利益	53.3	55.0	5.0	31.7***	1.7	0	5.0	0
属性	13.3	16.7	6.7	6.7	8.3	10.0	18.3	5.0***
价格	13.3	8.3	5.0	6.7	5.0	8.3	15.0	3.3***
产地	10.0	11.7	66.7	13.3***	71.7	66.7	31.7	76.7***
广告	48.3	25.0***	5.0	8.3	25.0	23.3	18.3	16.7
包装	15.0	16.7	0	11.7***	0	0	0	0
公司	15.0	10.0	3.3	5.0	11.7	3.33**	3.3	8.3
名人	1.67	0	0	16.7**	23.3	1.67***	11.7	16.7
质量	3.3	8.3	0	5.0	10.0	15.0	5.0	11.7*
竞争品牌	26.7	35.0	16.7	46.7**	21.7	48.3**	30.0	36.7
产品类别	80	96.7*	76.7	88.3*	85	88.3	91.7	78.3*

注:使用者、品牌历史、主观知名度和主观流行度的比例均≤5%,故没有列入表中。

4 对品牌都是弱势品牌,比强势品牌更容易联想到竞争品牌,其中分别有 1 对牙膏品牌(P＜.01)、1 对彩电品牌(P＜.01)差异非常显著,另外 2 对品牌差异没有达到统计学上的显著水平。这一结果支持了 H3-8 假设,即强势品牌→弱势品牌的联想强度小于弱势品牌→强势品牌的联想强度。

在"产品类别"联想方面,有 3 对品牌都是弱势品牌的联想高于强势品牌,其中 2 对品牌差异显著。另一对品牌(康佳和厦华)则相反,强势品牌的类别联想高于弱势品牌,出现这种情况可能与厦华当时正在本地进行手机的延伸推广有关。这一结果与 H1-1-2 假设不完全一致。

品牌的质量线索无疑在所有的强、弱品牌配对之间存在着共同的趋势。

但每对强、弱品牌均在一定的质量评价线索上存在差异，如高露洁和洁诺的差异在于广告，中华多于黑妹的线索是产地，松下在名人和公司联想上多于日立，康佳在属性和价格联想方面多于厦华。这一结果一方面反映了不同品牌的定位策略不同，另一方面反映了消费者评价各种品牌时会依据不同的线索。

4. 讨论

4.1 品牌联想特征

根据 Aaker(1991)关于品牌资产的模型，品牌联想是品牌资产的一个组成部分，依此推论，高、低资产(或强、弱势)品牌之间的差异应该能够体现在品牌联想上。Krishnan(1996)运用自由联想方法进行的研究发现，在联想数量和净有利联想方面，高资产品牌普遍多于低资产品牌。采用同样的方法对两类产品的 4 对品牌进行研究表明，高、低资产品牌之间的品牌联想数量和净有利联想数量的差异不具有普遍性，4 对品牌中只有 1 对存在显著差异。

品牌联想数量的多少意味着一个品牌意义的丰富程度，但强势品牌的品牌意义并不一定就更丰富。可以想见，如果品牌意义都是消极的，即使品牌意义再丰富，该品牌也不可能成为强势品牌。同理，强势品牌的净有利联想也不一定就多。从功能来看，有利联想是消费者评价产品或品牌的依据，然而消费者的产品评价模式多种多样，每个消费者评价产品的依据、依据的数量、各种依据的重要性可能迥然不同，即使某品牌的有利联想很多，如果这些联想均不重要，该品牌仍然不会得到高的评价，也成不了强势品牌。

然而，本研究也发现一项与 Krishnan(1996)的结果相一致的结果：品牌强度不同，联想的独特性也不一样。品牌联想的独特性往往与品牌的定位以及品牌的相关创新活动有关。因此这一结果说明合适的定位以及创新可能是强势品牌强于弱势品牌部分原因。

综合有关品牌特征的研究结果来看，只有品牌联想的独特性可以用来对品牌强度进行一定的预测，其他品牌联想的特征要来预测品牌资产的高低或品牌的强弱需要更充足的条件。

4.2 品牌联想内容

在联想内容方面，本研究发现，弱势品牌比强势品牌更可能联想到产品质量、竞争品牌和产品类别(见图 12-2)。这一结果表明，品牌联想内容中的质量、竞争品牌以及产品类别可以用来预测品牌的强弱。如果将这些联想看成是品牌资产的一部分的话，它们是品牌的负资产部分。

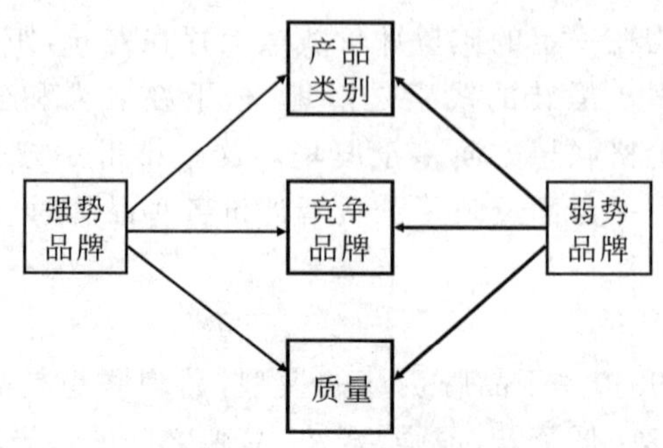

注：细线表示二者关系比较弱，粗线表示二者关系比较强。

图 12-2　产品类别、质量与强、弱品牌之间的关系

弱势品牌比强势品牌更容易联想到产品质量，可能原因有三。第一，产品质量是消费者进行品牌选择的重要依据（Ambler，1997）。消费者在选择品牌时可能采取两种策略，一种是排除质量差的品牌，另一种是选择质量高的品牌。如果采取第一种策略，那么弱势品牌跟质量的关系应该强于强势品牌与质量的关系，反之亦然。本研究结果是弱势品牌与质量的关系强于强势品牌，说明消费者的品牌选择可能倾向于排除质量差的品牌。如果是这样，这一结果同时也反映了让消费者形成一种产品质量差的认知比让消费者形成产品质量高的认知容易。第二，被试的自由联想带有一定的策略性，如他们更可能将自己想到的并认为与他人不同或他人不清楚的东西报告出来。弱势品牌的质量比强势品牌一般来说更具有不确定性，因此，不管他们认为弱势品牌的质量好或差，都更可能报告出来。第三，被试记忆中强势品牌与质量的联想可能弱于与其他关联物的联想，而弱势品牌与质量的联想可能强于与其他关联物的联想，这样，强势品牌与质量的联想可能受到抑制想不起来，而弱势品牌与质量的联想不受抑制而比较容易表现出来。

弱势品牌比强势品牌更可能联想到“竞争品牌”，这反映了强、弱品牌之间的双向联想强度的不对称，弱势品牌→强势品牌的联想强于强势品牌→弱势品牌的联想。出现这种现象，可能与弱势品牌的市场导入比较晚、品牌意识较弱、强势品牌更具有类别典型性等因素有关。

对于成熟品牌来说，由于品牌→产品类别的联想关系已经建立，因此强势品牌→类别的联想与弱势品牌→类别的联想应该不存在差异。但本研究发现弱势品牌更容易联想到产品类别，这可能有四个原因。第一，弱势品牌→产品类别的联想强度的确大于强势品牌→产品类别的联想强度，这与研究五的结果不一致。第二，品牌联想是一种策略性的记忆提取，也就是说，被试联想到产品类别是出于某种动机，如想证实自己知道该品牌属于某种产品类别。第三，在消费者已有的关于品牌的众多联想中，强势品牌→类别的联想相对较弱；相反，弱势品牌→类别的联想相对较强。第四，当一个品牌被用在多种产品上时，品牌与各种产品类别的联系强度变弱，因而提取产品类别的可能性降低，反之亦然。在本研究的品牌中，黑妹仅仅是牙膏品牌，中华不但是牙膏品牌，还是香烟品牌；康佳和厦华虽然都延伸到多种产品，但康佳与彩电之外的其他产品的关系在被试群体中尚没有建立起来，厦华与彩电的关系早已建立。此外，研究之前厦华手机已有大力宣传，因此厦华与手机的关系也已初步建立。

品牌联想是消费者对一个品牌的描绘，品牌→产品类别、品牌→竞争品牌的联想是消费者对品牌在产品类别中的定位的认识，品牌→产品质量的联想是消费者对品牌的总体认识。在这三个联想方面，强、弱品牌存在差异说明将品牌联想作为品牌资产的组成部分是合理的。但是应该看到，消费者对产品质量的认识是相当抽象的，仅凭消费者对强、弱品牌的这三个方面联想无法诊断强、弱品牌差异的本质，也无法对改善弱势品牌提供具体的管理措施。在本研究中，虽然被试由品牌也联想到许多具有品牌诊断价值的关联物，如价格、名人、公司等质量线索，但是这些联想均不存在跨产品类别的品牌强弱差异。因此，要利用品牌联想来诊断品牌，尚需更加深入广泛的研究。

第十三章　资料的处理

资料的处理是指整理、统计分析通过各种方法收集到的资料，集中简化庞大的、复杂的、零散的资料，使资料变得易于理解和解释。简言之，资料统计处理就是将收集到的第一手或第二手资料转变成为数据结果，以便研究者了解、揭示其中的含义。在广告和市场研究中，研究人员经常接触的资料是问卷资料，所以本章着重阐述问卷资料的统计处理。

资料的处理大概要经历下列几个步骤（见图 13-1）：问卷登记和检查、编码、数据录入（数据检查）、拟订统计分析计划、统计运算。

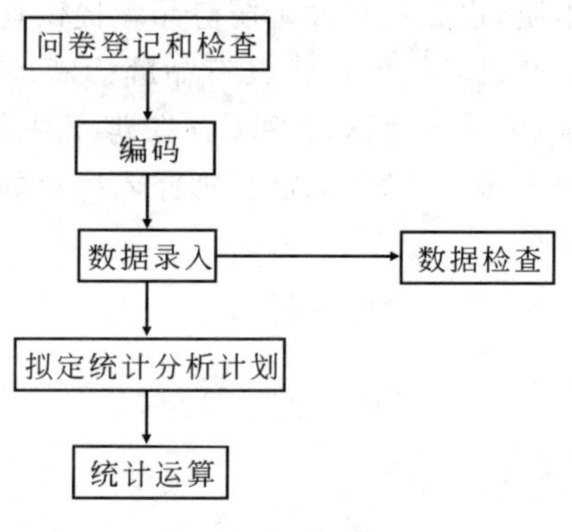

图 13-1　资料处理的流程

第一节　问卷登记和检查

资料采集之后，所有资料都要汇总，以便统计处理。在汇总的过程中，为了避免信息损失以及为了评价访问员的工作成绩，应按到达顺序登记分类资料。如按地区、访问员等分类分别记录各地区、各访问员交回的问卷数量、交付时间、实发问卷数量、丢失问卷数等情况。

收回的问卷全部都要进行质量检查，剔除无效的或不合格的问卷。一般来说，出现以下情况时问卷为无效问卷：

①有相当部分题目没有作答。

②答案记录模糊不清，如字迹不清楚，无法辨认，把"√"打在两个答案之间等。

③不符合作答要求。如回答不应该回答的问题。

④调查对象不符合要求。如有的调查中规定某种行业的人员不能成为调查对象，如果问卷是由这一类人作答，就是无效问卷。

⑤问卷答案前后矛盾或明显错误。如年龄的答案是 20～30 岁，而职业的答案为退休人员。又如"您一周在家洗几次头发？"答案是 10 次。

⑥答案选择高度一致。如不管什么题目都选第一个答案，或所有的开放题目都未填答。

⑦缺损问卷。指问卷不完整，个别页码丢失。

第二节　编码

编码是把原始资料转化为符号或数字的资料简化过程。编码以后，资料输入计算机进行统计就简单多了。合理、正确的编码对于统计计算和结果解释工作的助益很大。但在答案简单的问卷调查中，这一步工作可省略。

编码有时复杂而有趣，有时则比较枯躁，编码程序简单还是复杂，视资料形式而定。一般而言，标准化的封闭式问卷资料编码过程比较简单，开放性的问卷资料或讨论、记录资料的编码过程就比较复杂。

编码可依据编码时间分为事前编码和事后编码。事前编码是指问卷（或问卷）设计者在编写题目时就给每个变量和可能答案一个符号或数字代码；事后编码则指在调查实施之后进行编码。通常，封闭性问卷的调查研究采用事前编码，这样可节省研究时间；而开放性问卷资料或讨论、观察记录等资料，由于事先不知道有多少可能答案，常常采用事后编码。

编码包括下列几个方面的工作：

一、规定变量名

一份调查问卷通常包含若干问题（变量）。为统计处理方便，在输入数据之前，必须先赋予每个问题或变量起一个变量名。变量名一般是英文字母与阿拉伯数字的组合，如 S、Age、X1、Y2 等等。

定义变量名时要把个人基本情况与其他问题区分开。受调查者的个人基本情况如年龄、性别、文化程度、职业等，这些变量通常可以直接用英文单词、英文的第一个字母或前几个字母来命名。例如性别可规定为"Sex"，年龄规定为“Age”，文化程度定义为“Edu”等，也可以用汉语拼音字母等来命名。

其他问题的题目数量通常比较多，所以常用“X_1，X_2，…，X_n”或“Y_1，Y_2，…，Y_n”等字母与数字系列组合方式来表示，也可以按问题的含义来定义。

二、规定各量表值

量表值可以用字符串表示，也可以用数字表示，一般用数字来代表答案比较方便。下面举两个例子来说明。

例 1. 题目：您的性别

a. 男　　b. 女

对此，可把“男”规定为 1，“女”规定为“0”或“2”。

例 2. 题目：您对芳草牙膏的喜欢程度

A. 非常喜欢　　B. 喜欢　　C. 有点喜欢

D. 有点不喜欢　　E. 不喜欢　　F. 非常不喜欢

像这个量表，可以直接依答案顺序分别规定为 1、2、3、4、5、6，但也可以将次序颠倒过来。把“非常不喜欢”规定为“1”，“不喜欢”规定为“2”……“非常喜欢”规定为“6”

定义量表值时，还应当注意到有些受调查者不按问卷设计要求作答，如多选或漏选。如果是个人基本项目出现这种情况，该问卷是无效问卷，不纳入统计处理。如果是个别其他问题出现多选或漏选现象，则要另加一个或两个量表值，把它们归为一类或两类，以例 2 来说，可将“漏选”和“多选”分别规定为“7”或“0”。

在规定变量名称和量表值时，还要注意以下几种情况：

①非问卷题目的有关问题。如在大规模的调查中，通常包含许多地区，统计时需要分析不同调查地区的差别。那么地区本身就是一个变量，在命名规定量表值时也要考虑进去。例如某调查分别在北京、上海、广州和成都四个地区调查，可以将该变量命名为“Seg”，将北京规定为“1”、上海为“2”、广州为“3”、成都为“4”，没有注明或不知为哪个地区的规定为“9”。

②多选题。对于单选题来说，每个问题就是一个变量，一个问题有 n 个答案，就有 n+1 个量表值。而对于多选题来说，情况就复杂一些，下面我们用一个例子来说明。

例 3. 您是通过哪些渠道知道××品牌的？

a. 电视广告　　b. 报纸广告　　c. 杂志广告

d. 广播广告　　e. 户外广告　　f. 听别人介绍

g. 在商店看到　　h. 其他

这样一个问题，编码时就要将 8 个答案变成 8 个变量，然后依照顺序分别命名，如分别规定为“X9a、X9b、X9c、X9d、X9e、X9f、X9g 和 X9h”。每个变量的量表值根据是否被选择来规定，如选择规定“1”，没选择规定为“2”或 0”。如果想了解答案数量的分布情况，就增加一个变量，命名为“X9”，量表值则根据答案数量来规定，选择 1 个答案规定为“1”，2 个答案为“2”……

③开放性问题。有些开放性问题只要统计出确切的受调查者数，这时编码就比较简单，只要给每一个题目相应地起一个名称，然后用“1”表示“作答”，用“0”表示“未作答”即可。如果要对答案进行量化分析，编码工作就比较复杂。编码员首先要将多数作答者的答案浏览一遍，列出各种可能答案，根据答案是单选或多选，规定变量名称和量表值，然后将答案分类。例如对于“您为什么喜欢瓶装植物油而不喜欢散装植物油?”这样一个开放题，答案可以分类为：卫生、质量、购买方便……，变量名称为：Xh1，Xh2，Xh3，…，每一个变量的量表值为“1”时表示答案“涉及”该方面内容，“0”表示答案“未涉及”该方面内容。

规定好所有变量和量表值后，编码人员要编写一本编码簿，说明各变量名的意思。市场调查研究中通常有大量变量和数据资料，这些资料一旦输入电脑，只有编码人员知道各变量名称以及数码的意义，不制作手册，很可能遗忘，因此编写一本编码簿很有必要。

编码簿具有三种功能：

①录入人员可根据编码簿说明来录入数据；

②研究人员或电脑程序员根据编码簿编拟统计分析程序；

③研究者阅读统计分析结果，不清楚各种代码的意义时，可以查询编码簿。

在大多数较为复杂的市场调研中，编写编码簿是必要的程序。编写编码簿时，各项说明要尽量详尽。

表 13-1 是本章附录洗发精调查消费者问卷的编码簿。从表 13-1 可以看出，编码簿通常包含有七个主要项目，即变量序号、变量含义、相应问卷题号、变量名称、是否跳答、数据宽度、数据说明。

变量序号表示各变量在数据库中的输入顺序；变量含义，即问卷中问题意思的概括，使研究者或程序设计师很快得知这一变量的意思；相应问卷题号指变量属于问卷中的第几题，便于查寻原来的题意；变量名称是变量的代号，便于计算机识别和统计操作，方便研究者从代号查寻其含义；数据宽度描述该变量的数据最多是几位数及小数点之后有几位数；数据说明是对各数码代表受调查者的何种特征的说明。

表 13-1　编码簿

变量序号	变量含义	相应问卷题号	变量名称	是否跳答	数据宽度	数据说明
1	飞柔知名度	Q1	Q1-1	否	1,0	1＝选中,2＝未选中
2	潘婷知名度	Q1	Q1-2	否	1,0	同上
⋮	⋮	⋮	⋮	⋮	⋮	⋮
12	其他品牌知名度	Q1	Q1-12	否	1,0	1＝选中,2＝未选中
13	最常使用品牌	Q2	Q2-1	否	2,0	1＝飞柔,2＝潘婷,…12＝其他,99＝漏答
14	次常使用品牌	Q2	Q2-2	否	2,0	同上
15	第三常用品牌	Q2	Q2-3	否	2,0	同上
16	对最常用品牌的满意度	Q3	Q3-1	是	2,0	1＝非常满意,2＝满意,3＝普通,4＝不满意,5＝非常不满意,9＝漏答
17	对次常使用品牌的满意度	Q3	Q3-2	是	2,0	同上
18	对第三常用品牌的满意度	Q3	Q3-3	是	2,0	同上
19	最近购买的洗发精品种	Q4	Q4	否	1,0	1＝双效合一,2＝三效合一或四效合一,3＝一般性
20	以前有否买过双效合一	Q5	Q5	是	1,0	1＝有,2＝否,9＝漏答
21	价格合理的重要性	Q6	Q6-1	是	1,0	1＝最重要,…,3＝第三重要
⋮	⋮	⋮	⋮	⋮	⋮	⋮
30	其他的重要性	Q6	Q6-10	是	1,0	同上
⋮	⋮	⋮	⋮	⋮	⋮	⋮
43	飞柔价格合理排序	Q11	Q11-1a	是	1,0	1＝最合理,…,6＝最不合理
44	潘婷价格合理排序	Q11	Q11-1b	是	1,0	1＝最合理,…,6＝最不合理
⋮	⋮	⋮	⋮	⋮	⋮	⋮
48	V05 价格合理排序	Q11	Q11-1f	是	1,0	1＝最合理,…,6＝最不合理

续表

变量序号	变量含义	相应问卷题号	变量名称	是否跳答	数据宽度	数据说明
⋮	⋮	⋮	⋮	⋮	⋮	⋮
96	V05 适合自己发质排序	Q11	Q11-9f	是	1,0	1＝最适合,…,6＝最不适合
⋮	⋮	⋮	⋮	⋮	⋮	⋮
105	一周在家洗发次数	Q16	Q16	是	1,0	99＝漏答,其他数字表示次数
⋮	⋮	⋮	⋮	⋮	⋮	⋮
171	性别	B1	B1	否	1,0	1＝男,2＝女
⋮	⋮	⋮	⋮	⋮	⋮	⋮
177	头发长度	B7	B7	否	1,0	1＝超后背中间,2＝肩膀至后背中间,3＝到肩膀,4＝到耳垂,5＝耳上

有了编码簿之后,储存于计算机中的资料的含义就一清二楚。目前常用的 SPSS 统计软件中,编码簿的主要内容可以输入到文件之中,直接体现在统计结果中。

第三节　数据录入

由于计算机的普及使用,现代广告市场调查早已用计算机统计处理代替以往的人工统计,计算机统计处理首先要面对数据录入这一问题。

以常用的统计软件 SPSS 的 13.0 版本为例来说,录入数据包括以下几个步骤。

一、录入变量名

SPSS13.0 版本的数据库格式如表 13-2,横行表示样本录入顺序,序号由计算机自动生成。纵列表示变量,变量的名称由使用者规定。如果使用者没有规定,计算机就自动生成,自动生成的变量名依先后顺序是 Var00001、Var00002、Var00003……

表 13-2　SPSS13.0 版本的数据库格式(Data View)

Var	Var	Var	Var	Var	Var	Var	Var	Var	
1									
2									
3									
4									
⋮									

变量名可按照编码簿的规定录入。利用 SPSS13.0 版本录入变量名时，先选择“Variable View”，此时界面就变成表 13-3 格式。其中第一列可依顺序输入变量名，如“sex”、“age”、“收入”等；第二列是关于数据的形式，包括“Numeric”、“string”等八种，研究者可根据原始资料的形式选择相符合的形式，如变量的出生时间(年、月、日)，则选择“Date”；第三列用于定义数据的宽度，如果定义为“8”，说明该变量的数据的最多只能有 8 个字符；第四列表示小数的位数，默认值是两位；第五列是用于说明变量名含义的；第六列用于说明各相关数据的意思，如“1”表示“男”，“2”表示“女”；第七列用于说明用什么来代表“遗漏的数据”；第八列用于定义数据库格式中每一列的宽度。如果定义宽度为“1”，那么“Data View”界面上只能显示一位数，数据位数超过 1 位的，都显示“*”；第八列用于定义数据的排列形式，包括“左对齐”、“居中”和“右对齐”三种形式；最后一列是定义数据的水平，包括“scale”、“ordinal”和“nominal”三种水平，如果原始数据是等距或比率量表资料，选择“scale”，如果是次序量表资料，选择“ordinal”，如果是命名量表资料，选择“nominal”。

表 13-3　SPSS13.0 版本的变量名输入格式(Variable View)

	Name	Type	Width	Decimals	Label	Values	Missing	Columns	Align	Measure
1										
2										
3										
4										
⋮										

二、数据录入

变量准确无误录入之后，接下来可以一份一份录入问卷资料。一般来说，问卷的编号要跟计算机自动生成的序号相一致，这样可以避免混乱、也便于发现错误时更正。数据录入时如果输入的数据位数多于研究者设定的数据宽度或类型不符合，计算机会出现提示符号，如设定的宽度是 1，如果输入两位数，计算机就会在相应的位置出现“ * ”符号，出现这种情况录入员要及时纠正。

三、数据检查

不管录入员多么认真细致，录入错误都是难免的，因此检查录入错误也是必然的。检查错误的有效办法是二次录入数据，然后对比两次录入的结果，核对不相同的数据查原始问卷资料，这种方法比较费时、费力。另一种方法（也是比较常用的方法）是逻辑差错。这种方法是先对一些变量进行频率分析或频率交叉分析，根据分析结果来判断是否存在错误。例如在性别变量上，答案只有“1”和“2”两种，频率分析的结果，两种答案的百分比之和应该为 100%。如果不这样，数据录入必然有问题。根据这个线索可以查出错误的数据并根据原始问卷更正。不过，这种方法只能查出不符合逻辑的错误，无法判断符合逻辑的错误，如把“1”录入为“2”，就查不出来。该方法也只能检查一些变量，难以检查所有数据。

四、缺失数据处理

缺失数据是指由于受调查者未作回答或访问员没有记录造成的未知变量值。处理缺失数据有以下几种方法：

①找一个中间值代替。如该变量的平均值、量表的中间值（如 5 点量表，用 3 代替）。遇到性别这种变量时，可以用男性数值代替第一个缺失值，用女性数值代替第二个缺失值，依次交替替代。

②用一个逻辑答案代替。例如家庭总收入缺失，可依据家中就业人数及职业情况来判断；性别资料缺失，可依受调查者的字迹等情况来判断。

③删除处理。一种情况是删除整个样本资料，另一种情况是在统计该变量，删除该样本。前一种删除在样本量比较大、缺失值不多而且该变量是一个重要变量的情况下使用，后一种删除在该变量不是特别重要时可以采用。

实际上缺失值的任何一种处理方法都不是尽善尽美的，聊胜于无。

第四节　拟定统计分析计划

拟定统计分析计划时，首先要熟悉各种统计方法，了解各种统计方法运用的要求，然后才能进行具体的操作。

一、统计方法简介

要熟练地拟定统计分析计划，不仅要求统计人员清楚调查研究所要解决的问题，而且还要熟悉各种统计方法及其运用条件。下面我们先简要介绍SPSS软件中的一些基本统计方法，第十三章和第十四章还将有详细的介绍。

1. 频率分析

频率分析用于统计一个变量不同值的出现频率，统计结果是次数和百分数。频率分析主要用于命名量表和次序量表的统计处理。例如，可用频率分析来计算调查对象中通过各种渠道获知某一品牌的实际比率。等距和比率量表也可以在转化为命名量表之后进行频率分析。

2. 交叉频率分析

用于统计两个或两个以上变量交叉分组的频率及百分数。例如要了解随机抽取的样本中各年龄段的男性和女性各占多少，就要采用交叉频率分析。

3. 描述统计

描述统计主要用于计算变量的平均数、标准差，如计算所有调查对象的平均收入。还可以用于计算一个变量按另一个变量分组的平均数、标准差。如求各种文化程度的消费者的月平均支出数额。

4. 平均数差异检验或 t 检验

平均数的差异检验分为独立样本 t 检验和配对样本 t 检验。独立样本 t 检验用于两组不相关样本的平均数的差异检验。配对样本 t 检验用于两个相关样本的平均数差异检验。两个变量可以是同一样本的前后两次观测值，也可以是不同样本的观测值，但必须存在相关关系。例如，想了解消费者在促销前后购买某品牌的数量有无差别，就采用配对样本 t 检验如果想知道两个不同消费者小组每月购买某种日用品的消费支出是否有差别，可采用独立样本 t 检验。

5. 方差分析

方差分析，也叫变异数分析，包括一元方差分析、简单因素方差分析、一般因素方差分析、多元方差分析和重复测量方差分析等。

①一元方差分析：也称单因素方差分析或单因素变异数分析。用于两组以上独立样本的平均数差异检验，如高、中、低收入者对某品牌评价的差异检验。它适用于单因素的设计。

②单因变量方差分析：用于单一因变量的多因素设计的方差分析。可以检验各因素的效果以及因素之间的交互作用（最高级别的交互作用）。

③多变量方差分析：对两个或两个以上相关因变量的方差分析和协方差分析。用于检验一系列相关因变量与变量之间的关系。

④重复测量方差分析：用同一指标对同一被试进行多次测量的平均数差异检验。

6. 相关分析

相关分析用于分析两个变量之间的线性关系。相关分析的方法有很多，包括：皮尔逊相关、斯皮尔曼相关、肯德尔和谐系数、净相关等。皮尔逊相关适用于两个变量均为等距量表的情况，当等距资料出现极端数据或变量分布为非正态时，一般采用斯皮尔曼或肯德尔和谐系数。净相关用于在控制其他变量的影响下求两个变量之间的相关系数。

7. 回归分析

回归分析的方法有许多种，较常用的是线性回归。线性回归方法主要用于检验一个因变量与若干自变量之间的关系。该方法要求所有变量均为等距变量，如果自变量是命名变量，则必须是二分变量。如果因变量为二分变量，则采用逻辑回归方法。

8. 主成分分析和因子分析

这两种统计方法都是用少数几个因子去描述多个相关的变量。主成分分析的目的是生成少量几个新的变量。因子分析旨在获得因子的同时进一步揭示各因子与观测变量的关系。例如购买量与未来的购买意向具有相关关系，可以采用主成分分析方法将他们合并成为一个新的变量，也可以进一步采用因子分析方法探讨两个原始变量跟新变量的关系，或两变量对新变量的贡献。

9. 聚类分析

聚类分析的目的是依据某些特征将事物或人分成几个较为同质的类别。例如可以根据观众对各种电视节目的偏好程度和收视频度，采用聚类分析方法将他们分成不同的观众群。

10. 多维量表分析

该分析标定客体在多维空间中的位置。例如可以根据口感、味道、价格等指标来确定各品牌啤酒的相对位置。

11. 检验

检验是非参数检验的方法之一，用于检验变量的实际观测值跟期望值的差异。如检验实际调查对象的年龄分布与抽样设计的年龄配额是否一致。

二、统计方法的选择

要准确、客观地描述资料的特征，适当的统计方法十分重要。选择统计方法时要考虑两个因素：调研问题的性质和数据资料的性质。

1. 调研问题的性质

广告市场调研的问题大都是描述性问题和关系性问题。在描述性问题研究中，研究者一般只想了解单一或若干事物（或现象）的状况，如消费者对某一电视广告的接触状况和反应；消费者对某品牌产品各方面特性的评价；不同阶层消费者对某一品牌的偏好差异等。对于这类研究，统计处理资料时常常采用频率分析和描述统计方法。

关系性问题探讨的是两个变量之间（或一个变量与一组变量）有无关系及其关系的程度，关系性问题分为相关关系问题和因果关系问题。前者探讨变量之间的共变关系，后者则探讨变量之间的因果关系及其关系的密切程度，关系性问题的统计分析可使用各种相关分析、方差分析和回归分析等。

2.数据资料的性质

所有调研资料都可以归为质变资料和量变资料。质变资料指变量本身没有可以测量的数值单位，但可根据一项或数项所描述的特质加以区分的数据资料，如：性别、职业等。通常由命名量表（或分类量表）获得的资料均属于这一类。次序量表资料严格地说也属这一类。质变资料在统计方法的运用上受到的局限较大，一般只能使用频率分析、非参数检验来处理。量变资料指变量本身有可以测量的数值单位，它可以根据变量的特征作量的连续排列，如：年龄、收入、销售量、知名度等。一般来说，等距量表、比率量表资料均属于量变资料。次序量表资料也可通过数学转换变成量变资料。对于量变资料，几乎所有的统计方法——描述统计、相关分析、回归分析、因子分析、方差分析等——都可以运用。

量变资料与质变资料虽然有很大的差别，但量变资料可以转变为质变资料。例如可以把个人月总收入这一量变资料转变 400 元以下，400～600 元、600～1 000 元和 1 000 元以上四个类别，然后采用质变资料的统计方法来处理。质变资料也可转化为量变资料，但限制很多。

三、计划的拟定

如何统计分析调查资料，研究人员在设计调查方案时已经心中有数，如图 13-2 就是一个统计分析计划的构想，它指明了分析哪些变量、使用何种统计方法，分析的目的是要解决哪些问题。但是具体的计划一般在编码之后，变量名称及数据类型确定下来以后才拟定。

拟定统计分析计划实际上就是列出一张统计分析清单，说明对什么变量使用什么统计方法、要得到什么统计量。例如对于表 13-1 例子，统计分析清单可能包含下列项目：

①对 Q4 和 Q5 进行频率分析。

②对 Q22-1～Q22-15 等 15 个变量进行因子分析，获得特征值大于 1 的各因子，并生成各因子得分的中间变量（F1～Fn），然后采用聚类分析方法（以

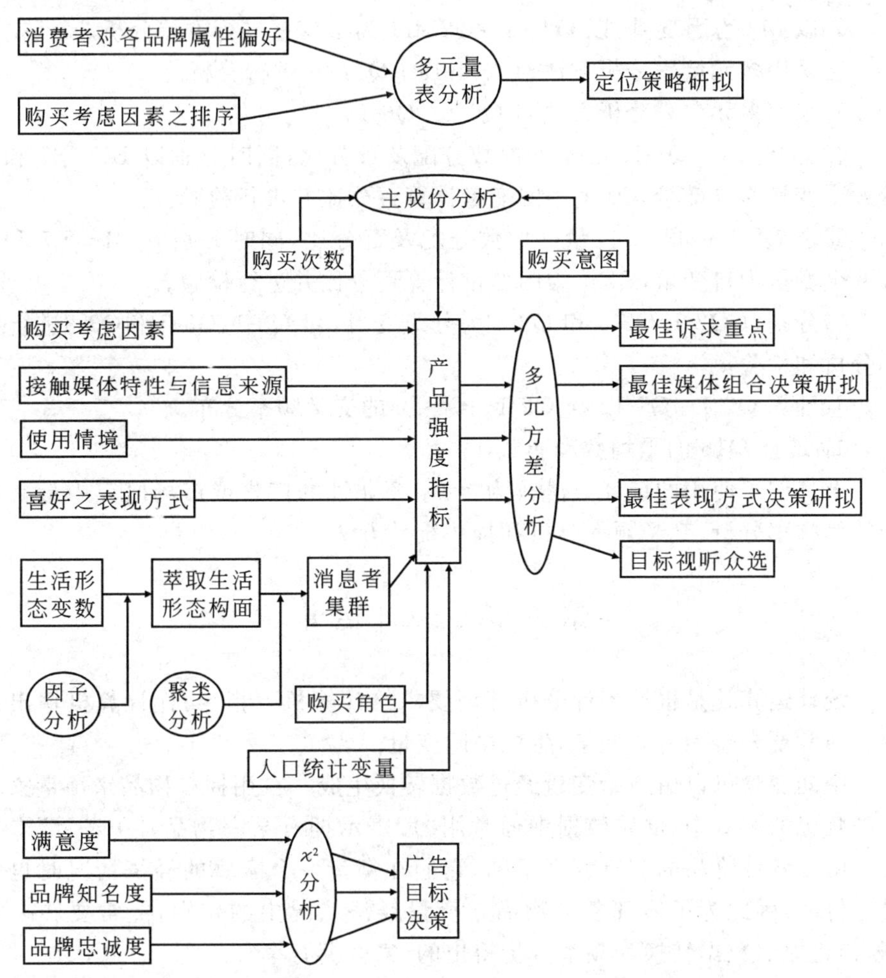

图 13-2 统计分析计划的构想

F1～Fn 为自变量)对样本进行分类并生成类别变量 C。

③采用主成分分析方法将 Q12 和 Q13 合成一个中间变量 M1(称产品强度),并将该产品强度变量转换成为百分位数 M2。然后以 M2 为因变量,以 B1～B7 和 C 为自变量进行方差分析。

④以 M2 为因变量,以 Q6-1～Q6-10 为自变量进行方差分析。

⑤以 M2 为因变量,以 Q18-1～Q18-8、Q19-1～Q19-10、Q20-1～Q20-8 和 Q21-1～Q21-5 为自变量进行方差分析。

⑥以 M2 为因变量,以 Q14、Q15-1～Q15-5 为自变量进行方差分析。

⑦以 M2 为因变量,以 Q17-1～Q17-8 为自变量进行方差分析。

⑧以 M2 为因变量，以 Q23-1～Q23-11 为自变量进行方差分析。

⑨采用多元量表分析方法对 Q11-1a～Q11-9f 进行分析。

⑩采用多元量表分析方法对 Q6-1～Q6-10 进行分析。

⑪ 求 Q1-1～Q1-12 变量的次数分配及百分比，同时分别以 B1～B7 和 C 等 8 个变量为自变量，Q1-1 为因变量计算百分比并进行检验。

⑫求 Q2-1～Q2-12 变量的次数分配及百分比，同时分别以 B1～B7 和 C 等 8 个变量为自变量，Q2-1 为因变量计算百分比并进行检验。

⑬分别以 Q2-1、Q2-2 和 Q2-3 为分组变量，对 Q3-1、Q3-2 和Q3-3进行频率分析和检验。

⑭计算 Q7-1～Q7-12 与 Q9-1～Q9-12 的交叉频率分布。

⑮ 统计 Q16 的平均数和中数。

上述例子使用的统计方法较为复杂，商业性的广告或市场研究中最常使用的是频率分析、交叉频率分析和描述统计方法。

第五节　统计运算

统计运算就是根据统计分析计划要求给计算机下指令，让计算机输出结果。通常要先转换有关变量，生成中间变量。

中间变量可以由原始变量经过数据转换生成。在用拥有物品来衡量家庭经济状况的调查中，原始数据中通常用“1”表示拥有某一物品，“0 表示”未拥有。由于各种物品的拥有程度不同，它们在衡量一个家庭的经济情况时也不是等价的，因此为了体现各种物品在衡量经济状况中的差别，经常要转换数据，如将原始数据转换为频率分析得出的“家庭拥有率”。

中间变量也可以由两个或两个以上变量采用加减法或加权法组合而成。例如将各种物品拥有情况的变量相加成一个新的变量。

此外，中间变量还可以运用一定的统计方法运算生成。如采用主成分分析方法将受调查者的经济收入和教育程度这两项变量合并为“社会地位”这样一个中间变量。

中间变量生成之后，计算机操作人员就可以依据统计分析计划要求给计算机下指令，计算机会自动输出结果。所有的结果都输出后，资料的统计处理就可以宣告完毕。输出结果不能满足数据分析要求时，可以再次进行统计运算。

思考题：

1. 如何判断无效问卷或不合格问卷？
2. 事前编码和事后编码有什么区别？
3. 选择统计分析方法时要考虑哪些问题？
4. 常用的统计方法有哪些，他们分别用于解决什么问题？

附　录　洗发精调查消费者问卷

[品牌知名度]

Q1. 您曾经听过或看过下列哪些品牌之双效合一洗发精？（可复选）

□1. 飞柔(PERT)　　□7. 嫩舒双效
□2. 潘婷(PANTENE)　　□8. 润波
□3. 丽士(LUX)　　□9. 伊蕾诗蓓婕
□4. 伊佳伊　　□10. 花香 5 双效
□5. 蕾雅　　□11. 蓓尔丽三效
□6. 美吾发(V05)双效　　□12. 其他(请注明)______

[品牌使用率]

Q2. 您较常使用的三个品牌双效合一洗发精？（请于□中填写 1、2、3 次序）

□1. 飞柔(PERT)　　□7. 嫩舒双效
□2. 潘婷(PANTENE)　　□8. 润波
□3. 丽士(LUX)　　□9. 伊蕾诗蓓婕
□4. 伊佳伊　　□10. 花香 5 双效
□5. 蕾雅　　□11. 蓓尔丽三效
□6. 美吾发(V05)双效　　□12. 其他(请注明)______

(若以上皆无用过，请跳答 Q4。否则请继续答 Q3)

[品牌优劣比较]

Q3. 对于上述您较常用的品牌，您的满意程度如何？为什么？（品牌代号请参考 Q2）最常用之品牌代号：______

□1. 非常满意
□2. 满意
□3. 普通
□4. 不满意　　原因：____________
□5. 非常不满意

次常用之品牌代号：______

□1.非常满意

□2.满意

□3.普通

□4.不满意　　原因：____________

□5.非常不满意

第三常用之品牌代号：______

□1.非常满意

□2.满意

□3.普通

□4.不满意　　原因：____________

□5.非常不满意

Q4.请问您最近一次买的洗发精是哪一种？

□1.双效合一　　（跳答 Q6）

□2.三效或四效合一　　（跳答 Q6）

□3.一般性　　（续答 Q5）

[未满足需求]

Q5.以前有否买过双效合一洗发精？

□1.有，为什么这次不再买？　（续答 Q6）

□2.否，为什么不会想去买来用？（跳问基本资料）

[购买考虑因素]

Q6.您在选择双效合一品牌洗发精时，通常会考虑哪些因素？

（请在□内按 1、2、3、排列重要顺序，“1”表示最重要，“3”表示第三重要）

□1.价格合理

□2.香味

□3.广告吸引人

□4.包装

□5.去头皮屑止头皮痒

[ ]6.温和不刺激

□7.洗发不油腻，飞扬柔顺

□8.洗后不干涩、易梳理

□9.适合自己发质

□10.其他（请注明）______

[品牌忠诚度及转换品牌原因]

Q7.最近一次您选购之双效洗发精品牌为何？

□1.飞柔(PERT)

□2.潘婷(PANTENE)

□3.丽士(LUX)

□4.伊佳伊

□7.嫩舒双效

□8.润波

□9.伊蕾诗蓓婕

□10.花香 5 双效

□5. 蕾雅　　　　□11. 蓓尔丽三效

□6. 美吾发(V05)双效　　　　□12. 其他(请注明)______

Q8. 为什么您会选择这个品牌的洗发精?(可复选)

□1. 价格合理　　　　□6. 温和不刺激

□2. 香味　　　　□7. 洗发不油腻,飞扬柔顺

□3. 广告吸引人　　　　□8. 洗后不干涩、易梳理

□4. 包装　　　　□9. 适合自己发质

□5. 去头皮屑止头皮痒　　　　□10. 其他(请注明)______

Q9. 再上一次您选购之双效洗发精品牌为何?

□1. 飞柔(PERT)　　　　□7. 嫩舒双效

□2. 潘婷(PANTENE)　　　　□8. 润波

□3. 丽士(LUX)　　　　□9. 伊蕾诗蓓婕

□4. 伊佳伊　　　　□10. 花香 5 双效

□5. 蕾雅　　　　□11. 蓓尔丽三效

□6. 美吾发(V05)双效　　　　□12. 其他(请注明)______

(若 Q7 与 Q9 之品牌不同,则答 Q10,相同则答 Q11)

Q10. 为什么您会想要转换品牌?

____

[品牌属性评价]

Q11. 下面有几个有关洗发精品牌的特性,不论您是否使用过,请您就所列品牌加以比较,您认为最适合的是哪一个品牌?第二适合是哪一个?依次类推。(请填入 1、2、3…6 之次序,"1"表示最适合,"2"表示第二适合…,"6"表示最不适合)

	飞柔	潘婷	伊佳伊	丽士	蕾雅	V05 双效
1. 价格合理	____	____	____	____	____	____
2. 香味	____	____	____	____	____	____
3. 广告吸引人	____	____	____	____	____	____
4. 包装	____	____	____	____	____	____
5. 去头皮屑止头皮痒	____	____	____	____	____	____
6. 温和不刺激	____	____	____	____	____	____
7. 洗发不油腻,飞扬柔顺	____	____	____	____	____	____
8. 洗后不干涩、易梳理	____	____	____	____	____	____
9. 适合自己发质	____	____	____	____	____	____

Q12. 请问您以前有否买过飞柔双效洗发精？

□1. 有，大约____次

□2. 没有

［未来购买意愿］

Q13. 请问您未来是否会想购买飞柔？为什么？

□1. 一定会

□2. 可能会

□3. 不一定

□4. 可能不会　　　　为什么？__________

□5. 一定不会

［购买角色］

Q14. 请问您买的洗发精，只有您自己用还是全家人一起使用？

□1. 只有自己

□2. 全家人一起用

□3. 其他（请注明）__________

Q15. 请问您买的洗发精，品牌是由您自决定还是受其他人影响？（可复选）

□1. 自己决定　　　　□4. 亲友影响

□2. 家人影响　　　　□5. 其他（请注明）__________

□3. 同学影响

［使用频率］

Q16. 您一周大约在家洗几次头发？ ________次

［使用场合］

Q17. 您预备参加哪些场合时，会特别洗头发？（可复选）

□1. 约会　　　　□5. 开会

□2. 郊游旅行　　　　□6. 心情不好时

□3. 上台报告　　　　□7. 见客户

□4. 宴会聚餐　　　　□8. 其他（请注明）__________

［得知讯息来源］

Q18. 您得知洗发精之主要讯息来源？

□1. 电视　　　　□5. 亲友推荐

□2. 报纸　　　　□6. 零售店陈列

□3. 杂志　　　　□7. 户外媒体（如公车外、看板广告）

□4. 广播　　　　　□8. 其他(请注明)__________

[接触媒体特性]

Q19. 您较常看哪一类型之电视节目?(可复选)

□1. 新闻报道与知识性节目(如电视新闻、90 分钟)

□2. 国语剧集(包括连续剧、单元剧、长片等)

□3. 西洋影集(如马盖先、黄金女郎、长片等)

□4. 闽南语剧集(如歌仔戏、台语连续剧等)

□5. 益智及竞赛性节目(如强棒出击、百战百胜等)

□6. 综艺节目(如钻石舞台、周末派、就在今夜等)

□7. 体育节目(如 NBA 篮球赛)

□8. 社教性节目(如公共电视)

□9. 妇女性节目(如傅培梅时间)

□10. 其他(请说明)__________

Q20. 您较常看哪一类型之杂志?(可复选)

□1. 妇女性(如仕女、家庭、依依、黛、女性)

□2. 综合性(如时报周刊、独家报道)

□3. 文艺类(如读者文摘、皇冠、音乐与音响)

□4. 财经工商(如管理、天下、卓越、日本文摘、突破)

□5. 电脑类(如倚天、资讯月刊)

□6. 语言类(如空中英语、今日美语)

□7. 理财投资类(如财讯、房屋市场、珠宝界)

□8. 其他(请注明)__________

Q21. 您较常看哪一类型之报纸?(可复选)

□1. 一般报纸(如联合、中时)

□2. 财经工商(如工商、经济日报、股票类)

□3. 民生报

□4. 英文报

□5. 其他(请注明)__________

[生活形态分析]

Q22. 下面是一些叙述句,请就您个人感觉,选出 1 至 5 之间任何一个数字来表示您的同意程度。其中“5”表示“非常同意”,“1”则是“很不同意”。

	非常同意	同意	介于中间	不同意	很不同意
1.洗发精关系着头发的健康美丽，所以我选择品质佳的洗发精	5	4	3	2	1
2.我通常不太相信洗发精广告的内容，因为都有点夸大不实	5	4	3	2	1
3.购买洗发精时，我不会去仔细选择香味	5	4	3	2	1
4.洗发精其实都差不多，所以只要便宜就好	5	4	3	2	1
5.选购洗发精时，我很容易受广告的影响	5	4	3	2	1
6.洗发精只要品质好，贵一点无所谓	5	4	3	2	1
7.不管买什么品牌洗发精，我首先想知道的是价格	5	4	3	2	1
8.我喜欢洗完头发后，散发一股迷人的香味	5	4	3	2	1
9.我喜欢选择突出与众不同的洗发精	5	4	3	2	1
10.包装漂亮没有用，反正用完就丢了	5	4	3	2	1
11.从一个人所买的洗发精中能看出他的个性或品味	5	4	3	2	1
12.精致突出的包装，会吸引我购买	5	4	3	2	1
13.选择适合自己发质的洗发精，要比香味、包装来得重要	5	4	3	2	1
14.通常对于新的洗发精，我会好奇想去尝试	5	4	3	2	1
15.我喜欢购买市场上流行的洗发精	5	4	3	2	1

[喜好之表现方式]

Q23. 您比较喜欢的洗发精广告表现方式是哪一种？（可复选）

□1. 介绍功能特性　　□7. 纯音乐式（如统一花语花茶）

□2. 直接强调洗发的感觉　　□8. 表现自我个性式

□3. 名人推荐　　□9. 意识形态式（如斯麦迪）

□4. 消费者证言　　□10. 梦幻式，唯美意境

□5. 产品比较式　　□11. 其他（请注明）__________

□6. 幽默式（如波尔茶）

下列基本资料谨作统计分析用，请放心填写！

B1. 性别：

□1. 男

□2. 女

B2. 年龄：

□1. 15～20
□2. 21～25
□3. 26～30
□4. 31～35
□5. 36～45

B3. 教育程度：
□1. 国中及以下
□2. 高中职高
□3. 专科/大学及以上

B4. 职业
□1. 学生
□2. 上班族
□3. 家庭主妇
□4. 其他(请注明)__________

B5. 婚姻：
□1. 未婚,没有固定异性朋友
□2. 未婚,有固定异性朋友
□3. 已婚

B6. 您的发质是属于……？
□1. 非常干
□2. 干性
□3. 中干性
□4. 中性
□5. 中油性
□6. 油性
□7. 非常油

B7. 您的头发长度是……？
□1. 超过后背中间
□2. 肩膀至后背中间
□3. 到肩膀
□4. 到耳垂
□5. 耳上

第十四章　基本统计方法

统计处理资料是研究工作必要的一环。要做好统计处理，首先要熟悉各种统计方法，了解它们适用于什么样的数据，可以用来解决什么问题。其次，要掌握一种或几种统计软件，了解统计软件的统计方法及其操作方法。传统手工统计必须熟悉的各种方法的统计运算过程，由于有了现成的软件，变得次要了。本章中，我们将结合 SPSS13.0 版本统计软件，着重介绍那些跟广告研究有关的统计方法的使用条件和方法。

第一节　频率分析

频率分析是最简单的统计方法，也是应用性广告研究中最常见的统计方法之一。频率分析主要用于统计处理命名量表和次序量表，等距和比率量表也可以在转化为命名量表之后进行频率分析。频率分析包括一维频率分析和交叉频率分析。

一、一维频率分析

一维频率分析用于统计一个变量的不同值的出现频率。它主要用于统计处理命名量表资料，统计结果主要是次数和百分数。例如，问卷调查中经常出现类似问题：

例 1：请问你的年龄？

①23 岁以下　②24～30 岁　③31～35 岁
④36～40 岁　⑤41～49 岁　⑥50 岁以上

例 2：您曾经听过或看过下列哪些品牌的洗发精？（可复选）

①飘柔　②海飞丝　③力士　④诗芬
⑤芦荟　⑥奥妮　⑦潘婷　⑧其他

这类问题，可以采用一维频率分析。

当问卷资料经过编码输入 SPSS 统计软件之后，剩下来的操作如下，从 SPSS13.0 的数据视图（如图 14-1）中：

GSS93 subset.sav - SPSS Data Editor

File Edit View Data Transform Analyze Graphs Utilities Window Help

1 : id 1

	id	wrkstat	marital	agewed	sibs	childs	age	birthmo	zodiac	edu
1	1	1	3	20	3	1	43	[illegible]	2	
2	2	1	5	0	2	0	44	8	6	
3	3	1	3	25	2	0	43	2	11	
4	4	2	5	0	4	0	45	99	99	
5	5	5	5	0	1	0	78	10	7	
6	6	5	1	25	2	2	83	3	12	
7	7	1	1	22	2	2	55	10	7	
8	8	5	1	24	3	2	75	11	9	
9	9	1	3	22	1	2	31	7	4	
10	10	2	5	0	1	0	54	3	12	
11	11	1	5	0	1	0	29	4	2	
12	12	1	5	0	0	0	23	10	8	
13	13	1	1	31	0	1	61	99	99	
14	14	5	4	24	3	4	63	3	1	
15	15	4	5	0	4	3	33	3	12	
16	16	1	5	0	0	1	36	11	8	

Age of Respondent

Data View / Variable View

SPSS Processor is ready

图 14-1 SPSS13.0 数据视图

点击“Analyze”键，拉开统计功能菜单；

选择“Descriptive Statistics”项，拉开更具体的菜单；

选择“Frequencies”项，点击后，就会弹出一个窗口，如图 14-2；

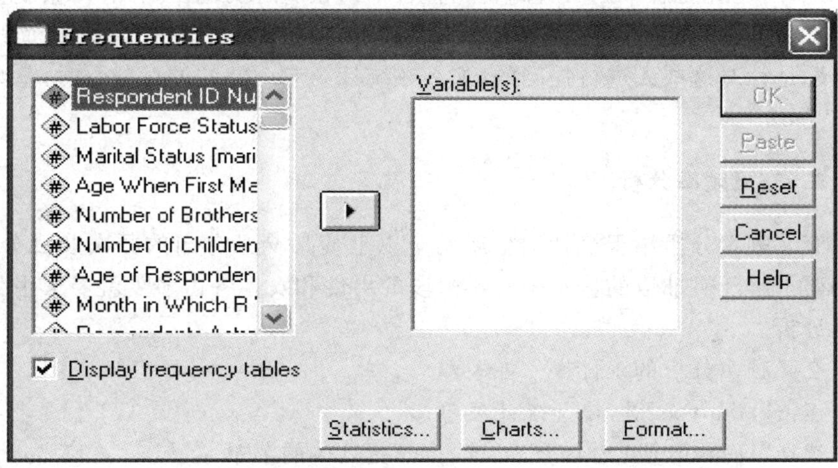

图 14-2 Frequencies 操作窗口

把窗口左框中需要进行频率分析的变量送入右框中，点击“OK”键。计算机就会自动输出表 14-1 的结果：

表 14-1 一维频率分析结果

		Frequency	Percent	Valid Percent	Cumulative Percent
Valid	＜23	43	5.0	5.0	5.0
	24～30	129	14.9	14.9	19.9
	31～35	114	13.2	13.2	33.1
	36～40	175	20.2	20.3	53.4
	41～49	185	21.4	21.4	74.8
	50	217	25.1	25.1	100.0
	Missing	2	0.2	100.0	
	Total	865	100.0		

一维频率分析中应该注意计算百分数的基数问题。一般来说，如果调查访问了 400 人，那么进行频率分析的基数就是 400。某一特殊问题有 25 人回答不知道或没有作出回答，那么该问题的基数就应该是 375。SPSS 软件会把两种结果的统计结果都显示出来。表 14-1 中，"Percent"的结果是以所有样本(865)为基数，而"Valid Percent"的结果是以扣除没有回答的样本(863)为基数，两列数据略有不同。

此外，还应注意不是所有的受调查者都回答所有问题。例如，一项调查中的第五个问题询问受调查者是否使用手机，回答使用手机的有 320 人，而第六个问题是针对这些人进行提问的，那么在统计第 6 个问题的百分数时，基数就应该是 320 人。

二、交叉频率分析

交叉频率分析用于统计两个或两个以上变量交叉分组的频次及百分数。例如要了解随机抽取的样本中各年龄段的男性和女性各占多少就要采用交叉频率分析。

交叉频率分析的统计操作如下：

点击"Analyze"键，拉开统计菜单；

选择"Descriptive Statistics"键，拉开更具体的菜单；

选择"Crosstabs"项，点击后，计算机会自动弹出一个窗口，如图 14-3；

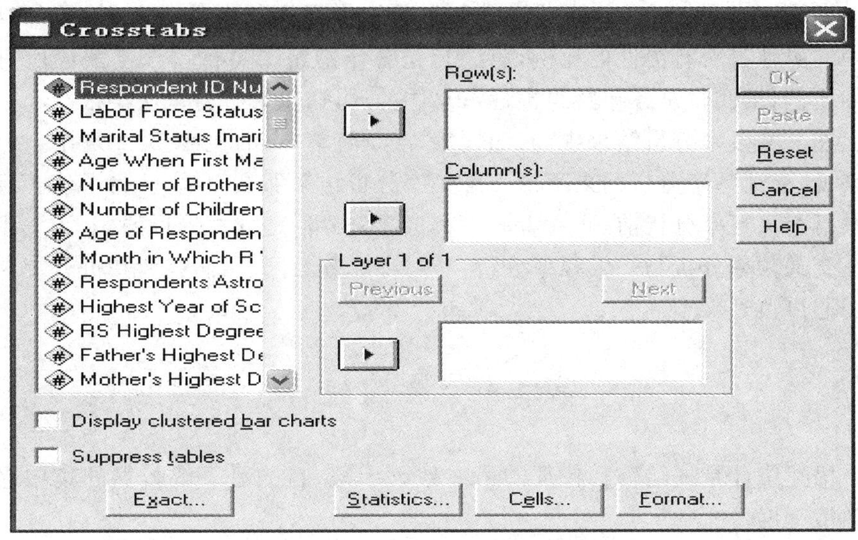

图 14-3　交叉频率分析操作窗口

将窗口左框中需要进行频率分析的变量送入右框中。如果仅算频率分布，点击“OK”键即可。如果要计算百分数，则要点击下方的“Cells”键，根据计算要求，选择新弹出窗口“Percentages”方框中有关统计量，也可以三项全选上，然后依次点击“Continue”、“OK”，计算机就会自动输出如下表 14-2 结果：

表 14-2　性别和年龄的交叉频率分析结果

		AGE					Total
		10～19	20～29	30～39	40～49	50～59	
SEX M	Count	65	49	85	94	46	339
	% within SEX	19.2%	14.5%	25.1%	27.7%	13.6%	100.0%
	AGE	50.4%	43.0%	48.6%	50.8%	48.9%	48.6%
	% of Total	9.3%	7.0%	12.2%	13.5%	6.6%	48.6%
F	Count	64	65	90	91	48	358
	% within SEX	17.9%	18.2%	25.1%	25.4%	13.4%	100.0%
	% within AGE	49.6%	57.0%	51.4%	49.2%	51.1%	51.4%
	% of Total	9.2%	9.3%	12.9%	13.1%	6.9%	51.4%
Total	Count	129	114	175	185	94	697
	% within SEX	18.5%	16.4%	25.1%	26.5%	13.5%	100.0%
	% within AGE	100.0%	100.0%	100.0%	100.0%	100.0%	100.0%
	% of Total	18.5%	16.4%	25.1%	26.5%	13.5%	100.0%

在表 14-2 数据行中，第一行是各年龄组中男性的人数，第二行是各年龄组中的男性占所有男性的比例，第三行是各年龄组中男性占该年龄段所有人数的比例，第四行是各年龄组男性占总体的比例，以后各行依次类推。

在交叉频率分析结果中，有的比表 14-2 简单，有的比表 14-2 复杂。但总的来说，交叉频率分析结果不像一维频率分析结果那么简单、一目了然。所以在进行交叉频率分析前，研究者心中应该事先弄清楚分析的目的。

交叉频率分析与一维频率分析一样，存在基数问题，研究者在进行统计时要小心谨慎。

第二节　描述统计

描述统计是描绘资料特征的最有效的手段，目的是了解数据的集中趋势和离散程度。

一、集中趋势

集中趋势有三种统计指标：算术平均数、中数和众数。

1. 算术平均数

算术平均数适用于等距量表和比率量表数据。算术平均数的计算方法是先计算某一变量的所有观测值的和，然后除以观测的数量。其计算公式为：

$$\overline{X}=\frac{\sum X_i}{n}$$

$\sum X_i$ 表示所有数据之和，即 $\sum X_i = X_1 + X_2 + \cdots + X_i$；$n$ 为数据的个数；$\overline{X}$ 表示平均数。

例如，拦截访问 10 个啤酒饮用者，询问他们平均一天喝多少听、瓶或杯啤酒。调查结果如表 14-3。

根据公式进行计算，$\overline{X}=\frac{2+2+3+2+5+1+2+2+10+1}{10}=\frac{30}{10}=3$，得每人平均喝 3 听、瓶或杯。

在调查中，观测变量常常被分成几个类别，如年龄被分为：18～34 岁、35～50岁、51～70 岁。每个受调查者只能落在某个类别中（如 35～50），但精确的数值多少不得而知。在这种情况下，研究者往往选取类别中点作为该类别的观测值，在计算这类数据的平均数时，先计算每个类别中点与落入该类别的观测数据的数量的积的总和，然后除以所有观测值的数量。计算公式为：

表 14-3　受调查者平均每天喝酒的数量

受调查者	平均每天喝的听、瓶或杯数量
1	2
2	2
3	3
4	2
5	5
6	1
7	2
8	2
9	10
10	1

$$\overline{X}=\frac{\sum_{i=1}^{h} f_i X_i}{n}$$

f_i 为第 i 类别观测值的数量，X_i 第 i 类别的中点，h 为类别的数量，n 为观测值的总数量。

SPSS13.0 版本中，平均数的统计操作如下：

在"Analyze"菜单中，选中"Descriptive Statistics"项，拉开菜单；

点击"Descriptive"项，计算机就会弹出图 14-4 窗口；

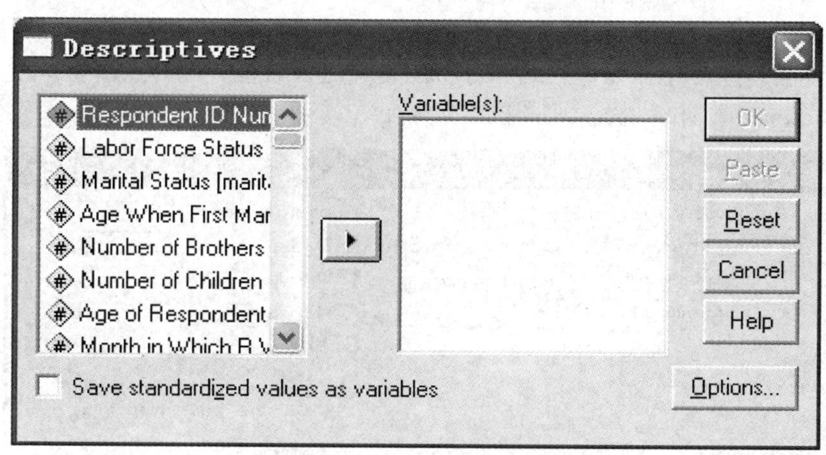

图 14-4　平均数计算操作窗口

把窗口左框中需要统计平均数的变量送入右框中，然后点击"OK"，计算机就会自动输出如表 14-4 的结果。从表中(第五列)可以看出，平均数是 3。

其他统计量分别是样本数量、最小值、最大值、标准差。

表 14-4　Descriptive Statistics

	N	Minimum	Maximum	Mean	Std. Deviation
VAR00001	10	1.00	10.00	3.000 0	2.708 0
Valid N (listwise)	10				

2. 中数

算术平均数受极端数据影响很大。例如，在调查消费者的个人年收入时，多数人的年收入可能在 5 万以内，但可能存在个别受调查者的年收入却在 10 万以上甚至上 100 万。采用算术平均数来描述这类的数据的集中趋势，无疑会抬高普通消费者的收入水平。在这种情况下，中数就是反映该变量集中趋势的合适指标，因为中数不受这种极端数据的影响。

中数适合命名量表数据之外的各种量表数据。将所有观测数据依照大小顺序排列起来，中间的数值就是中数。例如，在表 14-3 中，将所有数据由小到大排列起来，即

1、1、2、2、2、2、2、3、5、10

中间位置的数有两位，即第 5 和第 6 位，它们的数值都是 2，所以中数为 2 听、瓶或杯(如果两个中数数值不同，则取其平均值)。

SPSS10.0 中，中数运算的统计操作如下：

选择“Analyze”菜单中的“Descriptive Statistics”项，拉开菜单；

点击 “Frequencies”项，计算机就会弹出图 14-2 窗口；

把窗口左框中需要进行频率分析的变量送入右框。同时点击窗口左下端的“Statistics”，计算机会弹出图 14-5 窗口；

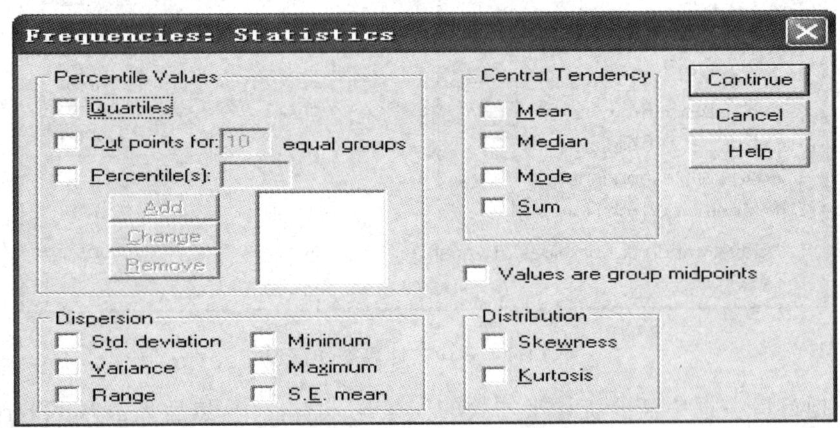

图 14-5　中数计算操作窗口

选中新窗口右上端“Central Tendency”框中的“Median”；

相继点击“Continue”和“OK”键。计算机就会自动输出如表 14-5 的结果。根据表中数据，中数是 2。

表 14-5　中数计算结果

N	Valid	10
	Missing	0
Median		2.000 0

3. 众数

众数也是解决算术平均数容易受极端数据影响的方法之一，它适用任何量表的数据。在所有观察值中出现频率最高的数值就是众数。表 14-3 的数据中，出现频率最高的数值是 2，因此该组数据的众数就是 2 听、瓶或杯。在频次分布中，众数是频次分布最高的变量的值。

SPSS13.0 版本中众数的统计操作与中数的操作过程基本相同，将“Median”改为“Mode”即可。

众数的问题是可能出现多个众数，例如可能存在两个出现频率一样的数值，在这种情况下，众数就是那两个数值。

二、离散趋势

集中趋势是用于测量一个变量的代表数值，离散趋势则用于测量数据的分散情形。用来衡量离散程度的统计量有标准差、方差和范围。标准差可以按如下公式进行计算，

$$S=\sqrt{\frac{\sum_{i=1}^{n}(X_i-\overline{X})^2}{n-1}}$$

S 为标准差，为第 i 次观测值，$\overline{X}$ 为平均值，n＝样本量。将表 14-3 的数据代入标准差公式计算，得 $S=8.12$。

方差是标准差的平方，其计算公式就是标准差公式去掉平方根。范围是指数据中的最大值与最小值之差，表 14-3 中方差为 66，范围为 10－1＝9。

在 SPSS10.0 中，离散趋势指标的统计运算都是与平均数同时进行的，在计算平均数时，标准差以及计算范围的最大值和最小值都会自动显示出来(见表 14-4)。

第三节　差异的统计检验

广告研究和实践中，经常要判断两个数据是否有显著差异。例如：

①事后测量的品牌第一提名率为 23%，事前测量的第一提名率为 20%，请问该品牌的第一提名真的提高了吗？

②顾客的满意度从三个月前的 92%增加到今天的 93.5%，请问顾客的满意度真的增加了吗？

③某某连锁店在 A 地的店的顾客服务满意度比在 B 地的店高 1.2 个百分点，量表是 10 点量表。请问 A 地的顾客比 B 地的顾客真的更满意吗？B 地的经理要不要更换？A 地的经理要不要奖励？

④在一项产品测试中，19.8%被调查过的人说，他们更可能购买他们评价过的新产品，这是好事吗？这比去年另一相似的产品所得的调查结果更好吗？从导入新产品的角度来说，这些结果意味着什么？

⑤在一个市场细分研究中发现，年收入多于 3 万元的人平均每月到快餐店 6.2 次，那些年收入不到 3 万元的人平均每月光顾快餐店 6.7 次，这些差异是真的吗？有意义吗？

类似的问题只有通过统计上的差异检验才能更准确地来回答。

一、差异检验的基本概念

1. 假设

假设是研究者对有关研究问题的猜测。假设有两种基本形式，一种叫做研究假设（用 H_1 表示），即研究者根据已知的理论和事实对研究结果的预测或判断。例如，对品牌的追踪研究发现，某品牌半年前的知名度是 55%（无助回忆），半年后测验的结果是 60%。于是研究认为 H_1 半年后的知名度显著高于半年前。另一种叫做虚无假设，它是与研究假设对立的假设，用 H_0 表示。在差异检验中，研究假设总是关于研究结果存在差异的假设，相反，虚无假设则是研究结果没有差异的假设，所以虚无假设也叫做无差假设。

建立虚无假设的原因是，统计方法无法直接检验研究假设的真实性，只有通过反驳虚无假设从反面来证实研究假设。所以，研究的目的虽然是证实研究假设，但在统计上，只能通过证伪虚无假设来实现。换句话说，在前面的例子中，研究者只能证明“半年前、后的品牌知名度没有显著差异”不成立，而后推断“半年前、后的知名度存在显著差异”成立。

2. 显著性水平

在差异检验中，显著性水平是一个极其重要的概念，一般用 α 表示，它衡量两个数据之间的差异明显程度。显著性水平高，差异由抽样误差造成的可能性就小。为了确保研究的差异不由抽样误差造成，研究者普遍会将统计的显著性水平定在.05 和.01。.50 或.01 显著水平的含义是，根据研究结果作出的推断犯错误的概率不到 5％或 1％。也可以说，根据研究结果作出的推断有 95％或 99％是正确的。

由于显著性水平实质上是一个比率，所以在实际研究报告中报告显著性水平时常常用 P＜.05、P＜.01、P＞.05 来表示。SPSS 统计软件用“Sig”来描述这一数据。

3. 自由度

自由度，常用其英文词组的第一个字母组合“df”表示，是指在统计问题中不受限制或自由变化的变量或观察值的数量。自由度的数量等于变量或观测值的数量减去计算一个统计量所必要的限制或假设的数量。举个简单的例子来说，5 个数的平均数是 20，在 5 个数中，只有 4 个数是自由变化的。因为只要确定 4 个数就可以确定第五个数。简单地说，自由度就是变量数或样本量减去 1。例如，在单样本的差异检验中，如果样本量为 35，那么自由度 df 就是 34。在独立样本的差异检验中，如果两个独立样本的样本量分别为 35 和 30，那么两个样本差异检验的自由度则为(35－1)＋(30－1)＝63。在方差分析中，如果要检验 4 个因素(或变量)的交互作用，而且四个因素分别有 3、3、2、3 个水平，那么其自由度则为(3－1)×(3－1)×(2－1)×(3－1)＝8。如果要检验一个因素(该因素有 3 个水平)的主效应，那么自由度就是 3－1＝2。

在现代统计软件中，输出结果中都会显示各种检验的自由度，不必研究者再行计算。

4. 独立样本和相关样本

独立样本是指两个样本分别从不同的总体中抽取，它们之间没有任何关系。其实质是，一个变量在一个样本中的测量不影响该变量在另一个样本中的测量。相关样本，也叫做配对样本，指两个样本之间存在一一对应关系，一个变量在一个样本中的测量会影响其在另一个样本中的测量。

例如，在一项旨在了解性别对电视广告的态度是否存在差异的调查中，男性和女性这两个样本就是独立样本，它们取自不同的总体，在调查过程中，男性对问题的回答也不影响女性对问题的回答。但如果研究者的研究目的是探讨广告活动对品牌形象的影响，研究者就需要在广告活动展开前后对同一个样本进行两次测量。这样，前后测量的两个样本实质上是同一个样本，是一一对应的。由于同一个受调查者先后接受两次调查，前一次的调查就可能对后一次测量产生影响。这个调查里前后两次测量的样本就是相关样本。

5.单侧检验或双侧检验

在统计检验中,只强调差异而不强调方向性的检验叫做双侧检验。就前面的例子来说,如果研究旨在了解不同性别对电视广告的态度是否存在差异,那么不管调查结果是男性对广告的态度好于女性,还是女性对广告的态度好于男性,都无关紧要,重要的是他们之间有没有显著的差异。对这个问题进行检验必须采用双侧检验。大多数广告研究,普遍采用的都是双侧检验。

与双侧检验不同,强调某一方向差异的检验叫做单侧检验。也可以说单侧检验适用于检验某一参数是否“大于”或“优于”、“快于”、“慢于”另一参数。例如为了判断一家广告公司的电视广告创意水平是否比较高,我们对比他们制作的广告与其他公司的广告,此时的差异检验采用单侧检验就比较合适。

对于同样的数据资料和同样的显著水平来说,单侧检验与双侧检验的结果可能不一致。有可能单侧检验已经拒绝虚无假设,而双侧检验时还不能拒绝。所以,实际研究中何时采用单侧检验、何时采用双侧检验,一定要根据研究问题的性质来确定,绝不能随心所欲。

二、差异假设检验的步骤

差异假设检验一般要经过以下五个步骤。

1.提出假设

提出假设就是提出研究假设和虚无假设。例如,某银行要求各窗口部门提高工作效率,确保每位顾客的平均等待时间不超过3分钟。为此该银行进行了一项调查来检验各窗口部门的落实情况。在这项研究中,假设包括:

虚无假设 H_0:顾客平均等待时间≤3分钟。

研究假设 H_1:顾客平均等待时间>3分钟。

2.选择适当的检验方法

统计检验方法有许多种,如 χ^2 检验、t检验、Z检验、K-S检验等。各种检验方法需要的条件不一样,研究者应该根据研究的问题、数据资料的特征等选择合适的检验方法。关于差异检验的各种方法,下一节将具体介绍。

3.确定显著性水平

在调查研究中,两个数据一般会有数学上的差异,但是两个数据的差异多大时才可认为是真正的差异呢?这个标准就需要研究者来确定。这个标准也就是统计学上的显著性水平。尽管显著性水平由研究者确定,但是能够被其他研究者普遍接受的水平通常为.05和.01。

4.计算检验统计值

在这一步骤，首先要用适当的公式计算出检验的统计值。然后比较统计值与在.05或.01显著水平的临界值（这一数据可以通过查表获得），根据比较结果指出是拒绝虚无假设还是不能拒绝虚无假设。

在现代统计软件中，只要在运行的软件中选择适当的指令，计算机就会自动显示结果。研究者无须按公式计算，也无须查表。

5.陈述结论

即根据统计结果陈述研究得出的结论。

三、差异检验方法

1.适合度检验（Goodness of fit）

(1)χ^2 检验

在应用性广告研究中，常常采用频率分析统计处理收集到的资料。频率分析可能还会带来一些问题：受调查者选择不同类别的数量与研究者所期望或理论值是否一致（调查到的各类收入水平的受调查者的人数与研究者抽样时的配额要求是否一致）？χ^2 检验可以帮助研究者确定这一问题的答案，也即检验了观察值分布与期望值分布的适合度。

χ^2 检验的计算公式是：

$$\chi^2=\sum_{i=1}^{k}\frac{(O_i-E_i)^2}{E}$$

O_i 为第 i 类别的观测值，E_i 为第 i 类别的期望值，k 为类别的数量。

进行 χ^2 检验时，先将有关数据代入公式进行运算，得到一个 χ^2 值。然后根据自由度 df 和研究者确定的显著性水平 α 查附表4，得到 χ^2 检验的临界值。比较实际 χ^2 值与临界值，如果实际 χ^2 值大于临界值，说明研究假设成立；反之，如果 χ^2 值小于临界值，说明研究假设不成立。

例：假设有一个品牌的产品在三个月时间内分别采用三种POP广告，每个月用一种POP广告。三种POP广告期间该品牌的销售单位分别是：第一种POP广告期间销售108件，第二种销售151件，第三种销售125件。请问这三种POP广告对产品销售的影响有没有显著的差异。

根据题意，三种方式的期望值应该是三种方式的均值，即

$$E_i=\frac{108+151+125}{3}=\frac{384}{3}=128$$

将观测值和期望值代入公式运算，得

$$\chi^2=\frac{(108-128)^2}{128}+\frac{(151-128)^2}{128}+\frac{(125-128)^2}{128}=7.33$$

根据常规要求，显著性水平 $\alpha=.05$ 和自由度 $df=3-1=2$，查附表 4 得 χ^2 的临界值为 5.99。

由于实际 χ^2 值(7.33)大于临界 χ^2 值(5.99)，说明研究假设成立。即三种 POP 广告对产品销售量的影响不一样。这一结论犯错误的概率小于 5%。

上述例子是单一变量的 χ^2 检验，实际上，χ^2 检验还可以用于两个或两个以上变量的适合度检验。

例如，一个便利店店主想了解顾客性别与惠顾频率的关系，她将惠顾频率分为每月 1～5 次、6～14 次和 15 次以上三种情形，调查结果见表 14-6。请问不同性别惠顾便利店的次数有无显著差异。

表 14-6 性别与惠顾情形的人数分布

惠顾频率	男性	女性	合计
1～5	14	26	40
6～14	16	34	50
>15	15	11	26
合计	45	71	116

根据题意，可以分别计算出顾客性别和惠顾交叉各种情形的期望值如表 14-7。

表 14-7 性别与惠顾情形的期望值分布

惠顾频率	男性	女性
1～5	$\frac{45\times40}{116}=15.52$	$\frac{71\times40}{116}=24.48$
6～14	$\frac{45\times50}{116}=19.40$	$\frac{71\times50}{116}=30.60$
>15	$\frac{45\times26}{116}=10.09$	$\frac{71\times26}{116}=15.91$

将观测值和期望值代入公式运算，即

$$\chi^2=\frac{(14-15.52)^2}{15.52}+\frac{(26-24.48)^2}{24.48}+\frac{(16-19.4)^2}{19.4}+\frac{(34-30.6)^2}{30.6}+\frac{(15-10.09)^2}{10.09}+\frac{(11-15.91)^2}{15.91}$$

$$\chi^2=5.12$$

显著性水平 $\alpha=.05$，自由度 $df=(3-1)\times(2-1)=2$，查附表 4 可得 χ^2 的临界值为 5.99。由于实际 χ^2 值(5.12)小于临界 χ^2 值(5.99)，说明研究假设不成立，即不同性别的顾客惠顾便利店的次数不存在显著差异。

在 SPSS 软件中，两个或两个以上变量的 χ^2 检验的操作过程与交叉频率分析的过程基本相同：

选择“Analyze”菜单中的“Descriptive Statistics”项，拉开菜单；

点击“Crosstabs”项，计算机会弹出一个窗口；

把窗口左框中需要进行频率分析的变量送入右框。同时点击“Statistics”键，在新弹出的窗口中，选中“Chi-square”，然后依次点击“Continue”和“OK”，计算机就会自动输出如表 14-8 的结果。表中数据显示 $\chi^2=5.12$，跟上述人工统计结果一致。

表 14-8　检验结果

	Value	df	Asymp. Sig. (2-sided)
Pearson Chi-Square	5.125	2	.077
Likelihood Ratio	5.024	2	.081
Linear-by-Linear Association	2.685	1	.101
N of Valid Cases	116		

(2)Kolmogorov-Smirnov 检验(简称 K-S 检验)

K-S 检验与 χ^2 检验都是适合度的检验方法。不同的是，K-S 检验关心的是累计观测值分布与累计理论或期望值分布之间的一致性程度，而且 K-S 检验适用于次序量表资料。

K-S 检验方法的统计过程如下：

首先，确定变量分布期望比率，如果次序量表是 5 点量表，那么期望值就是.20。

其次，计算累计观测值、累计期望值以及两者之差，累计观测值与累计期望值之差的最大值就是 D 值。

再次，计算 D 临界值，对于显著性水平 $\alpha=.05$ 和大样本(≥30)的 K-S 检验来说，D 临界值的计算公式为：

$$D=\frac{1.36}{\sqrt{n}}(n\text{ 为样本量})$$

最后，比较实际 D 值和 D 临界值的大小，如果实际 D 值大于 D 临界值，说明研究假设成立。反之，研究假设不成立。

例：康柏计算机公司准备在家庭计算机领域导入新的产品线。在产品导入市场前的座谈会研究结果指出，许多潜在的家用计算机购买者偏爱棕色。随后康柏调查了500名计划半年内购买计算机的消费者，给他们看几种深浅不同的棕色，要求他们指出喜欢的颜色。调查结果如表14-9。请问，潜在消费者对各种深浅程度棕色的偏爱有没有显著差别。

表14-9　潜在消费者对棕色各种深浅程度的偏爱

棕色深浅	很浅	浅	中等	深	很深	合计
喜欢人数	150	170	80	45	55	500

根据题意，可以计算出期望值是.20。通过累计观测值、累计期望值以及二者之差的计算（见表14-10），得实际D值为.24。将实际样本量代入公式，得$D=\frac{1.36}{\sqrt{500}}=.06$。由于实际$D$值(.24)大于$D$临界值(.06)，所以，研究假设成立，说明潜在消费者对各种程度的棕色的偏爱存在显著的差异。

表14-10　K-S检验的资料

颜色深度	观测值	观测比率	累计观测比率	期望比率	累计期望比率	累计观测与期望比率之差
很浅	150	.30	.30	.20	.20	.10
浅	170	.34	.64	.20	.40	.24
中等	80	.16	.80	.20	.60	.20
深	45	.09	.89	.20	.80	.09
很深	55	.11	1.00	.20	1.00	0.00
合计	500					

2.平均数的差异检验

平均数的差异检验，实际上包括Z检验和t检验。Z检验只适用于大样本($n \geqslant 30$)，而t检验不仅适用于小样本($n<30$)还适用于大样本。由于t检验普遍适用，一些统计软件（如SAS、SPSS）只用t检验来处理，这里介绍t检验。

(1)单样本t检验

单样本t检验是用来检验单个变量的平均数与某一常数（或总体平均数）的差异的方法。t检验的统计运算过程如下：

①计算样本的平均值$\overline{X}$；

②根据以下公式计算样本标准差：

$$S=\sqrt{\frac{\sum_{i=1}^{n}(X_i-\overline{X})^2}{n-1}}$$

X_i 表示第 i 店每周的销售量，$\overline{X}$ 表示每周的平均销售量，n 表示商店的数量。

③根据以下公式计算平均数标准误

$$S_{\overline{X}}=\frac{S}{\sqrt{n}}$$

④根据以下公式计算 t 值

$$t=\frac{\overline{X}-\mu_0}{S_{\overline{X}}}$$

$\overline{X}$ 为样本平均值，μ_0 为总体平均值或常数。

⑤根据显著性水平和自由度查附表 3 确定 t 检验的临界值。

⑥比较实际 t 值和临界值，作出推断。

例：某品牌产品在 15 家商店展开促销活动。促销前，该品牌在 15 家商店平均每周的销售量为 450 个单位。促销期间，每家商店的销售量如表 14-11。请问促销期间该品牌的销售量是否比以前提高。

表 14-11　促销期间 15 家商店的销售量

商店	销售量
1	412
2	566
3	532
4	489
5	429
6	472
7	503
8	408
9	428
10	515
11	453
12	499
13	525
14	467
15	484

由表 14-11 的数据可以计算出平均数

$$\overline{X}=478.80$$

将平均数数据和表 14-11 中的数据代入标准差公式进行计算，得

$$S=46.59$$

将 S 代入平均数标准误公式，得

$$S_{\overline{X}}=12.03$$

将 $S_{\overline{X}}$ 值代入 t 值的计算公式，得

$$t=2.394$$

显著性水平 $\alpha=.05$，自由度 $df=15-1=14$，查附表 3 得单侧检验 t 的临界值为 1.761。由于实际 t 检验值 2.394 超过 $\alpha=.05$ 的 t 检验临界值 1.761，说明研究假设成立，商店的平均销售量显著地超过 450 个单位。

在 SPSS 软件中，单样本 t 检验的操作非常简单，操作过程依次是：

选中“Analyze”菜单中的“Compare means”项，拉开下一级菜单；

点击“One-Sample T Test”选项，弹出图 14-6 窗口；

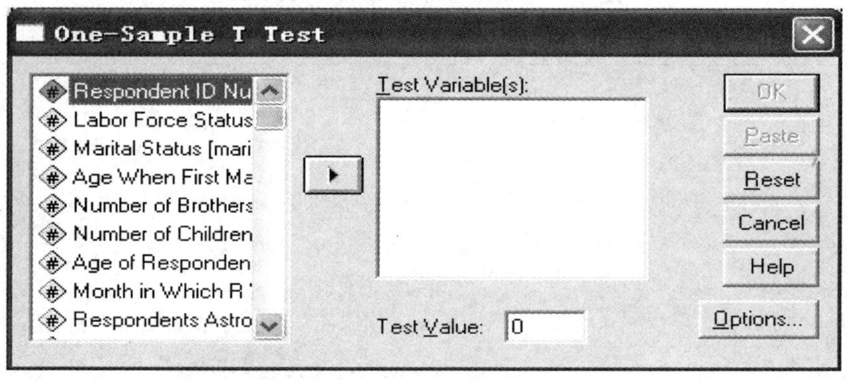

图 14-6　单样本 t 检验操作窗口

将左边方框中要统计的变量移入右边方框中，同时在“Test Value”处输入总体平均数或常数。

点击“OK”键，计算机自动输出表 14-12 的结果。表 14-12 是上述例子原始数据的运算结果。表中各列变量名称分别是 t 值、自由度、显著性水平（双侧）、平均数之差、95％的置信区间。t 值与人工统计结果一致。

表 14-12　单样本 t 检验结果

	t	df	Sig. (2-tailed)	Mean Difference	95% Confidence Interval of the Difference	
					Lower	Upper
VAR00001	2.394	14	.031	28.8000	2.9986	54.6014

值得注意的是，SPSS 软件的“One-Sample T Test”默认的是双侧检验。如果双侧检验显著，那么单侧检验也显著。如果双侧检验不显著，那么可以比较计算机统计结果中的 t 值与查附表 3 得到的单侧 t 检验临界值。

(2)独立样本 t 检验

独立样本 t 检验用于检验两组随机抽取的样本的平均数的差异。其检验过程如下：

①先分别计算两个样本的平均数 $\overline{X}_1$、$\overline{X}_2$ 和标准差 S_1、S_2；

②按下列公式计算平均数之差的标准误：

$$S_{\overline{X}_1-\overline{X}_2}=\sqrt{\frac{S_1^2}{n_1}+\frac{S_2^2}{n_2}}$$

n_1 是第一样本的样本量，n_2 是第二样本的样本量。

注意，此公式只用于两个样本方差不相等的情况，如果方差相等就要使用别的公式。在 SAS 和 SPSS 统计软件中，两个方差相等和不相等的结果都计算出来。

③计算实际 t 值，计算公式如下

$$t=\frac{(\overline{X}_1-\overline{X}_2)-0}{S_{\overline{X}_1-\overline{X}_2}}$$

④比较计算得到的 t 值与 t 临界值，得出结论。

例：国外一项关于便利店的调查中，发现男性(45 人)平均光顾便利店的次数是 11.49 次，标准差是 8.16，女性(71 人)平均光顾次数是 8.51 次，标准差是 5.23。请问，男、女光顾便利店有没有差别。

依据题意得知，$\overline{X}_1=11.49$、$\overline{X}_2=8.51$，$S_1=8.16$、$S_2=5.23$，$n_1=45$、$n_2=71$，将这些数据代入平均数之差的标准误计算公式，得

$$S_{\overline{X}_2-\overline{X}_2}=\sqrt{\frac{8.16^2}{45}+\frac{5.23^2}{71}}=1.37$$

将有关数据代入 t 值计算公式，得

$$t=\frac{(11.49-8.51)-0}{1.37}=2.18$$

$\alpha=.05$，$df=(45-1)+(71-1)=114$，查附表 3 得.05，显著水平双侧检验的 t 临界值是 1.98。由于实际 t 值(2.18)大于 $\alpha=.05$ 的 t 临界值 1.98，得出结论：男性与女性光顾便利店的次数存在显著差异。

采用 SPSS 统计软件进行独立样本 t 检验的过程如下：

选中“Analyze”菜单中的“Compare means”项，拉开下一级菜单；

点击“Independent-Samples T Test”选项，弹出图 14-7 窗口；

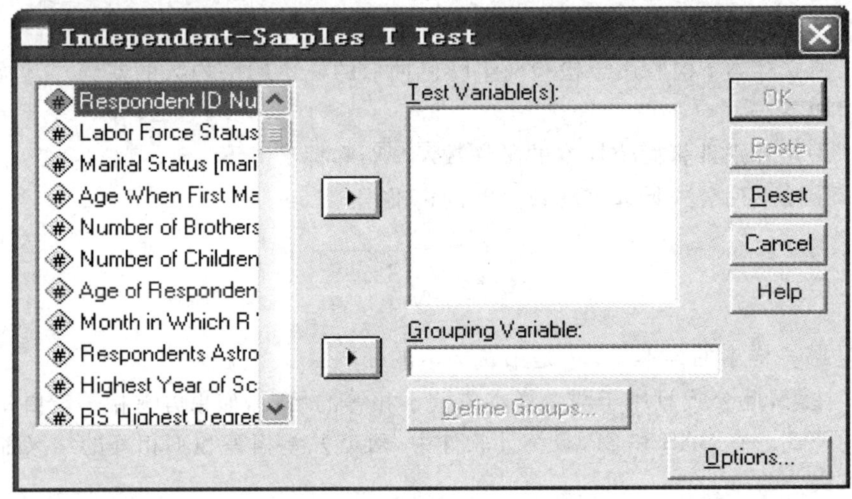

图 14-7　独立样本 t 检验操作窗口

将左边方框中的因变量移入右上方“Test Variable”方框中，同时将左边方框中的自变量移入右边的“Grouping Variable”空格中；

点击“Difine Groups”，弹出一个小窗口，在窗口的“Group 1”和“Group 2”填入相应分组变量的数值。如果自变量是等距或比率量表数据，则在小窗口的“Cut Point”处填入数据分组的值。

连续点击“Continue”、“OK”键，计算机就会自动输出表 14-13 的结果。表 14-13 是根据上述例子原始数据统计的结果，表中各列的意思分别是方差齐性检验的 F 值、显著水平、t 值、自由度、显著性水平(双侧)、平均数之差、差异标准误、95%的置信区间。两行数据中，上一行是方差相等的统计结果，下一行是方差不相等的统计结果。表中数据显示，方差不等时的 t 值为 2.18，与手工统计值相同。

注意，对于表 14-13 中的两种结果，如果方差齐性检验显著，那么研究结果就采用方差不等的 t 检验结果；如果方差齐性检验不显著，则采用方差相等的 t 检验结果。

表 14-13　独立样本 t 检验的统计结果

	F	Sig.	t	df	Sig. (2-tailed)	Mean Difference	Std. Error Difference	95% Confidence Interval of the Difference	
								Lower	Upper
Equal variances assumed	8.581	0.004	2.400	114	0.018	2.981 8	1.242 4	0.520 6	5.443 1
Equal variances not assumed			2.183	67.077	0.033	2.981 8	1.365 8	0.255 9	5.707 8

(3)相关样本 t 检验

相关样本 t 检验，也叫配对样本 t 检验，用于比较同一样本两个变量的平均数。它的统计过程如下：

①计算每一对数据之差(d_i)及其平均值($\overline{d}$)，计两个变量的平均数 $\overline{X}$ 和 $\overline{X}$；

②根据下列公式计算两变量之差的标准差：

$$S_d=\sqrt{\frac{\sum_{i=1}^{n}(d_i-\overline{d})^2}{n}}$$

③根据下面公式计算两个变量之差的平均数标准误

$$S_{\overline{d}}=\sqrt{\frac{S_d^2}{n-1}}$$

④计算 t 检验值。计算公式是

$$t=\frac{(\overline{X}_1-\overline{X}_2)-0}{S_{\overline{d}}}$$

⑤比较实际 t 值和 t 临界值，得出推论。

例：假设某研究者想了解品牌强度与品牌联想的关系，根据市场占有率指标选出一个强、弱势品牌各一个，让 30 名大学生被试由品牌名字进行自由联想。被试的联想结果见表 14-14。请问强、弱品牌的联想数量是否有差异。

根据原始数据可以算出，$\overline{X}_1=11.13$，$\overline{X}_2=6.83$，$\overline{d}=4.30$；将原始数据和 $\overline{d}$ 代入两变量之差的标准差公式，得 $S_d=5.41$。将代 S_d 入两变量之差的平均数标准误公式，得 $S_{\overline{d}}=1.00$。将 $S_{\overline{d}}$ 值代入 t 值计算公式，得 $t=4.35$。

表 14-14　品牌联想数量

被试	强势品牌	弱势品牌	被试	强势品牌	弱势品牌
1	5	9	16	12	10
2	8	4	17	16	7
3	7	6	18	13	6
4	9	3	19	9	6
5	15	3	20	15	7
6	14	4	21	11	8
7	3	7	22	6	6
8	11	4	23	6	3
9	6	12	24	20	9
10	18	6	25	7	4
11	8	5	26	5	3
12	9	5	27	18	11
13	17	6	28	11	21
14	20	15	29	15	5
15	14	6	30	6	4

$\alpha=.05$，$df=30-1=29$，查附表 3 得双侧 t 检验的临界值为 2.045，小于实际 t 值 4.35，所以研究假设成立，强、弱品牌的联想数量的确存在显著差异。

采用 SPSS 进行相关样本 t 检验，操作过程如下：

选中“Analyze”菜单中的“Compare means”项，拉开下一级菜单；

点击“Paired-Samples T Test”选项，弹出图 14-8 窗口；

连续选中左边方框中要比较的两个变量，移入右上方“Paired Variables”方框中；

点击 “OK”键，计算机就会自动输出表 14-15 的结果。

表 14-15 是根据上述例子原始数据统计的结果，表中各列变量分别是配对差异平均值、标准差、平均数标准误、95%的置信区间、t 值、自由度、显著性水平（双侧）。

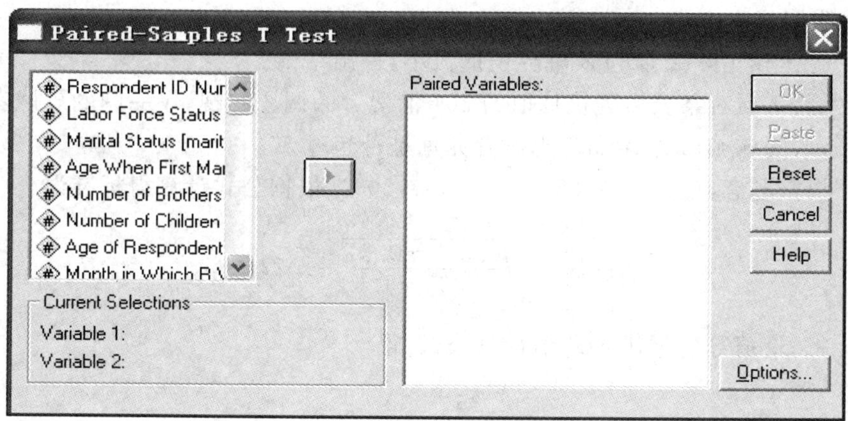

图 14-8　配对样本 t 检验计算操作窗口

表 14-15　相关样本 t 检验统计结果

	Paired Differences					t	df	Sig. (2-tailed)
	Mean	Std. Deviation	Std. Error Mean	95% Confidence Interval of the Difference				
				Lower	Upper			
Pair 1	4.30	5.41	.99	2.28	6.32	4.350	29	.000

3. 比率的差异检验

在广告和营销研究中，比较比率大小差异也是常见的事。比率的差异检验因比较的对象不同，统计检验的方法也不一样。

(1)单样本比率检验

单样本比率检验用于比较一个样本的比率与一个特殊的比率参数。它适用于次序、等距、比率和二分的命名量表，其统计检验过程如下：

①计算标准误，计算公式为

$$S_p=\sqrt{\frac{p(1-p)}{n-1}}$$

p 为比率参数，n 是样本量。

注意，此公式的运用前提是 $np\geqslant 5$ 或 $n(1-p)\geqslant 5$。

②计算实际 Z 值，公式是

$$Z=\frac{\hat{p}-p}{S_p}$$

$\hat{p}$ 为观测比率。

③比较实际 Z 值和 Z 临界值的大小，得出结论。

例：一项对某城市随机抽取的 300 消费者的调查发现，A 品牌的忠诚者占 35%，请问该城市的 A 品牌忠诚者究竟是否超过 30%。

根据题意，已知 $\hat{p}=.35$，$p=.30$，$n=300$。根据公式计算得标准误

$$S_p=\sqrt{\frac{0.3(1-0.3)}{300-1}}=.027$$

将 S_p 值等数据代入 Z 值计算公式，得

$$Z=\frac{.35-.30}{.027}=1.85$$

$\alpha=.05$，查附表 2 得知单侧 Z 检验的临界值 1.64。实际 Z 值大于临界值，说明 A 品牌的忠诚者的确超过 30%。此一推论犯错误的概率不超过 5%。

用 SPSS 软件来处理这类问题，操作过程如下：

选中“Analyze”菜单中的“Nonparametric Tests”项，展开另一张菜单；

点击“Binomial”项，弹出图 14-9 窗口；

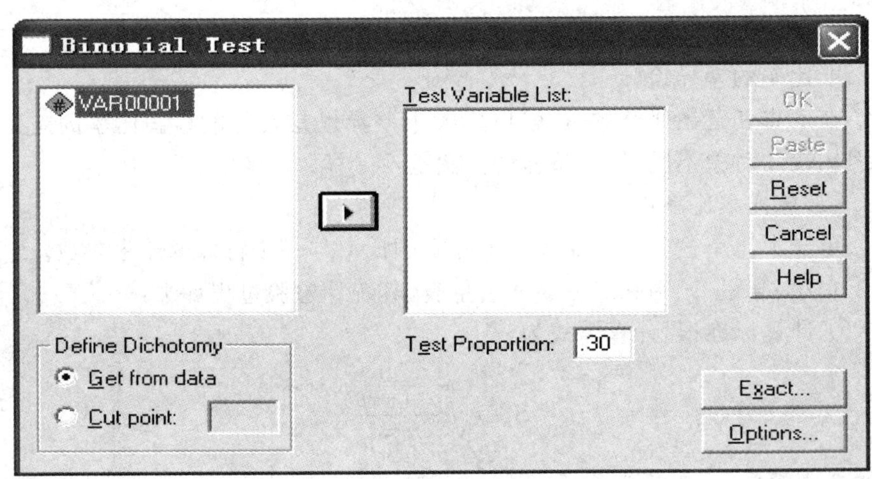

图 14-9 比例的差异检验

将窗口左边方框中要进行统计的变量移入右边的“Test Variable List”框内，同时在“Test Proportion”处填入要比较的比率参数；

点击“OK”，计算机就会输出如表 14-16 的结果。表中各列变量分别是类

别、样本量、观测比率、检验比例(比率参数)、显著性水平。

表 14-16　单样本的比率差异检验结果

		Category	N	Observed Prop.	Test Prop.	Asymp. Sig. (1-tailed)
V1	Group 1	1.00	105	.4	.3	.034
	Group 2	2.00	195	.7		
	Total		300	1.0		

(2)独立样本比率的差异检验

独立样本的比率差异检验用于检验两个比率之间的差异,这两个比率必须来自两个不同样本。其统计过程如下:

①根据公式计算两个比率之间差异的标准误

$$S_{p_1-p_2}=\sqrt{p(1-p)\left(\frac{1}{n_1}+\frac{1}{n_2}\right)}$$

p 是两个样本的总比率,计算方法是 $p=\frac{n_1p_1+n_2p_2}{n_1+n_2}$;$n_1$ 是第一个样本的样本量,n_2 是第二个样本的样本量,p_1 是第一个样本的比率,p_2 是第二个样本的比率。

②计算实际值,公式是

$$Z=\frac{(p_1-p_2)-0}{S_{p_1-p_2}}$$

$\hat{p}$ 为观测比率。

③比较实际 Z 值与临界值,作出推断。

例:国外一项关于便利店的调查中发现,45 名男性中有 26 人平均光顾便利店 9 次或 9 次以上(这类顾客称常客);71 名女性中,平均光顾 9 次或 9 次以上的有 30 人。请问在常客中,男、女比率有没有差别。

依据题意,得知

$$n_1=45,n_2=71,p_1=\frac{26}{45}=.578,p_2=\frac{30}{71}=.423,$$

$$p=\frac{45\times.578+71\times.423}{45+71}=.483$$

将有关数值代入标准误公式计算,得

$$S_{p_1-p_2}=\sqrt{.483(1-.483)\left(\frac{1}{45}+\frac{1}{71}\right)}=.095$$

将 $S_{p_1-p_2}$ 值等代入 Z 值计算公式，得

$$Z=\frac{(p_1-p_2)-0}{S_{p_1-p_2}}=\frac{(.578-.423)-0}{.095}=1.63$$

$\alpha=.05$，查附表 2 得知，双侧 Z 检验的临界值 1.96，大于实际 Z 值 (1.63)。可见，在常客中，男、女比率没有显著的差异。

4.方差分析

前面介绍指出，t 检验可以用于检验两个平均数的差异。但是，当平均数增加到 3 个或 3 个以上时，t 检验就不适用了，必须采用另一种方法，这种方法就叫做方差分析(analysis of variance，简称 ANOVA)。方差分析虽然也适用于两个样本的差异检验，但它更加广泛地用于 3 个或 3 个以上的独立样本平均数的差异检验。

与比较两个平均数的 t 检验中有独立样本 t 检验和配对样本 t 检验两种方法相对应，比较多个平均数的方差分析方法中也有相对应的处理来自独立样本的单因素完全随机化方差分析和处理相关样本的单因素重复测量方差分析。

(1)单因素完全随机化方差分析

单因素完全随机化的方差分析主要用于检验来自不同样本的多个平均数总体上是否存在差异。但是检验结果不能说明每两个平均数之间存在差异，这种比较需要采用多重比较方法，而不能简单地对每两个平均数进行 t 检验。

单因素完全随机化的方差分析要经过如下统计运算过程：

①计算总平方和。总平方和是指实验数据中所有的变异。包括因素处理效应、无关变异和无差变异。计算公式是

$$SS_t=\sum_{i=1}^{n}\sum_{i=1}^{p}X_{ij}^2-\frac{(\sum_{i=1}^{n}\sum_{j=1}^{p}X_{ij})^2}{np}$$

X_{ij} 是第 j 组第 i 个观测值，n 是指各组的样本量，p 是指组数，也即处理种类数。

②计算组间平方和。组间平方和是指因素的处理效应。计算公式为

$$SS_b=\sum_{j=1}^{p}\frac{(\sum_{i=1}^{n}X_{ij})^2}{n}-\frac{(\sum_{i=1}^{n}\sum_{j=1}^{p}X_{ij})^2}{np}$$

③计算组间均方。计算公式是

$$MS_b=\frac{SS_b}{df_b}$$

df_b 是自由度，$df_b=(p-1)$。

④计算组内平方和。组内平方和是指所有不能用因素处理解释的变异。计算公式是

$$SS_w = SS_t - SS_b$$

⑤计算组内均方,公式是

$$MS_w = \frac{SS_w}{df_w}$$

$df_w = p(n-1)$。

⑥计算 F 值

$$F = \frac{MS_B}{MS_w}$$

⑦比较实际 F 值与 F 临界值,得出推论。

例:美国一个刹车修理连锁店考虑采用三种不同的服务作为店内促销手段,它们是前轮校正、换油、发动机调整。经理想知道三种服务的销售潜力有没有显著的差异。于是他们进行一项实验研究,从公司所属的店中随机选择60家大致相当的店,分布在3个城市,每个城市20家。每个城市推出一种服务。在公司的直接介入下,实验期间各城市商店的价格和广告都保持在相同的水平。实验进行30天,每个店的新服务的销售情况被记录下来(见表14-17)。请问三种服务的销售是否存在显著差异?

表 14-17　新服务每天的销售量

前轮校正		换油		发动机调整	
310	318	314	321	337	310
315	322	315	340	325	312
305	333	350	318	330	340
310	315	305	315	345	318
315	385	299	322	320	322
345	310	309	295	325	335
340	312	299	302	328	341
330	308	312	316	330	340
320	312	331	294	342	320
315	340	335	308	330	310

根据题意,将表中数据代入上述公式,依次得

$$SS_t = 14952$$

$$SS_b = 1720$$

$$MS_b = \frac{1720}{2} = 860$$

$$SS_w = 13232$$

$$MS_w = \frac{13232}{57} = 232.14$$

将组间均方和组内均方代入 F 值计算公式，得

$$F = \frac{860}{232.14} = 3.70$$

$\alpha = .05$，分子自由度为 2、分母自由度为 57，查附表 5 得知双侧 F 检验的临界值 3.15，小于实际 F 值 3.70。可见，三种服务的销售存在显著差异。

运用 SPSS 进行单因素完全随机化的方差分析的操作步骤如下：

选中“Analyze”菜单中的“Compare means”项，拉开下一级菜单；

点击“One-way ANOVA”选项，弹出图 14-10 窗口；

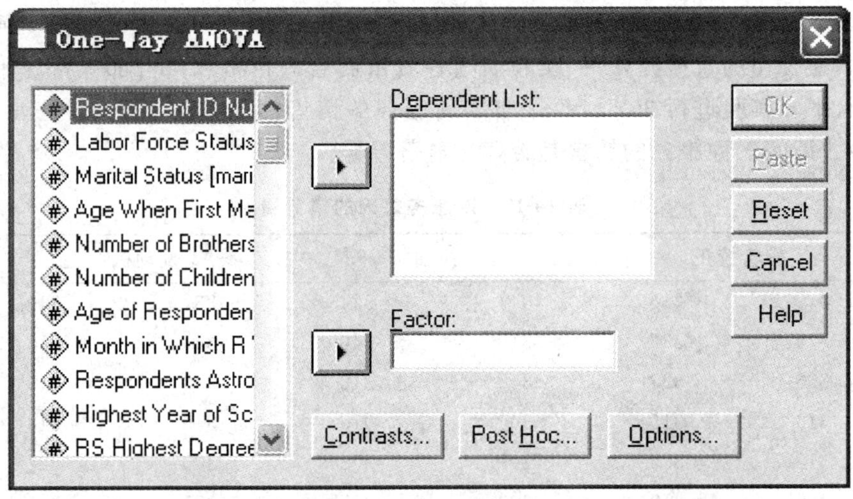

图 14-10 一元方差分析

将左边方框中的因变量移入右上方“Dependent List”方框中，将自变量移入“Factor”方框。如果要对各平均数进行事后比较，点击“Post Hoc.”键，并从新弹出的窗口中选择适当的方法如“LSD”，然后点击“Continue”。

点击“OK”键，计算机就会自动输出如表 14-17 结果。

表 14-17　单因素完全随机化方差分析结果

	Sum of Squares	df	Mean Square	F	Sig.
Between Groups	1720.000	2	860.000	3.705	.031
Within Groups	13232.000	57	232.140		
Total	14952.000	59			

表 14-17 是根据上述例子原始数据统计的结果，表中各列的意思分别是平方和、自由度、均方、F 值、显著性水平。各行的意思是组间、组内、合计。

如果进行多重比较，输出的结果中会增加表 14-18 的结果，表中结果说明第二种和第三种服务之间的销售量存在显著差异。第一种服务和第二种服务以及第一种服务和第三种服务之间的差异均不显著。

表 14-18　多重比较结果

(I) fwlx	(J)fwlx	Mean Difference (I－J)	Std. Error	Sig.	95% Confidence	Interval
					Lower Bound	Upper Bound
1.00	2.00	8.0000	4.8181	.102	－1.6481	17.6481
	3.00	－5.0000	4.8181	.304	－14.6481	4.6481
2.00	1.00	－8.0000	4.8181	.102	－17.6481	1.6481
	3.00	－13.0000	4.8181	.009	－22.6481	－3.3519
3.00	1.00	5.0000	4.8181	.304	－4.6481	14.6481
	2.00	13.0000	4.8181	.009	3.3519	22.6481

(2)单因素重复测量方差分析

单因素重复测量方差分析主要用于检验来自同一样本的多次测量的平均数总体上是否存在差异。与单因素完全随机化方差分析一样，重复测量的方差检验结果不能说明每两个平均数之间存在差异，这种比较需要采用多重比较方法，而不能简单地对每两个平均进行 t 检验。

单因素重复测量的方差分析要经过如下统计运算过程：

①计算总平方和。平方和是指实验数据中所有的变异。计算公式是

$$SS_t=\sum_{i=1}^{n}\sum_{i=1}^{p}X_{ij}^2-\frac{(\sum_{i=1}^{n}\sum_{j=1}^{p}X_{ij})^2}{np}$$

X_{ij}是变量第j个水平的第i个观测值，n是指样本量，p是变量的水平数，也即处理种类数。

②计算被试间平方和。被试间平方和是指由被试个体差异引起的变异，计算公式如下：

$$SS_b=\sum_{i=1}^{n}\frac{(\sum_{j=1}^{p}X_{ij})^2}{p}-\frac{(\sum_{i=1}^{n}\sum_{j=1}^{p}X_{ij})^2}{np}$$

③计算因素平方和。因素平方和是指因素的处理效应，计算公式是：

$$SS_f=\sum_{j=1}^{p}\frac{(\sum_{i=1}^{n}X_{ij})^2}{n}-\frac{(\sum_{j=1}^{n}\sum_{i=1}^{p}X_{ij})^2}{np}$$

④计算因素均方。计算公式是：

$$MS_f=\frac{SS_f}{df_f}$$

$df_f=p-1$。

⑤计算残差平方和。残差平方和是指由偶然因素造成的无差的效应。计算公式如下：

$$SS_e=SS_t-SS_b-SS_f$$

⑥计算残差均方。公式是：

$$MS_e=\frac{SS_e}{df_e}$$

$df_e=(n-1)(p-1)$。

⑦计算F值。公式是：

$$F=\frac{MS_f}{MS_e}$$

⑧比较实际F值和F临界值，得出结论。

例如，有一企业想了解自家产品(A)的电视广告与竞争产品(B、C)的电视广告的优劣，请了20位消费者，让他们对三条电视广告做总体评价，评价结果如表14-19。请问，三条电视广告是否存在显著差异。

表 14-19　消费者对广告作品的评价(1～5 分)

被试	广告作品 A(AD1)	广告作品 B(AD2)	广告作品 C(AD3)
1	5.00	3.00	2.00
2	4.00	4.00	3.00
3	4.00	1.00	1.00
4	3.00	2.00	3.00
5	5.00	4.00	2.00
6	2.00	5.00	4.00
7	4.00	2.00	1.00
8	5.00	3.00	2.00
9	3.00	1.00	3.00
10	4.00	3.00	3.00
11	5.00	2.00	2.00
12	4.00	4.00	4.00
13	3.00	3.00	5.00
14	2.00	3.00	2.00
15	1.00	4.00	3.00
16	3.00	2.00	4.00
17	5.00	3.00	2.00
18	3.00	5.00	1.00
19	4.00	1.00	3.00
20	5.00	3.00	2.00

根据题目的意思可知,此一问题需要采用单因素重复测量方差的方法来处理,于是,研究者将表 14-19 中的数据依次代入上述公式,得

$$SS_t = 89.73$$
$$SS_b = 17.73$$
$$SS_f = 12.93$$
$$MS_f = 6.46$$
$$SS_e = 59.07$$
$$MS_e = 1.55$$
$$F = 4.17$$

$\alpha = .05$、分子自由度 df_f 为 2、分母自由度 df_e 为 38,查附表 5 得知,双侧 F 检验的临界值 3.23,小于实际 F 值 4.17。可见,被试对三条广告作品的评价存在显著差异。

采用 SPSS 来进行处理,操作起来很简单:

选中“Analyze”菜单中的“General linear model”项，拉开下一级菜单；点击“Repeated measures”选项，弹出图 14-11 小窗口；

GSS93 subset.sav - SPSS Data Editor

File Edit View Data Transform Analyze Graphs Utilities Window Help

1 : id　1

	id	wrkstat	marital	*agewed	sibs	childs	age	birthmo	zodiac	edu
1	1	1	3	20	3	1	[illegible]	[illegible]	2	
2	2	1	5	0	2	0	44	8	6	
3	3	1	3	25	2	0	43	2	11	
4	4	2	5	0	4	0	45	99	99	
5	5	5	5	0	1	0	78	10	7	
6	6	5	1	25	2	2	83	3	12	
7	7	1	1	22	2	2	55	10	7	
8	8	5	1	24	3	2	75	11	9	
9	9	1	3	22	1	2	31	7	4	
10	10	2	5	0	1	0	54	3	12	
11	11	1	5	0	1	0	29	4	2	
12	12	1	5	0	0	0	23	10	8	
13	13	1	1	31	0	1	61	99	99	
14	14	5	4	24	3	4	63	3	1	
15	15	4	5	0	4	3	33	3	12	
16	16	1	5	0	0	1	36	11	8	

Age of Respondent

Data View　Variable View

SPSS Processor is ready

图 14-11　重复测量方差分析操作窗口之一

在“Number of Levels”处输入单因素的水平数，本例应输入 3。点击“Add”；点击“Difine”，弹出图 14-12 窗口；

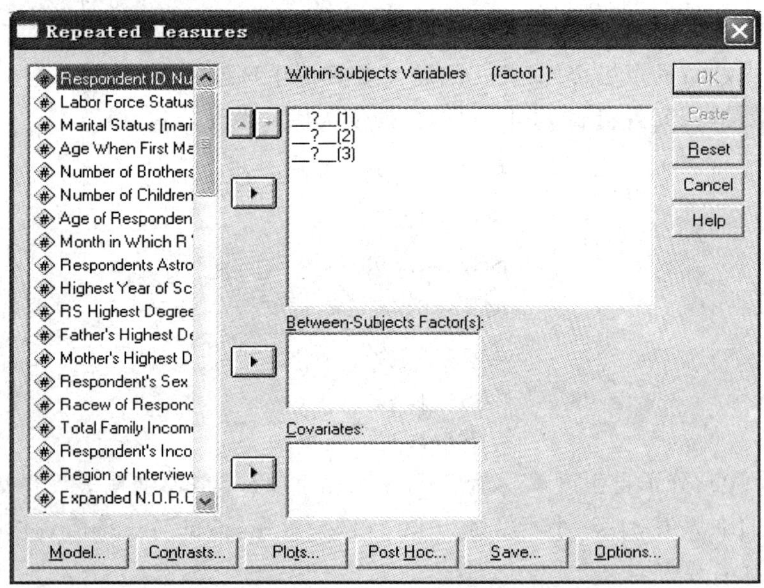

图 14-12　重复测量方差分析操作窗口之二

将左边方框中的适当变量移入右上方“Within-Subjects Variables”方框中。如果要对各平均数进行事后比较，那么就点击“Options”键，将新弹出图14-13窗口左边方框中的变量移入右边方框中，选中“Compare main effects”，然后点击“Continue”；

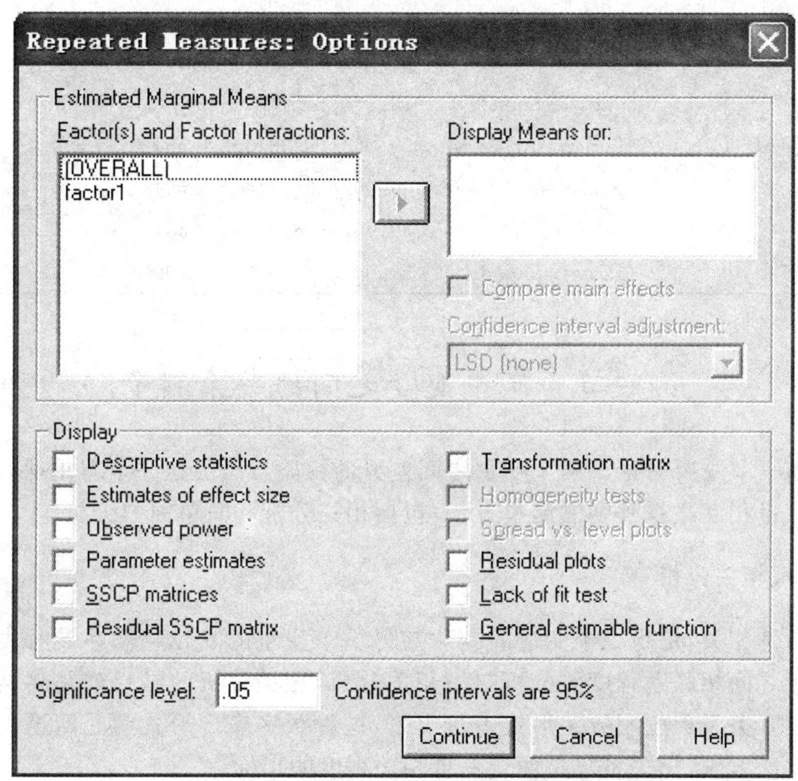

图 14-13 重复测量方差分析操作窗口之三

点击“OK”键，计算机就会自动输出表14-20的结果以及其他统计信息。

表14-20是根据上述例子原始数据统计的结果。表中，F=4.16，与手工统计结果一致。

表14-20还列出了其他一些检验值，如“Greenhouse-Geisser”、“Huynh-Feldt”。这些是根据不同的计算公式计算出来的，很难说哪一种更好，因此可以忽略。

表 14-20　单因素重复测量方差分析结果

Source		Type III Sum of Squares	df	Mean Square	F	Sig.
FACTOR1	Sphericity Assumed	12.933	2	6.467	4.160	.023
	Greenhouse-Geisser	12.933	1.880	6.881	4.160	.026
	Huynh-Feldt	12.933	2.000	6.467	4.160	.023
	Lower-bound	12.933	1.000	12.933	4.160	.056
Error(FACTOR1)	Sphericity Assumed	59.067	38	1.554		
	Greenhouse-Geisser	59.067	35.714	1.654		
	Huynh-Feldt	59.067	38.000	1.554		
	Lower-bound	59.067	19.000	3.109		

第四节　两个变量之间的关系测量

前一节主要讨论了两个变量之间差异的检验方法。这一节着重探讨的是两个变量相互联系程度的测量方法，包括相关分析和简单回归分析。

一、相关分析

所谓相关，是指一个变量的变化与另一个变量的变化相联系的程度。两个变量之间相联系程度的分析叫做相关分析，相关分析的结果就是将两个变量的相互关系程度用数字形式表达出来，这种数字表现形式就是所谓的相关系数。所以说，相关系数是两个变量相关程度的指标。

1. 相关系数的计算方法

相关系数有许多不同的计算方法，它们可以用来处理不同的数据资料。这里着重介绍两种方法：皮尔逊相关和斯皮尔曼相关。

①皮尔逊相关。皮尔逊相关也称积差相关或积矩相关，是英国统计学家皮尔逊提出的一种计算相关的方法，它适用于等距和比率量表资料。皮尔逊相关采用以下公式计算

$$r=\frac{\sum xy}{nS_xS_y} \quad 或 \quad r=\frac{\sum xy}{\sqrt{\sum x^2\sum y^2}}$$

$x=X-\overline{X}$，$y=Y-\overline{Y}$，n 为样本量，S_x 是 X 变量的标准差，S_y 是 Y 变量的标准差。

②斯皮尔曼相关。斯皮尔曼相关是等级相关的一种。它适用的资料只能有两列变量，而且须属于等级变量性质，具有线性关系。如果是等距或比率量表的变量，按大小赋以等级顺序，也可以计算斯皮尔曼相关。

斯皮尔曼相关采用以下公式计算

$$r_R=1-\frac{6\sum D^2}{n(n^2-1)}$$

D 为各对偶等级之差，n 为样本量。

上述计算公式只适合于变量中各等级完全不同的情形，如果变量中出现相同等级，那么计算公式变成：

$$r_R=\frac{\sum x^2+\sum y^2-\sum D^2}{2\sqrt{\sum x^2\cdot\sum y^2}}$$

$\sum x^2=\frac{n^3-n}{12}-\sum\frac{k_x^3-k_x}{12}$，$\sum y^2=\frac{n^3-n}{12}-\sum\frac{k_y^3-k_y}{12}$，$D$ 为各对偶等级之差，n 为样本量，k_x 为 x 变量的同一等级的数目，k_y 为 y 变量同一等级的数目。

2. 相关系数的显著性检验

前面讲到，仅凭相关系数并不能确定两个变量之间的关系，还要考虑样本量，也就是说要进行显著性检验。相关系数的显著性检验的计算公式如下：

$$t=\frac{r-0}{\sqrt{\frac{1-r^2}{n-2}}}$$

如果 t 大于 $\alpha=.05$ 时的 t 临界值，说明相关系数在.05 水平上显著，可以肯定两个变量存在相关关系。相反，如果 t 小于 $\alpha=.05$ 时的 t 临界值，说明统计得到的 r 值具有偶然性，凭 r 值不能断定两个变量是否存在相关，或者说相关系数 r 不显著。

例：在单因素重复测量的方差分析的案例中，研究者让 20 位被试总体评价三条电视广告，评价结果如表 14-19。请问，被试对三条电视广告的评价之间有没有关系。

依据题意，应该计算三个变量之间的皮尔逊相关。由原始数据计算平均值和标准差，得

$$M_1=3.70, M_2=2.90, M_3=2.60, S_1=1.17, S_2=1.21, S_3=1.10$$

将这些数据与原始数据一起代入上述公式计算，得

$$r_{(1,2)}=-.20、r_{(1,3)}=-.37、r_{(2,3)}=.12$$

将三个 r 值分别进行显著性检验，得

$$t_{(1,2)}=.870、t_{(1,3)}=1.68、t_{(2,3)}=.52$$

$\alpha=.05$，$df=20-2=18$，查附表 3 得双侧 t 检验的临界值是 2.10，比三个相关系数的 t 检验值都大，说明三个相关系数都不显著。也就是说被试对三条广告的总体评价之间没有显著的相关。

采用 SPSS 软件来统计处理表 14-19 的数据，非常简单，只需：

在“Analyze”菜单中，选中“Correlate”项，计算机会展开下一层菜单；

点击“Bivariate”项，弹出图 14-14 窗口；

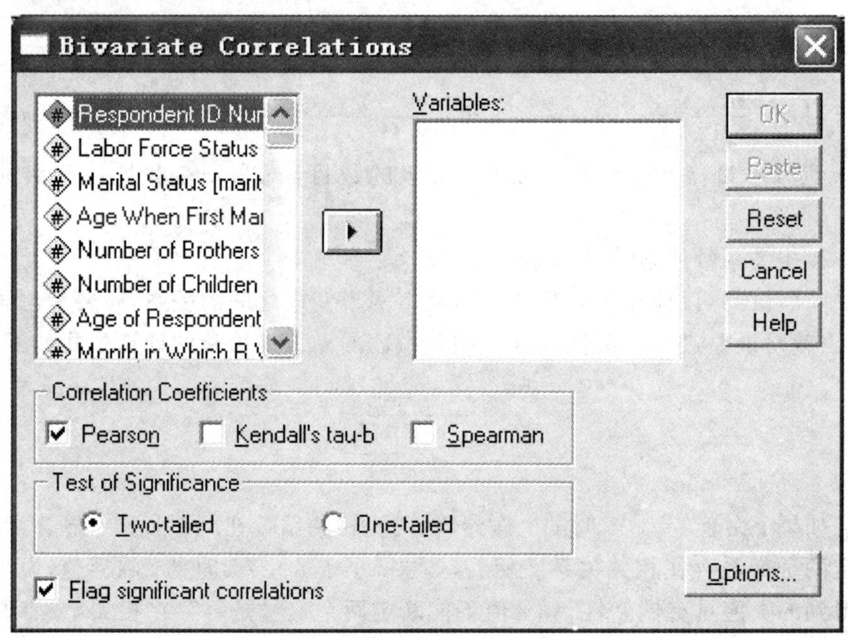

图 14-14 相关分析操作窗口

从左边方框中选中要进行相关统计的变量送入右边“Variables”方框中；同时选中“Correlation Coefficients”方框中的“Pearson”项；

点击“OK”，计算机会输出表 14-21 结果。表中数据结果显示，被试对三条的评价之间的相关系数分别为 $r_{(1,2)}=-.207$，$r_{(1,3)}=-.385$，$r_{(2,3)}=.127$，与手工统计结果基本一样。表中没有提供 t 检验值，但提供了显著性水平，用“Sig.”表示，三个相关系数的显著水平分别是.380、.094 和.593，均不显著，也与手工检验结果相一致。

表 14-21　相关分析结果

		AD1	AD2	AD3
AD1	Pearson Correlation	1.000	−.207	−.385
	Sig. (2-tailed)	.	.380	.094
	N	20	20	20
AD2	Pearson Correlation	−.207	1.000	.127
	Sig. (2-tailed)	.380	.	.593
	N	20	20	20
AD3	Pearson Correlation	−.385	.127	1.000
	Sig. (2-tailed)	.094	.593	.
	N	20	20	20

如果将表 14-19 的前三列数据转化为等级数据(见表 14-22),那么相关系数的计算方法也不同,应该采用斯皮尔曼相关。但由于出现相同等级,所以要采用斯皮尔曼相关计算方法中出现等级相同时的公式来计算。于是先计算$\sum x^2$、$\sum y^2$ 和$\sum D^2$,得

$$\sum x^2=\frac{20^3-20}{12}-\left(\frac{6^3-6}{12}+\frac{6^3-6}{12}+\frac{5^3-5}{12}+\frac{2^3-2}{12}\right)=619.5$$

$$\sum y^2=\frac{20^3-20}{12}-\left(\frac{2^3-2}{12}+\frac{4^3-4}{12}+\frac{7^3-7}{12}+\frac{4^3-4}{12}+\frac{3^3-3}{12}\right)=624.5$$

$$\sum D^2=(17.5-11)^2+(11.5-16.5)^2+\cdots+(17.5-11)^2=1\,406.0$$

将这些数据代入公式计算,得

$$r_R=\frac{619.5+624.5-1406}{2\sqrt{619.5\cdot 624.5}}=-0.13。$$

采用 SPSS 软件来计算斯皮尔曼相关的操作过程与计算皮尔逊相关基本上一样,只是在选中“Pearson”选项步骤上改选“Spearman”选项即可。

表 14-22　表 14-19 转换为等级数据的结果

被试	广告作品 A	广告作品 B
1	17.5	11.0
2	11.5	16.5
3	11.5	2.0
4	6.0	5.5

续表

被试	广告作品 A	广告作品 B
5	17.5	16.5
6	2.5	19.5
7	11.5	5.5
8	17.5	11.0
9	6.0	2.0
10	11.5	11.0
11	17.5	5.5
12	11.5	16.5
13	6.0	11.0
14	2.5	11.0
15	1.0	16.5
16	6.0	5.5
17	17.5	11.0
18	6.0	19.5
19	11.5	2.0
20	17.5	11.0

二、回归分析

回归分析与相关分析一样，都是用来度量两个变量之间关系的。不同的是相关分析旨在分析两个变量之间关系的强度，而回归分析的目的在于确定变量之间数量关系的可能形式，并用一个数学模型来表示这种关系形式。

两个变量之间存在的各种各样的可能关系中，最简单的形式就是一次函数，对这种关系的分析叫做线性回归。这一部分，我们着重介绍一元线性回归。

1. 回归方程的求法

所谓一元线性回归，也称作简单线性回归，是指只有一个自变量的线性回归。一元线性回归方程的数学表达式是

$$\hat{y}=a+bx$$

$\hat{y}$ 是对应于 x 的 y 变量的估计值。常数 a 表示该直线在 y 轴上的截距，常数 b 表示该直线的斜率，实际上也是 $\hat{y}$ 的变化率。在回归分析中，b 叫做回归系数。

回归系数 b 和常数可以分别依照如下公式计算：

$$b=\frac{\sum X_i Y_i - n\overline{X}\,\overline{Y}}{\sum X_i^2 - n(\overline{X})^2}$$

$$a=\overline{Y}-b\,\overline{X}$$

$\overline{X}$ 是自变量的平均值，$\overline{Y}$ 是因变量的平均值，n 是样本量。

例：国外有一项研究旨在探讨交通流量与商店的销售量的影响。为了避免其他因素的干扰，研究者找到广场大小、停车数量和周边人口特征等相当的20家商店进行调查和观察记录，收集到的各商店的平均交通流量和年销售量数据如表14-23。请用一种明确、量化的方式来描述两者之间的关系。

表 14-23　交通流量与商店销售量

商店	平均日交通流量（千辆）	年销售量（万元）
1	62	112.1
2	35	76.6
3	36	70.1
4	72	130.4
5	41	83.2
6	39	78.2
7	49	97.7
8	25	50.3
9	41	77.3
10	39	83.9
11	35	89.3
12	27	58.8
13	55	95.7
14	38	70.3
15	24	49.7
16	28	65.7
17	53	120.9
18	55	99.7
19	33	88.4
20	29	88.3

依据题意可知，此一问题应该通过回归分析来解决。于是先计算 $\sum$

X_iY_i、$\sum X_i^2$、$\overline{X}$ 和 $\overline{Y}$，得

$$\sum X_iY_i=73540.30,\sum X_i^2=36526,\overline{X}=40.80,\overline{Y}=84.33。$$

将这些数据代入上述公式，得

$$b=\frac{\sum X_iY_i-n\overline{X}\overline{Y}}{\sum X_i^2-n(\overline{X})^2}=\frac{73540.3-20\times40.80\times84.33}{36526-20(40.80)^2}=1.46$$

$$a=\overline{Y}-b\overline{X}=84.33-1.46\times40.80=24.76$$

于是得年销售量与交通流量的关系如下：

$$\hat{y}=24.76+1.46x$$

2.回归方程的检验

根据原始数据得到的回归方程是否真正反映了两个变量之间的线性关系，用它来预测或估计的有效程度如何，这是应用回归方程时首先要解决的问题。因此，建立了回归方程之后，要对它进行检验和评价。

(1)回归结果的方差分析

回归结果的方差分析，目的是检验 x 与 y 的线性关系(或回归方程)显著与否。回归方程显著，用它来进行预测才有意义。回归结果的方差分析过程如下：

①计算总平方和，计算公式是：

$$SS_t=\sum(y-\overline{y})^2=\sum y^2-\frac{(\sum y)^2}{n}$$

②利用下列公式计算回归平方和：

$$SS_R=\sum(\hat{y}-\overline{y})^2=b^2\left[\sum x^2-\frac{(\sum x)^2}{n}\right]$$

③计算误差平方和，公式是：

$$SS_e=SS_t-SS_R$$

④计算回归均方和误差均方，公式如下：

$$MS_R=\frac{SS_R}{df_R}$$

$$MS_e=\frac{SS_e}{df_e}，式中\ df_e=n-2$$

⑤用下列公式计算 F 值，与 F 临界值比较，并得出结论。

$$F=\frac{MS_R}{MS_e}$$

根据这五个步骤对前面得到的回归方程进行检验，依次得：

$$SS_t=8\ 735.96, SS_R=6\ 891.89, SS_e=1\ 844.07,$$
$$MS_R=6\ 891.89, MS_e=102.45, F=67.27$$

$\alpha=.05$、分子自由度为 $df_R=1$、分母自由度为 $df_e=18$，查附表 5 得 F 临界值为 4.41，远小于实际 F 值，说明方程显著。

(2)回归系数的显著性检验

对回归系数 b 的显著性检验，实际上也是用来说明方程的显著性的。如果回归系数显著，回归方程也显著，或者说，x 和 y 存在显著的线性关系。回归系数的检验是采用 t 检验方法，计算公式如下：

$$t=\frac{b-0}{SE_b}$$

SE_b 是回归系数的标准误，其计算公式为

$$SE_b=\sqrt{\frac{MS_e}{\sum(x-\overline{x})^2}}$$

就上述例子来说，将有关数据依次代入回归系数标准误和 t 检验公式，得

$$SE_b=0.178, t=8.20$$

由 $\alpha=.05$，$df=n-1=19$ 查附表 3 得 t 临界值是 2.09，远小于实际 t 值(8.20)，说明回归系数显著。

(3)决定系数

回归方程的方差分析和回归系数的显著性检验的目的都是确认回归方程显著与否。回归分析还关心回归效果——x 与 y 的线性关系程度。决定系数(R^2)就是用来衡量 x 与 y 的线性关系程度的指标，其计算方法如下：

$$R^2=\frac{\sum(\hat{y}-\overline{y})^2}{\sum(y-\overline{y})^2}$$

决定系数 R^2 是用来解释两个变量的共变程度。如果 $R^2=.36$，说明变量 y 的变异中有 36% 是由变量 x 的变异引起的，或者说变量 y 的变异有 36% 可以由 x 的变异推测出来。

前面的例子，根据上述公式可以算出，

$$R^2=\frac{\sum(\hat{y}-\bar{y})^2}{\sum(y-\bar{y})^2}=\frac{6\ 891.89}{8\ 735.96}=0.79$$

说明变量 y 的变异有 79%可以通过 x 的变异推测出来。

用 SPSS 软件来解决一元回归的问题，操作过程如下：

在“Analyze”菜单中选中“Regression”项，弹出下一层菜单；

点击“Linear”选项，弹出图 14-15 窗口；

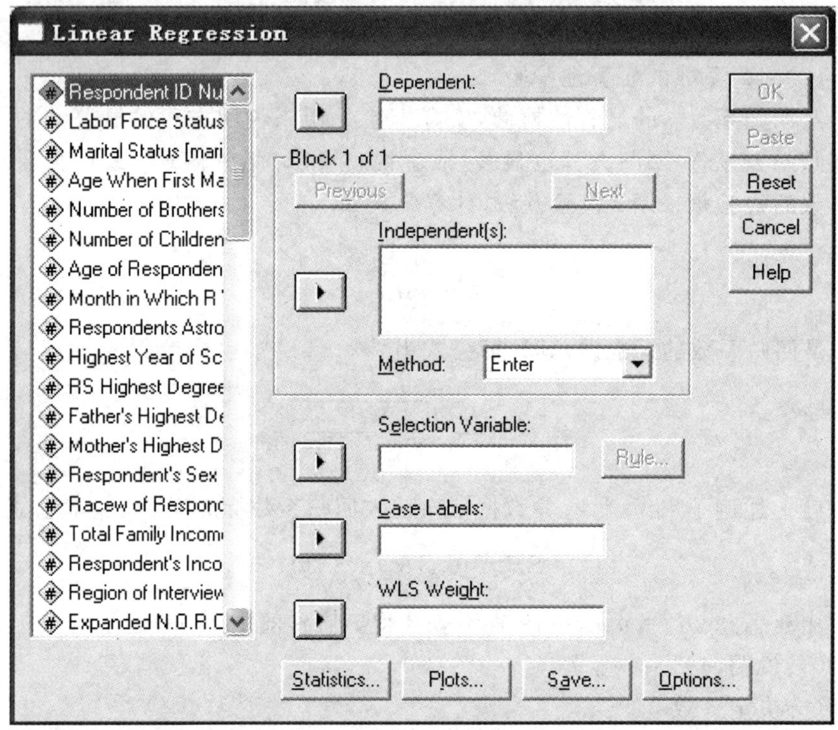

图 14-15　回归分析操作窗口

将窗口左边方框中的因变量(销售量 y)送入右边的“Dependent”处，将自变量(交通流量 x)送入“Independent(s)”处；

点击“OK”，即可得到表 14-24、表 14-25、表 14-26 所示结果以及其他统计信息。表 14-24 是决定系数的统计结果；表 14-25 是方程的方差分析结果；表 14-26 是回归方程的常数、回归系数以及对它们的显著性检验结果。其中 Beta 是标准回归系数，我们会在多元回归中具体介绍它。三个表中的结果与手工统计的结果一致。

表 14-24　Model Summary

Model	R	R Square	Adjusted R Square	Std. Error of the Estimate
1	.889	.791	.779	10.069 0

表 14-25　ANOVA

Model		Sum of Squares	df	Mean Square	F	Sig.
1	Regression	6 911.023	1	6 911.023	68.166	.000
	Residual	1 824.939	18	101.386		
	Total	8 735.962	19			

表 14-26　Coefficients

Model	Unstandardized Coefficients		Standardized Coefficients	t	Sig.
	B	Std. Error	Beta		
1 (Constant)	24.679	7.568		3.261	.004
交通流量	1.462	.177	.889	8.256	.000

思考题:

1. 在频率分析的结果中,百分比与有效百分比之间的区别是什么?
2. 交叉频率分析的用途是什么?
3. 比较分析平均数、中数和众数的异同。
4. 什么是差异检验? 差异检验中经常出现哪些统计量?
5. 差异检验可以解决哪些问题?
6. 相关分析和回归分析的异同?

第十五章　多元统计方法

多元统计方法是指能够同时处理多个变量的统计方法。有些统计专家认为，能够同时处理两个以上变量的统计分析方法就是多元统计方法。本章要介绍的多元统计方法包括：多元回归分析、判别分析、多元方差分析、聚类分析、因子分析。

多元统计的手工统计过程非常复杂、烦琐，所以本章不再具体介绍手工统计的方法以及有关的公式，而将重点放在这些方法对数据的要求、统计结果如何解释、在 SPSS 上如何操作等问题上。

第一节　多元线性回归分析

多元线性回归分析是一元线性回归分析的扩展。当回归分析中自变量的数量增加到两个或两个以上时，这种回归分析就叫做多元线性回归分析。

一、多元线性回归分析对数据的要求

多元分析对数据有一定的要求，首先它要求所有的观测变量中有一个变量是因变量，它是将来可以通过其他变量来预测的变量。假设有这么三个观测变量，一是商店所在地的平均交通流量，二是商店的年广告费用，三是商店的年销售量。那么，在对这样的数据进行多元回归分析时，年销售量一般就是因变量。

其次，作为因变量的变量必须是等距量表或比率量表的资料。在研究实践中，由于次序量表常常被看作是等距的，所以次序量表资料也可以作为多元回归分析的因变量。如果因变量是二分变量（如是、非）或其他命名量表变量，就不能采用多元线性回归分析方法进行统计处理。

再次，需要两个或两个以上自变量。如果只有一个自变量，那么这种回归分析就成为第十三章中介绍的一元回归分析。自变量数据要求是等距或比率量表资料，命名量表资料的自变量一般不能直接用于多元分析，如果命名量表是二分的，将它们的两个选项分别编码成为“0”（如男性）和“1”（女性）数据，这

种数据的变量也可以作为自变量进行回归分析。那些多于两个选项的命名量表资料可以转化成多个二分变量之后进行回归分析。例如，关于物品来源的问题，通常有三个答案：自己买的、家人给的、别人送的。可以将三个答案变成三个问题：物品是不是自己买的，物品是不是家人给的，物品是不是别人送的。答"是"为1，答"不是"为0。

二、回归分析中自变量的选择方法

多元线性回归的自变量选择有多种方法，包括"全部进入"、"全部剔除"、"逐步引进"、"逐步剔除"、"逐步"。

①全部进入回归(Enter)。全部进入回归把所有自变量一次性全部纳入回归方程之中，不管各个自变量对因变量的作用大小，也不管它们是否显著。

②全部剔除回归(Remove)。全部剔除回归是在全部进入回归的基础上进行的，先将所有自变量一次性引入回归方程之中，然后将研究者规定的某些自变量一次性地从回归方程中剔除，不管剔除的自变量对因变量的作用如何、显著性检验是否显著。

③逐步引进回归(Forward)。逐步引进回归对每个自变量的作用进行显著性检验，然后将对因变量作用最大、检验显著的自变量引入方程。接着继续对未进入方程的自变量的作用进行显著性检验，将其中检验显著且对因变量作用最大的变量再次引入方程之中，如此重复，直至未进入方程之中的自变量的作用均不显著为止。

④逐步剔除回归(Backward)。逐步剔除回归刚好与逐步引进回归相反，它是先将所有自变量引入回归方程，对每个自变量的作用进行显著性检验。根据检验结果，将不显著且对因变量作用最小的自变量剔除。对仍在方程中的自变量的作用再次进行显著性检验，将作用不显著且作用最小的自变量再次剔除，如此重复，直至留在方程中的自变量的作用都显著为止。

⑤逐步回归(Stepwise)。逐步回归综合了逐步引进回归和逐步剔除回归。其分析过程是，按各个变量对样本量作用的大小，从大到小逐个地引入回归方程。每引入一个自变量都要对回归方程中的每一个自变量(包含刚引入的那个)的作用进行显著性检验，剔除作用不显著的自变量(因为引入新变量之后，原来方程中显著作用的自变量有可能变得不显著)。每剔除一个自变量以后也要再对留在方程中的自变量作显著性检验，接着再剔除不显著的自变量。这样逐个地引进和剔除，直至没有自变量可引入也没有自变量应从方程中剔除时为止。这时的回归方程一般来说是最优的。采用逐步回归方法时，通常选择最后一个回归方程作为研究的结果。

在五种自变量选择方法中，采用全部进入和全部剔除回归方法，留在回归方程中的自变量的作用不一定都是显著的。但是采用逐步回归、逐步引进回归和逐步剔除回归方法所得到的回归方程中，自变量都是显著的。在各种方法中，逐步回归是最常用的。

三、采用 SPSS10.0 进行多元线性回归分析的操作过程

在“Analyze”菜单中，选中“Regression”项，计算机会展开下一层菜单；点击“Linear”选项，计算机弹出图 15-1 窗口；

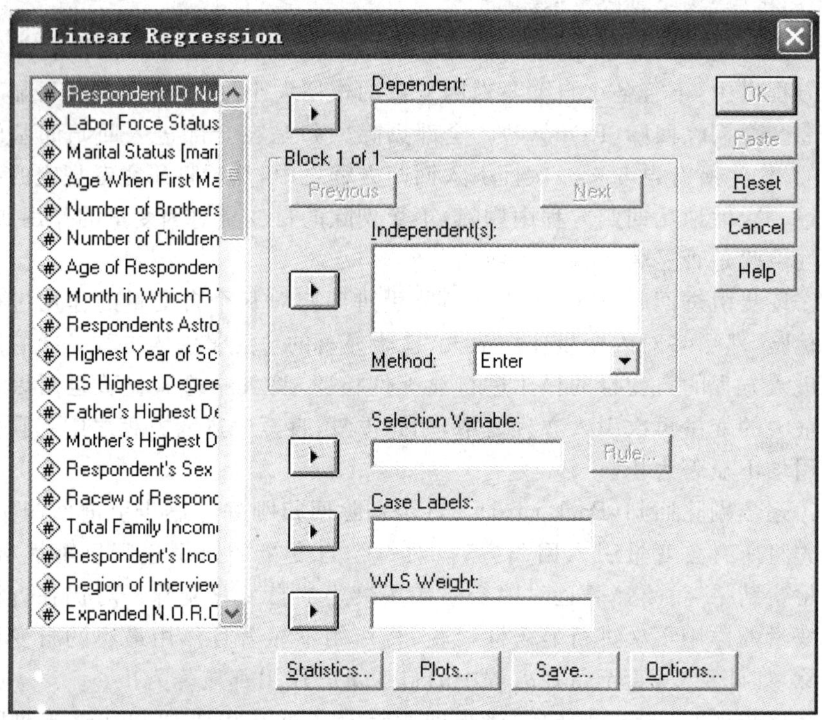

图 15-1 多元线性回归分析操作窗口

选中窗口左边方框中的因变量送入右边“Dependent”处；选中左边方框中的自变量送入右边的“Independent(s)”框中。

点击“OK”，统计软件就会自动运行并输出各项统计结果。

在统计操作过程中，研究者可以根据自己的统计要求选择自变量选择方法、统计结果。例如，SPSS 软件默认的自变量选择方法是“Enter”，研究者可以在“Method”处从“Enter”、“Stepwise”、“Remove”、“Backward”、“Forward”等五种回归方法选择符合自己要求的方法。还可以通过点击“Statistics”、

"Options"等键选择适当的选项来满足自己对统计结果的要求。例如,在点击"Options"键之后,可以改变自变量引进或剔除的标准。SPSS默认的标准是:进入显著性水平为.05,剔除的水平为.10。

四、统计结果及其解释

要了解多元回归的结果,首先要弄清楚多元回归分析结果及其解释时出现的相关概念,这些概念包括:回归方程(模型)、对回归方程的方差分析、偏回归系数、偏回归系数显著性检验、标准回归系数、决定系数、复相关系数、调整的决定系数。

①回归方程。指用来描述因变量与多个自变量关系的数学表达式。一般表达为:

$$y=a+b_1x_1+b_2x_2+\cdots+b_kx_k+\varepsilon$$

y 为因变量观测值,a 为常数,b_k 为偏回归系数,x_k 各自变量,ε 为误差。

上述方程式也可以表达为:

$$\hat{y}=a+b_1x_1+b_2x_2+\cdots+b_kx_k$$

式中 $\hat{y}$ 表示因变量的预测值。

②对回归方程的方差分析。目的是对整个方程进行显著性检验。如果方差分析表明方程显著,说明方程中的因变量与自变量的线性关系的确存在。回归方程的方差分析是对整个方程的检验,它与单独对每个偏回归系数的t检验不一定等效。也就是说整个回归方程显著,但某个偏回归系数不一定显著。

③偏回归系数(unstandardized coefficients)。偏回归系数表示在其他自变量假设不变时,某一个自变量变化引起因变量变化的比率。偏回归系数就是回归方程中各自变量的系数,常用 b_1、b_2 等表示。

④偏回归系数显著性检验。目的是对引入方程的自变量与因变量是否构成线性关系进行检验,检验方法是t检验。如果自变量的显著性检验显著,说明它们与因变量构成线性关系;反之亦然。

⑤标准回归系数(standardized coefficients)。它是将自变量转变为标准化变量之后的回归系数。利用标准回归系数,研究者可以比较引入回归方程中各变量的相对重要性。标准回归系数绝对值越大,该变量越重要,对因变量的预测作用也越大。

⑥决定系数(R Square)。用 R^2 表示,表明因变量的变化有多少可以由回

归方程中的自变量来预测，或者说方程对观测值的拟合程度如何。R^2 的取值范围是 0～1，R^2 越接近 1，表明方程中自变量对因变量的预测能力越强。

⑦调整决定系数。由于决定系数受自变量和样本规模之比的影响，倾向于高估实际的拟优度，所以常用调整决定系数代替决定系数。调整 R^2 可以用以下公式来计算

$$R_{adj}^2=R^2-\left[\frac{k}{n-k-1}(1-R^2)\right]=1-\frac{n-1}{n-k-1}(1-R^2)$$

n 为样本量，k 为引入方程的自变量的个数。

⑧复相关系数(multiple correlation)。复相关系数是 R^2 的开方值，用 R 表示。复相关系数是因变量与多个自变量之间相关程度的度量，它与相关系数一样，取值范围在 －1～1 之间。R 值的绝对值越接近 1，说明因变量与自变量之间的线性关系越密切。

下面让我们结合例子来探讨多元线性回归分析的结果及其解释。

有一项研究试图探讨什么样的广告语才是优秀的广告。研究者选择了两个可测量的指标作为优秀广告的标准，它们是“对广告语的态度”和“对广告语的记忆成绩”，然后将它们合成一个综合指标，即“广告语综合效力”。关于优秀广告语的特征，研究者通过广泛的文献研究，选择了 16 个特征，其中有 8 个是内容分析特征，即“广告语的字数”(A1)、“广告语结构是否对称”(A2)、“广告语是否押韵”(A3)、“广告语是否提到品牌名称”(A4)、“广告语是否提及产品类别”(A5)、“广告语是否包含人称代词或涉及人物的名词”(A6)、“广告语是否表达了产品给消费者带来的利益”(A7)、“广告语是否套用习惯用语”(A8)。另外 8 个是评价性特征，它们是广告语的“意象性”(E1)、“可信性”(E2)、“具体性”(E3)、“趣味性”(E4)、“语音流畅性”(E5)、“语音独特性”(E6)、“熟悉性”(E7)、“可理解性”(E8)。确定了优秀广告语的标准和特征之后，研究者随机抽取 64 条电视广告语，通过对消费者的调查以及对广告语内容的分析，得到了关于每条广告上述标准和特征的有关数据资料。随后，研究者将“广告语综合效力”指标作为因变量、将 16 个特征作为自变量，采用逐步回归的方法进行多元线性回归分析。

经过 SPSS 软件的统计运算，统计结果包括表 15-1、表 15-2、表 15-3 以及其他相关的统计信息。其他统计信息包括排除在方程之外的自变量的统计结果、逐步回归的中间统计结果等，由于它们对回归方程的解释意义不大，所以这里就省略了。

表 15-1　Coefficients

Model	Unstandardized Coefficients		Standardized Coefficients	t	Sig.
	B	Std. Error	Beta		
(Constant)	−2.865	.349		−8.21	.000 0
A1	−.079	.021	−.198	−3.80	.000 3
E2	.393	.087	.283	4.52	.000 0
E6	.311	.087	.248	3.57	.000 7
E7	.335	.041	.540	8.17	.000 0

表 15-1 是关于回归方程的统计结果。其中第一列是进入回归方程的变量和常数;第二列是偏回归系数和常数,它们就是建构回归方程的自变量系数和常数;第三列是偏回归系数的标准误,它们是计算 t 检验值的中间统计量;第四列是标准回归系数;第五、第六列是对偏回归系数的显著性检验结果。其中第五列是每个进入方程变量的 t 检验值;第六列是 t 检验的显著性水平。

从表 15-1 中第五、第六列数据可以看出,4 个引入方程的自变量均显著。将第二列的数据转变为数学方程表达式,得回归方程如下:

$$\hat{y} = .393E2 + .311E6 + .335E7 - .079A1 - 2.865$$

这个方程表明,“广告语综合效力”可以用“可信性”(E2)、“语音独特性”(E6)、“熟悉性”(E7)和“广告语的字数”(A1)等广告语特征来预测。这一结果也可以理解为,“可信性”等 4 个广告语特征是影响广告语综合效力的主要因素。

表 15-1 中第四列数据,按照绝对值的大小依次排列是:E7、E2、E6、A1。说明在影响广告语综合效力的 4 个主要特征中,影响最大的是广告语的“熟悉性”,其次是“可信性”,然后是“独特性”,最后是“广告语的字数”。

这里,在解释回归方程各自变量的作用时,要注意两个问题:

第一,偏回归系数与相关系数一样,只能说明两个变量之间存在一定的共变关系,仅凭回归系数不能说明两个变量之间存在因果关系,要说明它们之间存在因果关系必须得到其他理论和实证研究的支持。例如,在上述方程中,广告语字数与广告语的综合效力存在负相关。仅凭这一点,我们不能肯定它们两者存在因果关系。但是,心理学关于记忆的理论说明,材料越多,遗忘越快,记忆越难。也就是说,通过减少广告语的字数,可以在一定程度上提高广告语的效力。

第二,多元回归分析的一个重要假设是各个自变量应该是独立的,毫不相关的。但是如果自变量之间存在相关关系，解释哪些自变量对因变量存在影响时就不能完全排除没有进入回归方程的自变量的作用。因为，对于两个具有一定相关关系的自变量来说，可能只有一个变量进入回归方程，另一个被排除在回归方程之外，而被排除在方程之外的自变量对因变量可能会有一定的影响。克服这一问题的办法之一，就是先对自变量进行相关分析，将具有相关关系的自变量合成一个新的自变量，然后进行回归分析。如果研究的目的是建立预测方程，而不是探讨自变量和样本量之间的关系及其程度，这个问题就不存在了。

表 15-2 是对回归方程的方差分析结果。表中第一列是变异来源，第二列是平方和，第三列是自由度，第四列是均方，第五、六列是 F 检验值和显著性水平。表中数据表明，回归方程非常显著(F＝87.46，P＝.000)，说明因变量“广告语综合效力”与自变量广告语的“可信性”(E2)、“语音独特性”(E6)、“熟悉性”(E7)和“广告语的字数”(A1)存在着显著的线性关系，用这些特征来预测广告语的综合效力是合理的。

表 15-2　ANOVA

	Sum of Squares	df	Mean Square	F	Sig.
Regression	53.91	4	13.48	87.46	.000
Residual	9.09	59	.15		
Total	63.00	63			

表 15-3 是关于多元决定系数的统计结果。表中第一列是“复相关系数”，第二列是“决定系数”，第三列是调整的决定系数，第四列是估计标准误。

表 15-3 的数据显示，回归方程的调整决定系数为.85，说明方程的因变量有 85％可以用自变量来预测。具体地说，就是广告语的综合效力有 85％可以用广告语的“熟悉性”、“可信性”、“独特性”和“广告语的字数”来预测。

表 15-3　Model Summary

R	R Square	Adjusted R Square	Std. Error of the Estimate
.93	.86	.85	2.09

上面我们结合例子具体解读回归分析结果。下面讨论一下回归分析的具体过程。首先，要了解决定系数。决定系数太小，说明自变量对因变量的作用或预测力太小，那么即使回归方程显著，这个研究结果的意义也不大；当决定系数大到一定程度时，就要了解回归方程的方差分析结果，看看方程是否显著；如果回归方程不显著，说明自变量和因变量之间不是线性关系，继续了解

其他的统计量也没有意义;如果方差分析结果显著,那么,进一步了解哪些自变量进入回归方程、进入回归方程的自变量哪个更重要等问题就是理所当然的。

五、多元线性回归分析的应用

多元线性回归分析在广告研究实践中有哪些应用呢?

①建立对某一因变量的预测模型。例如,在广告营销实践中,销售量、市场占有率或广告传播效果等通常都是在广告或营销活动结束之后通过调查研究才知道。这些因变量的变化可能存在一定的规律,如果能够建立一个回归方程,通过某些变量来预测这个规律有利于营销者或广告管理者更好地把握营销、广告活动的效果。

②探讨影响某一个因变量的因素。提高广告效果是广告实践者以及广告主都梦寐以求的,如何提高广告效果,广告效果受到哪些因素的制约?通过回归分析,研究者可以了解众多因素中哪些因素会影响广告效果。

③探讨几个变量在与另一个变量的关系中的相对重要性。例如,消费者的年龄和收入、受教育程度,他们对广告、对产品或服务的态度的关系,哪些因素更为重要。

第二节　判别分析

判别分析,就是依据每个案例的观测特征,建立一个群体成员分组,或者说,能够区别不同群体的判别函数。根据判别函数,可以对新成员进行分组。例如,通过调查,我们知道消费者当中有某品牌的使用者和非使用者。同时,我们在调查中还获悉这些消费者的年龄、性别、个人经济收入、婚姻状况、文化程度以及兴趣爱好等情况。我们可以根据这些调查资料建立一个判别函数,如果这个判别函数是有效的,以后就可以利用这个判别函数来预测一个新的消费者会不会成为这个品牌的使用者。

可见,判别分析的目的之一就是预测成员分组。但从判别分析的过程来看,判别分析还可以帮助研究者达到两个目的:

一,确定两个或多个不同分组之间的区别。例如,广告营销人员经常会遇到这样的问题,常买新产品的消费者与少买或不买新产品的消费者在人口统计特征和生活风格上是否有差异,如果有,差异在哪里?如果能够确切地了解它们之间的差异,关于该产品的广告营销活动就能够有的放矢。

二,确定在区分出的不同的群体或客体的各种特征中,哪些特征是最为关键的,哪些特征相对是次要的。例如区分某一品牌使用者与非使用者的特征,弄清两者的主要区别是在年龄、收入还是其他特征上。

一、判别分析对数据的要求

判别分析首先要求有一个分组变量,这个变量必须是命名量表变量或分类变量,而且必须将它们编码成为整数,如"1"、"2"等。

其次,判别分析要求有一个或一个以上的自变量,如果自变量是命名量表资料,必须将其编码为二分变量或可比较的变量。

二、SPSS软件中判别分析的操作步骤

在"Analyze"菜单中选中"Classify"选项,计算机会自动展开下一层菜单;点击"Discriminant"选项,计算机会弹出图15-2窗口;

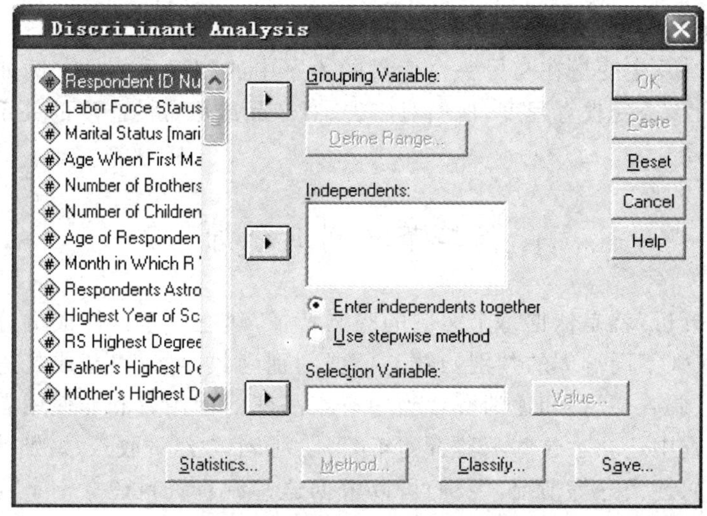

图15-2 判别分析的操作窗口之一

选中窗口左边方框中的样本分组变量并送入右边"Grouping Variable"处,点击"Define Range",在计算机弹出的小窗口的"Minimum"和"Maximum"处分别输入分组变量的最小值和最大值。然后点击"Continue",返回图15-2窗口;

选中左边拟作为判别变量的变量送入右边的"Independents"方框中。此时如果研究者有特殊的统计要求,可选中或点击窗口下方相应的选项。例如计算机在建立判别函数(跟多元回归中建立回归方程相似)时,默认的方法是

自变量“全部进入”。如果研究者要采用“逐步引进”的方法，就要选中“Use stepwise method”选项。如果计算机自动输出的结果中没有非标准判别系数，要得到这一数据，就要点击“Statistics”键，然后在计算机弹出的图 15-3 窗口中，选中“Function Coefficients”方框中的“Unstandardized”选项。要了解判别函数的判别正确率是多少就要点击“Classify”键，在展开的图 15-4 窗口中选中“Display”方框中的“Summary table”选项。

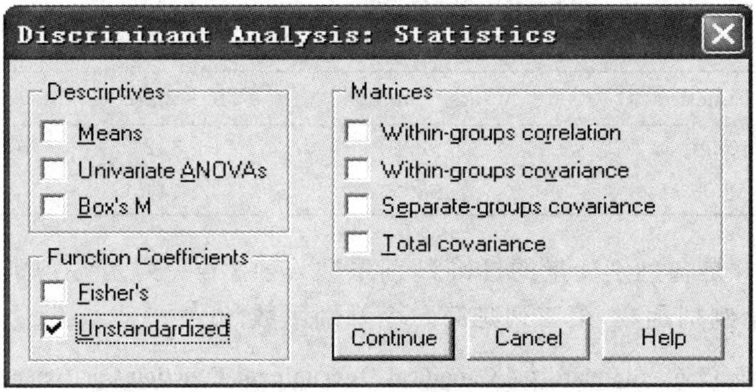

图 15-3　判别分析的操作窗口之二

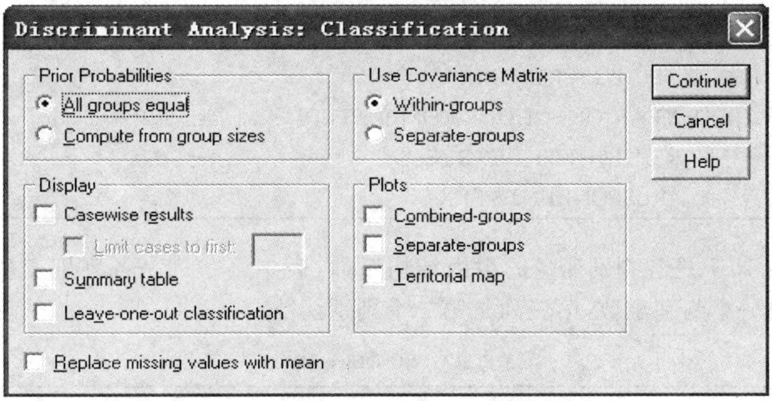

图 15-4　判别分析的操作窗口之三

点击“OK”。计算机就会自动地输出表 15-4、表 15-5、表 15-6、表 15-7 的统计结果以及其他统计结果和信息。

表 15-4 的第一列是判别函数，第二列是特征值，第三列方差贡献率，第四列是累计方差贡献率，第五列是典型相关系数。

表 15-4　**Eigenvalues**

Function	Eigenvalue	% of Variance	Cumulative %	Canonical Correlation
1	.062	82.0	82.0	.242
2	.014	18.0	100.0	.116

表 15-5 的第一列是测验函数，第二列是 Wilks' Lambda，第三列是 χ^2 检验值，第四列是自由度，第五列是显著性水平。

表 15-5　**Wilks' Lambda**

Test of Function(s)	Wilks' Lambda	Chi-square	df	Sig.
1 through 2	.929	13.332	10	.206
2	.987	2.444	4	.655

表 15-6 是各判别变量的标准判别系数，表中第一列是各判别变量，第二列是第一个判别函数，第三列是第二个判别函数。

表 15-6　**Standardized Canonical Discriminant Function Coefficients**

	Function	
	1	2
AGE OF RESPONDENT	.294	1.926
AGE CATEGORIES	.235	−1.421
HIGHEST YEAR OF SCHOOL COMPLETED	.654	−1.300
RS HIGHEST DEGREE	−.017	1.071
RESPONDENTS SEX	.704	−.024

表 15-7 是各判别变量的组内结构系数，表中第一列是各判别变量，第二列是第一个判别函数，第三列是第二个判别函数。

表 15-7　**Structure Matrix**

	Function	
	1	2
RESPONDENTS SEX	.670	.010
RS HIGHEST DEGREE	.437	−.222
AGE OF RESPONDENT	.413	.669
HIGHEST YEAR OF SCHOOL COMPLETED	.473	−.493
AGE CATEGORIES	.445	.488

三、判别分析的相关概念

判别分析的统计结果及其解释涉及许多概念，这些概念包括：判别函数、非标准判别系数、标准判别系数、组内结构系数、判别函数的方差贡献率、典型相关、Wilk's Lambda 及其检验。

①判别函数：类似多元回归分析中的回归方程，是用来表达分组变量与判别变量之间的线性函数关系，其数学表达式如下：

$$Y=b_0+b_1X_1+b_2X_2+\cdots+b_kX_k$$

Y 为判别函数值，X_k 指各判别变量，b_k 指判别系数，b_0 是常数，在标准判别函数中，常数为 0。

②非标准判别系数：类似多元回归方程中的偏回归系数，是指将分组变量和判别变量的原始值直接输入模型计算得到的各判别变量的系数。

③标准判别系数：类似多元回归方程中的标准回归系数，是指将各判别变量标准化后输入模型计算得到的各判别变量的系数。SPSS 统计软件默认输出的判别系数就是标准判别系数。通过标准判别系数，可以直接比较各判别变量判别作用的大小。标准判别系数的绝对值越大，其判别作用也越大。

④组内结构系数：用于衡量一个函数与分组内部的变量的紧密联系程度。系数的绝对值越大，判别变量与该函数的关系越密切。

⑤判别函数的方差贡献率：指某判别函数能够代表的总方差的比例，也是该函数特征值占所有函数特征值的比例。它用于衡量各判别函数的重要性。方差贡献率越大，该函数就越重要。

⑥典型相关：用于衡量函数分组差异的程度。相关越高，根据该函数分组的差异越明显。反之，则说明该判别函数对于分组的意义很小。

⑦Wilk's Lambda：残余判别力的统计量。Wilk's Lambda 越大，判别函数的判别力越小，反之，判别力越大。

⑧对 Wilk's Lambda 的 χ^2 检验：其虚无假设是各分组的判别函数平均值相等或分组矩心相等。如果显著，则推翻虚无假设，说明各分组判别函数平均值有差异。

四、判别分析案例

Lin(1993)在对美、日两国的电视广告信息内容的跨文化比较研究中抽取比较了 464 条美国广告和 863 条日本广告，根据 Resnik 和 Stern(1977)的广告信息内容编码标准以及其他标准对每条电视广告进行内容分析，然后采用判别分析方法来检验美、日不同文化的差异体现在电视广告的哪些方面。研究结果见表15-8。

表15-8　信息内容的标准判别系数及相关指标

信息内容	函数1	信息内容	函数1
Price	.23 *	Warranty and guarantees	.20 * *
Quality	.15 * *	Safety	.03 *
Performance	.06 *	Nutrition	.18 *
Components	—.13 * *	Independent research	.05 * *
Availability	—.33 *	Company-sponsored research	—.02
Special offers	.31 * *	New ideas	.05
Taste	.22 * *	Comparison	.22 * *
Packaging	—.94 * *	Testify	.21 * *
特征值＝1.1631		典型相关系数＝.7333	
Wilk's Lambda＝.4623		χ^2＝1016.1	
显著性水平＝.0000		正确分组比例＝84.5％	

从表中研究结果可以看出，典型相关系数比较高，Wilk's Lambda系数的显著性检验（χ^2检验）也非常显著，根据研究所得判别函数来区分美、日广告的正确率还是比较高的，这说明判别函数是有判别力的。表中的标准判别系数还表明，日本广告包含较多的产品包装、购买时间地点信息，而美国广告以下几个方面的信息都比较多：特殊提供、价格、风味、担保、营养、质量等。此外，美国广告更多使用比较、实证的表现手法。Lin总结认为，比起日本广告来，美国广告信息内容较多，美国广告提供更多的事实和特点以显示产品的优势。

第三节　多元方差分析

在前一章中我们已经介绍过单因素方差分析（或一元方差分析），它用于比较同一样本或不同样本的多个平均数的差异。在单因素方差分析中，只有一个因变量和一个自变量。当研究的自变量增加至两个或两个以上时，或者说方差分析要解决三个或三个以上变量的关系时，这种方差分析就叫做多元方差分析。

多元方差分析主要用于处理两个或两个因素（自变量）以上的实验数据，确定自变量与因变量（观测变量）之间是否存在因果关系。多元方差分析根据因素个数不同而有二因素方差分析、多因素方差分析之分。前者指有两个因素的方差分析，后者是有三个或三个以上因素的方差分析。根据多元方差分析的因变量数据是否来自同一个样本的情形不同，又可区分出被试内设计的方差分析、被试间设计的方差分析和混合设计的方差分析。所谓被试内设计的方差分析，是指对来自同一组被试或同一个样本的因变量数据的方差分析。被试间设计的方差分析则指对来自不同被试或不同样本的因变量数据的方差分析。混合设计的方差分析是指如下数据资料的方差分析：某一(些)因素变化时因变量的观测数据来自同一组被试、而另一(些)因素变化时因变量的观测数据来自不同组被试。

一、多元方差分析对数据的要求

多元方差分析中通常有一个因变量、若干个自变量(或因素)，多元方差分析要求因变量必须是等距或比率量表资料，自变量可以是各种量表的资料，但是在进行方差分析前，它们都必须转换成命名量表资料，按水平的数量给以连续的、整数的代码。例如年龄变量，可以将 18 岁以下转换为“1”，将 18～30 岁转换为“2”，将 31～50 转换为“3”，将 50 岁以上转换为“4”。

二、SPSS 软件中多元方差分析的操作步骤

在 SPSS 统计软件中，被试间设计、被试内设计和混合设计的方差分析的操作方法略有不同。

1. 被试间方差分析的操作步骤

在“Analyze”菜单中选中“General Linear Model”，计算机自动展开下一层的菜单；

点击“Univariate”，计算机会弹出图 15-5 窗口。选中窗口左边方框中作为因变量的变量送入右边“Dependent variable”下的空格中；选中窗口左边方框中要考察的自变量送入右边“Fix Factor(s)”下的方框中。如果研究者对统计方法或结果有特殊要求，可以点击相关的键。例如，研究者要自己确定方差分析模型，可以点击“Model”键。研究者要对自变量进行方差分析后的多重比较，即对自变量的每两个水平作差异比较，那么可以点击“Post Hoc”键，在新弹出图 15-6 窗口中，将左框中要进行比较的因素或自变量送入右框中，同时在窗口下边选中合适的检验方法，点击“Continue”；

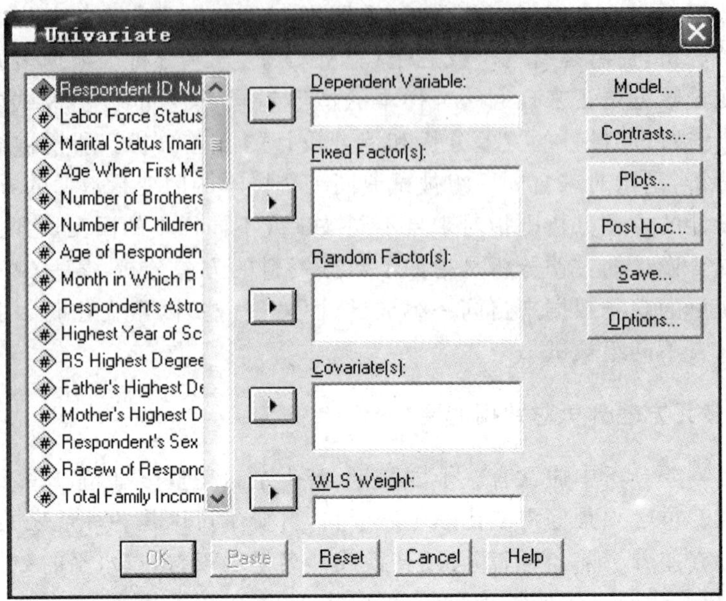

图 15-5 多元方差分析操作窗

点击"OK",计算机就会输出表 15-9 的统计结果和其他统计信息。表 15-9 是被试间效应的检验结果,纵列依次是变异来源、平方和、自由度、均方、F 检验值、显著性水平;在横行中,研究者关心的主要是第四(SEX)、五(RACE)、六(SEX * RACE),它们分别是两个因素的主效应、交互作用的检验结果。

表 15-9 Tests of Between-Subjects Effects

Source	Type III Sum of Squares	df	Mean Square	F	Sig.
Corrected Model	536.720	5	107.344	27.521	.000
Intercept	2 106.680	1	2 106.680	540.123	.000
SEX	1.717	1	1.717	.440	.507
RACE	476.423	2	238.212	61.074	.000
SEX * RACE	23.054	2	11.527	2.955	.052
Error	5 792.057	1 485	3.900		
Total	18 950.000	1 491			
Corrected Total	6 328.777	1 490			

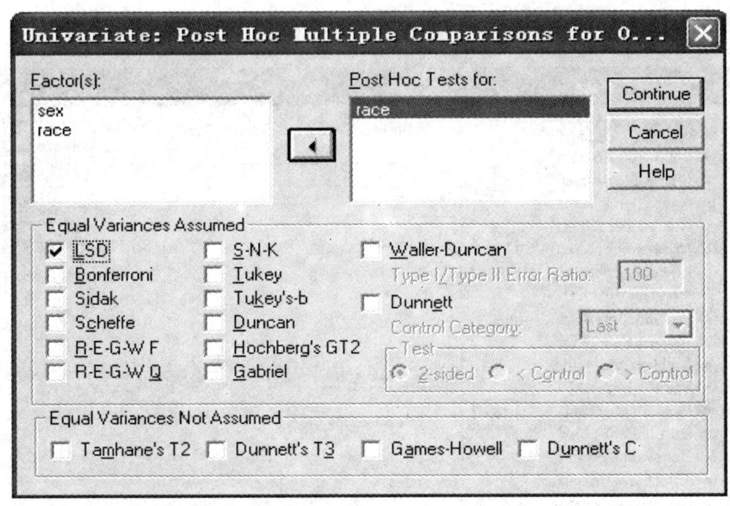

图 15-6　多元方差分析的多重比较操作窗口

2. 被试内方差分析的操作步骤

在"Analyze"菜单中选中"General Linear Model",计算机自动展开下一层的菜单;

点击"Repeated measues"选项,计算机会弹出图 15-7 窗口。在"Within-Subject Factor Name"处输入第一个因素的名字,如 F1,默认"Factor1"也可以。接着在"Number of Level"处输入该因素水平数"3",然后点击"Add"键。接着按输入第一因素的操作输入第二个因素、第三因素等;

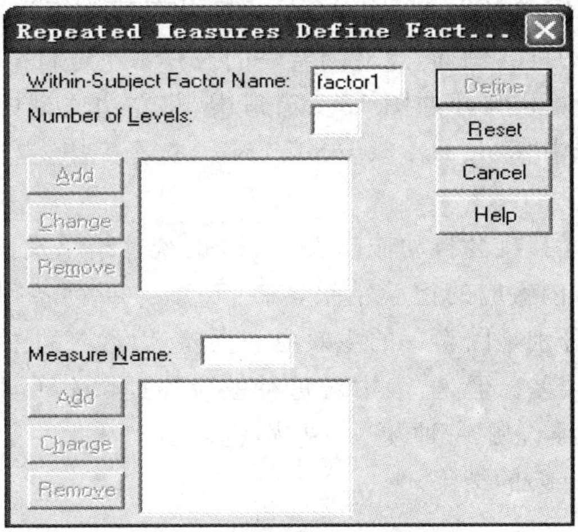

图 15-7　被试内方差设计操作窗口之一

点击"Define",计算机就会弹出图 15-8 窗口;

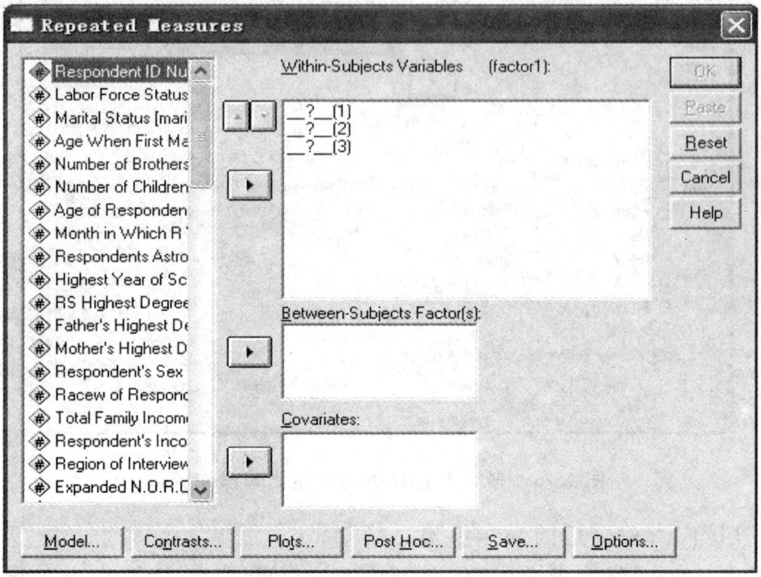

图 15-8　被试内方差分析操作窗口之二

依照一定的次序将左边方框中的变量移入右上方的"Within-Subject Variables"方框中。这一步骤要特别注意,很容易出现错误。假设研究中包含两个因素 A、B,两个因素分别有 3 个(A1、A2、A3)和 2 个(B1、B2)水平,观察数据有 6 组,即 6 个变量,将它们输入右边被试内变量方框中,顺序依次为:A1B1、A1B2、A2B1、A2B2、A3B1、A3B2。如果有其他统计要求,研究者可以点击窗口中相应的键。例如,想对因素一的三种水平进行配对比较,就要点击"Option"键,在计算机弹开的图 15-9 窗口中,将左边方框中的因素一移入右边方框中,同时选中"Compare main effects"。选择完毕,点击"Continue"返回主窗口。

点击"OK",计算机会自动输出表 15-10 的统计结果及其他统计信息。表 15-10 是关于被试内效应的检验结果。表 15-10 中纵列各列的意思与表 15-9 一样。表中横行分别是因素一的主效应和误差、因素二的主效应和误差、二因素的交互作用和误差。但是,表中对每种效应均提供多种计算方法的计算结果。各种方法很难说哪一种更好,差别也不大,因此一般采纳第一种(即 Sphericity Assumed)的结果。

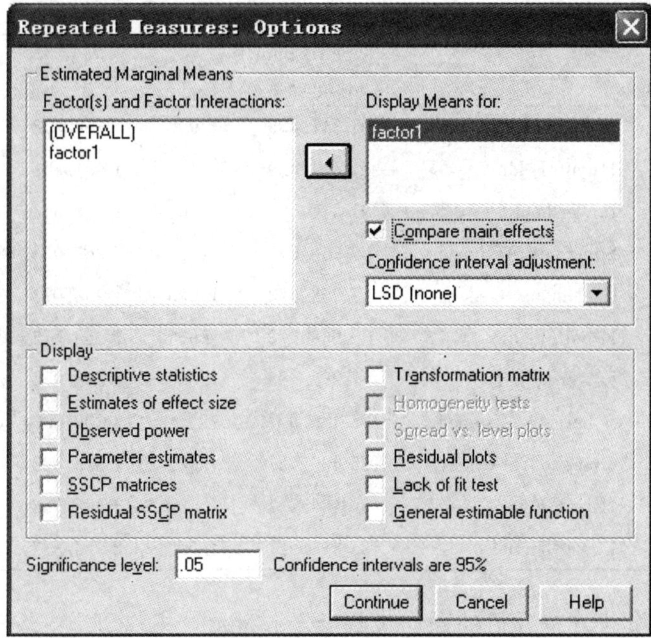

图 15-9　被试内方差分析的配对比较

表 15-10　Tests of Within-Subjects Effects

Source		Type III Sum of Squares	df	Mean Square	F	Sig.
F1	Sphericity Assumed	17 658.368	1	17 658.368	8.132	.006
	Greenhouse-Geisser	17 658.368	1.000	17 658.368	8.132	.006
	Huynh-Feldt	17 658.368	1.000	17 658.368	8.132	.006
	Lower-bound	17 658.368	1.000	17 658.368	8.132	.006
Error(F1)	Sphericity Assumed	117 259.319	54	2 171.469		
	Greenhouse-Geisser	117 259.319	54.000	2 171.469		
	Huynh-Feldt	117 259.319	54.000	2 171.469		
	Lower-bound	117 259.319	54.000	2 171.469		
F2	Sphericity Assumed	14 450.405	1	14 450.405	8.543	.005
	Greenhouse-Geisser	14 450.405	1.000	14 450.405	8.543	.005
	Huynh-Feldt	14 450.405	1.000	14 450.405	8.543	.005
	Lower-bound	14 450.405	1.000	14 450.405	8.543	.005
Error(F2)	Sphericity Assumed	91 341.439	54	1 691.508		

续表

Source		Type III Sum of Squares	df	Mean Square	F	Sig.
	Greenhouse-Geisser	91 341.439	54.000	1 691.508		
	Huynh-Feldt	91 341.439	54.000	1 691.508		
	Lower-bound	91 341.439	54.000	1 691.508		
F1 * F2	Sphericity Assumed	7 968.073	1	7 968.073	3.429	.070
	Greenhouse-Geisser	7 968.073	1.000	7 968.073	3.429	.070
	Huynh-Feldt	7 968.073	1.000	7 968.073	3.429	.070
	Lower-bound	7 968.073	1.000	7 968.073	3.429	.070
Error(F1 * F2)	Sphericity Assumed	125 486.927	54	2 323.832		
	Greenhouse-Geisser	125 486.927	54.000	2 323.832		
	Huynh-Feldt	125 486.927	54.000	2 323.832		
	Lower-bound	125 486.927	54.000	2 323.832		

3.混合设计方差分析的操作步骤

混合设计的方差分析的操作过程基本上与被试内方差分析的操作过程相同,依次是:

在“Analyze”菜单中选中“General Linear Model”,计算机自动展开下一层的菜单;

点击“Repeated measues”选项,计算机会弹出图 15-7 窗口。在“Within-Subject Factor Name”处输入第一个因素的名字,如 F1,默认“Factor1”也可以。接着在“Number of Level”处输入该因素水平数“3”,然后点击“Add”键。按输入第一因素的操作输入第二个因素、第三因素等;

点击“Define”计算机就会弹出图 15-8 窗口;

依照一定的次序将左边方框中的被试内变量移入右上方的“Within-Subject Variables”方框中。同时将左边方框中的被试间变量移入右边中间“Between-Subjects Factor(s)”方框之中。然后根据统计需要点击窗口中相应的键。例如,如果想对被试内因素的不同水平进行配对比较,就要点击“Option”键,在计算机弹开的图 15-9 窗口中,将左边方框中的因素一移入右边方框中,同时选中“Compare main effects”。选择完毕,点击“Continue”返回主窗口。如果想对被试间因素进行多重比较,点击“Post Hoc”键,在新弹出的图 15-10 窗口中,将左框中要进行比较的因素或自变量送入右框中,同时在窗口下边选中合适的检验方法,选择完毕,点击“Continue”;

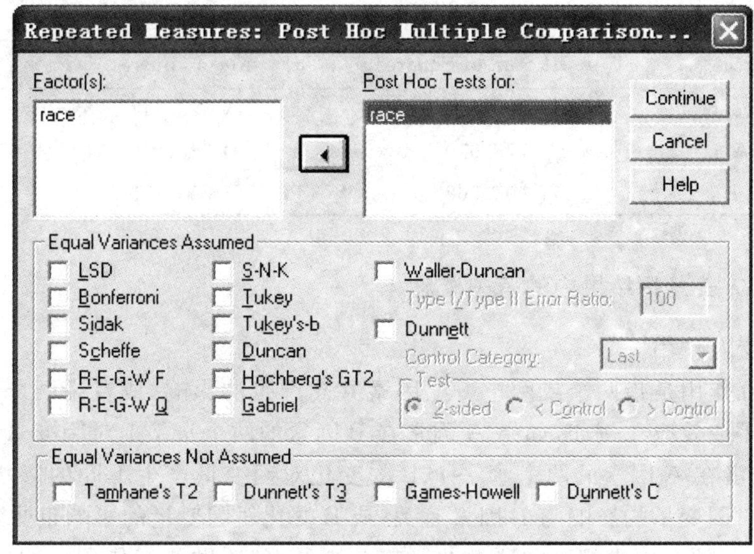

图 15-10　混合设计方差分析的多重比较

点击“OK”，计算机就会自动地输出表 15-11、表 15-12 的统计结果及相关统计信息。表 14-11 与被试内方差分析的表 15-10 的结果相似，表 15-12 与被试间方差分析的表 15-9 的结果相似。

表 15-11　Tests of Within-Subjects Effects

Source		Type III Sum of Squares	df	Mean Square	F	Sig.
F1	Sphericity Assumed	15 765.022	1	15 765.022	3.347	.073
	Greenhouse-Geisser	15 765.022	1.000	15 765.022	3.347	.073
	Huynh-Feldt	15 765.022	1.000	15 765.022	3.347	.073
	Lower-bound	15 765.022	1.000	15 765.022	3.347	.073
F1 * SOA	Sphericity Assumed	1 312.659	1	1 312.659	.279	.600
	Greenhouse-Geisser	1 312.659	1.000	1 312.659	.279	.600
	Huynh-Feldt	1 312.659	1.000	1 312.659	.279	.600
	Lower-bound	1 312.659	1.000	1 312.659	.279	.600
Error(F1)	Sphericity Assumed	249 661.196	53	4 710.589		
	Greenhouse-Geisser	249 661.196	53.000	4 710.589		
	Huynh-Feldt	249 661.196	53.000	4 710.589		
	Lower-bound	249 661.196	53.000	4 710.589		

表 15-12　Tests of Between-Subjects Effects

Source	Type III Sum of Squares	df	Mean Square	F	Sig.
Intercept	29 320.117	1	29 320.117	8.735	.005
SOA	4 778.910	1	4 778.910	1.424	.238
Error	177 903.968	53	3 356.679		

三、方差分析结果中的有关概念

1. 交互作用

交互作用是指两个或两个以上因素共同产生的影响，或者说两个因素的共同作用或效应。例如，如果 A 因素在 B 因素的两个水平上对因变量的影响不同，或者在 A 因素的两个水平上 B 的变化对因变量产生不同的影响，说明 A 变化对因变量的影响与 B 因素有关，或 B 变化对因变量的影响也受到 A 的制约，A、B 两个因素相互关联彼此影响或制约，就叫做交互作用。相反，如果两个因素之间各自变化时不受对方的影响，那么这两个因素之间就没有交互作用。经过统计检验，如果交互作用显著，说明两个因素存在交互作用，如果统计检验表明交互作用不显著，则说明两个因素之间没有交互作用。

在多元方差分析中，如果研究只有两个因素 A、B，那么只可能存在一种交互作用，即 A * B。如果研究中包含三个因素 A、B、C，那么就可能存在 4 种交互作用。即 A * B * C、A * B、A * C 和 B * C。

2. 主效应

主效应是指在忽略其他因素的情况下，某一个因素的作用或效应。某一因素是否存在主效应，要根据统计检验结果来判断。如果统计检验显示 A 因素的主效应显著，说明在忽略其他因素的情况下，A 因素对因变量的变化有显著的影响。如果不显著，说明 A 因素对因变量的变化没有影响。

3. 简单效应

简单效应是指一个因素在另一个因素的某个水平上对因变量的作用或影响。统计检验简单效应可以确定一个因素是在另一个因素的哪个(些)水平上显著，在哪个(些)水平上不显著。简单效应的检验是以交互作用显著为前提的，如果交互作用不显著，就没有必要进行简单效应检验。

SPSS 软件不会自动进行简单效应检验，但可以通过输入一些语句来完成。例如，对于二因素(如 2×3)被试内设计来说，假设 6 个变量的名字分别是 A1B1、A1B2、A1B3、A2B1、A2B2、A2B3，要分析 B 因素在 A 因素两个水平上的简单效应，就要依照以下步骤进行：

点击“File”菜单中的“New”项，在展开的新菜单中选中“Syntax”项并点击，计算机会自动弹出图 15-11 窗口，在小窗口中输入以下程序：

```
MANOVA A1B1 A1B2 A1B3 A2B1 A2B2 A2B3
/WSFACTORS=A(2)B(3)
/WSDESIGN=B WITHIN A(1)
    B WITHIN A(2).
FINISH.
```

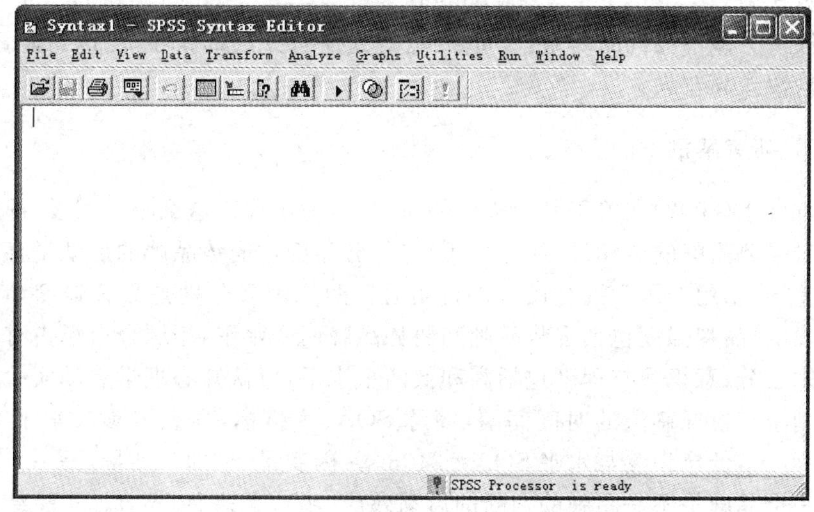

图 15-11 简单效应语句输入窗口

点击小窗口的现在运行键，即箭头向右的键，计算机将自动输出统计结果。

又比如，对于二因素(如 2×3)完全随机化设计来说，假设 A 因素有 2 个水平，B 因素有 3 个水平，Y 为因变量。那么需要输入计算机运行的语句是：

```
MANOVA Y BY A(1,2)B(1,3)
/DESIGN=B WITHIN A(1)
    B WITHIN A(2).
FINISH.
```

4.多重比较和配对比较

多重比较是针对被试间设计的方差分析而言的，是指在具有三个或三个以上水平的因素的主效应显著时比较该因素的每两个水平，以检验哪些水平之间存在差异，哪些不存在差异。在被试内设计中，这种比较就叫做配对比较(pairwise comparisons)。

SPSS 软件有许多多重比较方法。LSD，也叫做最小显著性差异检验，它相当于多个独立的 t 检验，检验结果比较容易显著。Bonferroni 检验提高了显著性水平。Sidak's 检验也调整了显著性水平，但比 Bonferroni 更严格。Bonferroni 和 Tukey's 差异检验是多重比较检验中运用最广泛的方法。检验配对对数多的平均数时，Tukey's 比 Bonferroni 更权威，Bonferroni 在配对对数少时比 Tukey's 更好。Gabriel's 检验在单元数量变化大时使用最合适。Dunnett's 适用于一系列实验处理（多个实验组）与单一控制（一个控制组）的平均数比较。Tamhane's T2，Dunnett's T3，Games-Howell 和 Dunnett's C 用于假设方差不相同的时候。Scheff 检验比所有方法都保守，要达到显著，要求平均数差异较大。

四、研究案例

黄合水（2002）在关于品牌资产的研究中，为了证明这么一个假设，即弱势品牌对强势品牌的启动量（促进作用）与强势品牌对弱势品牌的启动量存在显著的差异，采用二因素混合设计进行实验。两个因素分别是品牌强度和意识参与程度，品牌强度包括强势品牌和弱势品牌两个水平，用综合市场占有率为指标来区分；意识参与程度包括高和低两个水平，以认知心理学启动实验中的启动刺激与目标刺激的时间间隔（简称 SOA）为指标，高意识参与水平 SOA＝1 400ms，低意识参与水平 SOA＝240ms。因变量，也即启动量，是一个品牌对另一个品牌是不是品牌的判断的启动效应，单位是毫秒（ms）。实验结果经初步整理见表 15-13。

表 15-13 强、弱品牌相互启动量

SOA＝240		SOA＝1 400	
弱启动强	强启动弱	弱启动强	强启动弱
21.13	176.00	－109.63	－93.63
－17.75	6.50	.63	20.75
.50	－6.13	－46.63	50.25
－3.13	－85.25	－77.88	25.00
28.25	66.13	14.38	73.50
－58.38	－14.50	－74.63	－29.25
－6.88	3.63	－6.13	－10.13
－3.00	－.50	45.38	－72.25
－39.75	－62.13	－70.63	24.75

续表

SOA＝240		SOA＝1 400	
弱启动强	强启动弱	弱启动强	强启动弱
－36.25	25.88	－90.50	－44.63
50.63	28.88	－50.38	－142.00
42.63	－31.88	－53.75	7.63
－20.13	24.38	－26.50	－16.38
－98.75	26.25	－8.25	－18.88
23.38	65.88	－99.38	1.63
2.88	－51.50	12.88	38.63
－34.63	－65.00	－179.75	238.00
－80.50	－10.13	－33.88	－168.38
－20.38	－7.88	7.88	－258.13
－43.00	8.13	－4.88	－101.75
－19.13	－16.00	－20.88	105.63
－64.25	75.88	30.88	－2.13
－63.00	－89.63	10.25	－12.13
－114.25	116.63	5.75	－33.75
－62.38	45.25	－23.13	10.75
－20.13	－19.38	9.00	32.50
20.00	－16.00	－9.13	－14.50
－88.38	－34.13		

对表 15-13 中的数据采用混合设计方差分析进行处理，得到表 15-14 结果。表 15-14 显示，品牌强度与 SOA 的交互作用($F=.279, P=.600$)和 SOA 的主效应($F=1.424, P=.238$)都不显著，而品牌强度的主效应($F=3.347, P=.073$)在.01 水平上显著。这一结果勉强支持了研究假设，说明弱势品牌对强势品牌的启动量大于强势品牌对弱势品牌的启动量。

表 15-14　方差分析结果

变异来源	平方和	df	均方	F	Sig.
品牌强度	15 765.022	1	15 765.022	3.347	.073
品牌强度 * SOA	1 312.659	1	1 312.659	.279	.600
SOA	4 778.910	1	4 778.910	1.424	.238
误差	249 661.196	53	4 710.589		

第四节　聚类分析

聚类分析是一种根据变量对客体或人进行分类的方法。它将要分类的对象置于由分类变量构成的多维空间中，然后根据对象之间空间关系的亲密程度进行分类。聚类分析的目的就是要将客体或人分成若干个相互排斥的群体（或类）。在每个群体内部，成员之间的差异尽可能小；而在每两个群体之间，成员之间差异尽可能大。为了使聚类分析得到的结果比较有意义，分类的变量应该是研究对象的重要属性或特征。

在营销广告研究中，聚类分析对于细分市场具有重要的意义，它可以帮助广告主或营销策划者识别产品或服务的目标对象。

聚类分析通常只是一个中间环节，不是最终目的。在许多研究中，研究者可能更关心各个类别在人口统计特征上有没有差异，或以类别为分组变量建立起来的判别函数、回归方程等。

一、聚类分析对数据的要求

各种量表资料都可以进行聚类，但是有些聚类方法对数据资料有一定限制。SPSS 软件常用的两种方法中，快速聚类法要求分类变量的数据必须是等距或比率量表资料，系统聚类法则适用于各种数据类型。

在聚类分析中，各变量的单位度量不同、差异大小会影响聚类的效果。例如，个人年收入，这一变量的单位是元，数据的变化可能从零到几万、十几万，甚至更大；受教育程度，其单位是可能是年，数据的变化一般只能在 0～22 年之间。两个变量度量单位、数据变化范围差异很大。在这种情况下，通常要将各变量的数据标准化。SPSS 软件的系统聚类法具有自动地将数据进行标准化的功能。

二、聚类的依据

聚类分析，实际上就是将样本中每个对象看成是多维空间的一个点，然后将距离较短的点归为一类，而将距离较远的点归为其他不同的类。所以，聚类分析的依据主要是距离。计算距离的方法因变量数据的量表水平不同而异。对于等距量表变量来说，距离的计算方法包括以下几种：

欧几里得距离（Euclidean distance）：变量之差的平方和的平方根。

欧几里得平方（Squared Euclidean distance）：变量之差的平方和。

皮尔逊相关（Pearson correlation）：两个变量之间的相关系数。

余弦(Cosine):将两个变量看成是多维空间中的向量时,其夹角的余弦值。

切比雪夫距离(Chebychev):变量差中绝对值的最大者。

布洛克(Block):也叫做曼哈顿距离(Manhattan distance),指变量差中绝对值之和。

明可夫斯基(Minkowski):变量之差绝对值 p 次方之和,再求 p 方根。p 由用户自己决定。

自定义幂距离(Customized):变量之差绝对值 p 次方之和,再求 r 方根。P 和 r 均由用户自己决定。

对于命名量表数据来说,计算方法有几十种,这里就不一一介绍。

三、系统聚类的方法

系统聚类的方法有聚集法和分割法。聚集法的分类过程是这样的:将每个样本各自看成一类,然后合并距离最近的两类。计算类与类之间的距离,再合并距离最近的两类,如此反复,直至将所有样本归为一类。分割法的过程正好相反,先将所有样本看成一个类,然后将最不相似的分离出去,成为两类,如此重复,直至每个样本独自成为一类为止。

从上面描述可见,系统聚类方法的一个核心问题是计算类与类之间的距离。对此,SPSS 提供了七种计算方法。它们是组间连锁法(between-groups linkage)、组内连锁法(within-groups linkage)、最短距离法(nearest neighbor)、最长距离法(furthest neighbor)、重心法(centroid clustering)、中间距离法(median clustering)、Ward 法(Ward's method,也称离差平方和法)。

组间连锁法:该方法将两个类的距离定义为两个类所有样本配对之间的平均距离,每一配对成员都来自两个类。例如样本 1、2 构成 A 类,样本 3、4、5 构成 B 类,那么 A、B 两类的距离是下列配对间距离的平均值:(1,3)、(1,4)、(1,5)、(2,3)、(2,4)、(2,5)。该方法是 SPSS 软件默认的方法。

组内连锁法:该方法将两个类的距离定义为两个类所有样本每两个配对之间的平均距离。例如样本 1、2 构成 A 类,样本 3、4、5 构成 B 类,那么 A、B 两类的距离是下列配对间距离的平均值:(1,2)(1,3)、(1,4)、(1,5)、(2,3)、(2,4)、(2,5)、(3,4)、(3,5)和(4,5)。组内连锁法与组间连锁法是聚类效果比较好的、应用广泛的聚类方法。

最短距离法:该方法将两个类之间的距离定义为一个类中所有样本与另一个类中所有样本之间的距离最小者。这种方法的缺点容易将大部分样本聚在一个类中,聚类效果不太理想,实践中不受重用。

最长距离法:该方法与最短距离法相反,将类与类之间的距离定义为两个类别中离得最远的两个样本之间的距离。最长距离法虽然克服了最短距离法的缺点，但是它与最短距离法仍有一个共同的缺点，那就是没有利用其他样本之间距离的信息，只用两个样本的距离代表两个类，因此，其应用也受到限制。

重心法：把两个类之间的距离定义为两类中心之间的距离，每一类的重心是该类中所有样本在各个变量上的均值所代表的点。该方法的主要缺点是较后阶段被合并的类比较早阶段合并的类更不相似。

中间距离法：该方法既不将两类中两个样本之间的最短距离定义为两个类别的距离，也不将两类中两个样本之间的最长距离定义为两个类别的距离，而是取某个中间的距离为两个类别的距离。该方法的缺点也是只利用几个样本的信息。

Ward 法：该方法的基本思想是，同一类中样本的离差平方和应该较小，不同类之间样本的离差平方和应该较大。求解过程是先使每个样本自成一类，每一步都合并离差平方和增加最小的两个类，直至所有样本合成一类为止。该方法的分类效果比较好，在社会科学领域应用较为广泛。

四、SPSS 中聚类分析的操作步骤

1. 快速聚类法

在“Analyze”菜单中选中“Classify”，计算机会展开下一层菜单；

点击菜单中的“K-Means Cluster”选项，让计算机弹出图 15-12 窗口；

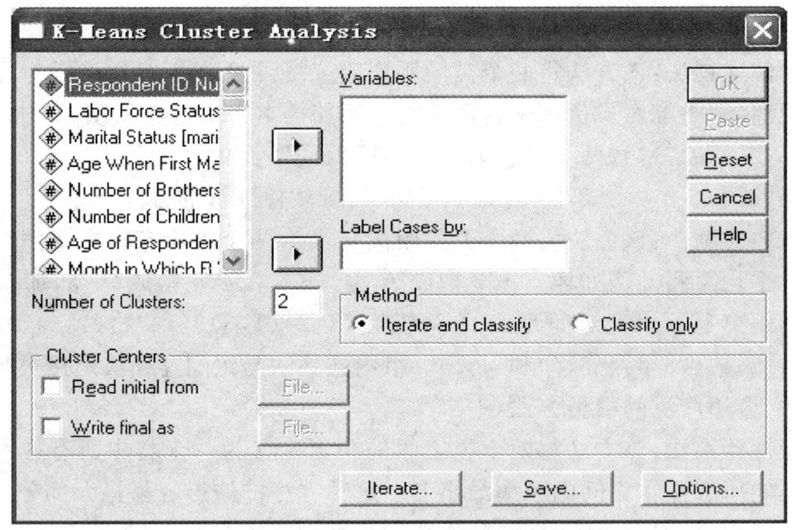

图 15-12　快速聚类操作窗口

选中窗口左边方框中作为聚类特征的变量送入右上方的“Variables”方框之中。

在“Number of Clusters”处输入聚类的类别数(由研究者确定)如 4 或 3 等。

选择“Iterate and classify”或“Classify only”。前者的统计结果通过反复改变分类中心得到,后者的研究结果是一次性的分类结果。如果研究者对统计方法或统计结果有特殊的要求,可通过其他操作来完成。例如,想了解每个成员的聚类信息可点击“Option”键,选择其中的“Cluster information for each case”;想进一步了解聚类后每个成员的其他变量的信息,可以将左边方框中要了解的变量选送到“Label case by”处。要保存聚类结果,可点击“Save”来实现。

点击“OK”,计算机就会输出如表 15-15 和表 15-16 的结果。表 15-15 是最终分类中心的统计结果,是三个类别在两个变量上的分类中心。表 15-16 则是关于每个分类的样本数。

表 15-15　Final Cluster Centers

	Cluster		
	1	2	3
Educational Level (years)	17	19	12
Current Salary	$60,830	$122,813	$28,436

表 15-16　Number of Cases in each Cluster

Cluster	
1	11.000
2	2.000
3	47.000
Valid	60.000
Missing	.000

2. 系统聚类法

在“Analyze”菜单中选中“Classify”,计算机会展开下一层菜单;

点击菜单中的“Hierarchical Cluster”选项,让计算机弹出图 15-13 窗口;

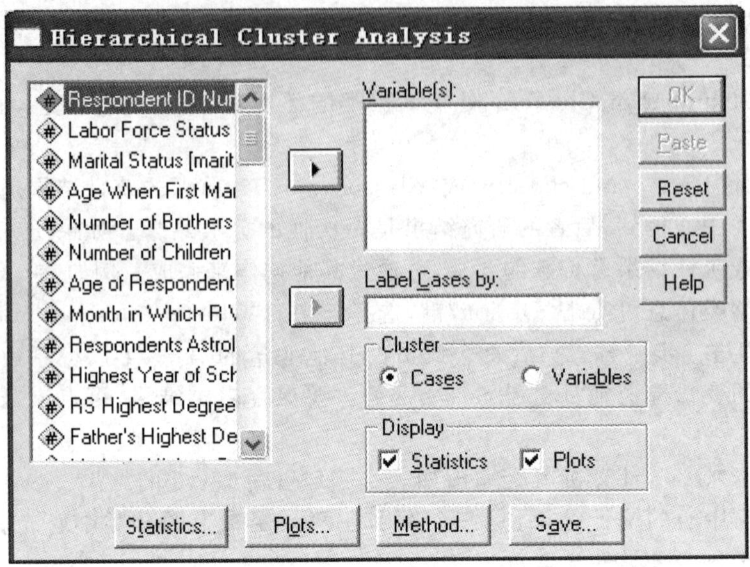

图 15-13　系统聚类操作窗口

选中窗口左边方框中作为聚类特征的变量送入右上方的“Variables”方框之中。研究者如果对统计方法或统计结果有特殊的要求可通过其他操作来完成。想了解分成 3 类后每个成员的聚类信息可点击“Stastistics”键，选中“Single solution”，在对应的空格中输入“3”；想得到树状分类图，可以点击“Plots”键，然后选中“Dendrogram”项。要将分类变量的数据标准化，则点击“Method”键，然后从新窗口左下方的“Standarize”处拉开菜单，选择标准化的方法如“Z scores”；

点击“OK”，计算机将自动输出图 15-14 的聚类树状图。通过树状图，研究者可以比较直观地分析分成几个类别比较合理。如确定聚类距离大于 5，就可以分为两类；如果确定聚类距离为 3～4，就可以分为 3 类。

五、案例

有一项调查，目的之一是确定新的电话服务的市场目标。调查中用来进行细分市场的问题是：“选择当地电话服务时下列各种属性的重要性如何，请你打分，9 分是非常重要，1 分是非常不重要。”

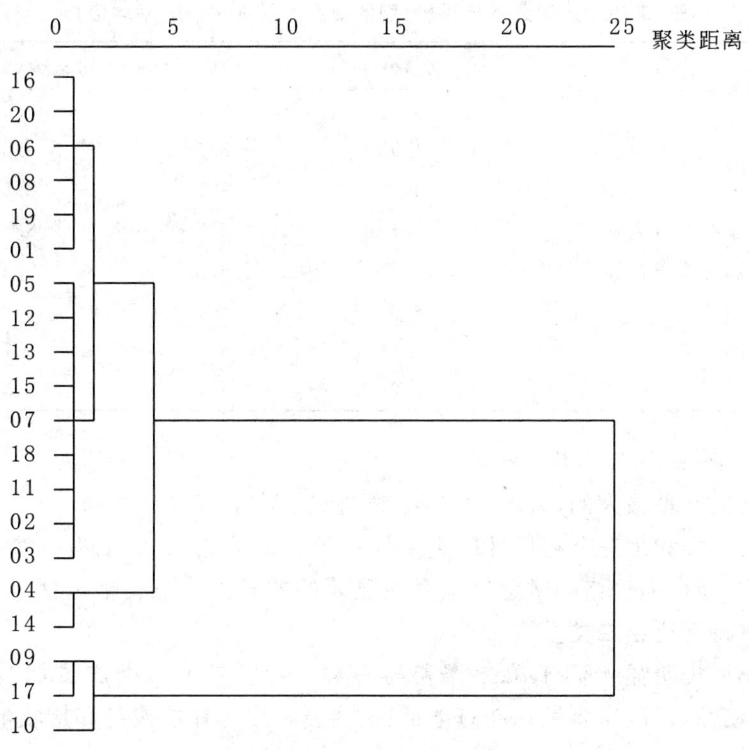

图 15-14　聚类树状图

表 15-17　对电话服务各属性的评价表

属性	评价表								
覆盖范围	9	8	7	6	5	4	3	2	1
机动性	9	8	7	6	5	4	3	2	1
声音质量	9	8	7	6	5	4	3	2	1
远离家时能够拨打电话	9	8	7	6	5	4	3	2	1
远离家时能够拨打和接收电话	9	8	7	6	5	4	3	2	1
平均月电话费	9	8	7	6	5	4	3	2	1
电话设备的价格	9	8	7	6	5	4	3	2	1
安装费用	9	8	7	6	5	4	3	2	1

收集到上述问题的资料之后，研究者采用快速聚类的方法进行统计处理。由于聚类分析本身并不能产生最佳答案，于是研究人员根据类别之间差异显著的原则，通过多次尝试，最后选择了分成三类的统计结果(见表 15-17)。

表 15-18　聚类分析结果(类别的数量和属性评价的平均值)

变量	第一类(n=62)	第二类(n=55)	第三类(n=83)
覆盖范围	6.8	8.1	8.2
机动性	4.5	8.1	8.2
声音质量	8.1	8.5	8.5
离家多远还能打电话	6.7	8.3	8.7
离开家多远还能拨打和接收电话	6.8	8.5	8.6
平均月电话费	8.6	8.4	8.8
电话设备的价格	8.1	6.3	8.7
安装费用	7.2	5.1	8.5

从表 15-18 可以看出：

①第三类是最大的,有 83 人;第二类最小,只有 55 人。

②第二类和第三类在属性的重要性评价上最为相似,它们有 6 个属性的评价基本一致,但价格的敏感性上存在显著的差异。第三类把电话设备和安装费用看得远比第二类重要。

③第一类明显不同于第二类和第三类。特别是第一类成员把“覆盖范围”、“机动性”、“离家多远还能打电话”、“离开家多远还能拨打和接收电话”看得远不如其他两类人重要。

研究认为,第二类和第三类都是新服务的推广对象。在开始阶段,应以第三类人为主,因为他们对价格不敏感。但等到服务推出一段时间、价格回落后,就可以以第二类人为对象展开推广。

六、聚类分析应用时应该注意的问题

聚类分析的结果就是将样本分成若干个类别。采用快速聚类法进行聚类时,由于该方法要求事先确定分类的数目,因此,计算机统计处理的结果一般是确定了每个样本所属的类别,同时还会呈现每个类的中心和成员数目。聚类时先确定若干个分类数目,让计算机一个一个地计算,然后根据统计结果,结合实际情况,决定分成几类比较合适。

与快速聚类法一个分类数目只有一种聚类结果不同,系统聚类法比较有弹性,它提供了多种计算类别距离的方法以及多种样本距离的方法,研究者可以根据实际情况选择适当方法进行统计分析。但是,不管研究者的选择多么慎重,仅凭一种方法的统计处理结果就确定最终的分类,总是有点冒险。最好选用多种方法、多种距离指标进行聚类分析,比较分析各种计算结果,然后根据实际问题的性质确定一个比较合适的结果。

第五节　因子分析

因子分析是多元统计分析技术之一,其目的是简化资料。该方法是在对众多变量之间的内部关系和观测数据的基本结构进行分析的基础上,用少数几个假设变量描述数据的基本结构。这些假设变量即所谓的因子,它们能够反映原来众多观测变量所代表的主要信息并解释这些观测变量之间的相互依存关系。因子分析就是研究如何以最少的信息损失把众多的观测变量浓缩为少数几个因子的过程。

在广告实践中经常发现,消费者常常会用一个抽象的概念如"豪华"、"高品质"、"形象好"等来描述产品或品牌,为了透过广告突出产品的"豪华",广告研究人员就必须将这种抽象概念具体地表达出来,如用"平稳"、"静音"、"车内宽敞"等来表达汽车的"豪华"。研究人员还提供大量的具体产品属性让消费者评价,然后分析哪些属性能够表达"豪华"概念。为了弄清混杂在其中不表达"豪华"概念的具体产品属性的含义,研究者就需要采用一种统计分析技术,即因子分析。

一、因子分析对数据的要求

因子分析要求变量应该是等距或比率水平的,分类资料如种族、国籍等不适合因子分析。但是二分变量以及能够计算皮尔逊相关的数据资料也可以用于因子分析。

二、抽取因子的方法

因子分析有七种因子抽取的方法:

1. 主成分分析

主成分分析是一种数学转换方法,它将给定的一组相关变量通过线性转换成另一组不相关的变量,这些新的变量按照方差递减的顺序依次排列。在数学转换过程中,保持变量的总方差不变,使第一变量具有最大的方差,称为第一主成分。第二个变量方差次之,称为第二主成分。依次类推,原来有几个变量就有几个主成分,最后一个主成分方差最小。

2. 不加权最小二乘法

不加权最小二乘法(unweighted least squares)通过使因子模型计算出的相关系数和观测到的相关系数之间的离差平方和达到最小来求得因子解。

3. 广义最小二乘法

广义最小二乘法(generalized least squares)与不加权最小二乘法原则相同,不同的是,在迭代过程中每次用特殊因子方差的倒数调整相关矩阵,给特殊因子方差大的变量的相关系数更大的权重。

4. 最大似然法

最大似然法(maximum likelihood)求因子解的方法与最小二乘法类似,希望因子解能最好地拟合观测变量之间的相关关系。假设样本来源于多维正态总体,通过构造样本的似然函数(其中因子负荷为未知参数)使似然函数达到极大,求得因子解,求解过程中相关系数也是用特殊因子方差的倒数加权。最大似然估计的原理很简单,但实际求解非常复杂。

5. 主轴因子分析

主轴因子分析(principal axis factoring)采用类似主成分的方法求因子解,所不同的是用公因子方差代替相关矩阵主对角线上的元素,这个新的矩阵称为调整相关矩阵,通过解调整相关矩阵的特征方程得到因子解。

6. α 因子分析

α 因子分析(alpha factoring)认为因子分析中包含的变量是来自潜在变量空间中的一个样本,这些变量是通过给定的总体观测到的,因子解应该使提取的公因子和假设存在的公因子有最大的相关。

7. 映象因子分析

映象因子分析法(image factoring)将一个变量分解为两个部分,一部分为变量的公共部分,可以由该变量之外的其他观测变量的线性组合预测,称为该变量的映象;另一部分为该变量的特有部分,不能被其他变量的线性组合预测,称为变量的反象。映象分析法同时考虑样本空间和变量空间,映象的平方相当于公因子方差,反象的平方相当于特殊因子方差,最终采用和主成分分析类似的过程求得因子解。

在上述七种方法中,主成分分析方法被 SPSS 软件设定为默认方法,当因子分析的目的是用最少的因子最大程度地解释原始数据中的方差或知道特殊因子和误差带来的方差很小时,采用主成分分析方法比较合适。如果变量方差未知,研究目的又是确定数据结构,则采用主成分之外的其他方法。在样本含量相当大(超过 1 500)时,最大似然法给出的因子负荷估较为精确。样本量小或变量少时,有些研究者认为采用 α 因子分析和映象因子分析方法比采用主成分分析法更好。

三、因子旋转方法

因子旋转方法有正交旋转法和斜交旋转法两大类。SPSS10.0 版本提供的正交旋转法有最大方差法(varimax)、四次方最大法(quartimax)、将最大方差法和四次方最大法结合起来的等量最大法(equamax),斜交旋转方法有直接斜交法(direct oblimin)和普洛最大法(promax),这些方法的因子求解过程都很复杂。迄今还没有一个准则能够帮助使用者选择一种特定的旋转技术,没有令人信服的理由可以确定一种旋转方法优于其他方法,选择旋转方法应根据研究问题的需要。如果因子分析的目的只是要简化数据,把很多变量浓缩为少数几个因子,而因子的确切含义是什么并不重要,应该选用正交旋转。如果研究的目的是要得到几个有意义的因子,应该选用斜交旋转方法。因为现实中很少有完全不相关的变量,所以,理论上斜交旋转优于正交旋转。但是斜交旋转中因子之间的斜交程度受使用者定义的参数的影响,而且斜交旋转中允许的因子之间的相关程度是很小的,因为没有人会接受两个高度相关的公因子,如果两个因子确实高度相关,大多数研究者都会选取更少的因子重新分析。由于这些原因,斜交旋转的优越性被大大地削弱了。如果使用者不太熟悉这些方法,可以使用 SPSS 默认的方差最大法。

四、SPSS 中因子分析的操作步骤

在"Analyze"菜单中选中"Data Reduction"选项,接着点击"Factor",计算机会展开图 15-15 对话框;

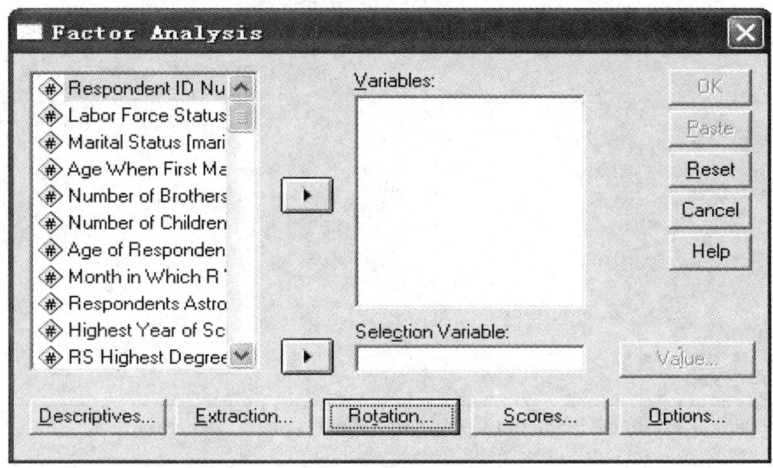

图 15-15　因子分析对话框

将对话框左边方框中要进行因子分析的变量选中送入右边的“Viarables”方框中；

点击“Rotation”键，在新的对话框中选中“Varimax”，当然使用者也可以根据自己的要求选择其他旋转方法如 Equamax 等。点击“Continue”返回主对话框；

此时，使用者可以根据自己的研究需要，进行其他选择。例如，如果使用者想得到各变量之间的相关矩阵，可点击“Descriptives”键，在弹出的对话框中，选择“Correlation Matrix”方框中的相关指标，如相关系数“Coefficients”；如果使用者想了解采用主成分以外的其他因子抽取方法，可点击“Extraction”，然后在新对话框中拉开“Method”菜单，选中其中要用的方法如最大似然法“Maximum Likelihood”；如果要得到各个样本的因子得分以便进一步统计分析，可以点击“Scores”键，在新对话框中选中“Save as variables”，然后从因子得分计算方法中选择一种，如回归方法“Regresstion”。

一切都准备好之后，点击“OK”，计算机就会自动输出表 15-18、表 15-19 和表 15-20 等的主要统计结果和其他统计信息。表 15-18 是关于各观测变量的共同度，表 15-19 提供了各因子的特征值及其所解释的方差。表 15-20 是各因子的负荷。

表 15-18 Communalities

	Initial	Extraction
X1	1.000	.518
X2	1.000	.784
X3	1.000	.526
X4	1.000	.703
X5	1.000	.388
X6	1.000	.531
X7	1.000	.659
X8	1.000	.366
X9	1.000	.569
X10	1.000	.414

Extraction Method：Principal Component Analysis.

表 15-19　**Total Variance Explained**

Component	Initial Eigenvalues			Extraction Sums of Squared Loadings			Rotation Sums of Squared Loadings		
	Total	% of Variance	Cumulative %	Total	% of Variance	Cumulative %	Total	% of Variance	Cumulative %
1	2.283	22.830	22.830	2.283	22.830	22.830	2.047	20.469	20.469
2	1.681	16.808	39.639	1.681	16.808	39.639	1.821	18.210	38.678
3	1.494	14.936	54.575	1.494	14.936	54.575	1.590	15.897	54.575
4	.962	9.624	64.199						
5	.861	8.605	72.804						
6	.773	7.735	80.539						
7	.726	7.259	87.798						
8	.502	5.024	92.823						
9	.391	3.910	96.732						
10	.327	3.268	100.000						

表 15-20　**Rotated Component Matrix**

	Component		
	1	2	3
X1	1.472E−02	.718	−5.322E−02
X2	−.166	.853	−.174
X3	.134	−4.033E−02	−.711
X4	.821	7.521E−03	−.169
X5	.412	−.374	−.279
X6	.653	.231	.226
X7	.793	−.139	−.107
X8	.160	.537	.228
X9	−.177	.142	.720
X10	.213	−.238	.558

五、因子分析中结果中的有关概念

1. 共同度

共同度，也叫公因子方差或公共方差，指观测变量方差中由公共因子决定的比例，或者说，观测变量被公共因子解释掉的方差的比例。所有公共因子对第 i 个变量方差的贡献称为第 i 个变量的共同度，其值等于各因子负荷的平方和。变量共同度高说明公共因子对该变量的解释越强。从表 15-18 中可以看出，X5、X8 和 X10 的共同度都比较低，不超过.50，说明三个因子还远远不足以解释这几个变量。

2.特征值

特征值是确定因子个数的标准。在实际运用中，一般以特征值大于或等于 1 为选取公共因子个数的准则。

3.因子贡献率

因子贡献率是指因子能够解释的方差占总方差的比例。它反映了因子之间的相对重要性。先后抽取的因子的贡献率的累加值叫做累计贡献率。所有因子的累计贡献率说明了这些因子所能解释的总方差的比率。在研究中，有时研究者也会根据因子的累计贡献率来确定公共因子个数。此时因子的累计贡献率为多大比较合适，则根据研究问题的性质和要求来确定。

在以特征值为标准确定因子个数的研究中，已确定因子的累计贡献率的大小反映了这些因子对总方差的解释能力，累计贡献率越高，解释能力越强。

从表 15-19 中可以看出，选取 3 个公共因子的累计方差贡献率是 54.575%，说明 3 个因子只能解释总方差的一半略多一点。

4.因子负荷

因子负荷是因子分析中最重要的统计量，是观测变量与公共因子之间的相关系数。因子负荷的平方表示因子所解释的变量的总方差，一个变量在各个因子上的负荷的平方和就是该变量的共同度。

一般认为，绝对值大于 0.3 的因子负荷就是显著的，因子负荷的绝对值越大，在解释因子时越重要。所以在表 15-19 中，X4、X5、X6、X7 这四个变量在解释第一个因子中最为重要；X1、X2、X8 等三个变量对于解释第二个因子的作用最大；X3、X9 和 X10 对于第三个因子的解释最为重要。

5.因子得分

因子是从具体的观测变量抽取出来，因此可以把每个因子看作是一个合成变量，那么每个样本在某个因子上的值就叫做因子得分。因子得分是各观测变量的线性组合，通常可以通过回归方法得到因子得分的估计值。在因子分析之后，可以将各因子作为变量来进一步统计分析，此时，因子得分就相当于变量的观测值。

六、案例

接着前一节聚类分析的案例来说，当被受调查者评价了电话服务的 9 个属性后，为了更清楚地了解这 9 个具体属性究竟反映了哪些更为广泛的问题。研究者以 9 个属性为变量进行了因子分析。根据特征值≥1 的准则,因子分析结果发现用 3 个因子来解释 9 个变量比较合适,3 个因子的累计方差贡献率为 72%。每个因子的特征值、方差贡献率以及各个变量的因子负荷见表 15-21。

根据表 15-21 结果,第一因子与覆盖范围、机动性、远离家时能够拨打电话、远离家时能够拨打和接收电话等 4 个属性关系密切,因此研究者把第一因子称为"畅通性"。因为 4 个属性所反映的实际上是你能否随时通过电话找到别人以及别人能否随时通过电话找到你。

表 15-21 因子分析结果

	第一因子	第二因子	第三因子
覆盖范围	0.70	−0.10	0.39
机动性	0.83	−0.09	0.07
声音质量	0.03	0.03	0.96
远离家时能够拨打电话	0.85	0.19	−0.12
远离家时能够拨打和接收电话	0.91	−0.02	0.02
平均月电话费	−0.04	0.69	0.29
电话设备的价格	−0.01	0.83	−0.11
安装费用	0.06	0.77	0.02
特征值	2.75	1.81	1.18
方差贡献率	0.34	0.23	0.15

与第二个因子关系密切的属性有平均月电话费、电话设备的价格、安装费用。所有这 3 个属性都是关于费用的,因此研究者将这个因子定义为"费用"。

与第三个因子关系密切的属性只有声音质量,所以直接将第三个因子定义为"音质"。

思考题:

1. 什么是多元线性回归?举例说明多元线性回归的用途。
2. 多元线性回归的自变量选择方法有哪些?不同之处何在?
3. 多元线性回归结果有哪些统计量,它们的意思是什么?
4. 什么是判别分析?该方法可以解决哪些问题?
5. 什么是多元方差分析?该方法用于解决什么问题?
6. 方差分析中的交互作用、主效应和简单效应分别意味着什么?
7. 什么是聚类分析?聚类分析有哪些用途?
8. 什么是因子分析?该方法可用于解决哪些问题?

第十六章　调研报告的撰写

调研报告是研究活动的结果，是对研究活动工作的介绍和总结。学术性的调研报告还会在公开的刊物上发表，与对该研究领域感兴趣的研究者共享。研究活动的成败以及研究结果的意义都体现在调研报告上，所以调研报告的撰写显得特别重要。然而在着手撰写报告之前，首先要分析和描述统计数据。

第一节　数据分析和描述

数据的分析和描述是为调查报告汇报会和撰写调查报告作准备。一项调查所得资料经过统计软件（如 SPSS）的处理，通常会输出大量的结果。将这么多的数据资料全部纳入调查报告之中，报告会过于臃肿，不便于阅读。这些数据必须先分析，了解各种数据说明的问题、揭示的规律，然后从中筛选摘取那些足以说明问题、规律的数据结果，并用一定的方法描述。

一、数据分析

数据分析是由研究人员对计算机输出的数据进行分析，判断各种数据分别说明了哪些问题，哪些是重要的、哪些是次要的。同时从运用各种统计方法输出的数据结果中筛选出能够说明问题的部分统计量。

为了让人们充分了解数据的性质特点或满足人们对数据结果的要求，现代统计软件中的统计方法通常都有许多不同的统计量，只要给计算机下统计指令，计算机就会自动输出各种统计数据。例如运用 SPSS 软件对变量进行频率分析，计算机会输出频率、百分数、有效百分数和累计百分数等四个统计指标（见表 16-1）；对配对样本进行 t 检验，计算机输出的结果包括配对样本数、两个变量的相关系数、双侧检验的显著性水平，两个变量各自的平均值、标准差、平均数标准误（见表 16-2），还有配对差异的平均数、标准差、平均数标准误，t 检验值、自由度和显著性水平（见表 16-3）。实际上，对于表 16-1 中的各种数据，我们关心可能只是各个变量值的百分数或有效百分数。表 16-2 和表 16-3 中的各种统计量，只要根据 A、B 两个变量的平均数、t 值和显著性水平就可以看出问题。分析之后只要把这些数据摘取出来并体现在调查报告之中就可以了,不必把所有数据都写进报告之中。

迅速读懂数据结果并从中筛选出重要的数据结果,熟悉各种统计量或统计指标的含义是一个重要的前提。下面我们就简要介绍广告研究中常见的统计指标的涵义及其应用。

表 16-1 某一变量的频率分析结果

Value	Frequency	Percent	Valid Percent	Cum Percent
1	10	10.0	10.0	10.0
2	13	13.0	13.0	23.0
3	18	18.0	18.0	41.0
4	31	31.0	31.0	72.0
5	14	14.0	14.0	86.0
6	14	14.0	14.0	100.0
Total		100	100.0	100.0

表 16-2 配对 t 检验统计输出结果(一)

Variable	Number of pairs	Corr	2-tail Sig	Mean	SD	SE of Mean
A				3.680 0	1.490	.149
	100	—.286	.004			
B				2.240 0	1.288	.129

表 16-3 配对 t 检验统计输出结果(二)

Mean	Paired Differences SD	SE of Mean	t-value	df	2-tail Sig
1.4400	2.231	.223	6.46	99	.000
	95% CI (.997,1.883)				

1. 百分数

百分数(%)衡量的是 100 个单位里含有多少具有某种特征的单位。它是频率分析的主要统计指标。其计算公式是

$$\frac{x}{y} \times 100$$

其中 x 是总体中的一部分,y 是总体。

在广告和营销中,百分数通常有下列用途:

①说明发生某种现象或具有某种特征的团体占总体的份额。例如，在一项关于营养霜使用情况的调查中，得出表 16-4 的结果。表中数据说明，60%的家庭主妇使用 A 品牌，75%的家庭妇女使用 B 品牌……表中的百分数都是用以说明家庭主妇、职业妇女以及所有妇女中使用 A 品牌、B 品牌……F 品牌以及其他品牌的份额。

表 16-4 使用营养霜品牌的情况

	A 品牌	B 品牌	C 品牌	D 品牌	E 品牌	F 品牌	其他
家庭主妇	60	75	40	10	20	10	35
职业妇女	57.89	73.68	21.05	52.63	31.58	15.79	84.21
合计	58.97	74.36	30.77	30.77	25.64	12.82	58.97

②比较份额。在统计比较中，有时比较各种计数资料没有意义，只有比较百分数才能看出其差别。例如，甲地区有 20 万个家庭拥有电视机，乙地区有 50 万家庭拥有彩色电视机。哪一个地区的彩色电视机市场较大呢？这时单纯比较这两个数字不能得出结论。但如果把这两个地区的家庭总数联系起来，假设求出甲地区有 90%的家庭拥有彩电，乙地区有 50%的家庭拥有彩电。这就说明在乙地区销售彩电有更多的机会。因为该地区的饱和程度比较低。反之，如果求出甲地区有 40%的家庭拥有彩电，而乙地区 80%的家庭拥有彩电，则说明在甲地区销售的机会可能较大。

③作为从样本推算整体的依据。例如对 1 000 名男性的调查表明，其中有 50%喜欢喝啤酒，20%的人喜欢喝白酒，而且知道该调查对象总体有 200 万人，由此可以推断出该地区有大约 100 万男人喜欢喝啤酒，有大约 40 万人喜欢喝白酒。

④说明增长或减少的份额。例如某商场促销活动前一个月的销售额为 525 万元，促销活动开始的第一个月销售额为 736 万元，那么促销活动后一个月销售额增长的份额可用基月销售量(525)和增加的数量(736－525＝211)来计算，(211÷525)×100%＝40.19%。说明促销活动开始后的第一个月销售额增长 49.19%。

⑤说明增长或下降的速度。例如企业的利润、销售、广告投入增长率等都用百分数表示。

百分数是广告研究中使用最为广泛的统计指标。在使用以及解释百分数时应注意以下几点：

①如果总体(或基数)太小(如小于 20)，比较百分数没有意义。因为这时部分增减对百分数影响很大，容易夸大差别。

②在比较增长时，应当记住基数愈大，百分数的增长愈小。因此不能简单地对比百分数，要把基数考虑进去。例如从 10 万增长到 20 万，增长率是 100%；而从 100 万增长到 150 万，仅增长 50%，但后者的实际增长量却大得多。

③不能简单地只看表面值的大小就作出结论。而应该在进一步统计分析之后分析其真实的大小，例如 10%和 12%，这两个百分数是否具有统计意义上的差异，只凭两者之差 2%是难以判断的，最好通过统计检验来判别。

2. 平均数

平均数包括算术平均数、加权平均数、几何平均数、调和平均数。其中算术平均数和加权平均数在广告研究中运用比较广泛。

①算术平均数。算术平均数是描述一组数据的集中趋势的统计量，人们通常所说的平均数或均值以及 SPSS 统计软件计算出来的平均数都是指算术平均数。算术平均数可以用来衡量样本的总体水平、判断样本总体的情况，比较不同样本或不同对象之间的高低、优劣、好坏。例如在评价广告时，最好为 10 分，最差为 1 分。如果一则广告的平均评价值是 7 分，另一则为 5 分，那么可以说前者为中上水平，后者为中等水平，前者优于后者。值得注意的是，平均数只说明集中趋向，并不意味着评价者的判断都是一致的。事实上，对于同一广告，可能有一部分人认为很好，而另一部分人认为很差。另外在作平均数比较时，不能仅凭平均数的大小来说明两者之间的差别，必须根据检验（t 检验或方差分析）结果来确定两者之间是否有显著的差异。

②加权平均数。加权平均数的计算公式如下：

$$M_W=\frac{\sum W_iX_i}{\sum W_i}$$

$\sum W_i=W_1+W_2+\cdots+W_i$；$\sum W_iX_i=W_1X_1+W_2X_2+\cdots+W_iX_i$；$W_i$ 为权数，即指各变量在构成总体中的相对重要性或份额。

有些调查测量中，所得数据单位权重并不相等，这时计算平均数就不能用算术平均数，而应该使用加权平均数。例如，在一个分年龄段的抽样调查中，假设各年龄段的平均月消费支出和抽样的人数如表 16-5 所示，在这种情况下，由于样本中各年龄段的相对比重不同，要求得出人均月消费支出的平均值，就要以抽样人数为权重求加权平均数，即

$$M_w=\frac{20\times250+50\times180+\cdots+10\times220}{20+50+\cdots+10}=\frac{28\ 600}{150}=190.67(\text{元})$$

表 16-5　各年龄段的月消费支出和抽样人数

年龄段	8 岁以下	9～18 岁	19～30 岁	31～60 岁	60 岁以上
抽样人数	20	50	30	40	10
月消费支出(元)	250	180	180	150	220

一般来说,加权平均数是在算术平均数的基础上进一步运算得到的。在用 SPSS 进行统计处理时,也可以先进行加权的数据转换,然后再求算术平均数,这样得出来的平均数实际上就是加权平均数。

3. 标准差和方差

标准差是描述分析中的重要统计指标,用 σ 或 S 表示。标准差和方差都用以描述数据资料分布的离散程度。其值愈大,离散程度也大,其值愈小,说明数据分布愈集中。例如甲乙两组消费者样本,平均月收入均为 850 元,标准差分别为 60 和 35。那么可以认为甲群体内部的个人的收入差别比较大,乙内部的差异比较小。

标准差和平均数还是参数估计的重要指标,例如在上述例子中,我们可以根据调查结果推断,在置信度为 95%的情况下,甲消费者群体的收入水平应该在 732.4～967.6 元之间,乙群体应该在 781.4～918.6 元之间。

在方差分析、因子分析、回归分析等统计中,方差是一个重要的统计量。例如在因子分析中,要根据方差的贡献率(Pct of Var)和方差累计贡献率(Cum Pct)来评估用因子解释各变量的程度。

4. 相关系数

相关系数是度量两个变量之间相互联系程度的统计量,用 r 表示。相关系数因数据资料性质不同,统计分析方法也不同,因而有皮尔逊相关(Pearson)、斯皮尔曼相关(Spearman)、肯德尔相关(Kendall)、净相关(Partrial)等。一般所说的相关系数是指皮尔逊相关系数。

相关系数的取值范围在－1～1,以小数形式表示。正负号表示相关的方向。正值表示正相关,说明一个变量的增长(或下降),另一个变量也随之增长(或下降);负值表示负相关,说明一个变量的增长(或下降),另一个变量则出现下降(或增长)。相关系数绝对值的大小表示相关的程度,相关系数为 0 时,说明两个变量没有相关,不存在共变关系;相关系数为 1,表示两变量完全正相关;相关系数为－1,说明两变量完全负相关。相关系数的绝对值愈大,两变量之间的关系愈密切,反之亦然。

在解释相关系数时,应注意:

①相关系数不是等距的度量值,因此在比较相关程度时,只能说绝对值大

者比绝对小者的相关程度大，而不能说两者存在倍数关系。例如只能说相关系数为0.60的两个变量比相关系数为0.30的两个变量之间的关系程度更密切，但不能说前两者的密切程度是后两者的两倍。

②两个变量有相关关系，说明这两个变量存在共变关系，但不能说明它们存在着因果关系，也就是说不能简单地凭相关关系说明某一变量决定另一变量或某一变量影响另一变量的变化。要说明有相关关系的两变量存在因果关系，还必须有其他资料为佐证。

③在判断两个变量是否真正存在相关关系时，不能简单地以相关系数为依据来推论，还必须把所抽取的样本结合起来考虑，也就是说要进行相关系数的显著性检验，并以检验结果来判断两变量是否存在共变关系，不这样可能导致错误的结论。例如样本为20，皮尔逊相关系数要求达到0.444以上，才有95%的把握说明两变量之间存在相关关系。而当样本增加至100时，相关系数只要达到0.197就有95%的把握说明两变量存在相关关系。在SPSS统计结果中，既有相关系数，也有相关系数的检验结果。

在回归分析中，一个因变量与多个自变量的相关关系用复相关系数(Multiple R)表示，复相关系数的平方为决定系数(R Square)，它们是评价回归方程的重要指标，评价方程的其他统计量是对回归方程的方差分析结果；因变量与每一个自变量的相关关系用偏回归系数(B)表示，它们是构成回归方程的自变量系数；偏回归系数经过标准化数据转换之后就成为标准回归系数(Beta)，用标准回归系数可以比较各个自变量与因变量的关系的密切程度。

在因子分析中，所谓的因子载荷，实际上指的也是某个变量与某个因子之间的相关系数，反映该变量对该因子的重要程度。

5. 置信区间、置信度和显著性(置信)水平

在抽样调查研究中，常要用抽样的结果来估计总体，即参数估计。参数估计的一般方法是区间估计，即用轴上的一段距离来表示参数可能落入的范围，它不具体指出参数为多少，但能指出总体的未知参数落入某一区间的可能性有多大。

置信区间、置信度和显著性水平就是区间估计常用的三个术语。置信区间是指在某一置信度下，总体参数所在的区域范围。置信度表示用置信区间估计总体参数的可靠性和把握程度，用$1\sim\alpha$表示，显著性水平(置信水平)则指估计某一参数落在置信区间内时可能犯错误的概率，用符号α表示。下面举一个例子来说明这些统计概念的意义及其相互关系。

某调查从总体中随机抽取200人，得出某一类商品的个人年消费支出为50元，标准差为3.40，要求由抽样调查结果推论总体情况。其把握程度(或置

信度)要达到95%。

由上述可见,置信度为95%,显著性水平 $\alpha=1-0.95=0.05$,置信区间为5±1.96×3.40,即(43.34—56.66)。也就是说,该类商品的个人年消费支出在43.34至56.66元,这一估计犯错误的概率不超过5%。其中1.96是由置信度查附表一得到的Z值。

在假设检验中,显著性水平还指拒绝虚无假设时可能犯错误的概率水平,在相关系数检验和 χ^2 检验中用P表示,在平均数的 t 检验中用“Sig T”表示,在方差分析的F检验中用“Sig F”表示。在调研报告中,如果看到“P(或 Sig T、Sig F)<0.05”或“P(或 Sig T、Sig F)<0.01”,它表示显著性水平为0.05或0.01。有时也用“*”的数量来表示显著性水平。如“*”符号表示在0.05显著水平,“* *”符号表示0.01显著水平。“* * *”符号表示0.001显著水平,没有“*”字符表示不显著。例如,F=5.48* *,说明F检验非常显著,显著水平为0.01。

在调查研究中,置信度和显著性水平一般由研究者确定,通常要求置信度在95%或99%,即显著水平为0.05或0.01。

6. t 检验、F 检验和 χ^2 检验

在各种调查调研报告中,经常会看到 t、F、χ^2 符号,它们是三种最常用的统计检验的代号。

①t 检验。t 检验一般用于检验两个变量的平均数之间的差异,也用于比率的差异检验和相关系数的显著性检验。当实际计算出的t值超过已定显著性水平的t临界值时,说明在这一水平上差异显著或观测值(如相关系或平均数等)显著,反之亦然。采用SPSS软件进行统计时,输出结果中自动显示t值和显著水平。例如,在回归分析结果中,进入和未进入方程的各变量的t值及显著性水平(用Sig T表示)都会显示出来。

②F 检验。F 检验用于方差的差异检验,方差分析、回归分析的方程检验等都要用到 F 检验。一般而言,当研究统计所得 F 值超过已定显著水平的 F 临界值时,说明因素之间的交互作用或各实验处理之间的差异在这一水平上显著。SPSS输出的统计结果中,一般都会同时标出 F 值和显著性水平。

③χ^2 检验。χ^2 检验一般应用于有多项分类的命名量表资料的统计分析。当统计所得 χ^2 值大于0.05或0.01显著水平的临界值时,说明所检验问题差异显著或非常显著,当统计所得 χ^2 值小于0.05水平的 χ^2 临界值时,则表示所检验问题差异不显著。

表 16-6　大台北地区人口资料与电话访问样本比较(%)

	性别		年龄			教育程度		
	男	女	老 53～	中 37～52	青 20～36	高 大专以上	中 中学	低 小学以下
样本	53.5	46.5	12.2	24.5	63.3	28.3	43.3	28.3
总体	51.8	48.2	20.6	27.5	51.9	21.1	40.2	38.7
χ^2	0.12		6.25 *			5.5		

注:大台北地区包括台北市、板桥、三重、永各、中和、新庄、新店。

资料来源:吴统雄，1990，29。

在广告研究中,χ^2 检验有两个主要用途:

第一,检验样本分布与总体分布有无显著差异,用以说明样本的代表性。如果 χ^2 检验显著说明样本分布与总体分布差异大,缺乏代表性。例如,表 16-6 是台湾吴统雄关于电话调查样本和总体研究的 χ^2 检验结果。表中结果说明,样本年龄分布上与总体不一致($\chi^2=6.25*$),老年人偏多,年青人偏少,但在性别和教育程度方面,样本分布与总体基本一致。

第二,应用于检验两个或两个以上因素的多项分类之间是否有关联或是否具有独立性的问题。

二、数据的描述

数据的描述就是将经过分析摘取出来的有关统计数据资料转变为读者容易阅读的形式,通常就是将它转变成表格材料或图形资料。例如表 16-1 的数据结果,可以简化为表 16-7 或图 16-1,表 16-2 和表 16-3 可以简化为表 16-8。

表 16-7　频率分析结果

答案类别	1	2	3	4	5	6	总计
百分数(%)	10.0	13.0	18.0	31.0	14.0	14.0	100.0

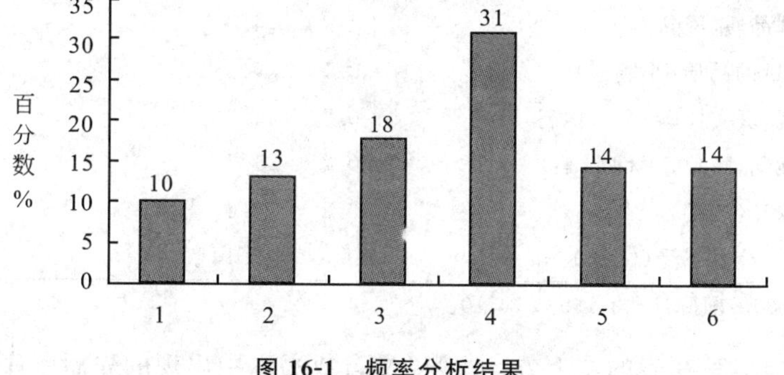

图 16-1　频率分析结果

数据资料的描述看起来是一件简单的事，即将有关数据资料表示成表格或图形，但是要把资料隐含的意义清楚地表现出来却不容易，关键在于选择适当的图表形式，不同形式的表格和图形分别适合于不同特点的数据资料。

表 16-8　配对 t 检验结果

变量	均值	标准差	T 值	自由度	显著性水平
A	3.680 0	1.490	6.46	99	.000
B	2.240 0	1.288			

1. 统计表

统计表是数字资料表现的一种重要方式。资料汇集并分类处理后一般都表现为统计表。统计表能够简明地描述资料的特性和资料之间的关系。统计得出的数据制作成统计表便于比较分析。所以，统计表是各种调查研究中普遍采用的资料表现方式。

(1)统计表的构成

从构成形式来说，统计表一般包括下面几个项目(参见表 16-9)。

表 16-9　消费者对 VCD 电视广告广告语的记忆度

广告语及相应品牌	正确率%	错误率%	不清楚%
××VCD，好功夫(爱多)	58.4	17.6(步步高，13.6)	24
××VCD，真功夫(步步高)	28.2	13.7(爱多，8.9)	58.1
97 新款，三喋连放(新科)	20.5	14.8(万利达，3.8)	64.7
世界看中国，中国有先科(先科)	16.0	12.2(万燕，2.4)	71.8
内存三千首歌曲(万利达)	13.9	7.5	78.6
世界上第一台 VCD，…… 高品质的 VCD，VCD 的先锋(万燕)	7.8	1.4	90.8
三维环绕声(实达)	5.2	3.5	91.3
国际名牌品质(厦新)	4.2	4.0	91.8
追求 VCD 的品质(小霸王)	3.1	5.1	91.8
活灵活现，真实体验(金川格谷)	0.7	1.3	97.9
纵情天地间，野狼 VCD(野狼)	0.7	1.7	97.6
品质的保证(东鹏)	0.2	2.4	97.4
纯真品质，纯真感受(ONE)	0	2.1	97.9

资料来源：国际广告，1998，3，10。

①序号：写在表的左上方，一般以文章或书本中出现的先后顺序列出，如：

“表16-9”。

②标题:即统计表的名称,用简明扼要的文字说明全表的内容,写在表的上端,如:“消费者对VCD电视广告广告语的记忆度”。

③标目:即分类的项目,包括横行标目和纵列标目。横行标目写在表的左侧即第一列,纵列标目写在表的第一行。

④数字:数字是统计表的语言,它通常占据表的大部分空间,如表16-9中的第一列以右、第一行以下都是。

⑤表注:写在表的下面,用以补充说明标题,或说明表中数据的来源等,它不是统计表的必要组成部分,可有可无,可多可少。

(2)统计表的类型

最常见的统计表包括简单表,分组表和复合表。

①简单表:只列出调查名称、地点、时序或统计名称的统计表,如表16-10。

表16-10 专业广告公司数量发展情况 (个)

年度	1983	1984	1985	1986	1987
本年度数量	181	424	680	634	795
与上年度相比	—	+243	+256	−46	+161
占本年度广告经营单位总数(%)	8	10	11	9	9

资料来源:中国广告年鉴,1990,22。

②分组表:只按一个分类标志分组的统计表,见表16-11。分组表的标志可以是数量(如表16-11),也可以是品质(如表16-12)。表16-11清楚地显示不同年龄段的电视观众占总体的比例,表16-12则可以清楚地看出知名度等因素在酒的品牌选择中的相对重要性。

表16-11 电视观众的年龄分布

年龄组	12～18	19～29	30～39	40～49	50～59	60岁以上
百分比(%)	15.03	23.79	26.48	17.65	11.16	5.81

资料来源:陈崇山,弭秀玲,1989,347。

表16-12 酒的品牌选择的依据

依据	知名度	价格	包装	味道	其他
百分比(%)	29.96	13.66	3.96	51.10	1.32

③复合表:按两个或两个以上的标志分组的统计表。复合表如果只有两

个分组指标，则称二项表，若分组指标有三项，则称三项表，以此类推。复合表把较多的分组指标结合在一起，信息量较大，能够反映出各研究变量之间的关系。表 16-13 就是一个二项复合表，用以表示不同文化程度的观众对电视广告质量的三种评价的分布状况。

表 16-13　不同文化程度电视观众对电视广告的质量评价　(%)

文化程度	不识字	小学	初中	高中	大学
质量不错	19	24	24	20	15
无所谓	58	49	42	34	45
质量不高	24	27	34	45	57

资料来源：陈崇山，弭秀玲，1989，367。

二项表中的两个变量，哪一个作为纵列变量，哪一个作为横行变量，视两个变量之间的关系来确定。一般而言，在自变量与因变量可辨认的情况下，自变量常用为纵列变量，因变量作为横行变量。但是如果自变量和因变量无法区别，或不存在这种关系时，则依据研究者的意愿来确定纵列和横行变量。

统计表看起来很简单，但制作时应引起注意下列几点：

①表的目的是简洁地提供数字，因此一个统计表不应有过多的细目。如果能用两个小表来代表一个大表，那么还是两个小表好。

②要有清楚而完整的标题。如果标题难以表达表格的完整意思，可用表注来补充解释，以免引起读者对标题的误解。

③标目要简明清楚，所有度量单位都要详细说明。

④如果表格中各栏紧挨着，可用网格表，以免数据混淆。但一般情况用三线表比较简单明了。

2. 统计图

统计图是根据统计资料特点，利用几何图形来表现统计资料的一种重要手段，也是分析统计资料的一种具体方法。统计图的优点是比数字更为具体而形象地展现事实或现象的全貌，给人以清晰、一目了然的印象，便于理解和记忆。其缺点是图示的数量不易精确，如果制图不当，还会掩盖事实真相，甚至产生误导。

(1)统计图的结构

完整的统计图一般包括六个要素：即图号、图名、图目、图尺、图形和图注，见图 16-2。

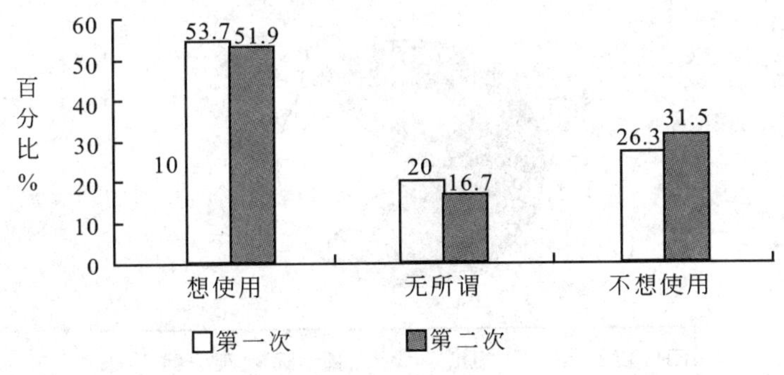

图 16-2　商品关心度

资料来源:樊志育,1995,187.

①图号:即图的序号,按照图在调查报告中出现的顺序来确定。

②图名:即统计图的名称,是对图示资料内容的概括。通过阅读图名,读者能很快明白图形的含义。图名一般与图号一起,写在图的最下方。

③图目:写在图形基线上的各种不同类别、名称、时间或统计量,即横坐标或坐标上所用的单位名称。

④图尺:在统计图的横坐标或纵坐标上,常要用一定的距离表示单位,这些单位称为图尺。图尺有计数单位,也有百分单位。这要根据资料的情形选用。图尺分点要清楚,整个图尺大小要包括所有的数据值,如果数据值大小悬殊,可用断尺法或回尺法减少图幅。

⑤图形:即图的主要部分。由线或面构成。在表述不同的结果时,用不同的图形线或面加以区别。各种图形线或面的含义用图例标明,图例可选图外一适当位置表示。图形制作的要求是整个图形应和谐、美观、均衡。

⑥图注:图形的局部或某一点借助文字或数字来补充说明,均称为图注。图注的目的在帮助读者理解图形所示资料。提高统计图的使用价值,或说明资料来源。

(2)统计图的类型

常见的统计图按形状可分为,圆瓣图、条形图和折线图。

①圆瓣图:将资料展示在一个圆平面上。整个圆形代表整体,圆瓣代表各种情况。圆形图常用于类别资料,其主要目的是显示各部分在整体中所占的比重以及各部分之间的比较,显示的资料一般是百分数。圆瓣图的图尺为圆周,单位是把圆周分成 100 份,每 1% 相当于 3.6,它的基线是圆内的半径,见图 16-3。

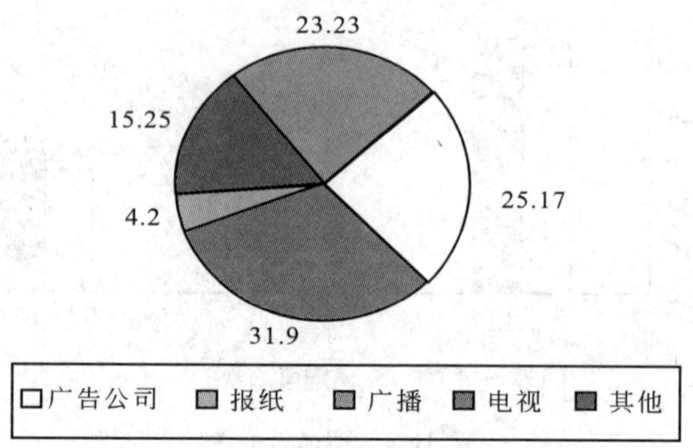

图 16-3　1987 年各主要媒体广告营业额

②条形图：以宽度相同的条形的高低或长短来表示统计数值大小及数量关系的统计图形。这种图形绘制简单，便于对比，又容易给人留下深刻印象，因而广泛应用于实践中。条形图可再分为单式条形图（如图 16-4）与复式条形图（如图 16-5）。复式条形图可以进行双重比较。

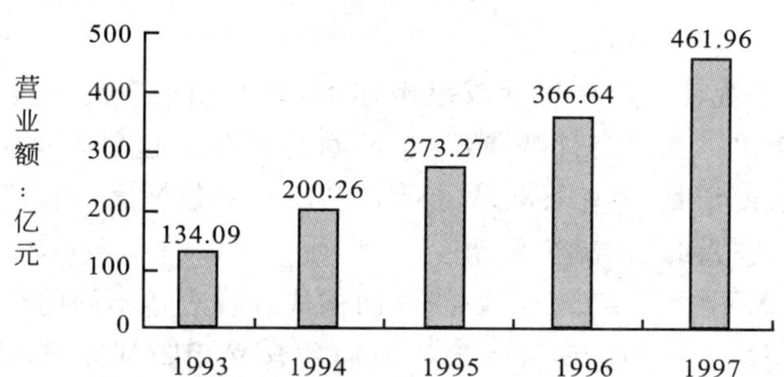

图 16-4　1993—1997 广告营业额发展情况

资料来源：现代广告，1998，2。

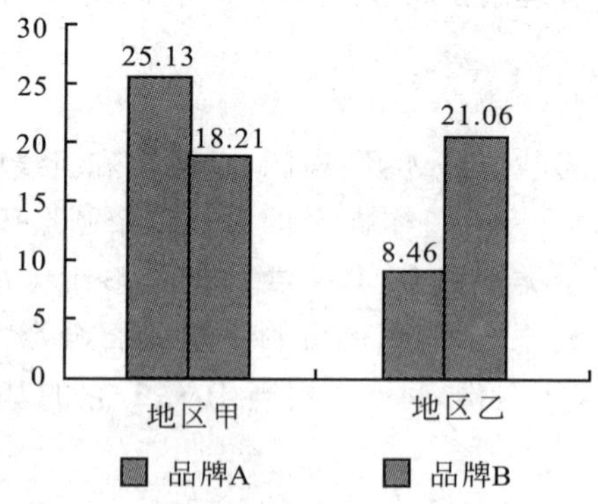

图 16-5　A、B 两品牌在甲乙两地区的市场占有率

条形图可以纵向排列，也可以横向排列。各长条之间可留间隙，也可以不留空隙。类别变量和等级变量资料常用条形图来表示。

③折线图：对于计数资料而言，只要用直线把条形图顶端中点连接起来，就可得到折线图。它可一目了然地展示资料的分布趋势，折线图更常用于连续性资料中，用以表示两个变量之间的函数关系或描述某种现象在时间上的发展趋势，如图 16-6。由图 16-6 可以看出，在开始四个月某品牌的占有率不断上升，而后三个月品牌占有率迅速下降，最后几个月品牌占有率基本持稳。

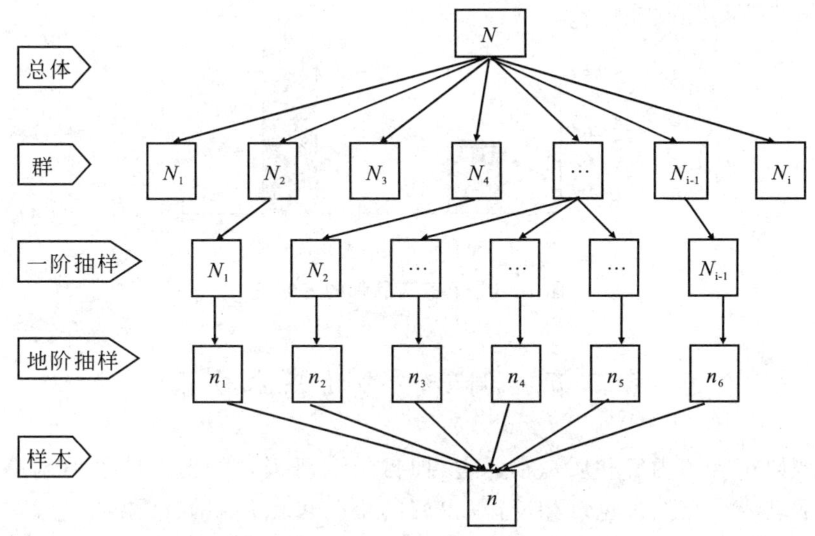

图 16-6　某商店某品牌月别占有率

资料来源：樊志育，1995，183。

统计图是一种直观的资料描述表达方法，但要使读者对图形所示资料一目了然。在制作统计图时，应注意下列事项：

①注意标出坐标的原点；

②标明每一个度量单位；

③在制作折线图时，要避免线条太多导致混淆；

④图注标示要清楚，避免引起误解；

⑤圆瓣图制作时要注明百分数，因为读者很难从圆瓣的大小估量其比例；

⑥要避免误导。例如，图 16-7 和图 16-8 来自同样的数据结果，阅读图 16-7，读者可能觉得两种品牌的知名度没有显著的差别。而阅读图 16-8，读者的可能会产生另一种看法，即两种品牌的知名度差异明显。至于哪一个图形更为合理，则要根据两品牌间的占有率统计意义上的差异来判断。

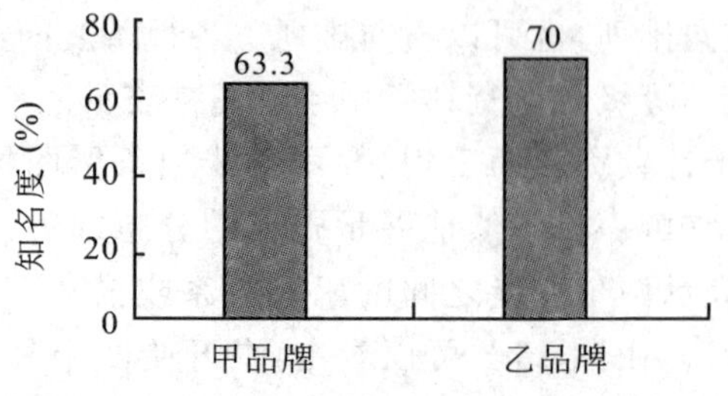

图 16-7　甲乙两品牌的知名度

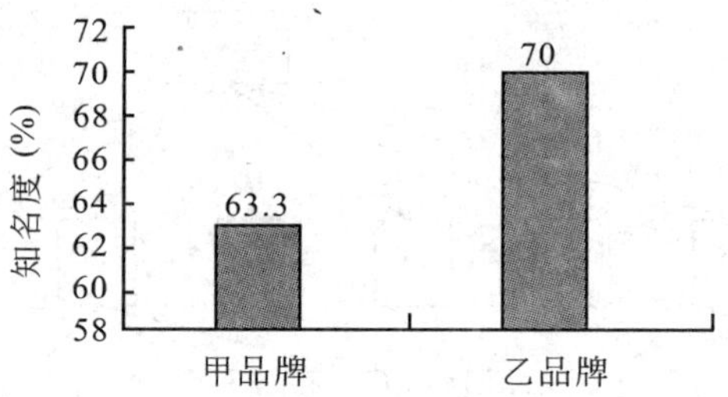

图 16-8　甲乙两品牌的名知度

第二节　调研报告的基本要求

调研报告的内容和质量很关键，拙劣的调研报告能把即使是控制最好的研究活动弄得黯然失色。相反，写得好的报告可以使研究结果锦上添花。报告的好坏有时甚至影响到研究结果在有关决策中的作用，影响其他读者阅读该调研报告的兴趣。

一份优秀的调研报告，起码要符合以下要求：

①语言简洁。读者阅读报告的目的是从报告中快速地获得信息，而不是欣赏小说。言语不必追究华丽，但要讲究简洁、准确，要让读者一眼就能看懂。

②结构严谨。在撰写调研报告时，各部分内容的中心意思要突出，各部分之间的关系逻辑性要强，努力使读者看一遍就明白整个研究的基本过程和结果。千万不可把一大堆资料简单地堆积在一起。

③内容全面。调研报告要详细介绍一项研究的来龙去脉，让读者了解研究过程的全貌，评价研究的质量，对研究所获得的结果有一个清楚的认识，明确研究有哪些用处、研究解决了什么问题。也就是说，报告要回答或说明研究为何进行，采用什么方法进行研究，验证了什么假设，得到什么结果和结论，有什么建议。

④资料翔实。将研究过程中各个阶段搜集到的全部有关资料组织在一

起,不能遗漏掉重要的资料,但也不能将那些无关的资料统统写进报告。

⑤结论明确。调研报告中要明确说明研究获得的结论,不能模棱两可,含糊其辞。

除此之外,在撰写调研报告时还应注意以下事项:

①应用性的调研报告中的词汇尽量非专门化,原因是阅读报告的人可能并不完全懂得研究人员已经熟悉的技术资料,也不一定有耐心阅读繁琐、生涩的报告。学术性的调研报告中却要尽量使用专业术语,用词要讲究准确、科学。

②语言叙述尽量客观、平实,不要过于情绪化,以免影响读者的判断。

③要考虑读者的观点、阅历,尽量使报告适合于读者阅读。

④充分利用统计图、统计表来说明和显示资料。让读者不看文字内容也能从图表中获得信息。

⑤仔细核对全部数据和统计资料,务必使数据资料准确无误。

第三节　商业性广告调研报告的撰写

商业性调研报告尽管因研究课题、研究人员的风格不同而有所区别,但是其基本结构应该是相同的。规范的广告调研报告,一般应该包含序言、摘要、正文和附录四个组成部分。

商业性的广告研究一般都是采用调查的方法来进行,下面的叙述都以调查为背景展开。

一、序言

广告调研报告主要介绍研究课题的基本情况,包括封面、目录和索引。

1. 封面

封面一般只有一张纸,其内容包括:

①调研报告的题目或标题。题目一般只有一句话,有时可加上一个小标题。文字可长可短,但应该将研究内容概括出来。

②研究机构的名称。如果是单一机构执行,写上该机构名称即可。如果是多个机构合作进行,则应该将所有机构的名称都写上,也可以同时附上研究机构的联络办法。

③研究项目负责人的姓名及所属机构,即写清楚项目主要负责人的姓名及其所在机构。

④日期。即报告完稿的日期。

封面的版面视研究公司的要求或研究者的兴趣而定，但一般要求严肃、精致。图 16-9 是封面内容及版面结构的一种形式，供读者参考。

2. 目录

目录是关于报告中各项内容的完整一览表。报告的目录跟书的目录一

CMR 市场研究咨询有限公司
ADD：中国上海四川路 888 号　　Tel：(86)20-22228888
Post：888888　　Fax：(86)20-66668888
* *

雅斯莉化妆品消息者调研报告

项目经理：×××
执笔：×××

1998. 8. 8

图 16-9　封面例示

样，一般只列出各部分的标题名称及页码（见图 16-10），由于结果部分的内容通常比较多，为了读者阅读方便，可以将细目也列进去。目录的篇幅以不超过一页为宜。

3. 索引

如果图、表资料比较多，为了阅读方便，可列一张图表索引，也可以分别列出图、表的资料索引。索引的内容与目录相似，列出图表号、名称及所在报告中的页码。

二、摘要

摘要可以概括性说明研究活动获得的主要结果。阅读调研报告的人往往对研究过程的复杂细节没有兴趣，他们只想知道研究的主要结果和结论，弄清

他们如何根据研究结果行事。因此，摘要可以说是调研报告极其重要的一节，它也许是研究结果中得益读者的唯一阅读的部分。这一部分如此重要，所以它应当用清楚、简洁而概括的手法，扼要地说明研究的主要结果，详细的论证资料只要在正文中加以阐述即可。

目录

图 16-10　目录例示

研究结果的摘要简短，一般最多不要超过报告内容的五分之一。例如，它可以包括下列各方面的简要资料：

①本产品与竞争对手当前的市场状况；

②产品在消费者心目中的优缺点；

③竞争对手销售策略和广告策略；

④本产品广告策略的成败及其原因；

⑤影响产品销售的因素是什么；

⑥根据研究结果应采取的行动或措施等等。

在结论性资料的阐述时，必要的话还应加上简短的解释。

研究结果摘要是相当重要的报告内容，不可忽略。忽略这一部分内容将极大损害调研报告的价值，应该引起研究人员的重视和注意。

三、正文

调研报告的正文必须包括研究的全部事实，必须详细阐述研究的背景、目的、方法、过程、结果以及所得结论和建议。

调研报告的正文之所以要呈现全部必要的资料。其原因有二：一是让阅读报告的人了解研究结果是否客观、科学、准确可信；二是让阅读报告的人能够从研究结果得出他们自己的结论，不受研究人员解释的影响。

1. 研究背景

在这一部分报告内容中，研究者要说明研究的由来或受委托进行该项研究的原因。说明时，可能要引用有关的背景资料为依据，分析企业经营、产品销售、广告活动等方面存在的问题。一般而言，背景资料可能包括如下几个方面：

①产品在一段时期内的销售变化情况；

②与竞争对手的市场占有情况相比较的资料；

③已有的广告、促销策略及实施状况；

④价格、包装策略的运用状况；

⑤消费者对产品、企业、广告的反应资料；

⑥产品的销售渠道和分销方法。

2. 研究目的

研究目的通常是针对研究背景分析存在的问题。它一般是为了获得某些方面的资料或对某些假设进行检验。不论研究目的为何，研究者都必须对本研究获得的结果列出一张清单，如：

①××品牌的知名度；

②消费者的信息来源；

③消费者的媒体接触状况；

④××品牌的市场目标对象及其特点；

⑤消费者对××品牌的忠诚度；

⑥影响消费者购买××品牌的原因等等。

3.研究方法

在这一部分需要体现：

①研究地区：说明研究活动在什么地区或区域进行，选择这些地区的理由，如分别在哪些省市进行。

②研究对象：说明从什么样的对象中抽取样本进行研究。通常是指产品的销售推广对象或潜在的目标市场，如18～45岁的女性消费者。

③访问完成情况：原来拟定研究多少人，实际上收回的有效问卷是多少，有效问卷回收率是百分之几，问卷丢失或无效的原因，是否采取什么补救措施等。

④样本的结构：根据什么样的抽样方法抽取样本，抽取后样本的结构如何，是否具有代表性，与原来拟定的计划是否一致。

⑤资料采集：是入户访问，还是电话访问；是观察法，还是实验法等。如果是实验法，还必须说明实验设计。研究如何实施，遇到什么问题，如何处理。

⑥访问员介绍：访问员的能力、素质、经验对研究结果会产生影响。所以必须简要介绍访问员的资格、条件以及训练情况。

⑦资料处理方法及工具：指出用什么工具、用什么方法简化和统计分析资料。

介绍研究方法有助于使读者确信研究结果的可靠性。但在描述时要尽量简洁，说清方法及采用原因即可。

4.研究结果

研究结果部分是将研究所得资料报告出来，包括数据图表资料以及相关的文字说明。在一份调研报告中，常常要用若干统计表和统计图来呈现数据资料。如何用统计图和统计表来描述数据资料，前一章已有详细介绍，这里就不赘述。但是仅用图表展示研究所得的数据资料远远不够，研究人员还必须客观地描述和分析图表中数据资料隐含的趋势、关系或规律，也就是说，要解释研究的结果。

研究结果是找出数据资料中存在的趋势和关系，识别资料中隐含的意义并用适当的语言来描述。原始资料经过简化和统计处理并制成图表资料后可以看出其中隐含的趋势、关系，但这要求经历一定的训练，这样才能准确领会图表的全部内涵，因此研究者解释图表资料是必要的。

对研究结果的解释，包括三个层次：即说明、推论和讨论。

(1)说明

说明是指根据研究所得统计结果来描述事物的状况、现象的情形、事物发展的趋势、变量之间的关系等。说明不是对数据结果的简单描述,而是利用已有的资料或逻辑关系来深入分析数据。下面举一个例子来说明。

假设经研究,各种收入家庭的彩色电视机拥有情况如表 16-14 所示。

表 16-14　拥有彩色电视机的比例　(%)

彩色电视机	每月平均家庭收入(元)			
	600 以下	600～1 000	1 000 以上	总计
有	30	50	80	53
无	70	50	20	47
总计	100	100	100	100

根据表 16-14,可说明如下:

第一,研究对象中大约有一半左右的家庭拥有彩色电视机(事实的叙述);

第二,随着家庭收入的增多,彩色电视机的拥有率也随之提高(趋势描述);

第三,家庭收入的高低对电视机的购买有一定的影响(因果关系说明)。

在第三点说明中,数据资料并没有直接揭示这种因果关系,它是研究者依据收入和拥有彩色电的先后逻辑关系作出的推断。

(2)推论

大多数市场研究得到的数据结果都是关于部分研究对象的资料,而研究的目的往往是要了解总体的情形。因此研究者必须根据研究的数据结果来估计总体的情况,这就是推论。

推论不是简单地用样本的研究结果来代替总体,还必须考虑到样本的代表性。样本的代表性强,由样本结果直接估计总体结果的误差就小;当样本代表性差,必须十分谨慎,否则就容易犯错误。

在问卷研究结果的推论中,如果研究中估计了抽样误差,那么就可以根据抽样误差估计总体。以表 16-14 中的数据为例,假定抽样统计资料显示,在置信度为 95%时最大允许误差不超 3%,那么就可以推论如下:研究对象总体中拥有彩色电视机的家庭占 50%～56%。作出这一结论犯错误的概率不超过 5%。如果研究中无法估计抽样误差,推论时就必须十分小心。

在市场实验中,如果实验设计合理、科学,实验单元的抽取和实验处理的分配符合随机性原则,研究结果的推论就比较简单。例如,某品牌产品为了检查三种包装(A、B、C)哪一种在上海地区更好销售,随机抽取 9 个商店作为实验单位,并把三种包装随机分派到这 9 个商店销售。经过 4 个月的销售,发现

A 包装明显比 B 和 C 包装的销量大，那么即可直接推论，在上海地区 A 包装比 B 和 C 包装更有利于销售。

(3)讨论

讨论主要是分析研究结果产生的原因。例如，针对上述“在海地区 A 包装比 B 和 C 包装更有利于销售”这一结论，讨论应该是：为什么 A 包装比 B 和 C 包装更有利销售？

讨论可以根据理论原理或事实材料解释结论，也可以引用其他研究资料作解释，还可以根据研究者的经验或主观设想作解释。例如有一项抽样研究得出如下结论：能清楚描述 A 品牌商标图案的消费者远比能清楚描述 B 品牌商标图案的消费者多。对于这一结论，研究者可以解释如下：

①A 品牌商标图案比较简洁(事实)。

②A 品牌商标图案比较具体，B 品牌的商标图案比较抽象(事实)。

③A 品牌商标图案的广告重复次数多，消费者见过该商标图案的机会也比较多(事实或假设)。

研究结果的内容通常比较多，篇幅比较大。为了便于阅读报告的人把握整个研究结果，研究结果报告一般要将所有内容分成若干小部分，每一个小部分分别给一个标题，它们分别与研究目的相对应，分别回答通过研究所要解决的问题。

5.结论和建议

在这一部分，研究人员要说明研究获得哪些重要结论，根据研究的结论应该采取什么措施。结论可用简洁而明晰的语言明确回答研究前提出的问题，同时简要地引用有关背景资料和研究结果来解释、论证。

结论有时可与研究结果合并在一起，但要视研究课题的大小而定。一般而言，如果研究课题小、结果简单，可以直接与研究结果合并成一部分来写。如果课题比较大、内容多，则应分开为宜。

建议是指针对结论提出可以采取哪些措施、方案或具体行动步骤，如：

①媒体策略应如何改变；

②广告主题应如何设计；

③如何与竞争者抗衡；

④广告诉求应以什么为主；

⑤采用何种包装、促销战略更佳等等。

大多数的建议应当是积极的，要说明应采取哪些具体的措施，或者要处理哪些已经存在的问题。如“应加重广告量”、“将原来的理性诉求为重点变为感性诉求为主”等等。有时也可以用否定的建议如“应立即停止某一广告的刊播”。否定的建议是消极的，只叫人不做什么，没有叫人做什么，所以最好尽量采用积极的建议。

四、附录

附录部分主要是呈现与正文相关的各种资料，供读者参考。附录的资料可用来证明或进一步阐述已经包括在报告正文之内的资料。在附录中呈现的资料种类常常包括：

①研究问卷；

②抽样有关细节的补充说明；

③原始资料的来源；

④研究获得的原始数据图表（正文中的图表只是汇总）。

第四节　学术性调研报告的撰写

广告的学术性研究与商业性研究至少有两个重要的区别，第一，出发点不同。学术性研究以探讨广告的一般规律为主，而商业性研究以解决当前的有关问题为主；第二，研究结果的保密要求不同。学术性研究一般是要公开发表的，而商业性研究一般是作为内部资料保密的。由于这些区别的存在，学术性报告的结构以及内容都与商业性调研报告略有不同。广告学术性调研报告一般包括以下几个部分：标题、作者、摘要、引言、研究背景、研究方法、研究结果、讨论、结论和应用、标注、参考文献、附录。

1. 标题

标题是对报告的研究内容的高度浓缩或概括。通过标题，读者能够判断该项研究探讨的是哪个领域的问题，决定自己是否感兴趣。有时为了表达得清楚一点，可以在大标题下加一个小标题。下面是几个广告有关的调研报告的标题：《作为电视广告遗忘的测量指标的回忆和再认的比较（Recognition versus recall as measures of television commercial forgetting）》，《图像和语言的一致性与广告的精细加工（Picture-word consistency and the elaborative processing of advertisements）》，《从四亿消费者到十几亿消费者：外国广告业在中国的简要回顾（From four hundred million to more than one billion consumers: a brief history of the foreign advertising industry in China）》，《品牌资产——一个认知模型及其验证》等。

2. 作者

调研报告中通常要注明研究者的名字、研究者所在的研究机构或工作单位，甚至包括研究者的联络方式。这些信息可以让读者知道是谁进行的研究，便于检索。有兴趣的读者还可以跟研究者直接联系，互相探讨。这样还可以保护作者的知识产权。

3. 摘要

在调研报告之前先写一个摘要，让读者在阅读全文之前大致了解整个调研报告，以便读者根据自己的兴趣决定是否阅读全文。这样，对报告研究的问题感兴趣的读者可以继续阅读正文，而对报告研究的问题不感兴趣的人略知即可。研究文献浩如烟海，任何一个人都很难将与自己研究有关的文献全文通读一遍，多数研究者是通过阅读摘要来了解相关研究领域的进展的，因此摘要对于研究者来说显得特别重要。

摘要一般以 100～300 字之间为宜，太长了起不到画龙点睛介绍该研究情况的作用，太短了读者很难通过摘要了解该研究的概况。

摘要的内容一般包括：指出研究的问题、采用的方法以及研究的主要结果。下面是三则调研报告的摘要，供读者参考。

> 许多广告主认为，一则广告的插图和语言应该传递同样的意思。本研究以来自各个领域的理论和实验证据为基础，进行了三个实验。实验结果显示，当插图和语言分别传递产品属性的不同信息，且插图与品牌名字相联系时，广告的回忆效果较好。这一结果支持了精细加工解释，即是一则广告否具有这种回忆优势，取决于消费者是否有加工广告并在记忆中形成联结的机会。
>
> ——Houston, Childers & Heckler 1987

> 作者进行过一系列关于再认作为电视广告学习和遗忘研究的因变量的实验，这里报告的是第二项实验。本研究探讨了暴露后的时间、广告长度、广告重播对再认和无助回忆成绩的影响。结果指出，再认成绩并不是普遍认为的那么高，与通常的看法不同，再认成绩随时间而下降。事实上，再认成绩与无助回忆成绩一起变化，但再认成绩比无助回忆更敏感、更具区别力。研究资料说明广告主需要更多的考虑。
>
> ——Singh, Rothschild & Churchill 1988

> 作为大众传播的一个行业和一种形式，当代广告从西方介绍进入中国是在本世纪初。20 世纪 20 年代和 30 年代，中国开始接触外国广告和消费者文化。20 世纪 90 年代，中国再次通过广告接触全球消费文化。只是在这一次，中国经受了更加广泛而深远的影响。本文是在中国经济和媒体的背景下，对外国广告业在中国发展作概括性的回顾。
>
> ——Jian 1997

4.引言

引言用来说明为何进行此项研究——所谓的研究的必要性和重要性。引言可以从有关理论谈起,也可以从实践需要开讲。任何一项研究总是有一个由头,引言就是要把这个由头说清楚。这样研究者进行该项研究的目的、价值也就自然而然地展现出来了。当然,在引言中,作者也可以概述整篇报告,让读者清楚下面各部分的关系。下面我们举两个具体的引言让读者参考。

Jian(1997)在名为《从四亿消费者到十几亿消费者:外国广告业在中国的简要回顾》的调研报告中是这样开头的:“外国广告在中国不是什么新现象,它有一段历史。要了解跨国广告公司在现代中国的活动,从历史的角度来考察外国广告在中国的发展是很有必要。本文的目的就是要提供这样一种历史的考察。”

Houston, Childers & Heckler(1987)在“图象和语言的一致性与广告的精细加工”报告的引言中是这样写道:

> 实质上,所有形式的营销传播都依赖于语言和非语言要素的综合来传递某些信息。在商店里,制造商的售点张贴、包装、推销材料常常都是色彩斑斓的视觉要素和语言要素相结合,以吸引消费者的注意和传递产品信息。在商店以外,报纸和杂志广告还有电视广告常常通过相同的视觉传播形式突出信息,而广播广告则利用音乐和声音效果。尽管非语言因素的主要作用是作为信息线索,令人惊奇的是很少研究考察过非语言信息对消费者信息加工的影响,甚至连对营销传播设计中语言和非语言的整合的研究也很少。最近关于印刷广告中插图材料的效果的研究,通过将插图加上语言材料与单独的语言材料作比较,考察了插图的作用。由于营销传播主要都是语言和视觉材料相结合,因此,最有效的视觉和语言线索的整合将保证吸引更多的注意。
>
> 我们报告的研究考察了印刷广告中插图和语言材料的各种组合。我们的兴趣特别在于消费者对这样的信息的记忆,即插图材料的语义内容与语言材料内容一致或不同的广告信息。在概述了以前关于广告中插图材料的作用的研究之后,我们利用来自各个领域的理论和研究作为框架提出假设,然后检验假设并讨论结果的应用。

5.研究背景

研究背景的介绍,也叫做文献综述,就是系统全面介绍研究对象的情况。介绍研究背景的目的是告诉读者目前在本研究领域的研究状况如何,已经发展到什么程度;某些问题,传统的理论的看法如何,现在的观点又怎样;某种理论观点得到了哪些支持证据，又有哪些反驳证据；哪些问题已经探讨得比较清楚，哪些问题尚没有解决；哪些研究结果比较可靠，哪些研究还存在着疑问，等等。通过全面回顾过去的研究文献，研究者就可以顺理成章地提出该研究的假设或具体要解决的问题。从读者的角度来说，通过文献综述，可以清楚地了解该研究的来龙去脉，可以清楚地看出该研究进行的必要性、重要性或价值。

研究背景的介绍因研究领域不同而不同，但是一般要涉及以下几个方面：

①有关的理论模型：在关于理论或模型验证的调研报告中，通常都要在研究背景中介绍分析有关的理论模型。例如，黄合水(2002)的研究是关于品牌资产方面的研究，因此他在调研报告中详细介绍品牌资产的各种模型。又比如，MacKenzie, Lutz & Belch(1986)的研究旨在探讨广告态度(attitude toward the AD)的作用，所以他们在文献综述中，详细回顾了其他学者提出的关于广告态度作用的四种假说。

②有关的概念：很多研究都会涉及概念，如卷入、品牌知名度、品牌态度、讯息诉求等。如何定义概念，学者们往往仁者见仁、智者见智，存在意见分歧。因此，不管概念是新的还是旧的，研究者在设计调查或实验之前，都要将该概念的来龙去脉搞清楚。这样无论是接受已有的定义、还是重新下定义，就有了理由，也可以让读者了解概念发展的历史继承关系或新突破。

③有关的研究方法：有的研究希望在理论上有所突破，有的研究则希望在方法上有所突破。有的研究用传统的方法来研究新问题，有的研究则用新的方法来研究老问题。如果一项研究在方法上与其他类似的研究相区别，或因方法导致结果的差异，介绍研究方法的背景就是必然的。

④以前的研究成果：指出以前该领域有哪些研究，这些研究的研究者是谁，这些研究有什么特点，得到什么结论，这些研究之间的关系或异同等。例如，Houston, Childers & Heckler(1987)在调研报告中，就对前人研究作了回顾指出："关于广告中插图的研究有两类，一类是检验插图信息对记忆的影响，另一类是插图对消费者态度反应的影响……"

⑤研究假设或具体研究问题：对前人研究的回顾，其重要的目的是引出研究假设或提出研究的具体问题。例如，Lin(1993)的研究在研究背景分析之后随即提出如下研究假设和问题：

假设 1：美国电视广告比日本电视广告有更多的信息。

假设 1a：美国电视广告比日本电视广告包含更多的信息线索。

假设 1b：美国电视广告比日本电视广告包含更多的比较。

假设 1c：美国电视广告比日本电视广告包含更多的实证。

问题：日本电视广告和美国电视广告在广告长度、风格特征的使用有何不同？风格特征包括艺术表现(如音乐 动画)和讯息风格。

科学知识是逐渐累积起来的，研究背景的介绍体现了研究者所进行的研究的历史继承性或时代创新性，从整个学科的发展角度来说，研究背景的介绍体现了学科知识发展的系统性、科学性。遗憾的是，长期以来我国人文社会科学领域内的大量研究并不注重研究的历史继承性，不注重借鉴前人的研究，不注重前人的相关研究成果。

6.研究方法

研究方法的介绍是规范的调研报告中极其重要的一部分。研究方法的运用是否合理、科学关乎研究结果的精确性和可靠性。研究方法运用不恰当、不科学，研究结果就一文不值，甚至会产生误导。研究方法的介绍可以让读者自己来评估研究结果的可靠性。如果读者怀疑采用该方法得到的结果，还可以依据报告中的方法介绍进行重复研究，然后比较两次研究结果。如果方法不介绍，或者介绍不具体，那么结果的可靠性就值得怀疑。

在学术性的广告调研报告中，研究方法的介绍通常包括以下内容：

①抽样的说明。广告研究的抽样对象一般有两种，一种是消费者，另一种是广告作品。不管是抽取消费者，还是抽取广告作品，调研报告中都要详细地说明抽样的总体、样本的数量 抽样的方法。因为对研究对象的抽样关系到样本的代表性和研究结果推论的范围。

②资料采集过程的说明。如果研究采用的方法是调查，那么从受调查者那里取得第一手资料的方式方法就要交代清楚；如果是采用内容分析方法进行研究，那么原始资料如何分类或编码、分类或编码的依据是什么、信度如何等要叙述清楚；如果是实验研究，那么也要交待清楚采用什么样的实验设计、使用什么样实验仪器设备、实验材料是什么、被试的任务是什么、指导语是什么、实验过程如何、测量指标是什么。

③统计处理的说明。统计处理中需要说明的包括这几项：一是统计处理采用什么软件包，是什么版本，是SPSS、SAS，还是自己编制的；二是采用什么具体的统计方法，如回归分析、因子分析、方差分析、判别分析等；三是缺失数据如何处理。如何进行统计处理也可以放在研究结果一并介绍。

研究方法虽然很重要，但在我国的广告研究中还得不到充分的重视，因此，下面我们列举三个不同的例子，一方面供读者参考，另一方面也用来体现研究方法的重要性：

例 1. 实验研究的方法介绍(见 MacKenzie, Lutz & Belch 1986)

本研究运用两个实验的资料来检验关于广告态度中介作用的四个假设。两个实验是在广告前测情景中进行的，产品是一个假想的牙膏新品牌

(Shield)。两个实验都控制住了一些与本研究目的无关的干扰变量。在统计分析中,我们会合各种实验条件下的被试,以满足一系列结构方程的最大似然估计。由于两个实验中的测量指标都是一样的,因此我们运用 cross-validation 方法检验结果的可靠性(robustness)。

实验一

刺激:实验刺激是四个不同版本的 60 秒的 Shield 牙膏的电视广告。广告有单边论证,也有双边论证;有比较性的,也有非比较性的;广告在一个小时的 Quincy 电视节目时间段内出现的频率为一次、三次、五次,构成一个 2×2×3 的被试间实验设计。所有广告都是这样的:一个固定的 Shield 包装镜头,伴随着一个男声画外音,画外音介绍品牌的属性。虽然实验控制相对薄弱,但分析时不同实验条件的合并似乎是合理的。

被试和方法:从两个教会组织中招聘 260 人,年龄 18～75 岁,其中 69%是女性。被试到达实验室时被随机分到 12 种条件中。各组消费者在不同的房间观看插入广告的录像节目,告诉他们将询问他们有关节目和广告的问题。节目以 Shield 广告结束,被试先对广告和品牌作出反应,之后评价节目。最后告诉被试研究的目的,并向他们致谢。

实验二

实验二原来是为 Caccioppo and Petty 1979 年的研究的重复和延伸而设计的,采用的是广告信息刺激。具体地说,进行这项研究的目的是确定重复效应是否受接受环境的影响(在一个非插播情景的讯息重复与广告被插入节目中的比较真实的重复)。

刺激:只使用 Shield 的单边论证比较广告,因为讯息结构不是本实验关心的。实验采用 3×3 被试间设计,第一因素是重复因素,包括 1 次、3 次、5 次。第二因素是形式,包括电视插播、电视非插播和广播非插播。广播广告版本就是电视广告的声音部分。

被试和方法:225 名自愿参加的大学生和硕士研究生,9 种实验条件每种随机分配 25 名。给插播条件被试的指导语与实验一相同。告诉非插播条件的被试,他们将参加一个广告前测。进一步告诉多次暴露条件的被试,以前的研究表明多次会暴露产生较好的效果。然后让他们连续听或看广告 1 次、3 次或 5 次。广告结束后,对被试进行问卷调查。最后告诉被试研究的目的,并向他们致谢。

测量

实验一和实验二测量的量表和方法是一样的;对广告认知和品牌认知是通过一个开放性的认知反应问题来测量的,而对广告态度、品牌态度和品牌购买欲分别用多个 7 点区分量表来测量。

认知反应的收集和编码:看完广告之后,给被试两分钟时间写下他们的想法,指导语如下:"在下面的时间内,请写下看这条广告时心里产生的想法。请写下在广告主介绍产品的广告期间,你对产品的想法和反应。还有,再想想看广告时产生的任何别的想法。记住,写下看广告时产生的想法,不必在意拼写或标点符号。"

三个编码员独立将认知反应编码成为表 16-15 中的类别。每个研究中都运用传统的评分方法,即一个想法被归为某个类别时至少要有两人赞同。按这个规则归类,实验 1 有 88%的认知反应被编码,实验 2 为 94%。剩下的认知反应被充当第四编码员的研究者编码和通过编码员的讨论决定归为哪一类。尽管如此,实验 1 和实验 2 分别还有 5%和 3%的认知反应无法编码。这些反应没有用于统计分析。

表 16-15 显示了两个实验的认知反应的分布情形,两个实验中各种类型的相对频次非常相似。用 Winer(1971)方差分析方法计算的分半信度估计在.67～.95。该方法强调不同编码员在每个被试每一类想法的频次上取得一致。

态度和购买欲的测量:认知反应问题之后,广告态度用两个量表测量,问题相同,都是"Shield 广告的总体上说",答案分别是:"喜欢—不喜欢"和"有趣—乏味"。品牌态度用三个量表测量,问题是:"使用 Shield 牙膏的总体感觉是:",答案分别是:"喜欢—不喜欢"、"好—差"和"聪明—愚蠢"。最后,品牌购买欲用三个量表测量,"当 Shield 买得到时,你试用的可能性有多大"答案分别是"likely-unikely"、"probable-improbable"、"possible-impossible"。购买欲在实验 1 和实验 2 的 Cronbach alpha 系数(信度)为.88 和.90。

表 16-15 认知反应类别和频率

	实验 1 的频次		实验 2 的频次	
	数量	%	数量	%
广告认知				
损毁信源	112	12	116	15
支持信源	48	5	39	5
肯定重复有关的	2	<1	2	<1
否定重复有关的	65	7	27	4
肯定广告表现	43	5	5	5
否定广告表现	162	17	126	16

续表

	实验 1 的频次		实验 2 的频次	
	数量	%	数量	%
品牌认知				
反对意见	118	13	111	14
支持意见	80	8	36	5
无关的	107	11	34	4
其他	138	22	273	32

例 2. 调查研究的方法介绍(见 Mittal 1994)

本研究调查了美国南部一所州立大学建立的消费者小组的 300 名成员。返回 215 份问卷,其中 12 分问卷由于资料缺失被剔除,剩下有效问卷 203 份。本调查的样本的人口统计特征如表 16-16,69%的受调查者是女性,36%的人年龄小于或等于 45 岁,44%的人年收入少于 3 万美元,60%受过高等教育。尽管我们的样本不是按比例从各阶层中抽取的,但每个阶层的受调查者的数量允许进行组间比较。无论如何两个抽样偏差还是可以看出的。一个是样本偏向高学历。在我们的资料中,较高的学历与较差的广告态度相联系,与 Bauer and Greyser(1968)研究的模式相似。但是这种差异的统计显著性水平较低,具体地说,不同学历的受调查者在大多数具体信念上没有差异。另一个抽样偏差是 25 岁以下年龄组人几乎没有。为此我们从同一个研究区域抽取一个大学生样本(年龄中数为 22 岁)。事实表明,两个样本只有很少的变量存在差异。学生样本对广告的态度略微否定,这排除了我们家庭主妇样本中的年龄偏差,可能是造成我们报告中否定意见的一个可能原因。进一步说,即使在从小组抽取的样本中,不同阶层之间,如:不同的年龄、不同的收入、不同的学历等,其差异也是非常少。我们认为报告这些差异的价值相对很小,因此我们将结果的报告限制在从小组抽取的样本整体上。

表 16-16　样本的人口统计学特征

特征		比例(%)
性别	男	31
	女	69
年龄	25 岁以下	1
	26～35 岁	10

续表

特征		比例(%)
	36～45 岁	25
	46～55 岁	19
	56～65 岁	23
	65 岁以上	23
收入	少于 10 000 美元	9
	10 000～19 999 美元	19
	20 000～29 999 美元	16
	30 000～49 999 美元	31
	50 000 美元以上	25
受教育程度	高中未毕业	5
	高中	35
	大学毕业	47
	大学以上	13

例 3. 内容分析研究的方法介绍(见 Lin 1993)

电视广告的抽样总体是美国三大电视网和日本的四大电视网。广告录像的日子是这样确定的,从随机抽取的两个月中随机抽取两个星期,从两个星期中随机抽取七天合成一个抽样周,每个电视网随机分派一个不同的日子进行录像。为了适应日本的黄金时间,所有广告都是在合成抽样周晚上 7～11 时录制和分析的。所有美国($n=464$)和日本($n=863$)广告都由两个经过训练的编码员进行编码,两个编码员是以英语为母语的双语的日本人。编码员之间信度检验在所有广告上进行。根据 Holsti(1969)的规则进行计算,在美国广告中,编码员之间的信度是 92%;在日本广告中,信度为 95%。

第一个变量是反映广告内容的信息性的信息线索,共有 14 个。广告中出现这些线索,编码为“1”,不出现编码为“0”。这 14 个信息线索(见表 16-17)是 Resnik and Stern 1977 年开发的。比较广告是指提到或暗示自己的品牌与竞争品牌(或指名或不指名)相比具有优势的广告。实证广告是指利用或包含关于产品陈述的证据(可以来自专家的或也可以是来自非专家的,可以是来自公司倡导的研究,也可以是来自独立于公司的研究)的广告。出现“比较”或“证据”的编码为“1”,不出现的编码为“0”。

表 16-17　Resnik and Stern(1977)的广告信息线索

信息线索	说明
(1)时间地点	产品在哪里购买,什么时候可以购买
(2)功能用途	产品有什么用途,与其他产品相比较,该产品的使用效果好到什么程度
(3)质量	区别于其他竞争产品的特点,包括对工艺、技术、结构、耐久性、特殊服务、关心细节、职员等方面的客观评价
(4)价格	产品值多少钱,满意价格多少
(5)独立研究	由独立机构提供的关于产品的研究结果
(6)担保	产品购买后有什么保证
(7)安全	较之其他产品,该产品有什么安全特点
(8)构成成分	产品由什么构成,包含什么成分或要素;产品内包含什么附属品目
(9)包装	产品有什么包装,这种包装应该更容易激起人的购买欲;产品有什么样的特殊造型
(10)特殊提供	对特定的购买可以得到什么买后的免费赠送
(11)公司研究	公司把该产品与其他竞争产品作比较的资料
(12)营养	该产品的营养内容,或与其他产品营养内容直接比较的资料
(13)风味	产品被潜在顾客认为是较优品味的资料(广告主的意见不包括在内)
(14)新观念	在广告中引入一种全新的概念,新概念的优点是什么

风格特征的检验如下,每个镜头的时间长度要记录,15 秒和 30 秒分别编码为"1"和"2";音乐、歌曲、图表、动画也被测量,出现的记为"1",没出现的记为"0";此外动画形式也被分为三类:泥捏动画(clay)、素描动画(drawing)和电脑动画(computer),它们分别编码为"1"、"2"和"3"。下列三个元素——播音员、画外音和名人代言人,分别被分为男性(编码为"1")和女性(编码为"2")。最后,讯息风格包含 5 个类型:幽默、幻想、对话、演讲(直指销售信息)和生活片段,某种讯息风格出现记为"1",不出现记为"0"。

为了比较,公众服务广告、电视台和节目推广、公共关系或竞选讯息、混杂的项目(难以分类的)和香烟广告(只有日本一则)均被排除在分析之外。分析以 15 个产品类别(见附录)为基础,至于统计方法,本研究运用判别分析法检验研究假设和研究问题。

7. 研究结果

研究结果是调研报告的核心部分,是阅读全文的读者重点阅读的部分。

在这一部分，作者要将研究得到的结果都展示出来，并回应研究假设或研究所要解决的问题。从写作的角度来说，研究结果部分应该包括能够说明问题、读者能够明白的重要统计量，简单的统计量直接用符号说明即可，假设研究发现两个自变量的交互作用显著，那么通常是在文字意思表达之后加注（F＝?，P＜.05）。复杂或多项的统计量通常要采用统计图或统计表来描述，这在本章第二节中已有阐述。

简单地列出统计量，也许读者能够看清楚、看明白，但解读起来的结论不一样，所以用语言描述统计量的确切涵义还是必要的。例如，显著性水平P＝.054，有的人可能认为有显著差异（在.10水平），有的则认为没有显著差异（在.05水平）。在解释统计数据的时候，还要注意将数据结果与研究假设结合，揭示假设是否得到支持。

在这一部分，作者要尽量客观描述，避免主观的偏见。

8.讨论

讨论是在研究结果的基础上进行的。由于研究结果可能支持原来的假设，也可能不支持原来的假设；可能与他人的研究相一致，也可能与他人的研究不一致。研究者应该努力为它找出合理的理由或原因，或者说要对研究结果作出合理的解释。

解释研究结果的理由和原因有很多，如已有的理论或模型具有普遍性，适用于更多的情形；已有的理论模型存在不足、甚至是严重缺陷，因而需要研究者提出修正的理论模型或新的理论模型来解释已有的各种结果；由于方法、年代、调查实验对象、控制条件等因素不同，不同的研究产生不一样的研究结果；历史或现实、物理或心理的原因也会导致研究观察的现象。总之，研究者必须给予符合逻辑的、令人信服的解释。

9.结论和应用

在结论部分，研究者要简要概括研究得到的并有合理解释的主要结果，使读者对该研究的结果有一个清晰的轮廓，有时还应该具体说明研究结果对实践的意义。

10.标注

标注不是调研报告的独立部分，但它贯穿于全文。标注对于读者了解该调研报告也许作用不大，但在规范的调研报告中，它却是不可忽略的。报告的标注清楚与否还是观察研究者或刊物科学、严谨的指标之一。

标注可分为引文标注和解释性标注。

①引文标注是指注明调研报告中引用的研究、原文、研究结果、研究方法和理论观点的原作者的标注。引文标注的作用是多方面的：一是保护知识产

权，体现对原作者的尊重。标注让读者清楚某些结果、理论观点是谁研究提出的，免得读者误将他人的理论观点当作是报告作者的思想观点；二是便于复核，在报告中，研究者在引用他人的研究时往往是基于自己的理解，那么自己的理解是否正确，所引用的片段是否表达作者的原意呢？如果读者对报告作者的引用产生怀疑，可以根据标注寻找原文并核证。

引文标注的方式主要有两种。一种是文中引用之处加注作者的姓名和成果发表年限，如"……期望到 1995 年户外广告的份额翻一翻（Woodside，1990）……"，然后在报告最后的参考文献中列出这些相关文件；另一种是在文中引用之处加注序号，如"……期望到 1995 年户外广告的份额翻一翻（1）……"，然后在该页下方或报告最后的参考文献中以同样序号列出该相关文件。

②解释性标注。解释性标注是对文中的一些词汇、概念、术语进行的注释。注释内容可能是对词汇、概念、术语的含义作出解释，也可以是作者想要告诉读者的其他说明。这种标注的方式也有两种，一种是在词汇、概念、术语之后加上括号，把解释内容写在括号内。另一种是在需要解释的概念之后加一个序号，然后将解释内容在该页下方以同样序号列出。

11. 参考文献

列出参考文献是为了便于读者查找作者参考过的原始文献。参考文献的编排也有两种，一种是根据引文序号逐一列出，另一种是根据作者姓氏的第一个字母的顺序排列。

参考文献如果是文章，那么内容一般包括：作者姓名、文章标题、刊物名称、刊物出版年限、卷数、期数、页码，如"Weinberger M G，Sports H，Campbell L，Parsons A L. The use and effect of humor in different advertising media. Journal of Advertising Research. 1995，May/June：44～56."，"黄合水，彭聃龄. 电视广告效果的测量及影响因素. 中国广播电视学刊，1990，4：12－15。"，"纪华强，朱健强，黄合水. 中国报纸、杂志和电视广告信息的内容分析. 福建省报纸广告优秀论文选. 厦门大学出版社，1993。"参考文献如果是著作，那么内容包括：作者姓名、著作名称、出版社、出版年限。如"黄合水. 广告心理学. 东方出版中心. 1998。"、"Aaker D A，Building Strong Brands. Free Press，New York，NY. 1996." 参考文献中各项目的排列顺序则因刊物要求和研究者风格不同而异。

12. 附录

在调研报告中，置于文中不方便，但对于读者了解该研究以及重复进行研究又是必不可少的内容，就放置在附录之中。例如调查调研报告的调查问卷，内容分析研究的编码标准,实验研究的实验材料等。

思考题:

1. 百分数有哪些用途?
2. 解释相关系数时应注意哪些问题?
3. 统计表、统计图分别有哪些类型?
4. 调研报告的撰写应注意哪些问题?
5. 一份完整的调研报告一般应包括哪些内容?
6. 调研报告中介绍研究方法的意义何在?

第十七章　广告效果测定

广告效果测定是广告调研、市场调研的一个重要领域，广告调研经常要涉及这方面问题(参见本章案例)。由于广告效果测定在技术和方法上都有独特性，所以专辟此章详加介绍。

第一节　广告效果测定的意义和范畴

一、广告效果测定的意义

广告效果测定有下列几方面意义：

①可以反馈广告运行的效果，帮助广告主确定或修改下一个阶段的广告计划。例如，当调查研究结果表明某一正在运行的广告效果不理想，就可以采取相应的措施，如重新设计或制作一则广告投入刊播。此外广告主也可以广告效果的测定结果来衡量广告目标是否实现，评估广告公司的水平、业绩。

②无论是成功还是失败的广告活动，广告效果测定的反馈信息都可以作为广告经营机构的借鉴，便于制订正确的广告计划，避免重犯错误。在这一点上，广告效果测定的意义犹为重大。因为一个广告计划的成功往往会影响到产品的销售以至于企业的命运。成功的广告活动可以帮助企业扩大产品市场，失败的或无效的广告计划可能使之失去应有的消费市场。

③广告效果测定可以检验个别广告个别要素的作用。当研究发现某一要素严重影响广告效果时(如某一镜头观众很反感)就应该在广告发布前把它删除掉换上别的镜头。如果调查研究结果具有普遍意义，还可以把它作为广告创作的基本要求或事实依据。例如黄合水等人 1990 年的研究以及其他研究都表明，电视广告中有人物模特比没有人物模特更容易赢得观众的好印象，这就可以作为电视广告制作中是否采用模特儿的依据。

二、广告效果测定的范畴

广告测定实际上包括三个领域：文案测定、传播效果测定和销售效果测定。

①文案测定。文案测定的英文意思是“Copy tests”，这里“文案”(Copy)一词并非仅指“文稿”，而是指广告作品，包括报纸广告作品、杂志广告作品、电视广告作品、广播广告作品、招贴广告作品、路牌广告作品等，文案测定是指对已设计创作出来的广告作品的测量。

在广告策划和创作阶段，广告创作人员一般要提供多种方案、多个“文案”以备选择运用，但哪一个文案能更好地达到广告宣传的目的？这不能凭空想像，不能主观臆测，需要通过文案测验以检查和比较各种文案的功能、传播效力，然后从中选择出效果比较理想的文案。

②传播效果测定。传播效果测定实际上是检查广告对受众产生的影响，包括对受众的认知、兴趣、偏好、欲望、行为等各心理层面的影响。

传播效果的好坏，并不一定直接决定产品的市场销量，但对产品的销售必然会产生某种程度的影响。换言之，达到良好的传播效果是达到理想销售效果的必要条件，但不是充分条件。尽管如此，广告传播效果的测定仍然十分重要。直接的销售效果测定并不能详细诊断广告策划或广告创作的问题，而传播效果定能为广告策略的修订、广告作品的修改、更换和选择提供重要的参考依据。

③销售效果测定。销售效果测定是以最终的销售情况来衡量广告的效果。广告宣传的最终目的是促进产品销售，所以直接用销售量来衡量广告效果是自然而然的，但是必须认识到一点，这种测定是间接的。因为销售效果的好坏并不完全取决于广告活动，其他市场因素也可能产生重要的作用。例如某品牌空调经过一年的广告宣传之后，销量比前一年增长12%，这并不一定是广告宣传造成的，也可能是广告主激发了零售商积极性所致。可见销售效果测定也只能作为广告效果评价的一个侧面。

第二节　印刷广告的效果测定

印刷广告的效果测定方法或技术主要有以下四种：

一、视向测验

视向测验用一种叫做眼动记录仪(eye camera)的仪器来记录读者在阅读过程中的眼动情况，包括读者阅读广告作品各部分或要素的时间、顺序和次数，由此推断广告作品的布局、插图及文案的合理性

视向测验是一种文案测验方法，主要用于测量报纸广告、杂志广告、各种

商品包装的设计、招贴和其他印刷品的传播效力，有时也用于电视广告作品的测验。

日本电通 1970 年曾采用该方法测定一则获得电通奖的“佳能照相机”广告作品。测验对象是 6 名该公司的职员（3 男 3 女）。测验的结果见表 17-1 和表 17-2。

表 17-1　注目时间和要素注目顺序

视点号码	2	6	2	4	2	6	1	6	5
时间	1.00	0.25	0.50	0.75	0.25	0.75	0.25	0.50	0.50
顺序	1	2	3	4	5	6	7	8	9
视点号码	8	7	8	7	8	10	8	9	7
时间	0.25	0.50	0.450	1.00	0.50	1.25	0.25	0.25	0.75
顺序	10	11	12	13	14	15	16	17	18

资料来源：樊志育，1995，71。

表 17-2　视向测验统计结果

广告要素	注目人数	总注目次数	平均注目次数	总注视时间	平均注视时间
大标题	5	7	1.4	4.00	0.57
猫左眼	5	10	2.0	4.50	0.45
猫右眼	6	13	2.2	6.50	0.50
猫鼻子	5	8	1.6	4.75	0.59
猫胡子	5	9	1.8	6.50	0.72
猫耳朵和额头	6	19	3.2	10.75	0.57
小标题	4	8	2.0	3.5	0.44
照相机	5	13	2.6	7.5	0.58
文案	2	2	1.0	0.50	0.25
标志	4	5	1.3	4.25	0.85
其他部分	4	8	2.0	3.50	0.44
广告框外	3	4	1.3	2.25	0.56

资料来源：樊志育，1995，72。

由表 17-1 和表 17-2 结果得出以下推断：

①所有受试者都先从猫的眼睛及鼻子部分开始看，而后转向大标题，再转向广告下方的商品（照相机）。

②大多数受试者都注意到插图“猫”，特别是图的右边部分，反复看的频率相对较高。

③大标题和标志虽然反复看的次数少，但注视时间较长。

④文字叙述部分不太引人注目。

二、速视器测验

速视器测验法是一种典型的文案测验方法。测量仪器速示器(tachistoscope)是一种能在极短时间(如 0.25 秒)内呈现刺激，以检查观众对广告各要素注目程度的装置。测量时，先在极短的时间内呈现刺激物(广告作品)，此时看不清刺激物。然后逐渐延长呈现时间，要求受试者把看到的东西画在纸上，根据刺激内容的注目程度和刺激呈现时间的关系就可以判断广告或广告要素的效力。一般而言，先引起受试者注目的广告或广告要素，其效力比较大。从另一角度来说，达到某一注目程度的呈现时间愈短，效力愈大。

日本电通 1970 还采用速示器测验法测定上述佳能照相机广告。测定对象 6 人。测量时，每一受试者会分别看到同一幅广告五次，每次的呈现时间分别为 0.25 秒、0.5 秒、1 秒、3 秒和 5 秒。每次呈现之后都要求他们画出或写出来看到的内容。研究结果见表 17-3。

表 17-3　速示器测验结果(单位:分)

显示次数	第 1 次	第 2 次	第 3 次	第 4 次	第 5 次	总计
显示时间	0.25 秒	0.50 秒	1.00 秒	3.00 秒	5.00 秒	
大标题	6	11	15	16	17	65
猫眼	14	13	14	14	13	68
猫鼻子	7	5	8	8	8	36
猫胡子	9	9	12	12	15	57
猫耳、额	14	15	16	16	16	77
小标题	0	0	0	4	9	13
照相机	0	1	4	10	11	26
文案	0	1	4	7	9	21
标志	0	0	2	3	9	14
背景	0	1	0	1	1	3
合计	50	56	75	91	108	380

注:①得分标准如下：

3 分:文字、图案、照片或颜色等能够想起来并与实际状态完全接近者；

2 分:文字、图案、照片或颜色能想起一半以上者；

1 分:看见文字、图案、照片等，但想不起具体者；

0 分：连文字、图案、照片等都未看见者。

②资料来源：樊志育，1995，81。

由表中结果归纳出如下结论：

①各广告要素回忆顺序依次是：耳朵或额部、眼睛、大标题、胡子、照像机等。

②文字部分在极短的时间之内，受试者几乎看不见，随着显示次数和时间的增加，认知的内容也增加，但乃欠正确性。

③图解部分即使显示时间短，也能在一定程度上正确地识别其内容。随着显示次数和时间的增加，受试者记忆的内容变化程度不大。

三、阅读程度测验

阅读程度测验通常作为评价印刷广告效果的后测方法。它的基本假设是：一则广告对读者的吸引力愈大，其推销力也愈大。阅读程度测验是著名广告学家 D. 施塔奇（Starch）最先提出并在实践中使用的。他们追踪定期发行的美国刊物（如《星期六晚报》、《商业周刊》等），依据刊物性质和读者对象选择受试者测量读者报刊中的广告的注目率（note），联想率（associate）和阅读多数率（read most）。[①]

在测验过程中，他们给受试者一本杂志，如果受试者读过该杂志，就一页一页地翻下去，询问他们每一则广告的阅读情况并记录受试者的反应。然后统计处理这些记录资料就可以获得上述几种 Starch 分数。在美国提供这种服务的最著名的调研公司是施塔奇（Starch INRA Hooper）公司。他们的测验涵盖 700 种各种形式的杂志，每一次测验，他们从 20～30 个城市抽取样本。每年施塔奇公司访问人数多达 75 000 人。施塔奇公司还提供印象研究服务，该服务是为后测印刷、电视和户外广告设计的，测量是定性化的，目的是识别广告的传播效果。先呈现一则广告，要求受调查者用自己的语言描述广告的意思、广告的特征以及从广告视觉和书写方面。

阅读程度测验可用于不同报刊的比较，也可用于同一报刊不同时期的比较，例如表 17-4 是 Renault R8 汽车在《生活》杂志上不同时期刊登的两则广告的调查结果，一则刊在 9 月份，另一则刊在 11 月份。

---

① 该测试于每种刊物每期选择 150 位受试者，每次选择的受试者或都是男性或都是女性，视具体情况而定。注目率，也叫注意率。联想率，也叫泛读率。阅读多数率，也叫精读率。

表 17-4　Remault R8 汽车广告的 Starch 分

		注目分	联想分	阅读多数分
广告 A	男	49	49	25
9 月份	女	19	15	7
广告 B	男	35	32	24
11 月份	女	12	7	4

阅读程度测验费用低，易于理解。但是它存在一些问题，主要是受试者在记录或回答问题时，容易高报自己的广告接触率。

四、回忆测验

回忆测验是通过测量读者对广告的记忆成绩来衡量广告的效果。盖洛普和罗宾逊公司在这方面提供两种服务，一种用于广告效果的预测，叫做快速广告测量(Rapid Ad Measurement)，简称 RAM。另一种用于广告效果后测，叫做杂志影响研究(MIRS)。

快速广告测量，他们在美国的 5 个大城市邀请《时代》和《人民》杂志的稳定读者参加。广告主在这些杂志的测验发布位置刊登广告，这些杂志被送到每一个测验地区的 150 名参与者家中，一天后参与者会接到采访电话，在证实阅读过杂志之后询问他们是否记得一系列品牌或公司的广告。这种测验通常还涉及观念传播和说服等测量内容。

杂志影响研究的测验杂志是主要的消费者杂志，包括《时代》、《花花公子》、《体育画报》、《商业周刊》、《人民》等。受调查者来自 10 个大城市，他们至少读过最近 4 期中的 2 期(但不包括测验的这一期)。在测验杂志被送到的下一天，对他们进行电话访问，采访内容与 15 种品牌和产品类型有关。

五、征询测量

征询测量常用于测定个别广告发布后的效果，测量的指标是消费者对广告作反应的数量。消费者的回复率被假定为广告导致销售效果的客观指标。不仅印刷广告的效果测定可以运用这种方法，广播广告、电视广告也可运用此法。

进行征询测量时会在广告上向消费者提示一些好消息，如可以函索产品样品、奖券或进行有奖征答等。如果消费者答复或函索赠品，说明他们看过广告，受到广告的影响。消费者的回复率大说明广告的效力大；回复率小说明广告效力小。

征询测量也用于不同广告的效果比较，但是具体运用时，条件控制很严格。例如除了广告本身不同外，广告刊登的位置、时间和媒体以及提供奖酬条件都要求相同或相似。

由征询测量引申出来的另一种方法叫做分半测验(split-run test)。分半测验主要用于同一商品不同广告作品的比较。例如对同一种产品设计 A、B 两种广告文案，将它们发布在同一种报纸同一版面位置上，两种文案印数各占一半。发布后，根据两种文案的读者回复率的大小来决定今后该使用哪一种文案。

征询测量方法经常运用在广告效果的评价中，特别是在工业广告领域。这种测量方法的特点是测量的东西与购买关系比较密切，也就是说回复的消费者购买广告中的产品的几率比较大。此外，这种方法易于理解、费用低。不足的是这种方法把消费者的回复率作为销售效果的指标，这还没有可靠的证据可证明其有效性。

第三节　电视广告效果测定

电视广告效果测定方法主要有以下三种：

一、影院测验

影院测验取名于施测地点即电影院，该方法在美国、日本等地已被广泛运用于电视广告效果的预测(文案测验)。在美国各市场调研公司中，ASI(Audience Studies ，Inc)和雪林分司(Schwerin Research Co.，)在提供这种服务方面是最有影响的。

影院测验的基本程序如下：

①从某地区居民中抽取大约 250 名受试者，根据性别、年龄、社会地位、经济状况、电视收听时间等特性选择合乎预定特性的 125 名(其中 25 名为候补)作为子样本，将他们分派坐在装有 ASI[①] 的座位上(这些人为标度盘组)，再从剩下的人(非标度盘组)中，选出 8～10 名男性或女性作为参加小组讨论的成员。

②向全体参加人员分发标准 enquete 用纸及事前品牌选择的 enquete 用纸，请全体人员填写。标准 enquete 用纸是为分析测验结果而专门设计的，包含有性别、婚姻、学历、年龄、职业、住址、子女数目等基本项目，耐久消费用品

① ASI 是即时反应测定器标度盘，用以测定受试者对广告产生的兴趣程度。

等拥有情况的项目以及所欲测验的商品有关项目。事前品牌选择 enquete 用纸,用来记录电视广告观看前的品牌选择结果。

③主持人向每一位参加者分发测验广告的商品品牌名单。要求他们从中选择一种自己喜欢的品牌填入 enquete 用纸,告诉参加者:填写完毕抽签,中签者可获得该项产品一年的用量,以诱使他们审慎选择。

④开始测验之前,主持人向标度盘组的参加者说明 ASI 的使用方法,播放卡通片使其熟悉标度盘的使用方法,检查有无反应异常者,不合适者免除其资格,由候补代替。

⑤让全体参加者观看与测验无关的从未放过的 30 分钟的电视节目,标度盘组在节目放映时操作标度盘。节目放映后,要求全体人员将有关这一节目的观感填入 enquete 用纸上,同时收集已填好的事前品牌选择 enquete 用纸。

⑥填完电视节目观感之后,播映电视广告片,要求标度盘组的受试者比较每一个电视广告与过去在家里看过的各种电视广告,通过标度盘反映对所放映广告片的兴趣程度。

⑦电视广告播映完毕,向全体人员分发包括"说服力量表"、"形容词选择表"及其他问题的 enquete 用纸,要求受试者认真填写。"说服力量表"用于测量受试者对广告商品的购买欲。"形容词选择表"用于测试受试者对广告片的态度。其他问题的 enquete 用纸用于检查广告内容记忆等项目。

⑧填写完毕,把非标度盘组原先选定的 8~10 人带到小组讨论会议室,让他们谈谈对看过的广告片的感想,以便作"质"的分析。剩下的人观看第二个电视节目,程序与第五步相同。第二个节目的 enquete 填写完毕,分发事后品牌选择 enquete 用纸(与事前品牌选择 enquete 用纸相同),待全体人员填写好立即收回。

⑨放映与测验无关的卡通片,然后分发 ASI 记忆力 enquete 用纸,要求全体人员写出所看广告片的商品、品牌和广告内容。

经过上述过程,影院测验可获得以下五个方面的资料:

①趣味程度:通过即时反测定器的记录获得,如图 17-1。

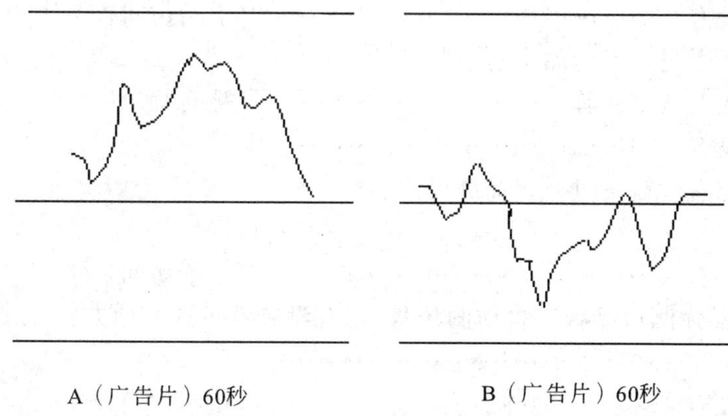

A（广告片）60秒　　B（广告片）60秒

图 17-1　全体观看者即时反应曲线

②回忆率：包括回忆出广告片内商品名称者占全体人员的比例；所有参加者中对出现在广告中的销售点（salespoint）至少能想起一点者的比例，以及能想起两点以上者的比例。

③态度（印象指数）：从 13 个肯定意义和 9 个否定意义的形容词构成的词表中选择肯定的形容词的比例。

④品牌选择的对比：观看前和观看后选择广告品牌比例的变化。

⑤说服力：即"说服力量表"资料的统计结果。

二、回忆测验

回忆测验是在观众看完电视广告一段时间之后，要求他们从记忆中回忆出所看过的广告及其内容。回忆时可以不给予观众任何提示，也可以向他们提供一些线索。前者称自由回忆，后者为提示回忆（或辅助回忆）。

最著名、运用最广泛的回忆测验方法是波克一天后回忆（Burk's Day afrter Recall），这是一种电视广告效果的测量方法。具体的做法是在广告播出 24 小时之后，要求受调查者回答一系列问题，以此来确定他们记住了什么广告、广告的什么内容。访问员提供的问题不包括任何暗示。

波克一天后回忆访问包括如下问题（前 9 个是筛选题）：

Q1. 昨晚您有没有看过电视节目？

有 ……………………………………… 1

没有 ……………………………………… 2（中断访问）

Q2. 您昨晚是否看过××产品（测试品牌的产品）的电视广告？

有 ………………………………………… 1

没有 ……………………………………… 2(中断访问)

Q3. 您看过××产品中哪些品牌的广告?

提及测试品牌 ………………………… 1(跳问 Q5)

没有 ……………………………………… 2

Q4. 您有没有看过××品牌的广告呢?

有 ………………………………………… 1

没有 ……………………………………… 2(中断访问)

Q5.(描述测试品牌广告前的场景)您有没有看过这个地方?

有 ………………………………………… 1

没有 ……………………………………… 2(中断访问)

Q6.(描述测试品牌广告后的场景)您有没有看过这个地方?

有 ………………………………………… 1

没有 ……………………………………… 2(中断访问)

Q7. 在前后场景之间的时间内您有没有离开电视机?

有 ………………………………………… 1

没有 ……………………………………… 2(中断访问)

Q8. 这段时间内您有没有做其他事?

有 ………………………………………… 1

没有 ……………………………………… 2(中断访问)

Q9. 在这段时间内您有没有转换频道?

有 ………………………………………… 1

没有 ……………………………………… 2(中断访问)

Q10. 您说您看过××品牌的广告,您记得那条广告的内容吗?

记得 ……………………………………… 1

记不得 …………………………………… 2(中断访问)

Q11. 请问这条广告是关于什么的? 里面播放了些什么? 说了些什么? 还有呢?

____

Q12. 请再想一下这条广告,您认为这条广告想告诉您关于这个品牌的什么信息? 还有呢?

____

波克市场研究公司(Burk's Day afrtet Recall)能够测量 30 多个城市消费者的广告回忆。单一测验时,他们常常只在 3～5 个城市进行调查,受调查者一般为200人左右。1977—1981年间，他们曾测量过2 758条30秒的电视广告的一天后回忆。

波克一天后回忆测验是一种自由回忆测验，在它之后，盖洛普（Gallup）和罗宾逊（Robinson）也发展了类似的电视广告测验方法，但他们的方法是提示回忆。使用这种方法时受调查者可以从研究者提供的广告产品品牌名称、广告中有关的字眼及其他同类产品中得到暗示或提示，受调查者要回答如“广告说了些什么？”等问题。受调查者的回答越多，说明他们从广告中获得的信息越多，广告的效果也越佳。该方法除了运用在电视广告效果的测验之外，还运用于报纸、杂志广告效果的预测和审查。

盖洛普和罗宾逊对电视广告的预测通常在10个不同的城市进行，受调查者为150位男性和女性。测验时让他们在家观看带有6条测试广告和6条正常插播广告的录像带新闻节目。看完节目的下一天，研究者进行电话访问，测验其广告回忆效果。随后接着让受调查者观看只包含测试广告的录像带，然后要求他们提供对每一则广告的再认、喜欢、一般反应的评价。

三、收视率调查

收视率调查最早用于了解节目的收视情况，为媒体决策和广告主的媒体选择提供依据。收视率调查技术革新后出现一种叫做Audimeter的视听记录仪，这使广告收视率调查变得简单化。

电视收视率调查方面比较著名的市场调研公司有美国的尼尔逊（Nielsen）公司、日本的电通、英国的TNSOFRES集团等。它们都能以每分钟为单位来记录分析电视节目的收视情况。所以收视率调查便成为一种电视广告传播效果的测量方法。

收视率调查过程包括以下几个步骤：

①随机抽出一定量的观众样本户构成相对稳定的调查网（观众小组）。样本大小视研究精度和地区规模而定。台湾益利市场研究顾问公司在台湾地区建立的调查网样本户是245个。

②在样本户家中的电视机上装上Audimeter这种仪器，它能自动地记录受调查对象家中收看电视节目的时间和频道。

③每隔一段时间（如两周或三周）把自动记录仪内的软片或磁带取下带回公司分析，就可以算出每日全部节目每一分钟的收视率。

一般来说，收视率愈高，说明广告的传播效果愈好。

第四节　广告活动的综合效果测定

一场广告运动，通常不只是在单一媒体上进行，而是在多种媒体同时进行。因此对一场广告运动的综合效果进行测定也是十分必须的。

常见的测定广告活动效果的方法有以下几种：

一、知晓测量

知晓测量是抽取一定量的消费者（抽样要依据一定的标准，如：年龄或其他统计学特征），然后对这些受调查者进行个别访问或电话访问。询问的问题如"您能说出哪些饮料品牌？""您能说出其他的吗？""您记住某种品牌的产品广告吗？""在这个表中（表中包含许多品牌和企业名称），哪种品牌、哪个公司您听说过？""这条广告有句什么口号？""有什么画面？"等等。访问者提出的问题依据受调查者对前一个问题的回答而定，问题的数目由研究目的而定。

知晓测量需要周期性进行，如每年或每六个月进行一次，然后比较多次测量的结果来检查整个广告计划的效果。

知晓测量的优点主要是可以采用电话访问方式，抽样量大，而且可以通过抽样的随机化来提高样本的代表性。此外，知晓测量还可以作为长期的广告活动评价方法。

知晓测量的最大局限是研究结果难以解释，不能提供描述性信息来诊断整个广告计划或个别广告在哪些方面存在着问题。

二、销售分析测量

销售分析测量具体包括销售增长统计、零售决算、扫描器资料系统和购买小组。

1. 销售增长统计

销售增长统计直接以广告运营期间产品销售量的增长为指标。其假设是：如果销售量提高了，整个广告活动是成功的。反之，如果销售量下降，整个广告活动是失败的。具体的统计计算方法有增长幅度和广告利率。

增长幅度即计算广告活动前后销售量的增长程度，计算公式为：

$$A=(S2-S1)P-R$$

A 表示广告效益，$S2$ 表示广告宣传后产品的销售量（件数），$S1$ 表示广告宣传前产品的销售量（件数），P 表示每销售一件产品获得的利润（元/件），R 表示广告费用(元)。

广告利率,即计算每投入单位广告费获得的利润。计算公式是:

$$r=\frac{(S2-S1)P-R}{R}$$

r 表示广告利率。这种计算方法可用于比较不同广告活动的效益。

销售增长统计是一种非常简单的方法,但存在着下列几个严重不足:

①用销售量来检查广告活动的效果不能排除其他因素的影响。

②销售量测量的是某一时期的效果,但广告的效果可能在其他时期更明显。

③销售量反应的是中间商的购买反应,并不是消费者的购买反应。

2. 零售决算

零售决算方法也比较简单,即搜集和统计代表性取样的零售商店的各类产品销售量,并由抽样结果推算出消费者的总体购买情况。美国尼尔逊调研公司也提供这种服务。该公司每 60 天用电话询问 1 300 家商店,统计这些商店每种产品的销售量。

零售决算方法获得的信息很详细,包括销售、存货、零售价格、展览、产品陈列等方面的信息。

3. 扫描产资料系统

美国的许多超级市场都装有激光扫描系统。安装这种系统的本意是加速顾客的结账过程,但它的副产品却能为市场研究提供产品销售资料,因而它也成为广告效果的测量手段之一。

在一些大的调研公司,扫描器资料系统常常只作为广告效果的辅助测量手段。它能够提供产品价格、销售的动态变化情况。

4. 购买小组

什么是购买小组,第十一章已有简要叙述,这里不赘述。

美国市场研究联合体(MRCA)提供购买小组的资料服务。它从遍布美国各地的大约 7 000 个家庭中收集资料。该公司让每个被调查的家庭统计自己每天购买的商品,统计方法是按商品价格与包装等记日记,其中包括每个家庭成员所购用的商品。然后于每星期六晚间或星期一上午从邮局寄回。由此,公司可以了解这些家庭中哪些成员购买了哪些品牌的产品,购买频率如何。此外,还可以根据不同的年龄、家庭的大小、收入情况及其他因素对受调查者的购买活动进行研究。

思考题：

1. 广告效果测定有什么用处?
2. 什么是文案测验？什么是传播效果测定?
3. 电视广告效果的测量方法有哪些?
4. 可以用哪些方法来测量印刷广告的效果?
5. 广告的认知效果、态度效果和行为效果分别可用哪些测量方法来测量?

问卷编号：________(101)

案　例　浴露广告效果评估问卷

[DMR01636-2]

研究设计要求

访问城市：

上海	北京	南京	重庆	武汉
1	2	3	4	5

广告：

六神	力士	强生	* *	* *
1	2	3	4	5

年龄：

18～24	25～29	30～34	35～39	40～44	45～49

数据质量控制

访问时间：______年____月____日____时____分到____时____分

访问地点：______________________________

访问检查	我郑重声明，并以人格担保，本问卷的访问完全按照培训的要求进行，访问的结果客观、真实。	约人访问员/访问员[签名] /
一审		督　导[签名]
二审		审核员[签名]
复核		复核员[签名]

编码[签名]	编码检查[签名]	第一录入[签名]	第二录入[签名]

被访者姓名：＿＿＿＿＿＿　单位电话：＿＿＿＿＿＿　家庭电话：＿＿＿＿＿＿ 被访者详细地址：＿＿＿＿＿＿＿＿＿＿＿＿＿＿＿＿＿＿＿＿

介绍语

您好！我是＿＿＿＿＿＿市场研究有限公司的访问员。我们正在进行关于个人护理产品的研究，想听听您的意见。耽搁您一点时间，问您几个简单的问题，可以吗？谢谢您的合作。

甄别部分：访问员注意，只访问女性

S1	请问您在本市居住了多长时间？		
		【代码】	【跳转】
	一年以上…	1	
	一年以下…	2	终止

S2	请问今年 5 月至今您洗澡时用的是什么产品？【出示卡片】【单选】		
		【代码】	【跳转】
	只用香皂，不用浴露…	1	终止
	主要用香皂，偶尔用浴露…	2	
	香皂和浴露交替使用…	3	
	主要用浴露，偶尔用香皂…	4	
	只用浴露，不用香皂…	5	
	【不示卡】记不清	8	终止

S3	请问您的实足年龄是多少？【单选】【检查配额】		
	记录实足年龄：＿＿＿并圈出相应代码	【代码】	【跳转】
	18 岁以下	04	终止
	18～24 岁	05	
	25～29 岁	06	
	30～34 岁	07	
	35～39 岁	08	
	40～44 岁	09	
	45～49 岁	10	
	49 岁以上	11	终止

检查配额

S5a S5b	您家中通常由谁决定购买什么牌子的香皂或浴露?【出示卡片,复选】 主要是由谁决定的?【出示卡片,单选】			
		S5a 【复选】	S5b 【单选】	【跳转】
	自己…	1	1	
	父母…	2	2	
	配偶…	3	3	
	子女…	4	4	
	【不示卡】其他(请注明)			

若被访者在 S5a 中没有提到“自己”—1,则终止访问。

S6	请问您本人或家人有没有在以下单位工作的?【出示卡片】		
		【代码】	【跳转】
	个人清洁、护理产品生产厂家、批发商…	1	终止
	商店里个人清洁、护理产品柜台…	2	终止
	广告公司…	3	终止
	市场研究机构…	4	终止
	以上都没有…	5	

S7	请问您在最近三个月内是否接受过任何市场研究方面的访问?【单选】		
		【代码】	【跳转】
	是…	1	终止
	否…	2	

主问卷

Q1a	请问您知道哪些品牌的浴露? 还有吗? [反复追问“还有呢? 还有呢?”直到被访者说“没有了”为止] [访问员注意:第一提及记录在 Q1a—1,其他提及记入 Q1a—2] 【不出示卡片】【Q1a—1 单选,Q1a—2 复选】			
Q1b	请问对于卡片上的品牌,您还知道哪些品牌有浴露产品?【出示卡片】【复选】			
		Q1a—1 【第一提及/单选】	Q1a—2 【其他提及/复选】	Q1b 【复选】
	樱雪…	46	46	46
	爵士…	10	10	10
	肤安…	04	04	04
	伊卡璐…	47	47	47
	花王碧柔…	05	05	05

续表

	爽爽…	06	06	06
	澎澎…	56	56	56
	澎澎…	01	01	01
	夏士莲…	07	07	07
	棕榄…	08	08	08
	Fa(花)…	09	09	09
	强生…	03	03	03
	舒肤佳…	12	12	12
	大宝…	13	13	13
	安利…	14	14	14
	雅芳…	15	15	15
	力士…	02	02	02
	多芬…	17	17	17
	洁莱雅…	18	18	18
	澳雪…	55	55	55
	舒蕾…	43	43	43
	玉兰油…	34	34	34
	东洋之花/ 花之雨…	?	?	?
	安利雅蜜			
	索芙特			
	彩丽鳄鱼宝宝			
	【不示卡】其他(请注明)			
	【不示卡】不知道/没看过…	98	98	98

Q2a	请问在这些品牌的浴露中,哪些是您最近一年中曾经使用过的？还有呢？ [反复追问“还有呢？还有呢？”直到被访者说“没有了”为止] 【出示卡片】【复选】
Q2b	请问您最近一年主要使用什么品牌的浴露？【单选】
Q2c	请问在这些品牌的浴露中,哪些是您今年5月以来曾经使用过的？还有呢？ 【出示卡片】【复选】
Q2d	请问您今年5月份以来主要使用什么品牌的浴露？【单选】
Q2e	请问您下一次最有可能购买什么品牌的浴露？【出示卡片】【单选】

续表

	Q2a【复选】	Q2b【单选】	Q2c【复选】	Q2d【单选】	Q2e【单选】
樱雪…	46	46	46	46	46
爵士…	10	10	10	10	10
肤安…	04	04	04	04	04
伊卡璐…	47	47	47	47	47
花王碧柔…	05	05	05	05	05
爽爽…	06	06	06	06	06
澎澎…	56	56	56	56	56
六神…	01	01	01	01	01
夏士莲…	07	07	07	07	07
棕榄…	08	08	08	08	08
Fa(花)…	09	09	09	09	09
强生…	03	03	03	03	03
舒肤佳…	12	12	12	12	12
大宝…	13	13	13	13	13
安利…	14	14	14	14	14
雅芳…	15	15	15	15	15
力士…	02	02	02	02	02
多芬…	17	17	17	17	17
洁莱雅…	18	18	18	18	18
澳雪…	55	55	55	55	55
舒蕾…	43	43	43	43	43
玉兰油…	34	34	34	34	34
东洋之花/花之雨…					
安利雅蜜…					
索芙特…					
彩丽鳄鱼宝宝…					
【不示卡】其他(请注明)					
【不示卡】不知道/记不清品牌…	98	98	98	98	98
【不示卡】没用过/没买过…/	/	/	99	99	

接下来,我会问您一些关于广告方面的情况。

[出示浴露的品牌照片]

我想请你想一想电视广告。这里有一些浴露的品牌,对于每一个品牌,请问您是否在电视上看到过它的广告?

[从品牌表的最上面或最下面打勾,然后从上到下或从下到上逐个读出品

牌名称]

Q6(N).您是否曾经在电视上看到过________(读出品牌名称)的广告呢?

[每读完一个句子,请等待被访者回答"是"或"否," 并把答案记在下面]

[询问 Q6(N)中的所有品牌,然后续问 Q6a]

Q6a. 今年5月至今您在电视上看到过________(读出品牌名称)的广告吗?

[每读完一个句子,请等待被访者回答"是"或"否," 并把答案记在下面]

[询问 Q6a 中列出的所有品牌,然后续问 Q6b]

Q6b. 除了电视以外,今年5月至今您在其他媒体上(比如报纸、杂志、公共汽车的车身、候车亭、广告牌等户外广告)看到或听到过哪些品牌的广告呢?

[从品牌表的最上面或最下面打勾,然后从上到下或从下到上读出品牌名称]

按优先顺序卡和配额要求上的次序问在 Q6a 中答"是"的第一个品牌(FULL ATP)如果被访者在 Q7a 和 Q7b 中的回答都为"记不清",记录答案后按优先顺序卡上的次序询问下一个在 Q6a 中答"是"的品牌。

Q7a. 您说最近在电视上看到过__________(读出品牌名称)的广告。请回忆一下您最近一次看到的__________(读出品牌名称)广告好吗?请把所有您看到和听到的内容都告诉我:您看到了什么?听到广告里说了些什么?[详细追问]

[追问]:您还记得其他哪些内容呢?[详细追问]

[品牌名]____________________(1509) (1510)

____(1511)(1512)(1513)

____(1514)(1515)(1516)

____(1517)(1518)(1519)

____(1520)(1521)(1522)

____(1523)(1524)(1525)

____(1526)(1527)(1528)

____(1529)(1530)(1531)

____(1532)(1533)(1534)

____(1535)(1536)(1537)

____(1538)(1539)(1540)

今年5月至今您在其他媒体上看到或听到过________(读出品牌名称)的广告吗?

[每读完一个句子,请等待被访者回答"是"或"否," 并把答案记在下面]

[出示其他相关媒体的卡片(不包括电视)][对于 Q6b 中看到、听到的每一个品牌,续问:]

浴露品牌	Q6(N) 曾经在电视上看到		Q6a. 电视上看到(K)		Q6b. 其他地方看到听到(K)		Q6c. 看到听到的地点(K)											Q7a/Q7b/Q7c/Q7d 广告回忆	
	是	否	是	否	是	否	报纸	杂志	广播	电影院	汽车车身	候车站	户外广告牌	商店内广告	其他地点	促销/派送/传单	不知道	记不清	有所回忆
六神	3	4	1	2(1310)	1	2(1340)	1	2	3	4	5	6	7	8	9	X	0 (1341)	1	2(1450)
力士	3	4	1	2(1311)	1	2(1342)	1	2	3	4	5	6	7	8	9	X	0(1343)	1	2(1451)
舒肤佳	3	4	1	2(1312)	1	2(1344)	1	2	3	4	5	6	7	8	9	X	0(1345)	1	2(1452)
……	3	4	1	2(1313)	1	2(1346)	1	2	3	4	5	6	7	8	9	X	0(1347)	1	2(1453)
……	3	4	1	2(1314)	1	2(1348)	1	2	3	4	5	6	7	8	9	X	0(1349)	1	2(1454)
……	3	4	1	2(1315)	1	2(1350)	1	2	3	4	5	6	7	8	9	X	0(1351)	1	2(1455)
……	3	4	1	2(1316)	1	2(1352)	1	2	3	4	5	6	7	8	9	X	0(1353)	1	2(1456)
……	3	4	1	2(1317)	1	2(1354)	1	2	3	4	5	6	7	8	9	X	0 (1355)	1	2(1457)
……	3	4	1	2(1318)	1	2(1356)	1	2	3	4	5	6	7	8	9	X	0(1357)	1	2(1458)
……	3	4	1	2(1319)	1	2(1358)	1	2	3	4	5	6	7	8	9	X	0(1359)	1	2(1459)
……	3	4	1	2(1320)	1	2(1360)	1	2	3	4	5	6	7	8	9	X	0(1361)	1	2(1460)
……	3	4	1	2(1321)	1	2(1362)	1	2	3	4	5	6	7	8	9	X	0(1363)	1	2(1461)
……	3	4	1	2(1322)	1	2(1364)	1	2	3	4	5	6	7	8	9	X	0(1365)	1	2(1462)

Q6c. 您是在哪里看到/听到____________(读出品牌)广告的?[追问]还有呢?还有呢?按优先顺序卡和配额要求上的次序问下一个在 Q6a 中答"是'的品牌:如果被访者在 Q7a 中的回答为"记不清",记录答案后按优先顺序卡上的次序询问下一个在 Q6a 中答"是"的品牌

Q7b.您说最近在电视上看到过__________(读出品牌名称)的广告。

请回忆一下您最近一次看到的__________(读出品牌名称)广告好吗?请把所有您看到和听到的内容都告诉我:您看到了什么?听到广告里说了些什么?[详细追问]

[追问]:您还记得其他哪些内容呢?[详细追问]

[品牌名]_ ____________________(1609)(1610)

____(1611)(1612)(1613)

____(1614)(1615)(1616)

____(1617)(1618)(1619)

____(1620)(1621)(1622)

____(1623)(1624)(1625)

____(1626)(1627)(1628)

____(1629)(1630)(1631)

____(1632)(1633)(1634)

____(1635)(1636)(1637)

____(1638)(1639)(1640)

访问员注意:Q8 和 Q9 是连在一起提问的,请从 Q8 中打"√"的广告版开始询问,被访者如果答"是",直接询问 Q8;

当然,如果对于某一广告版,被访者在 Q8 中答"否",那就不用问 Q9,而是直接问 Q8 中的下一个广告版,并以同样方式重复连续询问 Q8 及 Q9。

[请从打"√"处逐一出示广告版]

Q8. 下面我会让您看一些电视广告的照片,这个广告可能在当地播放过,也可能还没有播放。您在电视上看到过这个广告吗?

是 → 立即问 Q9

否 → 出示另一个广告版,重复 Q8 和 Q9 的问题

	( ) 广告版 A	( ) 广告版 B	( ) 广告版 C	( ) 广告版 D
	(1710)	(1720)	(1730)	(1740)
是	1	1	1	1
否	2	2	2	2

Q9. 这是什么品牌的广告？（每列单选）

品牌名称	( ) 广告版 A	( ) 广告版 B	( ) 广告版 C	( ) 广告版 D
	(1711)	(1721)	(1731)	(1741)
六神	1	1	1	1
力士	2	2	2	2
舒肤佳	6	6	6	6
蒙牛（北京）	7	7	7	7
女王（北京）	8	8	8	8
……	9	9	9	9
……	0	0	0	0
……	X	X	X	X

[查看品牌优先顺序卡和配额要求，选择第一个被访者说看到过的品牌，询问以下问题]

[记录所选择的广告版编号]（单选）

品牌 A	品牌 B	品牌 C	品牌 D
(1771)	(1772)	(1773)	(1774)
1	2	3	4

（提示语）下面我会问您几个有关这个广告的问题。

[再次向被访者出示所选择的广告版，然后在提问 Q10 前收起广告版]

[出示卡片]

Q10.（如果被访者不知道或说错了广告版的品牌，请访问员读出：事实上这是________（读出正确的品牌广告）

总的来说，您对这个广告的喜欢程度属于卡片上的哪一类？[出示卡片，单选]

(1821)

非常喜欢……7

比较喜欢……6

有点喜欢……5

说不上喜欢不喜欢……4

有点不喜欢……3
比较不喜欢……2
非常不喜欢……1

Q10b. 请想一下这个广告，告诉我你是否同意或不同意下列说法：

	不要循环	同意	不同意	不知道
	你看得懂这个广告	1	2	0
	您从广告中得到了有关这个产品或品牌的信息	1	2	0
	这个广告中包含了和其他花露水广告不同的信息	1	2	0
	这个广告中所说的内容跟您的生活有关的	1	2	0
	这个广告中关于产品的介绍是可信的	1	2	0
	这个广告符合您心目中对这个品牌的印象	1	2	0
	这个广告增加了您对这个品牌的好感	1	2	0
	广告让您想去购买这个品牌的产品	1	2	0
	您已经不想再看到这个广告了	1	2	0

Q10c. 下面我会向您出示一些卡片，每张卡片上都有一组用来形容这个广告的词语，请在每张卡片上选出您认为适合用来形容这个广告的词语好吗？

[轮流出示卡片并记录在相应选项上]

请问您觉得这张卡片上的哪些词语适合用来形容这个广告呢？（复选）

温馨的	01	活泼的	12	做作的/就象在演戏	23
新潮的	02	刺激的	13	使人有参与感的	24
富有美感的	03	酷的	14	难以理解的/离谱的	25
幽默风趣的	04	富有家庭气息的	15	夸张的	26
令人愉快的	05	浪漫的	16	有故事情节的	27
专业的/权威的	06	富有自然气息的	17	富有异国风情的	28
有现代感的	07	理性的/ 说理的	18	吸引人目光的	29
时尚的	08	清新的	19	独特，有创意的	30
传统的	09	甜蜜的	20	平淡的/ 乏味的	31
充满活力的	10	家常的/ 贴近生活的	21	普通的/ 雷同的	32
严肃的	11	童稚的/ 有童趣的	22	(不示卡)都不适合	98

[出示浴露的品牌标志卡片]

Q11	下面我会读出一些用来形容浴露品牌感觉的句子，请您选择适合这样来形容的品牌。只要您认为合适，您可以随便选择多少个品牌。 请问您认为哪些品牌＿＿＿＿＿？(复选) [只追问一次:]还有呢？[从打勾处开始循环]					
		六神	力士	舒肤佳	强生	【不示卡】都不符合
( )	安全的…	01	02	12	03	98
( )	值得信赖的…	01	02	12	03	98
( )	高品质的…	01	02	12	03	98
( )	传统的…	01	02	12	03	98
( )	幽默的…	01	02	12	03	98
( )	有变化/有新鲜感的…	01	02	12	03	98
( )	清新的…	01	02	12	03	98
( )	专业的…	01	02	12	03	98
( )	亲切的…	01	02	12	03	98
( )	时尚的…	01	02	12	03	98
( )	年轻的…	01	02	12	03	98
( )	高贵的…	01	02	12	03	98
( )	独特的…	01	02	12	03	98
( )	家庭的…	01	02	12	03	98
( )	大众化的…	01	02	12	03	98
( )	关爱的…	01	02	12	03	98
( )	温馨的…	01	02	12	03	98
( )	健康的…	01	02	12	03	98
( )	有活力的…	01	02	12	03	98
( )	有女人味的…	01	02	12	03	98
( )	积极进取的…	01	02	12	03	98
( )	有实力的…	01	02	12	03	98
( )	创新的…	01	02	12	03	98
( )	领导者的…	01	02	12	03	98
( )	落伍的…	01	02	12	03	98

接下来我们想了解一些您对浴露产品的想法

访员注意：对下列每一个表述依次、连续询问完 q11a－q11c，再对下一个表述依次提问。

Q12a	天热的时候，您对浴露______的注重程度如何？【出示卡片】【5 分表示非常注重，1 分表示非常不注重】
Q12b	天凉的时候，您对浴露______的注重程度如何？【出示卡片】【5 分表示非常注重，1 分表示非常不注重】
Q12c	您认为哪些品牌是______？【出示卡片】【复选】

		Q12a 天热时					Q12b 天凉时					六神	力士	强生	舒服佳
（）	安全/不刺激皮肤	5	4	3	2	1	5	4	3	2	1	01	02	03	12
（）	滋润皮肤	5	4	3	2	1	5	4	3	2	1	01	02	03	12
（）	锁住水分/不干燥	5	4	3	2	1	5	4	3	2	1	01	02	03	12
（）	提供皮肤营养成分	5	4	3	2	1	5	4	3	2	1	01	02	03	12
（）	改善肤质	5	4	3	2	1	5	4	3	2	1	01	02	03	12
（）	除菌/抗菌	5	4	3	2	1	5	4	3	2	1	01	02	03	12
（）	深层清洁	5	4	3	2	1	5	4	3	2	1	01	02	03	12
（）	去除皮肤老化角质	5	4	3	2	1	5	4	3	2	1	01	02	03	12
（）	去除油腻	5	4	3	2	1	5	4	3	2	1	01	02	03	12
（）	去痱/止痒	5	4	3	2	1	5	4	3	2	1	01	02	03	12
（）	去除身体汗味/异味	5	4	3	2	1	5	4	3	2	1	01	02	03	12
（）	舒缓皮肤晒后灼热/发红	5	4	3	2	1	5	4	3	2	1	01	02	03	12
（）	有清凉感	5	4	3	2	1	5	4	3	2	1	01	02	03	12
（）	洗后皮肤有透气感	5	4	3	2	1	5	4	3	2	1	01	02	03	12
（）	洗后皮肤清爽不粘腻	5	4	3	2	1	5	4	3	2	1	01	02	03	12
（）	洗后皮肤光滑	5	4	3	2	1	5	4	3	2	1	01	02	03	12
（）	洗后皮肤不干涩	5	4	3	2	1	5	4	3	2	1	01	02	03	12
（）	容易冲洗干净	5	4	3	2	1	5	4	3	2	1	01	02	03	12

Q13a	不论春夏秋冬,您都希望洗澡使用浴露过程中或使用后能给你带来的最重要的感觉是什么?【出示卡片】【复选,不超过 5 个】	
Q13b	对于您在过去一年中主要使用的品牌__________(插入 q2a 所选择的品牌),您觉得洗澡使用浴露过程中或使用后它能给你带来的哪些主要的感觉? 【出示卡片】【复选,不超过 5 个】	

		Q13a 【复选,不超过 5 个】	Q13b 【复选,不超过 5 个】
	放松身心	01	01
	消除疲劳	02	02
	远离忙碌的现实生活	03	03
	浪漫,有情趣的	04	04
	自我享受	05	05
	温柔的	06	06
	梦幻/幻想	07	07
	满足感	08	08
	奇妙的	09	09
	开心,好玩的	10	10
	关爱自己	11	11
	喜欢我自己	12	12
	健康的	13	13
	神清气爽	14	14
	干干净净	15	15
	回到最自然的我	16	16
	给我自信	17	17
	时尚的	18	18
	性感的	19	19
	有品位的	20	20
	带来好心情	21	21

Q14a	对于您在过去一年中主要使用的__________(插入 q2a 所选择的品牌)浴露，您对下列哪些方面不满意？【出示卡片】【复选】	
Q14b	【对于不满意的方面提问】最不满意的一点是什么？	
		Q13a 【复选】	Q13b
	膏体	01	
	泡沫	02	
	包装	03	
	成分	04	
	香味	05	

［访问员注意：在询问下一道题目前，请检查是否有漏问 。］

背景资料部分

背景资料 最后，我想问您几个有关您和您的家庭的问题，仅供资料统计分析时使用，请您不要介意。

W3	请问您的婚姻状况属于卡片上的那一种？【出示卡片】【单选】		
		【代码】	【跳转】
	未婚……………………	1	
	已婚没孩子……………	2	
	已婚有孩子……………	3	
	【不示卡】拒答………………	Z	

W4	请问您的最终学历属于卡片上的那一种？【出示卡片】【单选】		
		【代码】	【跳转】
	小学及以下……………	1	
	初中……………………	2	
	高中/中专/技校 ……	3	
	成人教育大专/本科…	4	
	全日制大专……………	5	
	全日制本科……………	6	
	硕士研究生及以上……	7	
	【不示卡】拒答………………	Z	

W7	请问卡片上哪一类最能代表您个人的月总收入呢？我指的是包括工资、奖金、津贴等在内的一切收入。【出示卡片】【单选】					
	选项	代码	选项	代码	选项	代码
	无收入………	01	600～799 元	07	2 500～2 999 元	13
	200 元以下…	02	800～999 元	08	3 000～3 499 元	14
	200～299 元	03	1 000～1 199 元	09	3 500～3 999 元	15
	300～399 元	04	1 200～1 499 元	10	4 000 元及以上	16
	400～499 元	05	1 500～1 999 元	11	【不示卡】拒答	ZZ
	500～599 元	06	2 000～2 499 元	12		

W9	请问卡片上哪一类最能代表您家庭的月总收入呢？我指的是包括工资、奖金、津贴等在内的一切收入。【出示卡片】【单选】					
	选项	代码	选项	代码	选项	代码
	200 元以下	01	1 400～1 599 元	08	5 000～5 999 元	15
	200～399 元	02	1 600～1 999 元	09	6 000～6 999 元	16
	400～599 元	03	2 000～2 499 元	10	7 000～7 999 元	17
	600～799 元	04	2 500～2 999 元	11	8 000 元及以上	18
	800～999 元	05	3 000～3 499 元	12	【不示卡】不知道	00
	1 000～1 199 元	06	3 500～3 999 元	13	【不示卡】拒答	ZZ
	1 200～1 399 元	07	4 000～4 999 元	14		

WA	总的来说，您在收看电视节目过程中插播广告时，卡片上哪句话最能描述您的看法或行为？【出示卡片】【单选】		
		【代码】	【跳转】
	讨厌看广告，一放广告就转台或去做其他事情……………	1	
	无所谓，可看可不看……………	2	
	喜欢看广告，会一直看下去……………	3	
	【不示卡】其他（请注明）＿＿＿＿＿＿		

考虑到问卷长度问题，有关“六神原液”的部分内容尚未加入。

附表一　随机数字表

	1	2	3	4	5	6	7	8	9	10
1	63271	59986	71744	51102	15141	80714	58683	93108	13554	79945
2	88547	09896	95436	79115	08303	01041	20030	63754	08459	28364
3	55957	57243	83865	09911	19761	66535	40102	26646	60147	15702
4	46276	87453	44790	64122	45573	84358	21625	16999	13385	22782
5	55363	07449	34835	15290	76616	67191	12777	21861	68689	03263
6	69393	92785	49902	58447	42048	30378	87618	26933	40640	16281
7	13186	29431	88190	04588	38733	81290	89541	70290	40113	08243
8	17726	28652	56836	78351	47327	18518	92222	55201	27340	10493
9	36520	64465	05550	30157	82242	29520	69753	72602	23756	54935
10	91628	36100	39254	56835	37636	02421	98063	89641	64953	99337
11	84649	48968	75125	75498	49539	74240	03466	49292	36401	45525
12	63291	11618	12613	75055	43915	26488	41116	64531	56827	30825
13	70502	53225	03655	05915	37140	57051	48393	91322	25653	06543
14	06426	24771	59935	49801	11082	66762	94477	02494	88215	27191
15	20711	55609	29430	70165	45406	78484	31639	52009	18873	96927
16	41990	70538	77191	25860	55204	73417	83920	69468	74972	38712
17	72452	36618	76298	26678	89334	33938	95567	29380	75906	91807
18	37042	40318	57099	10528	09925	89773	41335	96244	29002	46453
19	53766	52875	15987	46962	67342	77592	57651	95508	80033	69828
20	90585	58955	53122	16025	84299	53310	67380	84249	25348	04332
21	32001	96293	37203	64516	51530	37069	40261	61374	05815	06714
22	62606	64324	46354	72157	67248	20135	49804	09226	64419	29457
23	10078	28073	85389	50324	14500	15562	64165	06125	71353	77669
24	91561	46145	24177	15294	10061	98124	75732	00815	83452	97355
25	13091	98112	53959	79607	52244	63303	10413	63839	74762	50289

续附表一　随机数字表

	1	2	3	4	5	6	7	8	9	10
26	73864	83014	72457	22682	03033	61714	88173	90835	00634	85169
27	66668	25467	48894	51043	02365	91726	09365	63167	95264	45643
28	84745	41042	19493	01836	09044	51926	43630	63470	76508	14194
29	48068	46805	94595	47907	13357	38412	33318	26098	82782	42851
30	54310	96175	97594	88616	42035	38093	36745	56702	40644	83514
31	14877	33095	10924	58013	61439	21882	42059	24177	58739	60170
32	78295	23179	02771	43464	59061	71411	05697	67194	30495	21157
33	67524	02865	38593	54378	04237	92441	26602	63835	38032	94770
34	58268	57219	68124	76455	83236	08710	04284	55005	84171	42596
35	97158	28672	50685	01181	24262	19427	52106	34308	73685	74246
36	04230	16831	69085	30802	65559	09205	71829	06489	85650	38707
37	94879	56606	30401	02602	57658	70091	54986	41394	60437	03195
38	71446	15232	66715	26385	91518	70566	02888	79941	39684	54315
39	62886	05644	79316	09819	00813	88407	17461	73925	53037	91904
40	62048	33711	25290	21526	02223	75947	66466	06332	10913	75336
41	84534	42351	21628	53669	81352	95152	08107	98814	72743	12849
42	84707	15885	84710	35866	06446	86311	32648	88141	73902	69981
43	19409	40868	64220	80861	13860	68493	52908	26374	63297	45052
44	57978	48015	25973	66777	45924	56144	24742	96702	88200	66162
45	57295	98298	11199	96510	75228	41600	47192	43267	35973	23152
46	94044	83785	93388	07833	38216	31413	70555	03023	54147	06647
47	30014	25879	71763	96679	90603	99396	74557	74224	18211	91637
48	07265	69563	64268	88802	72264	66540	01782	08396	19251	86313
49	84404	88642	30263	80310	11522	57810	27627	78376	36240	48952
50	21778	02085	27762	46097	43324	34354	09369	14966	10158	76089

附表二　标准正态分布—Z值

Z	.00	.01	.02	.03	.04	.05	.06	.07	.08	.09
.0	.0000	.0040	.0080	.0120	.0160	.0199	.0239	.0279	.0319	.0359
.1	.0398	.0438	.0478	.0517	.0557	.0596	.0636	.0675	.0714	.0753
.2	.0793	.0832	.0871	.0910	.0948	.0987	.1026	.1064	.1103	.1141
.3	.1179	.1217	.1255	.1293	.1331	.1368	.1406	.1443	.1480	.1517
.4	.1554	.1591	.1628	.1664	.1700	.1736	.1772	.1808	.1844	.1879
.5	.1915	.1950	.1985	.2019	.2054	.2088	.2123	.2157	.2190	.2224
.6	.2257	.2291	.2324	.2357	.2389	.2422	.2454	.2486	.2518	.2549
.7	.2580	.2612	.2642	.2673	.2704	.2734	.2764	.2794	.2823	.2852
.8	.2881	.2910	.2939	.2967	.2995	.3203	.3051	.3078	.3106	.3133
.9	.3159	.3186	.3212	.3238	.3264	.3289	.3315	.3340	.3365	.3389
1.0	.3413	.3438	.3461	.3485	.3508	.3531	.3554	.3577	.3599	.3621
1.1	.3643	.3665	.3686	.3708	.3729	.3749	.3770	.3790	.3810	.3803
1.2	.3849	.3869	.3888	.3907	.3925	.3944	.3962	.3980	.3997	.4105
1.3	.4032	.4049	.4066	.4082	.4099	.4115	.4131	.4147	.4162	.4177
1.4	.4192	.4207	.4222	.4236	.4251	.4265	.4279	.4292	.4306	.4319
1.5	.4332	.4345	.4357	.4370	.4382	.4394	.4406	.4418	.4429	.4441
1.6	.4452	.4463	.4474	.4484	.4495	.4505	.4515	.4525	.4535	.4545
1.7	.4554	.4564	.4573	.4582	.4591	.4599	.4608	.4616	.4625	.4633
1.8	.4641	.4649	.4656	.4664	.4671	.4678	.4686	.4693	.4699	.4706
1.9	.4713	.4719	.4726	.4732	.4738	.4744	.4750	.4756	.4716	.4767
2.0	.4772	.4778	.4783	.4788	.4793	.4798	.4803	.4808	.4812	.4817
2.1	.4821	.4826	.4830	.4834	.4838	.4842	.4846	.4850	.4854	.4857
2.2	.4861	.4864	.4868	.4871	.4875	.4878	.4881	.4884	.4887	.4890
2.3	.4893	.4896	.4898	.4901	.4904	.4906	.4909	.4911	.4913	.4916
2.4	.4918	.4920	.4922	.4925	.4927	.4929	.4931	.4932	.4934	.4936
2.5	.4938	.4940	.4941	.4943	.4945	.4946	.4948	.4949	.4951	.4952
2.6	.4953	.4955	.4956	.4957	.4959	.4960	.4961	.4962	.4963	.4964
2.7	.4965	.4966	.4967	.4968	.4969	.4970	.4971	.4972	.4973	.4974
2.8	.4974	.4975	.4976	.4977	.4977	.4978	.4979	.4979	.4980	.4982
2.9	.4981	.4982	.4982	.4983	.4984	.4984	.4985	.4985	.4986	.4986
3.0	.4986	.4987	.4987	.4988	.4988	.4989	.4989	.4989	.4990	.4990

附表三　t分布临界值

自由度	.10	.05	.025	.01	.005
1	3.078	6.314	12.706	31.821	63.657
2	1.886	2.920	4.303	6.965	9.925
3	1.638	2.353	3.182	4.541	5.841
4	1.533	2.132	2.776	3.747	4.604
5	1.476	2.015	2.571	3.365	4.032
6	1.440	1.943	2.447	3.143	3.707
7	1.415	1.895	2.365	2.998	3.499
8	1.397	1.860	2.306	2.896	3.355
9	1.383	1.833	2.262	2.821	3.250
10	1.372	1.812	2.228	2.764	3.169
11	1.363	1.796	2.201	2.718	3.106
12	1.356	1.782	2.179	2.681	3.055
13	1.350	1.771	2.160	2.650	3.012
14	1.345	1.761	2.145	2.624	2.977
15	1.341	1.753	2.131	2.602	2.947
16	1.337	1.746	2.120	2.583	2.921
17	1.333	1.740	2.110	2.567	2.898
18	1.330	1.734	2.101	2.552	2.878
19	1.328	1.729	2.093	2.539	2.861
20	1.325	1.725	2.086	2.528	2.845
21	1.323	1.721	2.080	2.518	2.831
22	1.321	1.717	2.074	2.508	2.819
23	1.319	1.714	2.069	2.500	2.807
24	1.318	1.711	2.064	2.492	2.797
25	1.316	1.708	2.060	2.485	2.787
26	1.315	1.706	2.056	2.479	2.779
27	1.314	1.703	2.052	2.473	2.771
28	1.313	1.701	2.048	2.467	2.763
29	1.311	1.699	2.045	2.462	2.756
30	1.310	1.697	2.042	2.457	2.950
40	1.030	1.684	2.021	2.423	2.704
60	1.296	1.671	2.000	2.390	2.660
120	1.289	1.658	1.980	2.358	2.[illegible]17
∞	1.282	1.645	1.960	2.326	2.576

附表四　χ^2 分布临界值

自由度	.10	.05	.025	.01	.005
1	2.70554	3.84146	5.02389	6.63490	7.87944
2	4.60517	5.99147	7.37776	9.21034	10.5966
3	6.25139	7.81473	9.34840	11.3449	12.8381
4	7.77944	9.48773	11.1433	13.2767	14.8602
5	9.23635	11.0705	12.8325	15.0863	16.7496
6	10.6446	12.5916	14.4494	16.8119	18.5476
7	12.0170	14.0671	16.0128	18.4753	20.2777
8	13.3616	15.5073	17.5346	20.0902	21.9550
9	14.6837	16.9190	19.0228	21.6660	23.5893
10	15.9871	18.3070	20.4831	23.2093	25.1882
11	17.2750	19.6751	21.9200	24.7250	26.7569
12	18.5494	21.0261	23.3367	26.2170	28.2995
13	19.8119	22.3621	24.7356	27.6883	29.8194
14	21.0642	23.6848	26.1190	29.1413	31.3193
15	22.3072	24.9958	27.4884	30.5779	32.8013
16	23.5418	26.2962	28.8454	31.9999	34.2672
17	24.7690	27.5871	30.1910	33.4087	35.7185
18	25.9894	28.8693	31.5264	34.8053	37.1564
19	27.2036	30.1435	32.8523	36.1908	38.5822
20	28.4120	31.4104	34.1696	37.5662	39.9968
21	29.6151	32.6705	35.4789	38.9321	41.4010
22	30.8133	33.9244	36.7807	40.2894	42.7958
23	32.0069	35.1725	38.0757	41.6384	44.1813
24	33.1963	36.4151	39.3641	42.9798	45.5585
25	34.3816	37.6525	40.6465	44.3141	46.9278

续附表四　χ^2 分布临界值

自由度	.10	.05	.025	.01	.005
26	36.5631	38.8852	41.9232	45.6417	48.2899
27	36.7412	40.1133	43.1944	46.9630	49.6449
28	37.9159	41.3372	44.4607	48.2782	50.9933
29	39.0875	42.5569	45.7222	49.5879	52.3356
30	40.2560	43.7729	46.9792	50.8922	53.6720
40	51.8050	55.7585	59.3417	63.6907	66.7659
50	63.1671	67.5048	71.4202	76.1539	79.4900
60	74.3970	79.0819	83.2976	88.3794	91.9517
70	85.5271	90.5312	95.0231	100.425	104.215
80	96.5782	101.879	106.629	112.329	116.321
90	107.565	113.145	118.136	124.116	128.299
100	118.498	124.342	129.561	135.807	140.169

附表五　F 分布临界值($F_{0.05}$)

	1	2	3	4	5	6	7	8	9	10	20	40	120	∞
1	164.1	199.5	215.7	224.6	230.2	234.0	236.8	238.9	240.5	241.9	248.0	251.1	253.3	254.4
2	18.51	19.00	19.16	19.25	19.30	19.33	19.35	19.37	19.38	19.40	19.45	19.47	19.49	19.50
3	10.13	9.55	9.28	9.12	9.01	8.94	8.89	8.85	8.81	8.79	8.66	8.59	8.55	8.53
4	7.71	6.94	6.59	6.39	6.26	6.16	6.09	6.04	6.00	5.96	5.80	5.72	5.66	5.63
5	6.61	5.79	5.41	5.19	5.05	4.95	4.88	4.82	4.77	4.74	4.56	4.46	4.40	4.36
6	5.99	5.14	4.76	4.53	4.39	4.28	4.21	4.15	4.10	4.06	3.87	3.77	3.70	3.67
7	5.59	4.74	4.35	4.12	3.97	3.87	3.79	3.73	3.68	3.64	3.44	3.34	3.27	3.23
8	5.32	4.46	4.07	3.84	3.69	3.58	3.50	3.44	3.39	3.35	3.15	3.04	2.97	2.93
9	5.12	4.26	3.86	3.63	3.48	3.37	3.29	3.23	3.18	3.14	2.94	2.83	2.75	2.71
10	4.96	4.10	3.71	3.48	3.33	3.22	3.14	3.07	3.02	2.98	2.77	2.66	2.58	2.54
11	4.84	3.98	3.59	3.36	3.20	3.09	3.01	2.95	2.90	2.85	2.65	2.53	2.45	2.40
12	4.75	3.89	3.49	3.26	3.11	3.00	2.91	2.85	2.80	2.75	2.54	2.43	2.34	2.30
13	4.67	3.81	3.41	3.18	3.03	2.92	2.83	2.77	2.71	2.67	2.46	2.34	2.25	2.21
14	4.60	3.74	3.34	3.11	2.96	2.85	2.76	2.70	2.65	2.60	2.39	2.27	2.18	2.13
15	4.54	3.68	3.29	3.06	2.90	2.79	2.71	2.64	2.59	2.54	2.33	2.20	2.11	2.07
16	4.49	3.63	3.24	3.01	2.85	2.74	2.66	2.59	2.54	2.49	2.28	2.15	2.06	2.01
17	4.45	3.59	3.20	2.96	2.81	2.70	2.61	2.55	2.49	2.45	2.23	2.10	2.01	1.96
18	4.41	3.55	3.16	2.93	2.77	2.66	2.58	2.51	2.46	2.41	2.19	2.06	1.97	1.92
19	4.38	3.52	3.13	2.90	2.74	2.63	2.54	2.48	2.42	2.38	2.16	2.03	1.93	1.88
20	4.35	3.49	3.10	2.87	2.71	2.60	2.51	2.45	2.39	2.35	2.12	1.99	1.90	1.84
40	4.08	3.23	2.84	2.61	2.45	2.34	2.25	2.18	2.12	2.08	1.84	1.69	1.58	1.51
120	3.92	3.07	2.68	2.45	2.29	2.17	2.09	2.02	1.96	1.91	1.66	1.50	1.35	1.25
∞	3.84	3.00	2.60	2.37	2.21	2.10	2.01	1.94	1.88	1.83	1.57	1.39	1.22	1.00

续附表五　F 分布临界值($F_{.01}$)

	1	2	3	4	5	6	7	8	9	10	20	40	120	∞
1	4052	4999	5403	5625	5764	5859	5928	5982	6022	6056	6209	6287	6339	6366
2	98.50	99.00	99.17	99.25	99.30	99.33	99.36	99.37	99.39	99.40	99.45	99.47	99.49	99.50
3	34.12	30.82	29.46	28.71	28.24	27.91	27.67	27.49	27.35	27.23	26.69	26.41	26.22	26.13
4	21.20	18.00	16.69	15.98	15.52	15.21	14.98	14.80	14.66	14.55	14.02	13.75	13.56	13.46
5	16.26	13.27	12.06	11.39	10.97	10.67	10.46	10.29	10.16	10.05	9.55	9.29	9.11	9.06
6	13.75	10.92	9.78	9.15	8.75	8.47	8.26	8.10	7.98	7.87	7.40	7.14	6.97	6.88
7	12.25	9.55	8.45	7.85	7.46	7.19	6.99	6.84	6.72	6.62	6.16	5.91	5.74	5.65
8	11.26	8.65	7.59	7.01	6.63	6.37	6.18	6.03	5.91	5.81	5.36	5.12	4.95	4.86
9	10.56	8.02	6.99	6.42	6.06	5.80	5.61	5.47	5.35	5.26	4.81	4.57	4.40	4.31
10	10.04	7.56	6.55	5.99	5.64	5.39	5.20	5.06	4.94	4.85	4.41	4.17	4.00	3.91
11	9.65	7.21	6.22	5.67	5.32	5.07	4.89	4.74	4.63	4.54	4.10	3.86	3.69	3.60
12	9.33	6.93	5.95	5.41	5.06	4.82	4.64	4.50	4.39	4.30	3.86	3.62	3.45	3.36
13	9.07	6.70	5.74	5.21	4.86	4.62	4.44	4.30	4.19	4.10	3.66	3.43	3.25	3.17
14	8.86	6.51	5.56	5.04	4.69	4.46	4.28	4.14	4.03	3.94	3.51	3.27	3.09	3.00
15	8.68	6.36	5.42	4.89	4.56	4.32	4.14	4.00	3.89	3.80	3.37	3.13	2.96	2.87
16	8.53	6.23	5.29	4.77	4.44	4.20	4.03	3.89	3.78	3.69	3.26	3.02	2.84	2.75
17	8.40	6.11	5.18	4.67	4.34	4.10	3.93	3.79	3.68	3.59	3.16	2.92	2.75	2.65
18	8.29	6.01	5.09	4.58	4.25	4.01	3.84	3.71	3.60	3.51	3.08	2.84	2.66	2.57
19	8.18	5.93	5.01	4.50	4.17	3.94	3.77	3.63	3.52	3.43	3.00	2.76	2.58	2.49
20	8.10	5.85	4.94	4.43	4.10	3.87	3.70	3.56	3.46	3.37	2.94	2.69	2.52	2.42
40	7.31	5.18	4.31	3.83	3.51	3.29	3.12	2.99	2.89	2.80	2.37	2.11	1.92	1.80
120	6.85	4.79	3.95	3.48	3.17	2.96	2.79	2.66	2.56	2.47	2.03	1.76	1.53	1.38
∞	6.63	4.61	3.78	3.32	3.02	2.80	2.64	2.51	2.41	2.32	1.88	1.59	1.32	1.00

附表六　由样本平均数估计总体平均数时所需样本容量 n(α＝.05)

s/d	.0	.1	.2	.3	.4	.5	.6	.7	.8	.9
1	7	8	9	9	11	12	13	14	15	17
2	18	20	22	23	25	27	29	31	33	35
3	38	40	42	45	47	50	53	56	58	61
4	64	68	71	74	77	81	84	88	91	95
5	99	103	107	111	115	119	123	128	132	137
6	141	146	151	156	160	165	170	176	181	186
7	191	196	202	207	213	219	225	231	237	243
8	249	255	261	268	274	281	288	294	301	308
9	315	322	329	336	343	351	358	366	373	381
10	389	396	404	412	420	428	437	445	453	462
11	470	478	487	496	505	514	523	532	541	550
12	559	569	578	588	597	607	617	626	636	646
13	656	667	677	687	697	708	718	729	740	750
14	761	772	783	794	805	816	828	839	851	862
15	874	885	897	909	921	933	945	957	969	982
16	994	1006	1019	1032	1044	1057	1070	1083	1096	1109
17	1122	1135	1149	1162	1175	1189	1203	1216	1230	1244
18	1258	1272	1286	1300	1311	1329	1343	1358	1372	1387
19	1402	1416	1431	1446	1461	1476	1491	1507	1522	1537
20	1553	1568	1583	1600	1616	1631	1647	1663	1680	1696

续附表六　由样本平均数估计总体平均数时所需样本容量 n(α=.01)

s/d	.0	.1	.2	.3	.4	.5	.6	.7	.8	.9
1	11	12	14	15	17	19	21	23	26	28
2	31	34	36	39	43	46	49	53	56	60
3	64	68	72	77	81	86	90	95	100	105
4	110	116	121	127	133	139	145	151	157	164
5	170	177	184	191	198	205	213	220	228	235
6	243	251	260	268	277	285	294	303	312	321
7	331	340	350	360	370	380	390	400	411	421
8	432	443	454	465	476	487	499	511	522	534
9	546	559	571	583	596	609	622	635	648	661
10	674	688	702	715	729	743	758	772	787	801
11	816	831	846	861	876	892	907	923	939	955
12	971	987	1004	1020	1037	1054	1070	1087	1105	1122
13	1139	1157	1175	1193	1211	1229	1247	1265	1284	1303
14	1321	1340	1359	1379	1398	1417	1437	1457	1477	1497
15	1517	1537	1558	1578	1599	1620	1641	1662	1683	1704
16	1726	1747	1769	1791	1813	1835	1858	1880	1903	1925
17	1948	1971	1994	2017	2041	2064	2088	2112	2136	2160
18	2184	2208	2232	2257	2282	2307	2332	2357	2382	2408
19	2433	1459	2485	2511	2537	2563	2589	2616	2643	2669
20	2696	2723	2750	2778	2805	2833	2860	2888	2916	2943

附表七 常用语汉英对照

1. Ab(attitude toward the brand) 品牌态度
2. Ad concept tests 广告概念测试
3. Ad agencies 广告代理商、广告公司
4. advertising research 广告研究、广告调研、广告调查
5. aired brand awareness 有助品牌意识、提示品牌知名度
6. AIO(activities、interests and opinions) 生活风格研究
7. ANOVA(analysis of variance) 方差分析
8. ANA 美国广告主协会
9. audience 受众、观众
10. BI(intention of the brand) 品牌购买意图
11. canoncial correlation 典型相关
12. carton tests 卡通测验
13. causal research 因果关系研究
14. chi-square tests 卡方检验或检验
15. client 顾客、客户
16. closed-ended questions 封闭题
17. cluster analysis 聚类分析
18. cluster samples 整群抽样
19. coding 编码
20. coder 编码员
21. coefficient of determination 决定系数
22. communality 共同度
23. communication effect 传播效果
24. computer-assisted telephone interviewing 计算机辅助电话调查
25. concept test 概念测试
26. concurrent validity 即时效度
27. confidence level 置信水平
28. construct validity 结构效度
29. consumer behavior 消费者行为
30. consumer Drawings 消费者绘画(一种投射技术)
31. content analysis 内容分析
32. content validity 内容效度
33. convenience samples 任意抽样、方便抽样
34. convergent validity 聚焦效度

35. copy tests 文案测验
36. constitutive definition 结构定义
37. correlation analysis 相关分析
38. criterion-related validity 效标效度
39. crosstabulation 交叉频率分析
40. data 数据、资料
41. data analysis 数据分析
42. data collection 资料采集
43. data processing 数据处理
44. dependent variable 因变量
45. depth interviews 深度访问
46. descriptive research 描述性研究
47. discriminant coefficient 判别系数
48. discriminant function 判别函数
49. discriminant score 判别分数
50. discriminant validity 判别效度
51. disguised observation 参与观察
52. door-to-door interviewing 入户访问
53. environmental analysis 环境分析
54. equivalent-form reliability 复本信度
55. experimentation 实验法
56. experiment design 实验设计
57. exploratory research 探测性研究
58. external validity 外在效度
59. eye-tracking system 眼睛追踪系统、眼动仪
60. F-test 费舍检验、F 检验
61. face validity 表面效度
62. factor 因子、因素
63. factor analysis 因子分析
64. factor loadings 因子负荷、因子负载
65. field experiments 现场实验
66. FCC(Federal Communications Commission) 联邦传播委员会
67. FDA(Food and Drug Administration) 食品和药物管理局
68. focus group 座谈会或焦点小组
69. focus group moderator 座谈会主持人
70. FTC(Federal Trade Commission) 联邦贸易委员会
71. hierarchical Cluster 系统聚类法

72. hypotheses 假设
73. hypotheses test of proportions 比率假设检验
74. independent samples 独立样本
75. independent Sample T Test）独立样本 t 检验
76. independent variable 自变量、独立变量
77. inquiry/direct response measures 征询测量
78. interval estimates 区间估计
79. interval scales 等距量表
80. interview 访问
81. interviewer 访问员
82. involvement 卷入
83. judgment samples 判断抽样
84. K-Means Cluster 快速聚类法
85. laboratory experiments 实验室实验
86. linear Regression 线性回归
87. Likert scale 李克特量表
88. logistic Regression 逻辑回归
89. main component analysis 主成分分析
90. market segmentation 市场区隔、市场细分
91. marketing 营销学、市场学
92. marketing mix 营销组合
93. marketing research 市场研究、市场调研、市场调查
94. marketing strategy 营销策略
95. mean 平均数
96. measurement 测量
97. median 中数
98. media mix 媒体组合
99. media plan 媒体计划
100. message 讯息
101. mode 众数
102. multiple-choice questions 多项选择题
103. multiple comparisons 多重比较
104. multivariate ANOVA 多变量方差分析
105. multidimensional scaling 多维量表分析
106. internet research 网上调查
107. nominal scale 命名量表
108. nonprobability samples 非随机抽样、非概率抽样

109. normal distribution 正态分布
110. null hypothesis 虚无假设
111. observation 观察法
112. one-sample T test 单样本 t 检验
113. one-way ANOVA 一元方差分析
114. online focus groups 网上座谈会、网上在线座谈会
115. open-ended questions 开放题
116. operational definition 操作定义
117. ordinal scales 次序量表
118. packaging tests 包装测试
119. paired comparison 配对比较法
120. paired Independent Sample T Test 配对样本 t 检验
121. Pearson's product moment correlation 皮尔逊相关
122. percent of variance 方差贡献率
123. photo sort 照片分类
124. population 总体、人口
125. population standard deviation 总体标准差
126. positioning 定位
127. predictive validity 预测效度
128. pretest 前测
129. primary data 一手资料
130. probability samples 随机抽样、概率抽样
131. product concept testing 产品概念测试
132. projective questions 投射题
133. projective techniques 投射技术
134. purchase intent 购买意图
135. qualitative research 定性研究
136. quantitative research 定量研究
137. quasi-experiment 准实验研究
138. questionnaire 问卷
139. questionnaire design 问卷设计
140. quota samples 配额抽样、定额抽样
141. random digit dialing 随机拨号法
142. randomization 随机化
143. ratio scale 比率量表
144. readership tests 阅读程度测验
145. regression coefficients 回归系数

146. regression analysis 回归分析
147. related samples 相关样本
148. reliability 信度
149. repeated Measures 重复测量方差分析
150. repositioning 再定位或重新定位
151. samples 样本
152. sample size 样本量
153. sampling cell 抽样单元
154. sampling error 抽样误差
155. sampling frame 抽样框
156. scale 量表
157. secondary data 二手资料
158. semantic differential 语义区分法
159. sentence completion 句子完成法
160. simple random sample 简单随机抽样
161. snowball samples 滚雪球抽样
162. Spearman rank-order correlation 斯皮尔曼等级相关
163. split-half reliability 分半信度
164. standard deviation 标准差
165. standard error of the mean 平均数标准误
166. standardized canonical discriminant function coefficient 标准判别系数
167. statistical control 统计控制
168. stratified samples 分层抽样
169. subject 被试
170. survey research 调查研究
171. survey via E-mail 电子邮件调查
172. systematic error 系统误差
173. systematic sampling 系统抽样
174. target audience 目标受众
175. target market 目标市场
176. test-retest reliability 再测信度
177. theater test 影院测验
178. thematic apperception test(TAT)主题统觉测验
179. third-person techniques 第三者技术
180. treatment 处理
181. t-test t 检验
182. univariate ANOVA 单因变量方差分析

183. unstandardized canonical discriminant function coefficient 非标准判别系数
184. validity 效度
185. variance 方差
186. web based survey 网页形式调查
187. within-groups structure coefficient 组内结构系数
188. word association test 字词联想测验

参考文献

1. 参考消息，2001.7.24，14

2. 陈崇山，弭秀玲. 中国传播效果透视. 沈阳出版社，1989。

3. 陈培爱. 广告原理和方法. 厦门大学出版社，1990。

4. 出口市场调研概论(中译本). 上海翻译出版公司. 1987。

5. 戴海崎，张锋，陈雪枫. 心理与教育测量. 暨南大学出版社，1999。

6. Donthu N, Cherian J, Bhargava M. Factors influencing recall of outdoor advertising. *Journal of Advertising Research*. 1993, May/June: 64 ~ 72.

7. 樊志育. 市场调查. 上海人民出版社，1995。

8. 樊志育，广告效果研究. 中国友谊出版公司，1995。

9. 反町胜夫. 怎样进行市场调查. 复旦大学出版社，1997。

10. 韩德昌，郭大水. 市场调查与市场预测. 天津大学出版社，1996。

11. 郭志刚. 社会统计分析方法——SPSS 软件应用. 中国人民大学出版社. 1999。

12. 国际广告. 1998，3。

13. 黄合水. 广告心理学. 东方出版中心，1998。

14. 黄合水. 品牌资产——一个认知模型及其验证. 北京师范大学博士论文，2002。

15. 黄合水. 广告调研技巧. 厦门大学出版社，1993。

16. 黄合水. 市场调查概论. 东方出版中心，2000。

17. Houston M J, Childers T L, Heckler S E. Picture-word consistency and the elaborative processing of advertising, *Journal of Marketing Research*. 1987, 24(Nov.): 359 ~ 69.

18. Jian W. From four hundred million to more than one billion consumers: a brief history of the foreign advertising industry in China, *International Journal of Advertising*. 1997, 16: 241 ~ 260.

19. 柯惠新等. 调查研究中的统计分析方法. 北京广播学院出版社，1992。

20. 柯惠新，刘红鹰. 民意调查实务. 中国经济出版社，1996。

21. 肯尼恩·D·贝利(许真译). 现代社会研究方法. 上海人民出版社，1986。

22. Krugman H E. The impact of television advertising: Learning without involvement. *Public Opinion Quarterly*. 1965, 29(Fall): 349 ~ 56.

23. 利贝卡 · 鲁宾、艾伦 · 鲁宾，琳达 · 皮尔. 传播研究方法——策略与资料来源. 华夏出版社，2000。

24. Lin C A. Cultural differences in message strategies: A comparison between American and Japanese TV commercials. *Journal of Advertising Research*. 1993, July-August: 40 ~ 72.

25. 罗明，胡运芳. 中国电观众现状报告. 社会科学文献出版社，1998。

26. 卢淑华. 社会统计学. 新华出版社，1989。

27. MacKenzie S B, Lutz R J, Belch G E. The role of attitude toward the AD as a mediator of advertising effectiveness: A test of competing explanations. *Jounal of Marketing Research*. 1986, 23(May): 130 ~ 43.

28. Madden C S, Caballero M, Masukubo S. Analysis of information content in U. S. and Japanese magazine advertising. *Journal of Advertising*. 1986, 15(3): 38 ~ 45.

29. McDaniel C, Gates R. 当代市场研究. 东北财经大学出版社，1998。

30. 闵建蜀，游汉明. 市场研究:基本方法. 中文大学出版社，1979。

31. Mittal B. Public assessment of TV advertising: faint praise and harsh criticism. *Journal of Advertising Research*. 1994, Jan./Feb.: 35 ~ 53.

32. Montgomery D C (汪仁官、陈荣昭译). 实验设计与分析. 中国统计出版社，1998。

33. Nylen D W. *Advertising: Planning、Implementation & Control*. Southern-Western Inc. 1986.

34. O'Guin, T , Allen C T, Semenik R J. 广告学. 东北财经大学出版社，1998。

35. Park C W, Young S M. Consumer response to television commercials: The impact of involvement and background music on brand attitude formation. *Journal of Marketing Research*. 1986, 23: 11 ~ 24。

36. 彭代武，陈涛. 市场调查 · 商情预测 · 经营决策. 经济管理出版社，1996。

37. Rice M D, Lu Z M. A content analysis of Chinese magazine advertisements. *Journal of Advertising*. 1988, 17(4): 43 ~ 48.

38. Schiffman L G, Kanuk L L. 消费者行为学. 清华大学出版社 &

Prentice-Hall International, Inc. 1997.

39. Shavitt H, Lowrey A, Haefner A. Public attitudes toward advertising: more favorable than you might think. *Journal of Advertising Research*. 1998, July-August: 7～22.

40. 施锡铨. 抽样调查的理论和方法. 上海财经大学出版社，1996。

41. 苏蘅. 传播研究调查法. 三民书局股份有限公司，1986。

42. 舒华. 心理与教育研究中的多因素分析实验设计. 北京师范大学出版社，1994。

43. Singh S N, Rothschild M L, Churchill G A. Recognition versus recall as measures of television commercial forgetting. *Journal of Marketing Research*. 1988 25(February): 72～80.

44. Weinberger M G, Sports H, Campbell L, Parsons A. L. The use and effect of humor in different advertising media. *Journal of Advertising Research*. 1995, May/June: 44～56.

45. 吴国培. 抽样调查方法研究. 厦门大学出版社，1993。

46. 吴统雄. 电话调查:理论与方法. 联经出版事业公司，1990。

47. 杨国枢，文崇一，吴聪贤，李亦图. 社会及行为科学研究法(上、下册). 华东书局印行，1999。

48. 叶树滋. 市场研究和市场预测. 中央广播电视大学出版社，1985。

49. 袁方，王汉生. 社会研究方法教程. 北京大学出版社，1997。

50. 袁淑君. 孟庆茂，数据统计分析——SPSS/PC＋原理及其应用. 北京师范大学出版社，1995。

51. 张敏强. 教育与心理统计学. 人民教育出版社，1993。

52. 张厚粲. 心理与教育统计学. 北京师范大学出版社，1986。

53. 张厚粲，孟庆茂. 实验心理学. 北京师范大学出版社，1988。

54. 郑芳辉，李少抒，黄宇芳，曹恺予，石泽润. 市场研究典型案例. 华南理工大学出版社，2001。

55. 郑宗成，陈进. 市场研究实务. 中山大学出版社，2002。

56. 中国广告年鉴. 新华出版社，1990。

57. 朱滢. 实验心理学. 北京大学出版社，2000。

58. 朱智贤. 心理学大词典. 北京师范大学出版社，1989。

图书在版编目(CIP)数据

广告调研方法/黄合水编著.—厦门:厦门大学出版社,2006.8(2021.8 重印)
(研究生教学用书)
ISBN 978-7-5615-2598-2

Ⅰ.广…　Ⅱ.黄…　Ⅲ.广告-市场-调查-研究生-教材　Ⅳ.F713.8

中国版本图书馆 CIP 数据核字(2006)第 081652 号

厦门大学出版社出版发行
(地址:厦门市软件园二期望海路 39 号　邮编:361008)
http://www.xmupress.com
xmup @ xmupress.com
厦门集大印刷有限公司
2006 年 8 月第 1 版　2021 年 8 月第 4 次印刷
开本:787×960　1/16　印张:31.25
字数:540 千字
定价:35.00 元